MUTTERS AGENDA

IX

1968

Titel der französischen Originalausgabe:
L'Agenda de Mère, 1968
© 1981 Institut de Recherches Évolutives, Paris.

Deutsche Erstauflage 1998

Neuauflage: 2013

ISBN 978-3-910083-59-2

Alle Rechte vorbehalten

Diese Agenda ...
ist mein Geschenk
an die, die mich lieben

                               Mutter

Biographische Anmerkung

MUTTER wurde am 21. Februar 1878 in eine Pariser Familie gänzlich materialistischer Überzeugung geboren. Sie studierte Musik, Malerei und höhere Mathematik. Als Schülerin des französischen Malers Gustave Moreau lernte sie die großen Impressionisten der Epoche kennen. Später traf sie Max Théon, eine mysteriöse Persönlichkeit mit außerordentlichen okkulten Fähigkeiten, der ihr als erster eine zusammenhängende Erklärung all der spontanen Erfahrungen gab, die sie seit ihrer Kindheit hatte, und der sie bei zwei langen Besuchen auf seinem Anwesen in Algerien die Geheimnisse des Okkultismus lehrte. 1914 besuchte sie die französische Kolonialstadt Pondicherry in Südindien, wo sie Sri Aurobindo begegnete, der dort als indischer Freiheitskämpfer vor den Briten Zuflucht gefunden hatte. Nach einem Aufenthalt in Japan und einem kurzen Besuch in China kehrte sie 1920 endgültig nach Pondicherry zurück. Als Sri Aurobindo sich 1926 zurückzog, um der Erforschung einer neuen Evolutionsmacht in der Materie nachzugehen, übernahm sie die Leitung seines Ashrams und bemühte sich vergeblich, die Schüler zu einem neuen Bewußtsein zu erwecken. 1958, acht Jahre nach Sri Aurobindos Abschied, zog auch sie sich zurück, um *das* Problem anzugehen: eine Veränderung im Bewußtsein der Körperzellen. Von 1958 bis 1973 deckte sie allmählich den „Großen Übergang" zu einer neuen Spezies und einem neuen Lebensmodus in der Materie auf. Dabei erzählte sie Satprem von ihren außerordentlichen Erfahrungen, und das ist die *Agenda*.

(Siehe Satprems biographische Trilogie: *Mutter: 1. Der Göttliche Materialismus, 2. Die Neue Spezies, 3. Die Mutation des Todes*, Verlag Hinder + Deelmann, Gladenbach 1992-94.)

SATPREM wurde 1923 in Paris geboren. Den Großteil seiner Kindheit verbrachte er auf Segelfahrten vor der bretonischen Küste. Mit zwanzig wurde er wegen Widerstandsaktivitäten von der Gestapo verhaftet und verbrachte anderthalb Jahre in deutschen Konzentrationslagern. Körperlich und seelisch zutiefst erschüttert, reiste er nach seiner Befreiung zunächst nach Indien, um einen Posten in der französischen Kolonialregierung in Pondicherry anzutreten. Dort begegnete er Sri Aurobindo, der verkündet hatte: „Der Mensch ist ein Übergangswesen". Daraufhin verließ er seinen Posten und begab sich auf eine Reihe von Abenteuern, die ihn nach Guayana, Brasilien und Afrika führten, bevor er 1953 nach Indien zurückkehrte. Er wanderte als Sannyasin durchs Land, wurde in den Tantrismus eingeweiht, bis er sich schließlich dem Werk von Mutter und Sri Aurobindo widmete.

Als Mutters Vertrauter zeichnete er siebzehn Jahre lang ihre Erfahrungen auf und dokumentierte ihre Suche nach einer Veränderung im Programm der Zellen, die zu einer anderen Sicht des Todes führte.

1977, vier Jahre nach Mutters Tod, gründete er in Paris das Institut de Recherches Évolutives, um die vollständige Veröffentlichung der *Agenda* sicherzustellen.

CHRONIK DES WELTGESCHEHENS

1968

2. Januar	Die amerikanische Luftwaffe bombardiert die Vororte von Hanoi.
3. Januar	Dubcek wird zum Vorsitzenden der Tschechoslowakischen Kommunistischen Partei gewählt.
16. Januar	Im Rahmen von Sparmaßnahmen schlägt Premierminister Wilson vor, die britische Anwesenheit östlich des Suezkanals zu beenden.
18. Januar	U Thant erklärt, daß die Einstellung der amerikanischen Bombardements von Nordvietnam die Vorbedingung für Verhandlungen bleibe.
21. Januar	Ein amerikanischer B-52 Bomber mit vier Wasserstoffbomben an Bord stürzt über Grönland ab.
22. Januar	Nordkorea kapert ein elektronisch gesteuertes amerikanisches Kriegsschiff, die „Pueblo". Kriegsdrohungen folgen.
30. Januar	Artilleriegefecht zwischen Israel und Ägypten über dem Suezkanal. Ägypten stellt die Reparaturarbeiten am Kanal auf unbegrenzte Zeit ein.
17. Februar	US-Präsident Johnson erwägt die Entsendung neuer Verstärkungskräfte nach Vietnam, um der „tödlichen Herausforderung" zu begegnen.
21. Februar	Mutter wird 90.
24. Februar	Der Hafen von Hanoi wird bombardiert.
28. Februar	Einweihung von Auroville: ein „Zentrum beschleunigter Evolution". Die französische Regierung schätzt den Vietnamkrieg als eine Bedrohung des Weltfriedens ein, falls keine Verhandlungen zustandekommen sollten.
29. Februar	Die rumänische Delegation verläßt die Konferenz der Kommunistischen Parteien, die in Budapest tagt.
8. März	Studentenaufstand in Warschau: „Nieder mit der Zensur!"
11.-15. März	Panikartige Goldkäufe an den Börsen. Schließung des Goldmarktes und der Börse in London. Die schlimmste Krise seit 1930.
16. März	Robert Kennedy kündigt seine Kandidatur für die Präsidentschaft der Vereinigten Staaten an.
22. März	Erste Zwischenfälle an der Literaturakademie in Nanterre. Der Präsident der tschechoslowakischen Republik, Nowotny, legt sein Amt nieder. General Swoboda löst ihn ab. Ende des Stalinismus.
27. März	Yuri Gagarin, der erste Mann im Weltraum, stirbt bei einem Flugzeugunglück.
31. März	US-Präsident Johnson nimmt seine Kandidatur für die nächsten Wahlen zurück und beschließt die Einstellung der meisten Bombardierungen in Nordvietnam.
2. April	Bewaffnete Zusammenstöße zwischen Polizeikräften und Studenten in mehreren brasilianischen Städten.
3. April	Nordvietnam erklärt sich bereit zu einem Treffen mit den USA, um die Möglichkeit eines Waffenstillstands zu erwägen.

MUTTERS AGENDA

4. April	Der Friedensnobelpreisträger Martin Luther King wird in Memphis ermordet. Schwerwiegende Aufstände in mehreren amerikanischen Städten.
11. April	Gewalttätige Studentenunruhen in mehreren westdeutschen Städten.
15. April	Den Russen gelingt die erste automatische Ankoppelung zweier unbemannter Raumsonden.
23. April	Studentenaufstände an der Columbia Universität in den USA.
2. Mai	Weitere Aufstände an der Universität in Nanterre. Der Rektor suspendiert die Vorlesungen.
3. Mai	Die Polizei räumt den Hof der Sorbonne. Gewalttätige Zusammenstöße im Quartier Latin, mehr als 100 Verletzte.
6. Mai	Erneute Krawalle im Quartier Latin, fast 600 Verletzte.
7. Mai	30 000 Studenten marschieren in Paris zur Place de l'Étoile, wo sie die *Internationale* singen.
10. Mai	Nächtliche Unruhen im Quartier Latin: die Polizei stürmt sechzig Barrikaden. Erste „technische" amerikanisch-nordvietnamesische Verhandlungen in Paris.
13. Mai	Gemeinsamer Marsch von Hunderttausenden von Studenten, Schülern und Arbeitern in Paris und im Rest Frankreichs. Die Studenten besetzen die Sorbonne.
14. Mai	Präsident de Gaulle, zu Besuch in Rumänien, kritisiert den „Hegemonismus", bestätigt aber, daß die UdSSR ein „wesentlicher Pfeiler" Europas sei.
15.-16. Mai	Streiks und Fabrikbesetzungen überall in Frankreich.
17. Mai	Start des ersten europäischen Satelliten von der Bodenstation in Vandenberg aus.
19. Mai	Präsident de Gaulle erklärt im Elysée: „Reform, ja; Chaos, nein!"
20. Mai	Eine wirtschaftliche Lähmung breitet sich in Frankreich aus.
22. Mai	Das französische Parlament beschließt eine Amnestie für Gewalttakte während der Studentenunruhen.
30. Mai	Präsident de Gaulle verkündet die Auflösung des Parlaments sowie weitere Maßnahmen, falls die gegenwärtige „Kräfte-lage" dies erfordere. Hunderttausende Bürger bekunden ihrem Staatschef ihre Unterstützung in einem Straßenzug in Paris.
3. Juni	Schlacht von Saigon.
5. Juni	Ermordung Robert Kennedys in Los Angeles.
11. Juni	Aufstände im Quartier Latin: 400 Verletzte.
12. Juni	Die französische Regierung verbietet jegliche Kundgebungen in ganz Frankreich.
16. Juni	Räumung der Sorbonne.
23. Juni	Sieg General de Gaulles bei den Parlamentswahlen.
27. Juni	Das tschechoslowakische Parlament stimmt für die Aufhebung der Zensur.
1. Juli	Washington und Moskau beginnen Verhandlungen zur Begrenzung von Nuklearraketen.
10. Juli	Premierminister Pompidou tritt zurück. De Gaulle ernennt M. Couve de Murville als seinen Nachfolger.

14. Juli	Die Vorsitzenden von fünf kommunistischen Parteien befassen sich in Warschau mit dem „Fall der Tschechoslowakei" und erklären: „Wir können es nicht dulden, daß fremde Kräfte die Tschechoslowakei vom sozialistischen Weg abbringen."
23. Juli	Rassenunruhen in Cleveland (Ohio), sowie in Indiana und Michigan.
26. Juli	Gewalttätige Zusammenstöße zwischen Polizisten und Studenten in Mexiko.
29. Juli	Der Papst mißbilligt jegliche Form der Empfängnisverhütung.
5. Aug.	Richard Nixon wird zum Kandidaten der Republikanischen Partei nominiert.
7. Aug.	Rassenunruhen in Miami. Am 8. kommt es zu einer Schießerei zwischen Polizeikräften und den „Schwarzen Panthern" in Los Angeles. Am 10.: Unruhen in Chicago.
11. Aug.	Erneute Bombardierungsflüge der amerikanischen B-52 über Nordvietnam.
20. Aug.	Rußland besetzt die Tschechoslowakei und verhaftet die Anführer der Kommunistischen Partei. Die französische Kommunistische Partei bringt ihre Mißbilligung zum Ausdruck.
24. Aug.	Frankreich wird die fünfte Thermonuklear-Macht, nachdem es im Pazifik eine Wasserstoffbombe gezündet hat.
5. Sept.	Durch die Aufstellung eines revolutionären Komitees in Tibet und Sinkiang werden die Maoisten zu den Herrschern von ganz China.
6. Sept.	Swaziland, das letzte britische Protektorat in Afrika, erlangt die Unabhängigkeit.
18. Sept.	Das Universitätsviertel in Mexiko, das seit Juli von den Studenten besetzt worden ist, wird von der Armee eingenommen.
3. Okt.	Die tschechoslowakischen Parteiführer machen die geforderten Zugeständnisse in Moskau und verpflichten sich, den Kampf gegen die „antisozialistischen Kräfte" zu intensivieren.
4. Okt.	Überschwemmungen in Bengalen: zehntausend Tote in Jalpaiguri.
11. Okt.	Start der ersten Apollo-Rakete mit drei Astronauten an Bord.
16. Okt.	Ein sowjetisch-tschechoslowakischer Vertrag über die „vorübergehende" Stationierung fremder Truppen wird in Prag unterzeichnet.
1. Nov.	Einstellung der 45-monatigen amerikanischen Bombardierungen von Nordvietnam.
5. Nov.	Richard Nixon gewinnt die Präsidentschaftswahlen in den USA.
7. Nov.	Antisowjetische Demonstrationen in Prag.
23. Nov.	Studentenunruhen und Schließung der Universitäten in Ägypten. Am 25. kommt es zu Aufständen in Alexandria.
20. Dez.	Tod von John Steinbeck.
21. Dez.	Erste Mondumkreisung von drei Amerikanern an Bord der Apollo 8.
23. Dez.	Nordkorea läßt die Besatzung des amerikanischen Schiffes „Pueblo" frei.
26. Dez.	Auf dem Flughafen von Athen beschießen Araber ein israelisches Flugzeug mit Granaten.
27. Dez.	China zündet eine weitere Wasserstoffbombe.

Januar

1. Januar 1968

(Mutters Neujahrsbotschaft:)

> Remain young.
> Never stop striving
> towards Perfection.

*
* *

Übersetzung:

> Bleibt jung!
> Hört nie auf, nach Vollkommenheit zu streben!

3. Januar 1968

Mutter erscheint mit einer dreiviertel Stunde Verspätung

Ich komme, ohne meine Arbeit erledigt zu haben! Es ist noch so viel zu tun *(Mutter deutet auf ein dickes Paket von Briefen)*... Neuerdings beginnen die Abende um elf Uhr nachts, ohne Abendessen, natürlich kommt es nicht in Frage, sich ausruhen zu können, für Übungen ist auch keine Zeit, also ... und dann Leute, Leute, Leute – und ein gutes Viertel von ihnen muß wieder weggeschickt werden, ohne daß ich sie gesehen habe, weil ich einfach keine Zeit habe.

Ich glaube, es liegt daran, daß ich während meines ganzen Lebens – bis ich etwa vierzig war – die Pünktlichkeit selbst war: ich kam immer genau zur verabredeten Minute – vielleicht bestand da ein gewisser Stolz, und der hat nun einen guten Klaps erhalten!

So geht es einem.

Eins jedoch ist sicher, sobald man aus dem gewohnten mentalen Rhythmus mit all seinen Gedanken herausgetreten ist, besteht eine erstaunliche Ausdauer (ich spreche vom Körper). Denn nur die Gedanken, die Befürchtungen, die alten Angewohnheiten und all das ...

6. Januar 1968

Ich wollte dir etwas zeigen, aber dann habe ich es vergessen. Hast du es vielleicht gesehen? Etwas, das ich vor vielen Jahren in bezug auf *Savitri* zu M gesagt hatte, und er notierte es auf französisch. Vor kurzem (vielleicht vor drei, vier Wochen) zeigte er mir, was er aufgeschrieben hatte ... Und er hat es nicht nur mir gezeigt sondern auch anderen, und schließlich hat man es ins Englische übersetzt, und jetzt wollen sie, daß ich es auf dem Sportplatz vorlese. Ich hätte gern das Französische nochmals mit dir durchgesehen; wir brauchen es dann letztlich auf englisch. Die englische Fassung ist nicht sehr gelungen, aber das macht nichts ... Alle sind begeistert und überglücklich darüber – mir ist das gar nicht so lieb, denn es ist wirklich sehr persönlich.

Hast du den französischen Text gesehen?

Ja.

Und was hältst du davon?

Es ist zweifellos etwas von deiner Schwingung darin. Das spürt man. Aber ich weiß nicht, was eine Wiederholung soll ... Vielleicht kannst du über Savitri *etwas NEU FORMULIEREN?*

Oh!... Aber sieh, ich bin nicht mehr die gleiche Person. Ich sage nicht mehr die gleichen Dinge – das ist völlig unmöglich! Ich habe mir das angesehen, die ganze Geschichte ist nochmals vor meinem inneren Auge vorbeigezogen, sozusagen als Verdeutlichung des UNGEHEUREN Unterschieds des Bewußtseinszustandes. Heute ist diese Notiz über *Savitri* für mich eine solch persönliche Sichtweise ... Gestern hatte ich in diesem Zusammenhang einen sehr interessanten Tag.

Das physische Ego ist zerstört worden, und nun sieht es so aus *(Geste nach oben mit ausgebreiteten Armen)* ... Das erscheint dem Körper so komisch! Ich weiß nicht, wie ich das erklären soll. Diese Art und Weise, sich in den Mittelpunkt aller Dinge zu stellen und sie von diesem Mittelpunkt des Bewußtseins aus zu betrachten, erscheint mir so ... Jetzt handelt es sich um ein Bewußtsein, das ausgebreitet ist, das sich ebensosehr da wie dort wie hier befindet und das alles an ein höheres, zentrales Bewußtsein übermittelt *(Mutter führt ihre Arme zusammen und bildet mit den Händen ein Dreieck über dem Kopf, die Fingerspitzen zum Höchsten zeigend)*, eine Art Lichtstrahl – einen reglosen und allmächtigen Lichtstrahl, der alle Dinge auf die gleiche Weise beleuchtet, und zwar ohne die geringste persönliche Reaktion.

Und diese letzten Überreste ... gestern, bei dieser Geschichte, die man mich vorzulesen gebeten hatte, scheint es sich um die letzten Überreste gehandelt zu haben ... Natürlich sage ich beim Sprechen „ich", denn es handelt sich um den Körper, der spricht, aber es gibt darin kein Ichgefühl sondern ... Das ist nicht leicht zu erklären. Jedenfalls sagte ich in bezug auf diese Geschichte: „Aber wie ist das möglich? Wie kann man so etwas sagen, wenn nicht ich das bin? – Es gibt doch kein Ich mehr!" Und gleichzeitig herrschte dieses Bewußtsein oben, das sagte: „Keine persönlichen Reaktionen – es gibt kein Ich mehr –, und wenn dies getan werden muß, dann muß es eben getan werden." Über Stunden und Stunden hinweg war das ein so besonderer Zustand, in dem alles ... Es gleicht Überresten, wie Rindenstücke oder ich weiß nicht was; Stücke von etwas, das ein wenig verhärtet und verknöchert ist, das sich aufgerieben hat und jetzt nur noch als Staub besteht. Und es bleibt einzig diese große Schwingung *(Geste zweier großer Flügel, die im Unendlichen schlagen)*, so machtvoll und so ruhig – den ganzen Tag über. Dazu eine Art Wahrnehmung, daß das Leben in dieser scheinbar persönlichen Form nur für die Tat besteht – nur um handeln zu können, für die Erfordernisse des Handelns –, darin kann es keine Reaktionen geben, es muß einfach ein Werkzeug sein, das aufgrund des höchsten Antriebs handelt, ganz ohne Reaktionen. Und die Wahrnehmung war überdeutlich, daß all die Erinnerungen völlig ausgelöscht werden, damit nichts mehr besteht als ... eine Masse geordneter Schwingungen, damit das geschieht, was es im Ganzen zu tun gilt, damit alles vorbereitet wird und ... *(Geste des Aufstiegs)* mehr und mehr ... der Transformation entgegenstrebt.

Diese alte Angewohnheit, das Wort „ich" zu verwenden (aus Verständigungsgründen), macht das Sprechen so schwierig – „ich", was heißt das, dieses Ich? Es entspricht überhaupt nichts mehr, außer vielleicht der Erscheinung nach. Und die Erscheinung ist das einzige, wo der Widerspruch besteht. Das ist das Interessante daran: Dieses Äußere ist offensichtlich ein Widerspruch zur Wahrheit, etwas, das noch den alten Gesetzen angehört, zumindest in seiner Erscheinung. Und aus diesem Grunde ist man noch immer gezwungen, die Dinge auf eine bestimmte Art und Weise auszudrücken, aber dem entspricht nichts Inneres mehr – es entspricht nicht mehr dem gegenwärtigen

Bewußtseinszustand, in gar keiner Weise ... dort gibt es nur noch ein Fließen und eine Fülle und eine Art Totalität und vor allem die wachsende Sicherheit, daß dies *(der Körper)* immer GESCHMEIDIGER werden muß, sozusagen fließender, um die wahre Vision ohne Widerstand und ohne Verzerrung ausdrücken zu können, d.h. die wahre Vision, den wahren Bewußtseinszustand. Und diese Möglichkeit des Fließens, diese Bildsamkeit und Aufnahmefähigkeit wird für das Bewußtsein immer offensichtlicher, und die äußere Erscheinung wirkt wie ein Anhängsel, das mehr und mehr zu einer Illusion wird. Und doch ist es gerade das, was die anderen sehen, verstehen, kennen und was sie „Ich" nennen. Und es versucht so sehr, sich immer besser anzugleichen, es gibt sich eine solche Mühe, aber ... die Zeit spielt dabei noch eine entscheidende Rolle.

(langes Schweigen)

Ein sonderbares Übergangsstadium.

10. Januar 1968

Morgens ordne ich über eine Stunde lang die Blumen in meinem Badezimmer. Da sind all diese Blumen, von denen ich wählen kann (ich verteile sie jeden Morgen), sie sind so schön! Absolut wunderbar. Alle Blumen sind so beredt, sie haben alle ein Eigenleben – und sie spüren alles. Und weil ich sie so sehr liebe, sind sie so präsent, sie vibrieren richtiggehend. Und dann gibt es welche, die sich über Nacht schließen; ich nehme sie in meine Hände und betrachte sie und sage ihnen, wie schön sie sind – und schon öffnen sie sich. Das ist wirklich ein schöner Anblick. Sieh dir diese hier an! *(Mutter reicht eine Rose)*

*
* *

Etwas später

Mir ist jetzt die Grußbotschaft für den 29. Februar gekommen *(der dritte Jahrestag der supramentalen Manifestation)*. Die Botschaft für den 21. Februar war wie ein Scherz, und hier ist die wohlwollende Erklärung ... sie kommt eine Woche später!

Oh, sie ist sehr einfach *(Mutter liest)*:

„Allein die Wahrheit kann der Welt die Macht geben, die göttliche Liebe zu empfangen und zu manifestieren."

Das ist eine Erklärung, der Beginn einer Erklärung, denn schließlich sage ich *(in der Botschaft zum 21.)*: „Indem ihr der Wahrheit dient, beschleunigt ihr die Ankunft der göttlichen Liebe" – „Ach! Was soll das heißen?" Also sage ich hier: „Allein die Wahrheit kann der Welt die Fähigkeit geben ...".

Jetzt muß ich es sauber abschreiben *(Mutter hält inne und legt ihre Handflächen auf die Augen, als sei sie erschöpft)*.

Zu sehr früher Stunde muß ich schon zwei Dutzend Geburtstagskarten schreiben, daher ermüden die Augen, und das ist ärgerlich ... Wenn ich dann die Augen schließe, glauben alle, ich sei eingeschlafen. *(Lachend)* Sie sind sehr nett und warten höflich, bis ich wieder „aufwache".

(Mutter beginnt mit der Abschrift, hält jedoch beim ersten Satz inne)

Besteht da nicht eine Zweideutigkeit? Sollte es heißen „Allein die Wahrheit" oder „die Wahrheit allein"?... Wenn es kommt, kommt es mit einer solchen Präzision! Wenn man es danach übersetzt, entsteht immer etwas, das wie eine Unschlüssigkeit wirkt. Neulich wiederholte ich es mir eine halbe Stunde lang: so oder so, so oder so? Zum Beispiel die Stellung des Wortes *alone* [allein]: *The Truth alone, or Truth alone, or alone Truth* [Die Wahrheit allein oder allein die Wahrheit] ... Es geht darum, auf der Tatsache zu bestehen, daß es nicht sie für sich allein ist, ohne irgend etwas anderes, ohne die Mitarbeit von allem übrigen, sondern, daß nur das Prinzip der Wahrheit die Fähigkeit hat ... Ich weiß nicht einmal, wie ich das erklären soll!

Ich will nicht sagen, daß sie allein arbeitet oder arbeiten wird, sondern daß ihre Gegenwart unabdingbar ist. (Das ist in etwa der feine Unterschied.) Übertrieben würde ich entweder sagen: „Sie muß allein arbeiten, um die Sache zu tun" oder: „Nur sie ist fähig ..." Aber dann wird es bleiern und unmöglich. Richtig ist: „Nur sie ist fähig", und nicht, daß sie ganz allein arbeitet ...

(Mutter schließt die Augen und versinkt in Kontemplation)

12. Januar 1968

Da wäre eine Frage, aber ...

Eine Frage?

Eine Tatsache, die dir wahrscheinlich nicht entgangen ist ...

Was?

Du hattest einen Besuch von E und seiner Frau, aus Italien ...

Ja, und ...?

Er stellte mir Fragen in bezug auf den „Tantrismus der linken Hand", weißt du, den „Vama Marga" ...

Was ist das?

Das sind diese sogenannten Tantriker, die sich der Sexualität bedienen wollen, um „Yoga" zu machen. Er hat mir alle möglichen Fragen gestellt, um herauszufinden, welchen Platz die Sexualität im Yoga hat. Dazu sagte er mir, daß er und seine Frau sich seit einem Jahr darum bemühen, auf einer anderen Ebene und auf andere Art und Weise zu leben. Also habe ich versucht, ihm den wahren Standpunkt zu erklären, und ich gab ihm einen Brief, den ich vor einem Jahr zu diesem Thema geschrieben hatte – einen Brief über das Problem der Sexualität im Yoga, zu dem ich wirklich inspiriert wurde[1] und wo ich am Ende zwei Zitate von Sri Aurobindo gebe, in denen auf den „vitalen Fehler" hingewiesen wird, der hinter diesem sogenannten Yoga steckt. Ich schickte ihm diesen Brief, und drei Tage später kam er ganz verstört mit meinem Brief in der Hand wieder und sagte: „Wissen Sie, daß es im Ashram ein „okkultes Zentrum" gibt, das mit dem Segen von Mutter betrieben wird?"

Wie bitte? Was soll denn das heißen?

Ja, ich fragte ihn auch: „Was für ein okkultes Zentrum soll das sein?" Und er sagte mir: „Das ist ein innerer Kreis für die „fortgeschrittenen Schüler", für die „Eingeweihten", und es gibt auch

---

1. Am Tag, als Satprem diesen Brief schrieb, sah ihn Mutter in einer Vision zwischen den beiden Flügeln eines violetten „V", dem Symbol des Sieges, sitzend (auf französisch: victoire). Im Anhang wird der Text dieses Briefes angeführt (siehe auch *Agenda* Bd. 8 vom 4.2.67).

eine Art Hohepriesterin darin" – und zwar Y *[eine europäische Schülerin].*

Oh, er bezieht sich auf Y.

Dann sagte er mir: „Ich bin sehr beunruhigt und schockiert. Ich bin fremd hier und erst vor vier Tagen angekommen, und schon ist man von mehreren Seiten mit verschiedenen Anliegen an mich herangetreten. Was soll das heißen, geschieht es wirklich mit Mutters Einwilligung?" Und weiter sagte er, indem er mir den Brief zurückgab: „Was die Leute dort tun oder ihre Art, die Dinge zu sehen, steht nicht im Einklang mit Ihrem Brief". Und er gab mir ein Beispiel: „Sie bilden sich ein, den kleinen R zu einem supramentalen Wesen heranzubilden – aber so schafft man gewiß kein supramentales Wesen, zumindest sollte man versuchen, ein nettes Kind heranzuziehen ..." Ihre Methode ist folgende: sie nehmen das Kind[1], *lassen es Musik hören, streicheln es währenddessen, unter anderem auch das Geschlecht.*[2] *Er fragte mich: „Was soll das heißen? Bewerkstelligt man die Transformation tatsächlich auf diesem Niveau?..." Und dann sagte er: „Geschieht es mit Mutters Einverständnis, daß man ein Wesen verdirbt, anstatt es anständig großzuziehen, und ich weiß nicht was auf es herabkommen läßt?"*

Hast du den Kleinen gesehen?

Nein.

Die Eltern haben ihn mir vor ein paar Tagen gebracht, denn ... er wird immer kränklicher, so haben sie sich Sorgen gemacht und ihn mir gebracht. Ich glaube, es steht nicht gut um ihn. Jedenfalls ähnelt seine Erscheinung denen, die in einer perversen Vorstellungswelt leben. Eben einer Vorstellungswelt vitaler Sexualität. Er ist bläßlich, macht einen kraftlosen Eindruck, mit Augen, die keinerlei Reaktion zeigen. Und dieser arme Kerl ... weißt du, als ich ihn das erste Mal in die Arme nahm, wollte ich die Auswirkung sehen, die das Schweigen auf ihn hat: er fing an zu schreien.[3] Für diesmal hatte ich beschlossen, von Anfang an auf ihn einzureden, also redete und redete ich ... er war wie benommen; als ich ihn in meine Arme nahm, schmiegte er sich an

---
1. Dieses Kind wurde schon im Zusammenhang mit der „Reinkarnation" von Paul Richard erwähnt.
2. Wir unterließen es, die Erklärung der „Hohepriesterin" zu geben: „Die Affenmutter streichelt ihr Junges am ganzen Körper, einschließlich des Geschlechts, folglich ..."
3. Siehe *Agenda* Bd. 8 vom 13. September 1967.

mich und wollte sich nicht mehr regen. Sie sind auf dem besten Weg ... ich weiß nicht, ob sie ihn umbringen werden, aber auf jeden Fall ... [1]

Ich weiß, mein Kind! Ich weiß. Aber was tun?... Weißt du, Sri Aurobindo und ich, wir gehören bereits der „Vergangenheit" an; das *Bulletin* ist ein Instrument der „Vergangenheit" – sie hingegen sind „fortgeschritten". Es ist eine ganze Bande.

Ja, siehst du: der Mann ist seit drei, vier Tagen hier, und schon ...

Ja, so ist es.
Er geht übrigens wieder weg.

Er war zutiefst schockiert und sagte: „Also wirklich ..."

Ja, das kann ich sehr gut verstehen.
Sie sagen ... sie drücken es noch besser aus: ich sei die „Schülerin von Y". Verstehst du, das ist es: „Ich lerne von Y", ich lerne von ihr über das Leben und den Yoga!
Ich bin mir dessen wohl bewußt. Ich weiß seit geraumer Zeit davon. Es gibt hier Leute von gesundem Menschenverstand, aber sie hatten Schwierigkeiten, sich da herauszuhalten. Und sie wollen nichts sagen, denn die „Schüler" (jene Schüler, die sich einbilden, phantastische Kräfte zu haben) geraten in ungeheure Wut und machen Riesenszenen. Niemand will sich solchen Szenen aussetzen, verstehst du, und so sagt niemand etwas. Man geht nur einfach nicht mehr hin. Das läuft schon lange so, seit über einem Jahr.
Um keine Namen zu nennen: A, G, usw. *(es handelt sich um westliche Schüler)*, wieder die Nicht-Inder, die dorthin gehen.[2]

Aber ja! Das hat der Italiener auch gesagt: „Und was ist das für eine Geschichte mit diesem Kanadier und seinem „Mädchen"?... Im Pazifik hat man mir ähnliche Angebote gemacht, sogenannte Initiationen, die darin bestanden, daß man mich drei Tage lang mit einem jungen Mädchen in einer Strohhütte alleine lassen wollte. Macht man das hier im Ashram auch?"

Das „Mädchen" beginnt sich zu ekeln.

Nein, ich hatte schon den Eindruck, daß etwas vor sich ging, aber ich wußte nichts Genaues darüber; die Geschichte nimmt allerdings schon beinahe öffentliche Ausmaße an ...

---

1. Dieses Kind starb vier Monate später durch einen „Unfall".
2. Auch zwei Inderinnen aus dem Ashram.

Oh, ungeheure Ausmaße, ganz ungeheuerliche ... Die erste, die mich davon in Kenntnis setzte, war S.M., das ist schon lange her, mehr als ein Jahr. Danach kamen andere. Natürlich wurden auch F und R angesprochen *(weitere westliche Schüler)*.

Die Inder haben Unterscheidungsvermögen.

Ja, ihre Spiritualität ist echt *(Mutter deutet auf ihr Herz)*, das berührt sie nicht.

Erinnerst du dich? Als Y angeblich Typhus hatte (sie hatte nichts dergleichen: all das ist Teil des großen Theaters, eine „Transformationskrankheit"), wollte sie mit M ins Krankenhaus in Vellore. Also schrieb sie mir einen Brief, um mich zu bitten, daß alles so organisiert würde, daß sie zusammen ein Doppelzimmer bekämen. Und in diesem Brief schrieb sie mir wörtlich: „Für mich ist M Gott" ... Dem armen Kerl ist das alles etwas viel geworden ... *(Mutter lachte)* Das hat ihn selbst krank gemacht ... Es ist überhaupt besser, wenn man all das von der lustigen Seite nimmt. Im Grunde kippen diese Dinge vollkommen ins Lächerliche. Ich verhalte mich einfach so *(Geste, all das ins Licht zu stellen)*. Wir werden schon sehen! Ich sage dir, als erstes Ergebnis ist der arme M krank geworden: es traf seine Nieren. Inzwischen hat er kein Fieber mehr, aber er hat auch kein Rückgrat mehr. Und das Amüsanteste daran ist, daß ich *(Mutter lacht)*, obwohl ich ja einer „völlig überholten Vergangenheit" angehöre, dann plötzlich angeschrieben werde, wenn die Dinge schlecht gehen. Man hat mich also um Rat gefragt: ob dies oder das zu tun sei ... Du meine Güte, ich habe mir also die Genugtuung nicht entgehen lassen, ihm zu antworten *(durch Y)*, daß seine Krankheit vor allem psychologisch bedingt sei und daß ich mir nicht vorstellen könne, wie ein Arzt dabei helfen soll. Seitdem herrscht Schweigen.

Aber es ist traurig für den kleinen Bengel.

Für den Kleinen ... nein. Der Kleine, ich weiß nicht, ob ich dir das erzählt habe, ich hatte nichts gesehen, nichts vermutet, nichts entschieden, sondern nur die beiden gemustert *(den Vater und die Mutter)*: sie war noch nicht geschieden, jedenfalls standen sie am Rande der Gesellschaft. Also dachte ich mir: am besten wäre es, wenn das Kind in Auroville geboren würde, dort herrscht vollkommene Freiheit. Das war alles. Damit fing es an, und damit hörte es auf. Ich hatte nie gedacht, daß es sich bei ihm um ein „besonderes" Wesen handle, nichts dergleichen: einfach ein Kind. Am Vorabend der Geburt (ich glaube, das Kind wurde gegen ein Uhr morgens geboren) bekam ich jedoch ein Telegramm aus Amerika, das das Ableben von Paul Richard ankündigte. Nun, ich weiß nicht, was seither aus ihm geworden ist, aber ich hatte ihn in den Okkultismus eingeführt: er wußte, wie man in einen anderen Körper eintritt. Und ich wußte ebenfalls (durch andere Quellen), daß bei ihm seit langem eine Ambition bestand, hierherzukommen. Wenn man also zwei und zwei zusammenzählte, ergab das ... „Ach", sagte ich mir, „wie erstaunlich!" Verstehst du, genau die Zeit, die normalerweise notwendig ist, um aus einem Körper auszutreten und in einen anderen einzugehen. Ich sagte nichts – Amrita brachte mir das Telegramm, wir haben uns angesehen, und ich sagte: „Sieh an!" Das war alles. Am nächsten Tag wußte der gesamte Ashram, daß sich Paul Richard im kleinen R reinkarniert hatte! Dies ging sogar so weit, daß mir jemand schrieb: „Es scheint, als hätten Sie ihm zu dieser Reinkarnation verholfen ..." Und ich rief aus: „Jetzt ist es aber genug!" *(Mutter lacht)* Das war alles.

Folglich ... Paul Richard hatte eine sexuelle Seite, die gar nicht gesund war. Er hatte sehr vielfältige mentale Kenntnisse (ungeheuer vielfältig, eine sehr stark entwickelte Intelligenz), aber nichts von einem spirituellen Leben. Somit war er in keiner Weise ein außergewöhnliches Wesen – ihm geschah, was geschehen mußte.

Nun der Kleine. Ich habe es versucht, aber ... Es wird etwas in seiner vitalen Verfassung verfälschen, das ist sicher. Wir werden sehen.

Wir werden sehen.

Sie haben schon ein weiteres Kind mit einer Formation belastet, A.F.[1] (in diesem Falle trifft es zum Glück auf weniger Leichtgläubigkeit). Anscheinend soll es sich um Ramses von Ägypten handeln ... Ich habe keine Ahnung davon! Ich habe nichts dergleichen gesehen. Auf jeden Fall ist dieser Junge sehr nett – bis jetzt jedenfalls

Sie gehen hoffentlich nicht in diese Gruppe?

Ich glaube nicht, aber ... Ich glaube nicht, daß dieser Gedanke Fuß faßt.

Der Vater ist jedenfalls sehr nett.

Ja, er ist sehr nett. Für den Kleinen ist es nur unangenehm, daß sich das Blut der Mutter und das Blut des Vaters nicht vertragen. Das bereitet ihm Schwierigkeiten. Ich glaube aber, daß er das durchstehen kann.

(Schweigen)

Unter dem Deckmantel der Freiheit ...

---

1. Ein anderer Säugling gleichen Alters.

Sie machen also aktiv Propaganda?

Ja, der Italiener sagte mir: „Ich bin kaum vier Tage hier, und schon werde ich von verschiedenen Seiten mit Ansuchen behelligt." Und besonders nach dem Lesen meines Briefes sagte er: „Die Gruppe kann doch wohl nicht Mutters Segen haben!" Und er hat mir die Frage gestellt.

Nein, wie ich dir schon sagte, es ist noch besser: ich bin „eine Schülerin"!

Das macht nichts. Das macht überhaupt nichts. Man betrachtet all das *(Geste von oben)*. Im Grunde ist alles ein Spiel des Herrn! *(Mutter lacht)*

Mich verblüffte, daß ich angeblich zur Schülerin wurde – das ist wirklich köstlich, findest du nicht? Nach so etwas bleibt einem nichts anderes, als schallend zu lachen.

Ich habe diesem Italiener jedenfalls gesagt: „Hören Sie, machen Sie sich keine Sorgen, die Lüge frißt sich selbst."

Aber ja! Genau das ist es. So sieht man jedenfalls, daß es genügt, nur ein klein wenig so zu machen *(Geste eines Daumendrucks)* ... Für den armen M wirkte das sofort! Es genügte schon *(gleiche Geste)*.

Ich werde den Italiener sehen, er verläßt uns; er hat mir ein paar sehr nette Worte geschickt, um mich zu fragen, ob er mich vor der Abreise noch sehen könne. Er sollte aber nicht sprechen, denn ich höre ihn nicht.

Ich höre nicht ... das ist ein seltsames Phänomen: die Leute sprechen mich in einem ANDEREN Bewußtseinszustand an – es ist nicht die gleiche Ebene –, und so habe ich den Eindruck ... *(Geste nach unten)* von Schwingungen, die nicht mit meinem Bewußtsein in Kontakt treten. Ich sehe die Schwingungen so *(gleiche Geste)*, aber ... manchmal höre ich einige Laute, sie ergeben aber ÜBERHAUPT KEINEN Sinn. Also lohnt es sich nicht zu sprechen.

(Schweigen)

Du weißt nicht, wie sie sich in ihren „Séancen" benehmen?...

Nein.

(Lachend) Ich hoffe, daß sie sich anständig benehmen. Wenn es sich nur um Sprüche handelt, dann geht es; andernfalls wäre ich gezwungen zu intervenieren.

Nein, ich möchte nichts dazu sagen, denn das würde bedeuten, sich auf das gleiche Niveau hinabzubegeben.

Das geht aber schon lange so: Wenn Y mir einen Brief schreibt, dann schreibt sie auf die Vorderseite des Umschlags „Süße Mutter" und auf die Rückseite, ganz oben auf den Umschlag, ein großes „Y". Wenn ich ihr antworte, nehme ich denselben Umschlag und schicke ihn ihr zurück ... einmal erlaubte ich mir einen kleinen Scherz *(lachend):* nach „Süße Mutter" setzte ich einen Pfeil, der nach oben zeigte und auf der Rückseite bis zum „Y" weiterging. *(Mutter lacht)*

Das war sehr lustig.

Und sie selbst ist (oder sie wird es sein, ich weiß es nicht, das hängt von den Leuten ab, mit denen sie redet) die Inkarnation von ... erinnerst du dich, Sri Aurobindo spricht in seinem Buch *Die Mutter* vom „Aspekt der Liebe" der Mutter, der sich noch nicht inkarniert hat, weil die Welt noch nicht bereit dafür ist. Das also ist Y.[1]

Wenn man sie sieht, hat man nicht diesen Eindruck!

Ach! *(Mutter mokiert sich über Satprem)* Aber das ist oberflächlich, ein oberflächlicher Eindruck.

(Schweigen)

Es sieht so aus, als hätte ich ihr völlig freie Hand gelassen in der Organisation von Auroville. Sie nannte es „Universitätsstadt". Daraufhin erklärte man ihr, daß dieses Wort in einem bestimmten Sinn gebraucht wird, und sie sagte mir: „Oh, das habe ich schon klargestellt", und auf den Einladungen zum 28. *(für die Grundsteinlegung)* wollte sie, daß man „Universitätsstadt" schreibe; man hat die Einladungen aber einfach gedruckt, ohne sie zu fragen, und geschrieben: „The city of universal culture" [Die Stadt universeller Kultur].

Das ist immer ein Zeichen von Leuten, die eine rein mentale Gestaltungskraft haben: sie wollen die Worte zwingen, das auszudrücken, was sie sich einbilden. Ich habe ihr gesagt: „So geht das nicht! Egal was du sagst, im Allgemeinverständnis hat das Wort eine andere Bedeutung; erfinde ein neues Wort oder eine Redewendung." *(In aggressivem Tonfall)* – „Aber es bedeutet GENAU DAS!" ...

Sie wollte einen kleinen Orang-Utan haben, denn es scheint, daß diese Spezies dabei ist auszusterben, also wollte sie etwas dafür tun, die Spezies zu erhalten – ich weiß nicht warum ... Und als M nach Tahiti reiste, bat sie ihn, einen Orang-Utan mitzubringen. Der arme M!... Das kann keine sehr amüsante Aufgabe sein. Also fragte mich M vor der Abreise: „Es scheint, daß ich einen Orang-Utan mitbringen

---

1. Siehe *Agenda* Bd. 8 vom 11. Oktober 1967.

soll ..." Und ich antwortete ihm: „Mir wäre es sehr viel lieber, wenn Sie keinen finden würden!"

Und er hat auch keinen gefunden.

*
* *

Addendum

*(Ein Brief von Satprem an einen Freund
über den „Yoga der Sexualität")*

28. Januar 1967

Ich werde versuchen, Deine Fragen so einfach wie möglich zu beantworten, daß heißt, ohne das Problem durch den blauen Dunst geheimnisvoller Traditionen zu verschleiern, sondern indem ich mich unmittelbar auf meine Erfahrung beziehe. Schließlich ist das die beste Art, die Wahrheit der Traditionen zu ergründen, da diese ja auch aus der Erfahrung geboren wurden. Es gibt eine Ebene einfacher Wahrheit, auf der all diese Erfahrungen zur Übereinstimmung kommen.

Man kann damit anfangen, das Problem in einem größeren Zusammenhang zu betrachten, und zwar dem der Evolution. Die Arten haben sich vom Stein zur Pflanze entwickelt, dann zum Tier und zum Menschen. Alles weist darauf hin, daß der Fortschritt der Evolution kein Fortschritt in den Gestalten ist sondern ein Fortschritt des Bewußtseins. Die Formen und Gestalten bilden lediglich eine dem Fortschritt des Bewußtseins immer besser angepaßte Stütze. Wir haben das Stadium des Menschen erreicht, aber es gibt keinen Grund anzunehmen, daß dies das letzte und höchste Stadium ist (sonst wäre es keine Evolution). Sonst hätte ein objektiver Beobachter ebensogut annehmen können, daß das Chamäleon oder der Pavian vor hundert Millionen Jahren der Gipfelpunkt der Evolution sei. Wir sind lediglich in einem entscheidenden Stadium der Evolution angelangt, wo wir bewußt eingreifen können, um den natürlichen Prozeß zu beschleunigen, der andernfalls noch mehrere Millionen Jahre in Anspruch nehmen könnte, von der damit verbundenen Verschwendung gar nicht zu reden. Der Yoga und alle anderen spirituellen Disziplinen sind letztlich nichts anderes als Verfahren zur bewußten Beschleunigung der Evolution in die richtige Richtung.

Hier mag Unschlüssigkeit herrschen in bezug auf die „richtige Richtung". Einige werden Dir sagen, daß der wahre Sinn, die einzig richtige Richtung, nicht hier, sondern ich weiß nicht in welchem himmlischen Jenseits liegt (wie die uns bekannten Religionen). Das ist ein möglicher

Standpunkt. Trüge diese materielle Evolution jedoch ihre Bedeutung nicht in sich, bedeutete dies, daß wir uns in Gegenwart einer finsteren Farce befinden, erfunden von ich weiß nicht was für einem göttlichen Masochisten. Wenn Gott existiert, sollte er etwas weniger dumm sein, und man kann davon ausgehen, daß diese materielle Evolution eine göttliche Bedeutung hat und daß sie der Ort einer göttlichen Manifestation in der Materie ist. Unsere spirituelle Disziplin sollte folglich darauf abzielen, diesen göttlichen Menschen zu erreichen oder dann vielleicht dieses andere, uns noch unbekannte Wesen, das sich aus uns entwickeln wird, so wie unser Intellekt sich aus den Urlauten der Menschenaffen entwickelt hat.

Welchen Platz hat dann die sexuelle Funktion in dieser Evolution? Bis jetzt hat sich der Fortschritt des Bewußtseins des Fortschritts der Arten bedient, d.h. die sexuelle Fortpflanzung stellte den Schlüssel zur Verbreitung der Arten dar, um die der Manifestation des Bewußtseins angemessenste Form zu finden. Seit dem Auftreten des Menschen vor zwei oder drei Millionen Jahren hat die Natur keine neuen Arten hervorgebracht, als ob sie im Menschen die angemessenste Ausdrucksform gefunden hätte. Nun kann die Evolution aber nicht zum Stillstand kommen, sonst wäre es keine Evolution mehr. Somit liegt der Schlüssel zur Evolution jetzt nicht mehr in der Vervielfältigung der Arten mittels sexueller Fortpflanzung sondern unmittelbar in der Macht des Bewußtseins selbst. Bis zum Auftreten des Menschen war das Bewußtsein noch zu sehr in seiner materiellen Stütze verhaftet; mit dem Menschen hat es sich hinlänglich befreit, um seine wahre Meisterschaft über die materielle Natur anzutreten und seine eigenen Mutationen selbst zu bewerkstelligen. Vom Standpunkt der Evolutionsbiologie aus betrachtet, bedeutet dies das Ende der Sexualität. Wir stehen an einem Wendepunkt, wo es gilt, von der natürlichen Evolution durch den Sexualtrieb überzugehen zur spirituellen Evolution durch die Kraft des Bewußtseins.

Die Natur zögert im allgemeinen nicht, Funktionen und Organe, die ihre evolutionäre Aufgabe erfüllt haben, zurückzubilden, und es läßt sich somit voraussehen, daß die Funktion der Sexualität sich in denjenigen Wesen zurückentwickeln wird, denen es gelingt, ihre Energie nicht mehr auf die Fortpflanzung auszurichten sondern auf die Entwicklung ihres Bewußtseins. Es ist offensichtlich, daß wir uns noch nicht alle an diesem Punkt befinden und daß die Natur den Geschlechtstrieb noch lange brauchen wird, um ihre Evolution innerhalb der menschlichen Spezies weiterzuverfolgen, das heißt, um den recht rohen Menschen, der wir noch sind, zu einem bewußteren Typus Mensch hinzuführen, der eher fähig sein wird, die Bedeutung seiner Evolution zu begreifen, um schließlich imstande zu sein, von der natürlichen Evolution zur spirituellen Evolution überzugehen. Die ungleiche Entwicklung der einzelnen Individuen ist der offensichtliche Grund, warum man keine allgemeinen Regeln aufstellen oder unfehlbare Rezepte abgeben kann. Jedes Stadium trägt sein eigenes Gesetz in sich. Wie lange auch immer die Zwischenphasen dauern mögen, vom Standpunkt der Evolutionsbiologie ist es offensichtlich, daß sich die Funktion der Sexualität dann erschöpft hat, wenn es ihr gelungen ist, einen hinlänglich bewußten Menschen in die Welt zu setzen. Es ist also logischerweise nicht möglich, eine spirituelle Disziplin zur Beschleunigung der Evolution auf ein Prinzip zu gründen, das der Evolution zuwiderläuft. Es genügt, den schwierigen Grenzpunkt X im Übergang von der natürlichen zur spirituellen Evolution auch nur ein wenig überschritten zu haben, um sich klarzumachen, daß *alle* pseudomystischen Versuche, die sexuellen Beziehungen zwischen Mann und Frau zu verschönern, eine Täuschung sind. Ich habe weiß Gott nichts gegen sexuelle Beziehungen einzuwenden, aber diese mit einer yogischen oder mystischen Phraseologie zu überdecken, ist eine lügenhafte Illusion, ein schlichter Selbstbetrug. Es gibt in dieser Richtung also keinen „Schlüssel wiederzuentdecken", denn es existiert keiner.

Es gibt einen Schlüssel in der Beziehung zwischen Mann und Frau, er liegt jedoch nicht auf sexuellem Gebiet. Die sogenannten „Tantriker der linken Hand" (Vama Marga) sind im Vergleich zum wahren Tantrismus das, was die Erzählungen Boccaccios im Vergleich zum Christentum oder der weinselige römische Bacchus im Vergleich zum Dionysos der griechischen Mysterien sind. Ich kenne den Tantrismus, das ist das geringste, was ich sagen kann. Für die Katharer hege ich die größte Hochachtung, und es wäre ehrenrührig, ihnen zu unterstellen, daß sie einen „Yoga der Sexualität" betrieben hätten. Vom Hintergrund meiner eigenen Erfahrung aus gesehen, erschien mir die Erfahrung der Katharer immer glaubwürdig, und selbst, wenn einige unter ihnen versucht waren, die sexuelle Beziehung mit der wahren Beziehung zwischen Mann und Frau zu vermengen, so haben sie diesen Fehler bald eingesehen. Es ist eine Sackgasse, und der einzige Weg dort heraus ist der, einzusehen, daß sie einen nicht weiterbringt. Die Katharer waren zu aufrichtig und zu bewußt, um auf einer sie belastenden Erfahrung zu bestehen. Denn genau das ist der springende Punkt: die sexuelle Erfahrung (egal ob mit oder ohne Erguß, oder was auch immer der Modus) ist aufgrund ihrer Natur ein automatischer Rückfall in die alten animalischen Schwingungen – daran läßt sich nichts ändern. Du magst all deine Liebe hineingeben, die Funktionsweise selbst jedoch bleibt verbunden mit Jahrtausenden von Animalität – so als wolltest Du in einen Sumpf springen, ohne dabei den Schlamm aufzurühren. Das ist nicht möglich, das „Milieu" ist einfach so beschaffen. Und wenn man weiß, wieviel Transparenz, Klärung und innere Reglosigkeit notwendig sind, um langsam in ein höheres Bewußtsein vorzudringen oder um einem höheren Licht zu gestatten, in unsere Gewässer einzutreten, ohne sofort getrübt zu werden, dann wird klar, daß die sexuelle Tätigkeit einem in keiner Weise helfen kann, in jene leuchtend-reglose Klarheit einzutreten, in der die Dinge möglich zu werden beginnen. Die Einheit, die Verschmelzung zweier Wesen, die wahre und totale Begegnung zweier Wesen geschieht nicht auf dieser Ebene und mit diesen Mitteln. Das ist alles, was ich dazu sagen kann. Ich habe jedoch gesehen, daß sich in der schweigenden Ruhe zweier Wesen von gleicher Bestrebung, die den schwierigen Übergang bewältigt haben, nach und nach etwas völlig Einzigartiges entwickelt, von dem man auch nicht die leiseste Ahnung haben kann, solange man noch im „Zwist des Fleisches" befangen ist, um es frömmlerisch auszudrücken. Ich glaube, die Erfahrung der Katharer beginnt erst *nach* diesem Übergang. Erst *danach* erhält das Paar Mann-Frau seine wahre Bedeutung, seine „Wirksamkeit", wenn ich so sagen darf. Sex ist bloß eine erste Form der Begegnung, das erste Mittel der Natur, um die Schale des individuellen Egos zu durchbrechen – danach wächst man und entdeckt etwas anderes, nicht durch Hemmung oder Unterdrückung, sondern weil es etwas anderes, unendlich Reicheres gibt, das dessen Platz einnimmt. Jene, die so erpicht darauf sind, den Sex zu erhalten und ihn zu mystifizieren, um in ein zweites Stadium der Evolution vorzustoßen, erinnern einen an Kinder, die sich weiter an ihren Kinderwagen klammern, obwohl sie ihm entwachsen sind, es ist wirklich nichts anderes als das. Es läßt sich kein Yoga damit machen, aber es geht auch nicht an, sich darüber zu entrüsten. Ich habe also nichts zu kritisieren, ich sehe die Dinge nur so, wie sie sind, und stelle sie an ihren Platz. Alles hängt vom Stadium ab, in dem man sich befindet. Und für jene, die sich aus diesem oder jenem mehr oder weniger sublimen Grund der Sexualität bedienen wollen, mein Gott, mögen sie ihre Erfahrung machen. Wie mir Mutter erst gestern im gleichen Zusammenhang sagte: „Um der Wahrheit die Ehre zu geben, der Herr bedient sich aller Mittel. Man ist immer auf dem Weg zu etwas hin." Man ist immer auf dem Weg, egal durch welches Mittel, aber man muß einen klaren Geist bewahren und darf sich nicht selbst belügen.

Ich werde versuchen, ein oder zwei Abschnitte von Sri Aurobindo zu finden, um Dir seinen Standpunkt aufzuzeigen.

Satprem

12. JANUAR 1968

*
* *

(Zitat von Sri Aurobindo:)

„... Es gibt keinen gefährlicheren Irrtum, als die Einmischung sexueller Begierden und ihrer subtilen Befriedigung unter gleich welcher Form zu akzeptieren und vorzugeben, dies sei ein Teil der Sadhana. Dies wäre das sicherste Mittel, direkt auf einen spirituellen Fall zuzugehen und Kräfte in die Atmosphäre herabzuziehen, welche die supramentale Herabkunft blockieren würden, indem sie stattdessen gegnerische vitale Kräfte herabkommen lassen, die Zwietracht und schlimmstes Unheil säen. Es gilt, diese Abweichung absolut zurückzuweisen, sobald sie aufzutauchen beginnt, und sie aus dem Bewußtsein auszumerzen, damit die Wahrheit sich manifestieren und das Werk sich vollenden kann.

Ebenso ist es ein Irrtum, anzunehmen, es genüge, den sexuellen Akt physisch zu unterbinden und zu glauben, eine innere Nachahmung sei Bestandteil der Transformation des sexuellen Zentrums. Das Wirken der animalischen sexuellen Energie in der Natur ist ein Mechanismus mit bestimmten Zwecken innerhalb des Haushalts der unwissenden materiellen Schöpfung. Die damit einhergehende vitale Erregung erzeugt jedoch eine Schwingung in der Atmosphäre, welche den vitalen Kräften und Wesen eine sehr günstige Gelegenheit zum Eindringen bietet, und diese Vitalwesen haben als einzigen Daseinsgrund eben die Aufgabe, die Herabkunft des supramentalen Lichtes zu verhindern. Die damit verbundene Sinnenfreude ist eine Verzerrung des göttlichen Anandas, nicht seine wahre Form. Das wahre göttliche Ananda im Physischen hat eine ganz andere Qualität, Substanz und Bewegung. Indem es wesentlich in sich selbst besteht, hängt seine Manifestation von nichts anderem ab als einer inneren Vereinigung mit dem Göttlichen. Du sprichst von der Göttlichen Liebe; die Göttliche Liebe aber erweckt keine groben Tendenzen des niederen Vitals, wenn es mit dem Physischen in Berührung kommt. Dem zuwiderzuhandeln bewirkt allein, es zurückzustoßen und es erneut in die Höhen flüchten zu lassen, von denen es bereits so schwierig in das Dickicht der materiellen Schöpfung herabzuziehen ist, das allein aber es zu transformieren in der Lage ist. Suche die Göttliche Liebe durch die einzige Pforte, die sie zu übertreten bereit ist: die Pforte des psychischen Wesens, und weise den Irrtum des niederen Vitals zurück!"

Sri Aurobindo

Letters on Yoga, Cent. Ed., Bd. 24, S. 1507

17. Januar 1968

(Die folgenden Worte beziehen sich auf ein früheres Gespräch mit Mutter über Savitri, *das von einem jungen Schüler aus dem Gedächtnis notiert wurde.)*

Sie sind so glücklich, so begeistert! Alle sagen: „Wie großartig!" Ich habe mir gedacht: „Man muß also irren, damit die Leute es gut finden! Wenn man nicht irrt, mögen sie es nicht." So ist das.

Und sie wollen es veröffentlichen.

* * *

(Wenig später, in bezug auf einen Abschnitt aus dem gleichen Text über Savitri*)*

Sri Aurobindo schrieb abends, und in der Nacht hatte ich die Erfahrung; morgens las er es mir vor, und ich fand meine Erfahrung darin wieder – ich hatte ihm nichts gesagt, und er hatte mir nichts gesagt. Das ist interessant ...

Es sieht aber immer so aus, als wolle man sich damit brüsten, und das ist ärgerlich. Nein, man kann so etwas durchaus SAGEN, aber es zu veröffentlichen ist etwas ganz anderes.

20. Januar 1968

*(Mutter gibt Satprem ein Päckchen Suppenpulver,
das sie selbst noch nicht probiert hat.)*

Du hattest keine Zeit, es zu kosten?

Das ist nicht nötig.

Etwas will mich unbedingt vom Essen abhalten. Ich weiß nicht ... Ich esse noch ... (wie soll man sagen?) aus gesundem Menschenverstand. Offensichtlich funktioniert der Körper noch auf die alte Weise, folglich muß man noch die alten Mittel anwenden, aber ...

Das ist alles.

24. Januar 1968

*(Satprem schickt sich an, Mutter wie gewohnt gegen halb zwölf
Uhr zu verlassen.)*

Das wird ein harter Monat ...

Ach! ...

Die Tage, an denen du kommst, sind die einzigen, wo ich Zeit habe, zu Mittag zu essen. Die anderen Tage bin ich so spät dran, daß ich nicht mehr baden kann, wenn ich esse, also esse ich nicht.[1] Folglich fällt das Mittagessen aus ... Im Grunde bin ich aber froh darüber.

Nein, es gibt eine vollkommene innere Reorganisation ... Wir werden sehen. Es ist immer noch eine Übergangszeit.

Wahrscheinlich wird eine gewisse mechanische Starrheit aufhören. Ich denke, dies wird sich zuerst ändern: eine Art mechanische Starrheit, die einmal notwendig war, um ... Weißt du, das physische Leben war äußerst mechanisch, um normal funktionieren zu können; nun ist es dabei, sich aufzulösen. Der Übergang ist allerdings schwierig.

---

1. Gewöhnlich duscht sich Mutter gegen 14:30 Uhr.

27. Januar 1968

Der Radiointendant schrieb mir gestern, um mir zu sagen, daß er für den 21. Februar eine „spektakuläre" Sendung machen möchte. Dann bat er mich, ihm am Ende, „zur Krönung" der Sache, die „Reminiszenzen meines Lebens in Indien" zu geben. *(Mutter lacht)* Also bereitete ich meine Antwort vor ...

> „The reminiscences will be short. I came to India to meet Sri Aurobindo. I remained in India to live with Sri Aurobindo. When he left his body, I continued to live here in order to do his work which is by serving the Truth and enlightening humanity to hasten the rule of the Divine's Love upon earth."

> „Die Reminiszenzen sind kurz. Ich kam nach Indien, um Sri Aurobindo zu begegnen. Ich blieb in Indien, um mit Sri Aurobindo zu leben. Als er seinen Körper verließ, fuhr ich fort, hier zu leben, um sein Werk weiterzuführen: d.h. der Wahrheit zu dienen und die Menschheit zu erleuchten, um die Herrschaft der Göttlichen Liebe auf der Erde zu beschleunigen."

Punkt, Schluß. Das ist alles!
Es kam auf englisch, und ich habe es dann ins Französische übersetzt.
Gestern abend las mir Pavitra den Brief dieses Herrn vor, und während er las, kam Sri Aurobindo und fing an zu lachen. Als der gute Mann mich nach meinen Reminiszenzen fragte, lachte er, damit hatte ich augenblicklich die Antwort. Es kam so: „Das ist sehr einfach, da gibt es nicht viel zu sagen." ... Aber die Leute verstehen das nicht! Und Sri Aurobindo sagte mir: „Es wird höchste Zeit, daß sie es lernen." Das Ganze dauerte fünf Minuten.

*
* *

(Danach hörte sich Mutter die englische Übersetzung des „À Propos" vom 24. November 1967 für die nächste Ausgabe des Bulletins an.)

In dem Augenblick, wo man die Erfahrung macht, ist es sehr interessant, denn als Erfahrung bringt es einem immer etwas Neues, man lebt etwas Neues, aber ... Also erzählt man es. Wenn man es aber später wieder hört, ach, dann klingt es wie viel Lärm um nichts.
Manchmal erzähle ich solche Erfahrungen – aber sie sind unzählig und geschehen andauernd. Jede für sich ist sehr interessant und

immer lehrreich, eine neue Sicht der Welt, eine neue Tat. Wollte man jedoch all das erzählen ... das nähme kein Ende, und jede Erfahrung für sich genommen hat nur ein sehr relatives Interesse.

Heute morgen durchlebte ich während mehr als einer Stunde einen bestimmten Bewußtseinszustand, eine bestimmte Weltsicht – unglaublich interessant, weil es wirklich vollkommen neu war, aber all dies in allen Einzelheiten zu erzählen ... nun, ich lasse euch das entscheiden – es liegt an euch, was ihr nehmt, mir ist es egal!

31. Januar 1968

Merkwürdigerweise ist etwas wie ein Verbot zu sprechen gekommen und ... ich weiß nicht, wie ich das sagen soll: ich habe den Eindruck, aus einer Entfernung zu sprechen. Das gibt mir diese rauhe Stimme *(Mutter ist etwas heiser)*. Ich denke, sie ist dabei, eine Transformation zu durchlaufen. Vorher hatte ich eine hervorragende Herrschaft über die Stimme, über den Klang der Stimme – all das ist wie weggefegt. Als spräche ich durch ein Instrument, das sehr weit weg von mir ist.

Das wird vergehen.

Und für alles, alles ... gibt es eine Veränderung in der SEINSWEISE. Auch die Nächte sind ganz anders – all das war sehr organisiert, sehr regelmäßig, sehr bewußt, und dies hat sich jetzt alles geändert. Das Bewußtsein befindet sich ständig außerhalb des Instruments ... *(Geste nach oben)* Das Bewußtsein ist sehr weit, sehr umfassend und sehr geschmeidig – beständig: Tag und Nacht. Dennoch ist es das Bewußtsein des Instruments *(Mutter berührt ihren Körper)*. Früher war es das körperliche Bewußtsein. Jetzt ist es dasselbe Bewußtsein, aber es ist etwas sehr Weites und Starkes geworden, hier *(gleiche Geste über dem Kopf)*, wie in einem Abstand zum Körper, das so auf den Körper wirkt, um ihn zu bewegen, und zwar die ganze Zeit. Und der Körper scheint nicht auf seine Gestalt beschränkt zu sein: er spürt auf eine bestimmte Distanz, er berührt die Dinge in einer bestimmten Distanz.

Seltsam. *(Lachend)* Etwas ist dabei zu geschehen, und ich weiß nicht, was es ist.

(Am Ende dieses Gesprächs geht Satprem nach Hause. Kurze Zeit später schickt ihm Mutter die folgende Notiz:)

Hier, was ich heute morgen zu sagen versuchte:

Anstelle des Bewußtseins innerhalb des Körpers befindet sich der Körper jetzt innerhalb des Bewußtseins, und doch handelt es sich immer noch um das körperliche Bewußtsein.

Februar

3. Februar 1968

(Mutter beginnt damit, den Text der „Reminiszenzen" ihres Lebens in Indien für das indische Radio zu lesen – siehe die Unterhaltung vom 27. Januar 1968, S. 32.)

Und dann habe ich etwas geschrieben ... Sie wollten eine Art Broschüre über Auroville herausgeben, um sie am 28. Februar[1] an die Presse, an die Leute von der Regierung usw. zu verteilen. Vorher findet in Delhi in zwei oder drei Tagen eine Konferenz aller Nationen statt („alle Nationen" ist übertrieben, aber sie sagen jedenfalls „alle Nationen"). Z geht dorthin, und sie möchte Informationsmaterial über Auroville mitnehmen. Sie hatten Texte vorbereitet – lange Texte, das hört überhaupt nicht mehr auf: Reden über Reden. Ich fragte und konzentrierte mich, um zu wissen, was gesagt werden sollte. Plötzlich gab mir Sri Aurobindo eine Offenbarung. Das war wirklich interessant. Ich konzentrierte mich, um das Warum und das Wie zu erfahren, und plötzlich sagte mir Sri Aurobindo: *(Mutter liest eine Notiz)*

Indien ist ...

Das war die Vision der Sache, und dann hat es sich sofort in französische Worte übersetzt.

> Indien ist zur symbolischen Darstellung aller Schwierigkeiten der modernen Menschheit geworden.
> Indien wird der Ort ihrer Wiederauferstehung sein, der Wiederauferstehung in ein höheres und wahreres Leben.

Und die Vision war klar: Auf die gleiche Art, wie in der Geschichte des Universums die Erde zur symbolischen Darstellung des Universums wurde, um die Arbeit auf einen Punkt zu konzentrieren, ist Indien nun zur Darstellung aller irdischen, menschlichen Schwierigkeiten geworden, und von Indien aus wird die Heilung eintreten. Und aus diesem Grunde wurde ich veranlaßt, Auroville zu gründen.

Das kam absolut klar und ungeheuer machtvoll.

Also habe ich es aufgeschrieben. Ich sagte ihnen nicht, wie oder was, nur: „Stellt das an den Anfang eurer Papiere, was auch immer sie sind – ihr könnt erzählen, was ihr wollt, aber das kommt an den Anfang."

(Schweigen)

---

1. Tag der Grundsteinlegung von Auroville.

Dies war sehr interessant. Und diese Vision blieb über eine Stunde lang, so stark, so klar, als wäre mit einem Schlag alles klar geworden. Ich habe mir oft die Frage gestellt (nicht als „Frage", aber wie eine innere Spannung, um zu verstehen, warum es ausgerechnet hier in Indien zu einem solchen Chaos gekommen ist, mit solch erbärmlichen Schwierigkeiten und einer solchen Ansammlung), und auf einmal wurde alles klar, einfach so. Das war wirklich interessant. Und es kam augenblicklich: „Siehst du, dafür hast du Auroville geschaffen!" Ich wußte es nicht, ich tat es wie unter einem Druck, und es nahm immer größere Ausmaße an (es ist wirklich weltweit geworden), und dann fragte ich mich: „Warum das alles?..." Eine Weile dachte ich, dies sei gegenwärtig die einzige Möglichkeit, einen Krieg zu verhindern[1], aber das erschien dann als eine etwas oberflächliche Erklärung. Plötzlich wurde es jedoch klar: „Ach, das ist es!"

Weil all diese Macht darin lag, sagte ich: „Zitiert dies in euren Schriften!" Man wird sehen – sie werden nichts verstehen, aber das macht nichts. Es wird seine Wirkung haben.

*
* *

Etwas später

Neulich habe ich dir doch eine kleine Notiz geschickt[2] ... Und heute morgen geschah etwas (bevor ich mit den Leuten in Kontakt kam, in den frühen Morgenstunden). Ich notierte es, damit ich es dir sagen kann, denn ich weiß, daß es sonst verloren geht ... Nicht daß es sich verflüchtigt, aber es verdünnt sich *(Mutter liest):*

Der Körper badet im göttlichen Bewußtsein ...

So, als würde man vom Wasser getragen. Der Eindruck ist so: Das göttliche Bewußtsein durchdringt alles, sehr intensiv, überaus machtvoll, und es ist, als würde der Körper darin gebadet, wobei er noch den Eindruck von etwas Widerspenstigem macht, ja, ein wenig wie eine Rinde, er ist noch zäh, aber allmählich wird er geschmeidig und erlangt diese Plastizität, diese Aufnahmefähigkeit. Und beides ist eng miteinander vermischt. Und der Körper, sein Bewußtseinszustand, seine Seinsweise ist folgendermaßen *(Mutter nimmt ihre Lektüre wieder auf):*

---

1. Siehe *Agenda* Bd. 7 vom 21. September 1966.
2. „Anstelle des Bewußtseins innerhalb des Körpers befindet sich der Körper jetzt innerhalb des Bewußtseins, und doch handelt es sich immer noch um das körperliche Bewußtsein."

3. FEBRUAR 1968

Er tut sein Möglichstes, um durchlässig und transparent zu werden, damit er die Aktion dieses Bewußtseins nicht behindert oder verzerrt.

So ist es in Wirklichkeit: nicht direkt „durchsichtig", denn das hieße ... ein Glas ist zum Beispiel durchsichtig, und dabei bleibt es hart. Hier aber besteht eine Bemühung zu schmelzen, um sich auf diese Weise zu identifizieren – das geht so weit, daß, wenn ich sehr ruhig bin und mich überhaupt nicht rege, weder innerlich noch äußerlich, etwas wie eine Ausdehnung stattfindet, etwas, das irgendwie schmelzen will. Dies ist ein sehr starker Eindruck. Und es erzeugt eine außerordentliche Schwingungsmacht in allen Zellen. Verstehst du, etwas, das in keinem Verhältnis zum menschlichen Körper steht – ungeheuerlich.

Das ist mir manchmal auch schon mit Leuten geschehen: Du weißt, daß ich ihnen immer ein „Bad des Herrn" geben möchte, wie ich es nenne, wenn sie kommen. Dann gibt es aber welche, die reagieren und daran „ziehen", und in jenem Augenblick (das ist ein- oder zweimal passiert) ist es, als würden alle Zellen anschwellen, etwas, das sehr groß wird, mit einer solchen Schwingung ... fast ehrfurchterregend, verstehst du? Nun, wenn das geschieht und ich beobachte, gibt es Leute, die darin aufgehen und schmelzen (nicht viele, sehr wenige), aber es gibt auch welche, die entsetzt sind. Sie stehen auf und suchen das Weite. Und es gibt wiederum andere, die von etwas ergriffen werden, was man im Englischen *awe* nennt [Ehrfurcht]: sie sind überwältigt. Das konnte ich öfters bemerken. Ich dachte dann nur: der Herr tut sein Werk – aber das ist es nicht. Etwas im Körper verändert sich tatsächlich.

Jetzt ist es klar und bewußt geworden, und der Körper ... Man braucht nur die äußeren Tätigkeiten einzustellen, und zwei oder drei Sekunden später, oder spätestens nach ein oder zwei Minuten, fühlt der Körper sich darin geborgen, schwebend, aufgehoben ... Man sieht eine Unermeßlichkeit, gleich einem Ozean von diesem schwingenden, leuchtenden, goldenen, machtvollen Bewußtsein, und darin treibt er ... Wie ich eben sagte: Er ist noch ein wenig wie ein Stück Rinde, und manche Teile zerbröckeln. Es gleicht einem Stück Rinde, das an verschiedenen Stellen schlecht paßt: an jenen Stellen, die ... immer noch die Identifikation spüren; es ist noch nicht die vollkommene Identifikation, da sie immer noch verspürt wird – aber in welcher Seligkeit!... Und bei praktischen Fragen – wenn irgendwo etwas stört, aus welchem Grund auch immer (meistens wegen eines unerwarteten Einflusses von außen: ein Schmerz hier, etwas Störendes dort, usw.) –, löst sich das in diesem Zustand beinahe augenblicklich auf, und wenn ich geduldig so verharre, verschwindet auch die ERINNERUNG daran. Und so lösen sich sogar die Störungen, die bereits zu Gewohnheiten geworden sind, nach und nach, Schritt für Schritt, auf.

> *Da ist eine Frage, die ich mir häufig stelle. Es ist keine Frage sondern ein Zustand in der Meditation: Sehr oft habe ich nicht die geringste Lust auf das Mantra, ich habe nicht die geringste Lust auf irgend etwas. Ich spüre, daß ich mich selig in einer Art Auflösung zerfließen lasse, wirklich wie eine Auflösung, eine vollständige Durchlässigkeit, in der sich nicht das Geringste mehr regt. Wenn ich einen solchen Zustand erreiche, gibt es immer etwas in mir, das sich zusammenzieht und „Nein" sagt ... Denn ich verspüre auch das Bedürfnis, die Aspiration aufrechtzuerhalten, aktiv zu halten; denn selbst die Existenz der Aspiration verlischt darin.*

Ja, ich kenne das.

Was tun?

Sri Aurobindo hat mir mehrmals gesagt: „Sobald die Aufhebung des Wesens vollzogen ist, kehrt augenblicklich die Essenz, der eigentliche Zweck der Individualisierung zurück, aber OHNE die Grenzen des Egos." Dieses Problem, von dem du sprichst, diese Art Beklemmung, die einen innehalten läßt[1], ist eine notwendige Regung, bis die Gesamtheit des Wesens bereit ist. Wenn diese Aufhebung der Persönlichkeit und des Individuums nämlich zustandekäme, bevor alle die einzelnen Teile des Körpers und selbst des Vitals und des Mentals dazu bereit sind ... würde es ganz aufgelöst, und man weiß nicht mehr, was geschehen würde. Daher das Bedürfnis innezuhalten, bis man ganz und gar bereit ist – wenn man dann bereit ist, kann man sich gehen lassen. Und sobald die „Verschmelzung" vollbracht ist, kehrt ... (wie soll ich sagen?) nicht das „Gesetz", aber man kann es den Seinsgrund nennen, die *raison d'être*, zurück, ohne die Begrenzungen des Egos.

Diese Erfahrung hatte ich im Vital und im Mental; nun sehe ich im Körper, daß dieses Innehalten eintritt, weil dieser oder jener Teil, dieses oder jenes Element nicht genügend vorbereitet wurde und es nötig ist zu warten, bis es soweit ist. Aber in der Erfahrung von heute morgen gab es nichts mehr als diese dahintreibenden Rindenstücke.

Das bedeutet, daß die Arbeit sehr rasch vonstatten geht.

Sobald er bereit ist, wird der Körper sich einfach so gehen lassen

---

1. Satprem merkt an, daß es keine Besorgnis ist sondern ein Empfinden, daß das Leben der Aspiration wichtiger ist als diese Auflösung.

können, OHNE AUFGELÖST ZU WERDEN. Und genau darin besteht diese Phase der Vorbereitung. Die Bewegung besteht darin, vollkommen zu schmelzen, und das Ergebnis ist die Aufhebung des Egos, das heißt ein UNBEKANNTER Zustand. Man kann sagen „noch nicht physisch realisiert", denn all jene, die das Nirvana suchten, erreichten es durch die Aufhebung ihres Körpers, wohingegen unsere Arbeit darin besteht, daß auch der Körper, die materielle Substanz, schmelzen kann. Dabei bleibt das Prinzip der Individualisierung bestehen, jedoch ohne all die Nachteile des Egos. Eben das wollen wir versuchen. Wie kann man die Gestalt, die Form erhalten, ohne daß es ein Ego gibt? Dies ist das Problem, und es läßt sich nur Schritt für Schritt und ganz allmählich bewerkstelligen. Aus diesem Grunde braucht es Zeit: jedes Element wird wieder aufgenommen, wird transformiert ... Das Wunder besteht darin, unter völligem Verlust des Egos die Form zu bewahren (für das gewöhnliche Bewußtsein jedenfalls ist es ein Wunder). Für das Vital und für das Mental ist dies leichter zu verstehen (für die meisten Leute ist das sehr schwierig, für diejenigen aber, die bereit sind, ist es einfach, und dadurch kann das Werk viel schneller vonstatten gehen). Ob DIES HIER *(Mutter deutet auf ihren Körper)* sich aber durch die Bewegung der Verschmelzung nicht auflöst?... Genau darin besteht die Erfahrung. Und es gibt eine kleine Regung der Geduld, eine Bewegung von ... eigentlich die tiefste Essenz von Mitgefühl, damit es bei einer maximalen Wirkung ein Mindestmaß an Schaden gebe. Dies bedeutet, daß man so schnell vorangeht, wie man kann, dabei aber Verzögerungen in Kauf nimmt, die sich aus der Notwendigkeit der Vorbereitung der verschiedenen Elemente ergeben.

Die gegenwärtige Entwicklungskurve ist besonders interessant. In manchen Augenblicken hat man den Eindruck, absolut alles löse sich auf und zerrütte sich, das konnte ich deutlich sehen: Zu Beginn war das physische Bewußtsein nicht genügend erleuchtet, und als die inneren Vorbereitungen dann stattfanden, hatte es den Eindruck: „Ach, das müssen Anzeichen des Todes sein!" Dann kam allmählich die Erkenntnis, daß dies nicht der Fall war, sondern daß es nur eine innere Vorbereitung war, um fähig zu sein ... fähig, sich zu identifizieren, und dann, als Gegensatz dazu, die sehr klare Vision dieser so besonderen Aufnahmefähigkeit, dieser außerordentlichen Geschmeidigkeit, die, wenn sie sich verwirklicht, ohne jeden Zweifel die Aufhebung der Notwendigkeit des Todes bedeutet.

Diese Erfahrung von heute morgen war ... alles war ein unermeßlicher Ozean eines leuchtenden, ungeheuer machtvollen Bewußtseins. Und gleichzeitig ist es etwas so Sanftmütiges, Mitfühlendes, dabei aber ohne Ursache – es hatte keinen Grund, es war einfach so, der gegenstandslosen göttlichen Liebe gleich. Und darin begann der Körper zu schweben, immer leichter, immer durchlässiger, auch jetzt noch. Dennoch bleibt der Eindruck einer Rinde, aber es ist nicht überall wie Rinde. Etwas, das noch mit Widersprüchen behaftet ist. Keine absichtlichen Widersprüche, nein, sondern: Unfähigkeiten, Ohnmächtigkeiten, ein Mangel an Empfänglichkeit. Und auch diese heilen langsam, Schritt für Schritt.

Jede Erfahrung – und das geht jetzt schnell –, jede Erfahrung steht für einen großen Schritt vorwärts.

(Schweigen)

Jedesmal wenn die Norm oder die Herrschaft der gewohnten Naturgesetze am einen oder anderen Punkt durch die Autorität des göttlichen Bewußtseins ersetzt wird (oder ersetzt werden soll oder ersetzt werden wird), entsteht ein Übergangszustand, der alle Anzeichen einer entsetzlichen Störung und einer ernsten Gefahr beinhaltet. Solange der Körper sich im Zustand der Unwissenheit befindet und dies nicht weiß, gerät er folglich in Panik (das passiert fast allen), er befürchtet eine schwere Krankheit, und etwas davon überträgt sich dann mit Hilfe der Vorstellung tatsächlich in eine Krankheit. Ursprünglich aber ist es keineswegs das. Es handelt sich lediglich um den Rückzug der gewohnten Naturgesetze und des ihnen eigenen persönlichen Vital- und Mentalgesetzes (dabei ist das Naturgesetz im Körper im allgemeinen viel stärker als das vitale und das mentale Gesetz). Im Augenblick vollzieht sich der Rückzug dieses Gesetzes, und es wird durch das andere, höhere ersetzt. Einen Moment lang herrscht also weder das eine noch das andere, und dieser Augenblick ist kritisch. Wenn der Körper dies zu verstehen beginnt, bleibt er unbewegt in seinem Vertrauen und Glauben, er verharrt reglos, und alles geht gut. Es geht schnell vorüber, und alles geht gut. Wenn er sich dessen jedoch nicht bewußt ist, sind seine Reaktionen katastrophal. Um es spontan und automatisch zu wissen, muß ein großer Teil der Elemente des Körpers bereits bewußt und transformiert sein. Jetzt geht es; vor noch nicht allzulanger Zeit war es noch notwendig, mit allem innezuhalten, zu schweigen, sich zu konzentrieren, die göttliche Gegenwart zu rufen, zu glauben und zu vertrauen, damit alles wieder in Ordnung kommt. Mittlerweile geschieht dies spontan.

Und die äußere Erscheinung, eben jener Teil, der den Eindruck vermittelt, aus Rinde zu sein, ist das, was sich erst zuletzt verändert. – Was wird geschehen? Ich weiß es nicht ... Ich weiß es nicht. Aber das wird sich zuletzt ändern.

Dabei gibt es amüsante Details: Wenn ich zum Beispiel jemandem gegenüberstehe, der aus dem einen oder anderen Grund einen Schock oder ein Mißbehagen über meine gebeugte Erscheinung empfindet (jemand, der mich vorher gekannt hat), dann schafft dies eine Atmosphäre, die dem Körper eine Art Bedauern über seine Erscheinung gibt – eigentlich ist es kein „Bedauern" sondern vielmehr eine Mißbilligung dieses Eindrucks von Verfall (als ein Beispiel unter vielen anderen) –, und dann kommt fast augenblicklich die sehr klare Vision von dem, was dies heilen kann, der BEWUSSTSEINSZUSTAND, der das heilen kann. Es muß aber ein spontaner Zustand sein, damit es andauert. Wie für alles andere wird es auch hier einen Übergangszustand geben, und der wird wahrscheinlich gefährlich sein. Der Zustand des Wahrheitsbewußtseins muß ausreichend gefestigt sein, damit er spontan sein kann. Damit er spontan sei, muß die Notwendigkeit wegfallen, sich konzentrieren oder einen Willensakt aufbringen zu müssen, verstehst du? So kann der Übergang stattfinden.

Mein Leben ist mit so vielen Erfahrungen gesegnet worden, die mir beweisen, daß ALLES möglich ist. Ich hatte zum Beispiel eine seltsame Erfahrung mit zweiundzwanzig. Nach dieser Erfahrung, die ich in der Nacht hatte ... (ich erinnere mich nicht mehr an alle Einzelheiten). Damals trug man Kleider, die genau bis zum Boden reichten, ohne aber anzustoßen *(Geste in Bodenhöhe)*. In einer nächtlichen Erfahrung war ich sehr groß, und am Morgen bestanden 2 Zentimeter Abstand zwischen Kleid und Boden. Das bedeutete, daß der Körper MIT DER NÄCHTLICHEN ERFAHRUNG um 2 Zentimeter gewachsen war. Verstehst du, nachts in der Erfahrung war ich sehr groß geworden, und am Morgen ... Diese materielle Bestätigung wurde mir in vielen Fällen gegeben, damit ich sicher sein konnte und der Körper überzeugt wurde, ohne die Erfahrungen stets wiederholen zu müssen. Folglich WEISS er, er weiß einfach, daß es nichts „Unmögliches" gibt; er weiß, daß „unmöglich" nichts besagen will ... Und dies hängt nicht vom individuellen Willen ab. Das Bewußtsein, das alles lenkt, ist ein Wunder an Weisheit, Geduld, Mitgefühl, Ausdauer. Wenn Zerstörung oder Verwirrung stattfindet, heißt das, daß es absolut unvermeidbar ist, daß der Widerstand der Materie im Individuum oder in den Dingen dermaßen stark ist, daß dies ganz natürlich die Verwirrung und Zerstörung herbeiführt. Das ist aber nicht Teil des Höchsten Wirkens – dieses ist ein reines Wunder. Und das hat der Körper verstanden; er hat es verstanden und ist geduldig. Von Zeit zu Zeit bleibt lediglich ... (wie soll ich sagen?) ... Es gab Leute, deren Tod ich verhinderte ... mehrere von ihnen. Ich habe in diesen Fällen noch nicht die volle, bewußte Macht, sie zu heilen, aber die Möglichkeit besteht, und ich halte sie ihnen offen. Es ist nicht allmächtig, insofern als eine bestimmte Empfänglichkeit,

Offenheit, eine gewisse Haltung notwendig sind, die nicht immer gegeben sind (die menschliche Natur ist sehr schwankend, es gibt Höhen und Tiefen, ein Auf und Ab, und das erschwert die Arbeit), aber mitunter an den Tiefpunkten, wenn das betreffende Wesen leidet oder den Mut sinken läßt, kommt im Bewußtsein *(von Mutter)* etwas wie ein tiefes Mitgefühl auf ... (wie das erklären?) ... All diese Regungen der Entmutigung sind Regungen der Schwäche, „Das" aber ist etwas ungeheuer Mächtiges und gleichzeitig sehr Sanftes, fast wie ein tiefer Schmerz, und das ganze Körperbewußtsein wird zu einem Gebet und einer Aspiration – ein sehr reines Gebet: „Warum befinden sich die Dinge noch immer in diesem elenden Zustand? Warum? Warum?" Und dies hat einen unmittelbaren Effekt *(beim Kranken)*. Leider ist dieser Effekt nicht anhaltend – weil im Gegenüber noch bestimmte Bedingungen gegeben sein müssen. Aber es ist einfach wunderbar! Und dies läßt einen die Notwendigkeit einer Gegenwart auf dieser Seite verstehen, einer Gegenwart, die noch AUF DIE ANDERE WEISE zu spüren und zu verstehen vermag, damit das Leiden der anderen ... eine Realität sei. Auch das wird berücksichtigt, und darum sind Zeit und Geduld notwendig. Der Körper weiß das mittlerweile – in ihm besteht keine Ungeduld mehr – lediglich von Zeit zu Zeit diese Art Traurigkeit, besonders wenn es sich um Wesen voller Aspiration, guten Willens und Glaubens handelt und trotz alledem das Leiden noch fortbesteht. Abgesehen davon bleibt noch eine Art Schrecken und Mißbilligung gegenüber Greueltaten, gegenüber DER Grausamkeit schlechthin, das ist ... Das ruft eine ungeheure Macht ins Spiel, und man spürt, daß ein Nichts davon, eine winzig kleine Bewegung, ach, eine Katastrophe auslösen würde. Also muß man das sorgfältig ruhig halten, damit stets das Beste geschieht.

Die Dummheit, der Schwachsinn, die Unwissenheit, all diese Dinge betrachtet man nun mit einer großen Dosis Geduld, die darauf wartet, daß sich das entwickeln möge. Böswilligkeit und Grausamkeit aber – vor allem die Bösartigkeit, jene Art von Grausamkeit, die es GENIESST, andere leiden zu lassen – in diesen Fällen muß man sich sehr beherrschen. In bildlicher Sprache gesprochen ... nicht „Sprache": in der Seinsweise ist es Kali, die zuschlagen möchte, und ich muß ihr sagen: „Bleib ruhig, ganz ruhig!" (Das ist allerdings eine Übertragung ins Menschliche.) All diese Götter, all diese Wesen existieren tatsächlich, aber ... so ausgedrückt handelt es sich um eine Übertragung. Die wahre Wahrheit liegt über all dem.

Voilà.

Heute ist der Tag von Mahasaraswati[1] ... *(lachend)* sie hat viel geschwatzt!

7. Februar 1968

Mir ist eine sehr amüsante Geschichte mit den Blumen passiert. Ich hatte Rosen arrangiert, um sie Besuchern zu geben, und dann, als die Leute eintrafen, nahm ich eine der Rosen heraus. Sie hatte sich schon ein wenig zu sehr geöffnet und sah nicht mehr ganz frisch aus. So betrachtete ich sie und fragte mich: „Ist sie noch gut genug, um verschenkt zu werden?" Ich hielt sie ein wenig locker, ungefähr so ... Mein Kind, sie hat sich tatsächlich vor meinen Augen umgedreht und mich in den Daumen gestochen!

Ich hatte andere Beispiele des Bewußtseins in den Pflanzen, dieses aber war wirklich bemerkenswert. Wenn ich sie in die Hand nehme und ihnen sage, wie schön und wie nett sie sind, dann öffnen sie sich – das geschieht häufig; aber daß sie sich umdreht (ich hielt sie natürlich nicht sehr fest) und mir mit dem Dorn in den Daumen sticht!

Ich hatte andere Beispiele, aber dieses war wirklich amüsant. Du weißt, daß ich die Hibiskusblüten dort unter die Lampe stelle. Ich stellte zwei Blumen dorthin: das „supramentale Bewußtsein" und dann eine andere, blaß-rosafarbene, die „supramentale Schönheit". Dann schickte man mir eine Hibiskus von solchen Ausmaßen, ganz weiß, mit einem granatapfelroten Zentrum (ich nannte sie „Macht"), eine wahre Pracht! So groß! Ich stellte sie dazu, und die andere ... (sie hatte sich den ganzen Morgen sehr schön gehalten), augenblicklich fiel sie vor lauter Wut – sie „fiel" nicht, nein, sie warf sich zu Boden, mit einer solchen Geste!

Die Eifersucht zwischen Blumen ist mir schon früher aufgefallen. Manche Rosen verwelken augenblicklich, wenn man sie mit anderen Blumen zusammenstellt.

Aber diese Wut, das sah ich zum ersten Mal.

Und das Schönste an der Sache war, daß ich sie natürlich behielt und später verschenkte. *(Lachend)* Ihr Coup ist ihr also gelungen.

---

1. Mahasaraswati: die universelle Mutter unter dem Aspekt des Wissens und der Vollkommenheit in der Arbeit.

Es gibt jemanden, dem ich Blumen schicke und der mir auch jeden Tag Blumen schickt, jemand, der ernsthaft Yoga betreibt. Er hat mir gerade diese goldene Hibiskus geschickt, die „supramentale Schönheit", und er schrieb mir, daß er zu einer seiner Blumen sagte: „Du wirst Mutter sehen", und daß sie daraufhin lächelte. Sie blühte auf, freute sich und lächelte. Das sagte er mir: „Sie hat mir zugelächelt."

Ich weiß nicht, ob nur unsere Wahrnehmung Fortschritte macht oder ob es nicht wirklich so ist, wie Sri Aurobindo sagte: „Wenn die supramentale Kraft auf die Erde kommt, wird es ÜBERALL eine Antwort geben." Es macht diesen Eindruck, denn die Blumen beben richtig, sind so voller Leben. Morgens sortiere ich sie immer (ich verbringe mindestens eine dreiviertel Stunde damit – es gibt hier mehr als hundert Blumen in den verschiedenen Vasen, und ich suche für jeden eine ganz besondere heraus), und so gibt es Blumen, die mir sagen: „Mich, nimm mich!" Und tatsächlich sind es gerade die, die ich brauche. Sie rufen mich, um mir zu sagen: „Ich!" ... Aber das ist nicht neu, denn als ich in Japan war, hatte ich dort einen großen Garten, den ich pflegte, und in einem Teil pflanzte ich Gemüse an. Morgens ging ich immer in den Garten hinunter, um das Gemüse für das Mittagessen zu holen, und prompt gab es hier, da und dort *(Geste)* welche, die mir zuriefen: „Nimm mich! Nimm mich!" Einfach so. Also pflückte ich sie. Sie haben mich tatsächlich gerufen.

Das ist lange her, neunzehnhundertund ... wann war das? Es war 1916-17, vor mehr als vierzig Jahren.

Fünfzig.

(Mutter lacht) Ja, es ist fünfzig Jahre her.

Ich darf dabei nur nicht denken, nein, ich muß völlig ruhig bleiben, worauf ich direkt auf diejenigen zugehe, die rufen: „Mich! Mich!..." Ich bin selbst erstaunt, ich sage mir: „Wie wunderbar – genau das, was ich brauche!"

* * *

Etwas später

Ach, jetzt an die Arbeit! Weißt du, was wir tun müssen?... Die „Charta von Auroville" vorbereiten. Sie werden sie in die Erde legen – wenn sie die Erde aller Länder in die Urne werfen, werden sie eine Metalldose mit der auf Pergament geschriebenen Charta mithineinlegen. Also muß sie geschrieben werden ... Ich habe einige Ideen.

Und dann gibt es eine Charta, die von G vorbereitet wurde, und eine von Y. Bitte lies sie mir vor, und dann werden wir sehen *(Mutter reicht Satprem die Charta von G).*

7. FEBRUAR 1968

Charta von Auroville (Entwurf von G)

1) Auroville ist der erste Schmelztiegel des planetarischen Menschen.

Uff! „Planetarisch", ein Schüler von Y – Y schätzt „planetarisch" sehr.

2) Auroville bietet sich an, die tiefen Quellen der Einheit des Menschen und des Universums und der Erkenntnis in Freude und Liebe zu entdecken.

Ich verstehe kein Wort! Aber das macht nichts.

3) Auroville gehört der ganzen Erde, und alle Wesen der Erde sind Mitglieder Aurovilles.

4) An diesem Tage wird Auroville feierlich bis in alle Ewigkeit dem Dienst der Einheit von Himmel, Erde und Leben gewidmet.

Himmel? Welcher Himmel?
Hier ist die andere *(Mutter reicht die Charta von Y).* Das ist literarischer ...
Widmung Aurovilles (Entwurf von Y)

1) Ehrfürchtig gründen wir diese Stadt als erste Heimstätte einer planetarischen Gesellschaft ...

Oh!

... der Gesellschaft von morgen.

2) Ehrfürchtig widmen wir diese Stadt der sich immer erneuernden Synthese von den neuesten Errungenschaften der Wissenschaft und der ältesten Weisheit.

3) Ehrfürchtig erklären wir es zur vordringlichsten Aufgabe dieser Stadt, jedes Kind auf seine höchste spirituelle und planetarische Bestimmung vorzubereiten ...

Oh je!

... damit diese Stadt zur Wiege einer neuen Menschheit werde.

Das ist alles? Das letzte ist besser, aber das ist es noch nicht.
Bei mir gibt es keine Feierlichkeiten ... Ich habe es nicht aufgeschrieben, denn es ist nie mental, folglich ist es nicht organisiert *(Mutter sucht einige verstreute kleine Zettel).* Vom mentalen Standpunkt aus gesehen hat es keinen Wert, es ist nicht organisiert, aber verschiedene

Sachen sind gekommen. Es sind Fragmente ohne logische Folge *(Mutter sortiert weiter ihre kleinen Zettel).* Ich weiß nicht einmal mehr, was ich gesagt habe und in welcher Reihenfolge ich es nehmen soll ... Aha! *(Mutter zieht ein Stückchen Papier hervor)* ... Da gibt es zunächst den materiellen Gesichtspunkt, den G auf ungeschickte Weise darzustellen versuchte: daß jeder ein Bürger Aurovilles ist. Darin liegt eine Wahrheit (wir brauchen hier keine Feierlichkeiten hineinzulegen, das ist überflüssig).

> *(Mutter entrollt ein großes Stück Pergament auf der Fensterbank gegenüber dem Samadhi, setzt sich auf einen Hocker und beginnt, bewaffnet mit einem riesigen schwarzen Filzstift, der Buchstaben in Keilschriftgröße zeichnet, unter laufendem Kommentar die Charta niederzuschreiben:)*

> 1) Auroville gehört niemandem im besonderen. Auroville gehört der Menschheit als Ganzes ...

Siehst du, das ist die materielle Tatsache. Auroville gehört ... ich habe nicht gesagt, „gehört keinem Land", denn Indien wäre darüber sehr wütend. „Gehört niemandem" meine ich im Sinne von „keiner Person"; das ist ein ungenauer Begriff, aber ich habe es so formuliert, um nicht „keinem menschlichen Wesen" oder „keinem Land" sagen zu müssen. Deshalb schrieb ich: „Auroville gehört der Menschheit ALS GANZES", denn dies bedeutet: niemandem. Als Ganzes werden sie sich nämlich nie einigen, das ist unmöglich. Ich habe das mit Absicht so formuliert. Und ich spreche nicht von „Bürgern", nichts von alledem, ich sage stattdessen:

> ... Um sich jedoch in Auroville aufhalten zu können, muß man ein williger Diener des göttlichen Bewußtseins sein.

Alle werden sich über das „Göttliche" aufregen, aber das ist mir gleich! Nicht wahr, das ist die Erklärung für das *Matrimandir*[1] im Zentrum. Das Matrimandir stellt das göttliche Bewußtsein dar. All das wird nicht näher erklärt, aber darum geht es.

> 2) Auroville wird der Ort einer fortwährenden Ausbildung, eines steten Fortschritts und einer Jugend sein, die niemals altert.

Und dann:

> 3) Auroville will die Brücke zwischen Vergangenheit und Zukunft sein. Unter Ausschöpfung aller Entdeckungen ...

---

1. Der „Tempel der Mutter" im Zentrum von Auroville.

7. FEBRUAR 1968

„Alle Entdeckungen" soll heißen: philosophisch, spirituell, ethisch, wissenschaftlich, alle miteinbegriffen – alle Errungenschaften der Vergangenheit ausschöpfend.

Unter Ausschöpfung aller inneren und äußeren Entdeckungen geht es kühn den künftigen Verwirklichungen entgegen.

Und für den Schluß gibt es zwei Versionen: „4) Auroville wird ein Ort der Bewußtseinsforschung und der Erforschung der Existenzmöglichkeiten sein, um eine menschliche Einheit zu erzielen, die sich auf gegenseitiges Verständnis und guten Willen gründet."

Auf einem anderen Zettel steht: „um der konkreten menschlichen Einheit einen lebendigen Körper zu geben."

Also können wir das etwas umändern:

4) Auroville wird ein Ort spiritueller und materieller Forschungen sein, um der konkreten menschlichen Einheit einen leben-digen Körper zu geben.

Gut.

(Mutter steht wieder auf)

Das bin nicht ich, die all das geschrieben hat ... Mir ist etwas sehr Interessantes aufgefallen: Wenn es kommt, ist es zwingend, es gibt keine Diskussion; ich schreibe es auf, ich bin GEZWUNGEN, es aufzuschreiben, ganz gleich, was ich gerade tue. Und wenn es nicht gegenwärtig ist, ist es einfach nicht gegenwärtig. Selbst wenn ich mich zu erinnern versuche, gibt es nichts, es ist nicht da ... Folglich ist es evident, daß es nicht von hier kommt: es kommt von irgendwo oben.

Auroville
la ville internationale
et lre.
Pas d'armée
pas de police

Auroville
Die freie internationale Stadt
ohne Polizei
ohne Armee

10. Februar 1968

(Mutter verwendet ein englisches Wort anstelle eines französischen)

Es ist sonderbar, wie mir jetzt die englischen Worte leichter einfallen als die französischen, ich weiß auch genau warum: es liegt daran, daß ich mich in diesem Teil des Bewußtseins beständig in Verbindung mit Sri Aurobindo befinde. Wenn mir ein Wort fehlt, finde ich es deshalb in seinem Wortschatz, während bei mir *(auf die Stirn deutend)* ... Hier wird's ganz ruhig.

*
* *

(Über die Menschenmenge im Ashram und bei Mutter)

Es ist vollkommen einleuchtend und unbestreitbar, daß all das, d.h. die Lebensumstände und alles, was geschieht, daß all das gewollt, vorentschieden, angeordnet ist. Und für den Körper ist dies die bestmögliche Schulung. Es gibt ihm drei Dinge:

Als erstes vor allem (wieder ein englisches Wort) eine *reliance*, das heißt, daß er seine erste Stütze, die Quelle seiner Kraft, seiner Gesundheit, seiner Fähigkeit AUS NICHTS ANDEREM als dem Göttlichen nimmt und daß alle materiellen Regeln und Gesetzmäßigkeiten außer Kraft gesetzt sind und ihnen keinerlei Bedeutung mehr zukommen darf.

Dies ist die Erfahrung beinahe jeder Minute.

Vor allem also als einzige Stütze: das Göttliche – Nahrung, Ruhebedürfnis usw., all dies existiert nicht mehr. Es existiert tatsächlich nicht, aber es existiert auch nicht mehr als ausschlaggebender Faktor.

Und dann zwei Dinge, die sich zu widersprechen scheinen (die im gewöhnlichen Bewußtsein widersprüchlich sind), die sich aber tatsächlich nur gegenseitig ergänzen. Ein *surrender* (es gibt kein anderes Wort dafür), einen völligen Verzicht – völlig, sofort, ganz und gar. Das

10. FEBRUAR 1968

bedeutet Gleichmut und Annahme – nein, nicht einmal „Annahme": alles ist gut, alles ist gut. Das bedeutet, wenn morgen der Tod käme, würde dies keinerlei Beunruhigung hervorrufen, und wenn das Leben ewig dauern soll, bewirkt auch das keinerlei Beunruhigung – auf diese Weise *(vollkommen gleichmütige, alles beherrschende Geste)*. Eine SPONTANE Akzeptanz, spontan, ohne Anstrengung, ohne Wenn und Aber, ohne ... spontan und umfassend *(die gleiche Geste)*. Das ist der zweite Punkt.

Und der dritte Punkt: ein ungeheurer Wille, der sich in jedem Augenblick überträgt durch ... Ist zum Beispiel irgend etwas nicht in Ordnung, ein Schmerz, mit einem Hintergrund von ... nein, kein „Hintergrund", sondern eine Grundlage der Ausgeglichenheit („Ausgeglichenheit", so mag es noch von der anderen Seite aussehen, aber das ist es auch nicht ... es handelt sich um eine Einwilligung, eine spontane Einwilligung). Auf dieser Grundlage besteht ein ungeheurer Wille, das zu sein ... WAS DAS GÖTTLICHE WILL, allerdings ohne die Vorstellung, daß es so oder so sein könnte. Um es auszudrücken, wie es wirklich ist, muß man sagen: „Göttlich sein." – Göttlich sein. Das bedeutet die Beherrschung aller Situationen, aller Willensregungen, aller Umstände, auf die besagte Art *(gleiche Geste eines vollkommenen Gleichmuts, der alles beherrscht)*.

Diese drei Dinge sind gleichzeitig und ständig im Körper präsent. All dies spielt sich im Körper ab.

Der Körper (und hier wird es interessant) hat jetzt die gleichen Erfahrungen auf den höheren Bewußtseinsebenen (man kann „supramental" sagen, denn dort ist es wirklich supramental), wie sie vorher das Vital, das Mental und die inneren Wesenheiten hatten. Der Körper beginnt, die gleichen Dinge zu erfahren.

All dies passierte letzte Nacht, und plötzlich erinnerte er sich an die Zeit (vor vielleicht zwanzig Jahren), als diese Erfahrungen im Vital, im Mental, im psychischen Wesen und darüber stattfanden. Damals waren es die höheren Seinsarten *(Geste oberhalb)*, während der Körper außerhalb blieb, er lebte auf seine Weise weiter. Jetzt hingegen geschieht es im Körper: die gleichen Erfahrungen wie jene, an die er sich erinnert, und zwar mit einer unvergleichlichen Sicherheit und einer fundamentalen Solidität.

Noch gibt es im unterbewußten Hintergrund schlechte Angewohnheiten – all diese schlechten Angewohnheiten wie Mutlosigkeit, Zweifel, Pessimismus, all das (so ist die dortige Seinsweise), aber jetzt ist es unten, und wenn das aufkommt (mehr aus Gewohnheit als durch bösen Willen), wenn das ... auf englisch sagt man *bubble out* [hervorsprudelt], dann erhält es jedesmal einen Klaps.

Und ich sehe sehr wohl: sobald dieser Willenszustand ... es gibt wirklich keine andere Möglichkeit, es auszudrücken, als: „GÖTTLICH SEIN" (und selbst das ist noch eine Verkleidung). Ein allmächtiger Wille. Sobald dies der spontane und normale Zustand geworden ist, werden echte Ergebnisse erzielt werden können.

Es bleibt noch etwas, das sich beim Sein zuschaut – d.h. es gibt noch vieles, das noch nicht bereit ist.

Es gibt noch viele kleine Schwankungen zwischen der alten Gewohnheit des Nachgebens, des Menschlich-Seins (mit allem, was das beinhaltet) und dem neuen Zustand. Dieser aber ist wachsam, aufgeweckt und sagt: „Nein, nein, nein! Nichts mehr davon, Schluß! Die Zeit für solchen Kram ist abgelaufen." Denn das ist ganz klar: das eine würde den Zerfall und letztlich den Tod bedeuten, und das andere ist der Aufstieg zur ... wir sagen noch nicht Unsterblichkeit, denn das ist für diese Materie schwierig, aber zu einem beliebig langen Leben.

Wir werden sehen.

Jetzt herrscht eine sehr klare Vision – sehr klar und sehr bestimmt –, daß der Tod die Akzeptanz der Niederlage bedeutet, also ... und zwar überall, für alle.

Früher war es die unausweichliche Gewohnheit *(Mutter zeichnet einen Kreis)*, das unausweichliche Ende – nichts mehr davon! Das ist immer noch die Erinnerung an eine katastrophale Vergangenheit.

Voilà.

14. Februar 1968

(Das folgende Gespräch bezieht sich auf bestimmte Schüler, die heute die Geschäfte des Ashrams leiten.)

... Das ist überaus lehrreich. Nicht, daß ich daraus etwas lernen könnte, aber es wird vollkommen klar, zwingend und einleuchtend, daß der Mensch all seine Schwierigkeiten selbst schafft. Die Dinge wären so leicht und einfach ohne all diese Reaktionen des Egos: Reaktionen des Ehrgeizes, der Eigenliebe – und dann die Selbsttäuschung, wenn es sich dort abspielt *(Geste nach unten)* ...

Ja, diese drei Dinge: Ehrgeiz, mit dem Bedürfnis, groß in Erscheinung zu treten, zu herrschen; Eigenliebe oder Eitelkeit (verärgert sein, wenn man nicht entsprechend geschätzt wird, und sich darüber beklagen und streiten, viel Theater machen); und schließlich Geldgier, *greed*, Besitzgier, Habsucht – „profitieren" wollen, aus einer günstigen Gelegenheit Gewinn ziehen wollen: ich möchte verdienen, ich möchte verdienen ... Durch diese drei Dinge wird alles verwirrt.

Solange sich das mit allem Freimut und in aller Unbefangenheit ausbreitet, lächelt man darüber, wenn es aber zur Verlogenheit auswächst und man sich aller Arten von Tricks bedient, um Leute hinters Licht führen zu können, und seine wahren Beweggründe verbergen will, nebst allem möglichen weiteren Ränkespiel, dann ist es unerträglich.

Das verwirrt alles mit einem Schlag.

Dabei gibt es Beweise – einleuchtende, augenfällige Beweise. Man muß absolut blind sein, um sie zu übersehen. Diese Verblendung ist jedoch selbstgewollt: man möchte den Grund gar nicht wissen, man hat absolut keine Lust darauf ... denn wenn man ihn wüßte, wäre man gezwungen, sich zu ändern.

So wird alles mit einem Schlag gestört.

Ach! *(Mutter hebt ihre Hände in einer Geste der Hingabe)*

Es ist viel leichter, zu sagen und zu glauben, daß die Welt nicht verändert werden kann und daß man sie ihrer eigenen Zersetzung überlassen soll – und sich deshalb ruhig aus dem Staub macht. Wie bequem das ist!... Wie bequem!

(Schweigen)

Du weißt, wie sehr die hinduistische spirituelle Tradition von der Vielheit der Seelen (sie nennen es nicht „Seelen") und vom göttlichen Wesen im Individuum überzeugt war – notgedrungen überzeugt war. Die Leute waren nämlich sehr logisch: Wenn es nur eine Seele gäbe, das heißt nur ein höchstes Bewußtsein, wäre die ganze Sache gelaufen, sobald sie in einem Punkt die Erfahrung der Befreiung macht (die Flucht ins Nirvana, die Entäußerung von allem, aller Illusionen über das Leben und der Schöpfung); wäre alles nur eine einzige Seele, so wäre dies das Ende. Wie es scheint, haben jedoch verschiedene Leute diese Erfahrung gemacht, und es hat nicht das geringste in der Welt verändert (zumindest nicht in der Welt als Ganzes). Also sind sie zum Schluß gekommen, daß es ebensoviele Seelen wie Individuen gibt und daß sie zwar möglicherweise dort oben miteinander in Verbindung stehen, aber nicht hier unten.

Das amüsierte mich sehr, als man es mir erzählte.

An all dem ist natürlich kein wahres Wort. Weder von der einen Seite betrachtet noch von der anderen. Das ist lediglich ein Aspekt.

Denn es gibt nichts als das EINE.

*
* *

Etwas später

Gestern zeigte man mir das Foto eines Mannes, der der Guru vieler Leute ist. [1]Ich weiß nicht, als was er sich ausgibt, es handelt sich jedoch um einen Inder, der nach Europa und Amerika gegangen ist und Abertausende von Schülern hat, Leute, die ihm folgen, die an ihn glauben. Er sagt, es gebe nur ein Mittel, den Frieden auf Erden herbeizuführen, und das sei die vollkommene und totale Freiheit: Freiheit natürlich der Gedanken und der Moral, aber auch vitale und physische Freiheit. Das heißt, sich von allen Zwängen und Gesetzen zu befreien und nur gemäß den eigenen Impulsen zu leben. Ferner sagt er, es gebe ein „Etwas" (ich erinnere mich jetzt nicht mehr, wie er es nennt), das regiert und das alle regieren wird und das einen zu tun veranlaßt, was notwendig ist. Es sei nicht das Individuum, das entscheide, sondern „Das". Und wenn man ihn fragt: „Aber wie? Wie kann man wissen, daß es „Das" ist, wie kann man es finden?" dann antwortet er einfach: „Kommen Sie, setzen Sie sich her zu mir in Meditation, und Sie werden es wissen." Und er ist davon überzeugt, daß er damit der Welt Frieden bringen kann.

Gestern sah ich sein Foto. Im Vital ist er außerordentlich stark. Ich weiß nicht, ob es sich dabei um seine persönliche Kraft handelt oder um die Kraft der anderen, die er empfängt, denn das merkt man erst durch den unmittelbaren physischen Kontakt.

(Schweigen)

Das ist eine weitere Möglichkeit, die Sache anzugehen.

Es gibt jetzt sehr viele Leute wie ihn. Ich habe schon mit drei oder vier von ihnen gesprochen. Jeder hat Tausende von Leuten in seiner Gefolgschaft, die wahrscheinlich nicht die leiseste Ahnung davon haben, was er macht. Man hat aber den Eindruck, daß es etwas ist ... was den Teig gären läßt *(Geste)*.

Man erwischt eine kleine Ecke, einen Blickwinkel; dann hat man etwas wie ein Loch, durch das man die andere Seite betrachten kann, und damit mobilisiert man Tausende von Leuten.

Solange es nicht absolut wird, das heißt, solange der entsprechende Mann oder die Frau (wer es auch sei), der Guru eben, nicht hingeht und sagt: „Ich allein kenne die Wahrheit" (verstehst du: „Die anderen wissen nichts, nur ich habe das Wissen"), solange es nicht so ist, geht es in Ordnung. Wenn sie hinlänglich erleuchtet sind, um sagen zu

---

1. Es handelt sich um Maharishi Mahesh Yogi, der insbesondere auch die „Beatles" und einige Hollywood-Stars zu seinen Schülern zählt.

können: „Ja, ich habe ein kleines Stück der Sache erwischt, hier, das gebe ich euch; und all die anderen Stückchen sind auch gut" ...

Aber selbst, wenn man all diese verschiedenen Stückchen zusammensetzt, ist man noch immer weit von DER Wahrheit entfernt.

Ich hätte das Foto aufheben sollen, um es dir zu zeigen. Sein Körper lebt auch in Freiheit! Die Haare sind ungekämmt (vielleicht wäscht er sich nie!), ein Bart ... sehr starke Augen.

Seltsam, die Leute, die solch einen Erfolg haben, sind immer Inder.

Na ja, es gab Rudolf Steiner, der große Macht über seine Jünger hatte, aber er war ganz entschieden eine gegnerische Kraft mit all der Macht der Asuras.

17. Februar 1968

Bevor wir anfangen zu arbeiten, sieh, was ich erhalten habe!

(Mutter reicht Satprem einen Brief)

„Hier einige Seiten aus unserer Nummer über Auroville, der Stadt der Liebe, die von den vier Müttern behütet wird."

Y

(Mutter reicht Satprem einen Prospekt, dessen Umschlagbild offensichtlich etwas darstellen soll)[1]

Wenn du verstehst, um was es geht, sag es mir!
Verstehst du es?

Nein.

Du verstehst es nicht? Ich dachte, du könntest es mir erklären!

Alles ist durcheinander.

Ist das eine Schlange, die sich selbst in den Schwanz beißt?

Das ist wirklich eine rein mentale Konstruktion.

Ja, absolut.

---
1. Die Zeichnung ist unbeschreiblich, sie erinnert an Gedärme im Querschnitt.

Und der Text ... Es gibt darin nicht die kleinste Schwingung von Wahrheit.

Das stimmt, es ist eine vollkommen künstliche Konstruktion.

Es enthält keine Flamme und auch sonst nichts.

Und von welcher Liebe spricht sie? Das klingt alles so, als ob sie nur von der sexuellen Liebe spräche.

Es macht alles einen sehr menschlichen Eindruck.

(Mutter lacht) Allzu menschlich, allerdings.
Ich habe mir das lange angesehen und mich gefragt, ob das nicht genau die moderne Vorstellung vom Yoga sein wird.

Ja, sie sind voll von all diesen Geschichten über „sexuellen Yoga". Sie denken an nichts anderes, sie sprechen von nichts anderem. Die „Stadt der Liebe", das klingt wie ...

Ja, sobald man dieses Wort im gewöhnlichen Sinne verwendet, geht es so.
Ich weiß nicht, was tun.

Es erscheint mir nicht sonderlich interessant.

Ich finde das IN GAR KEINER WEISE interessant. Ist es aber nicht gar gefährlich? Das ist die Frage.

Es vermittelt jedenfalls eine falsche Idee von Auroville. Es bringt alle möglichen Zweideutigkeiten mit sich.

(Mutter schaut sich die kleinen beiliegenden Zeichnungen an, die an drei sich vermischende Linien erinnern)

Es sind immer eins, zwei, drei. Wenn es nur zwei wären, aber es sind immer eins, zwei, drei – das heißt die Vereinigung und ihr Ergebnis!

Und die Hauptzeichnung ergibt genau das Bild eines Bauches, es liegt auf der Ebene des Bauches.

Ach, dann ist es ja noch schlimmer!

Es macht den Eindruck eines Bildes von Eingeweiden.

Scheußlich!

Etwas, das ganz in sich selbst verstrickt ist.

Ja, so sieht es aus.

Mir gefällt es nicht.

Mir auch nicht.
Und Z hat eine Krankheit, die man nur bekommt, wenn man verdrängte sexuelle Begierden hat. Und es gelingt ihm nicht, das loszuwerden, weil er die Ursache nicht beheben kann ... sie stecken voll und ganz da drin.
Was soll ich damit anfangen?

Es wäre schade, wenn bei der Einweihung von Auroville so etwas verteilt würde.

Schlimmer noch: sie wollen eine Konferenz für Kinder veranstalten, wobei die Kinder Fragen stellen und ein Dutzend Personen, vor allem aber Y und Z, antworten werden. Also kommen die Kinder mit der Vorstellung, etwas Wahres zu finden, und stattdessen sehen sie dies.

Die „Stadt der Liebe" wird nicht so verstanden werden, wie es sollte. Die Zeitschrift „Planète" wird Herrn D schicken, um einen Artikel über Auroville zu schreiben, und genau diesen D traf ich vor einem Jahr, als er hier war, und er ist wieder ein großer Anhänger dieses „Yogas der Sexualität".[1] Ich hatte ein ausführliches Gespräch mit ihm – ein so lebhaftes Gespräch, daß ich danach eine Art Offenbarung hatte und einen langen Brief über das Problem der Sexualität im Yoga schrieb. Dieser Mann ist verrottet von solchen Geschichten. Und „Planète» schickt ihn als Korrespondenten. Wenn man ihm das zeigt, „die Stadt der Liebe" ...

Das ist ärgerlich.
Ich glaube, es hat sich noch verschlimmert, mein Kind, denn ich erinnere mich, als ich Y bat, sich mit der Erziehung in Auroville zu befassen, war sie noch ziemlich anständig. Ich glaube, das ist ihr zu Kopf gestiegen.

Und dann die Geschichte des kleinen R, den man mit Musik und Streicheln erzieht. Die gleiche Geschichte. Und jetzt die Krönung: „die Stadt der Liebe"! Auroville sollte etwas sein, das andere Vorstellungen erweckt als diese kleinlichen Dinge. Ich bin einmal hingegangen. Der Ort hat etwas Ergreifendes ...

Oh, es ist sehr schön dort.

---

1. Siehe *Agenda* Bd. 8 vom 28. Januar 1967.

Es ist sehr schön, ergreifend, man hat den Eindruck, daß dort wirklich etwas entstehen wird. Und nun diese „Stadt der Liebe"
...

Aber ich habe nie gesagt, daß Auroville die Stadt der Liebe sei, nie, nicht ein einziges Mal!

Das Wort wird einfach zu sehr mißbraucht. Es ist besser, nicht davon zu sprechen.

Eben. Man kann dieses Wort nur verwenden, wenn man das Wort „göttlich" dazusetzt. Das ist die einzige Möglichkeit. Sonst wird es unmöglich. Und diese Leute weigern sich, das Wort „göttlich" zu verwenden.

Ja, es macht ihnen Angst.

Was sollen wir also tun?... Schicke ich ihr ihren Prospekt kommentarlos zurück, wird sie sagen, ich hätte zugestimmt; sage ich ihr, daß es so nicht gehe, wird sie nur noch wütender ... Sie kümmert sich um alles, mischt sich in alles ein (mit einer gewissen Berechtigung, denn ich hatte ihr gesagt, daß ich sie mit der Erziehung beauftrage). Aber erst DANACH ist sie so geworden. Davor war sie ein wenig wirr, aber es war noch erträglich.

Das ist ärgerlich.

(Mutter verharrt einen Augenblick schweigend) Vielleicht sollte ich ihr folgendes schicken:

„Man muß sich vor dem Wort „Liebe" hüten, wenn es nicht vom Adjektiv „göttlich" begleitet wird, denn in der allgemeinen Vorstellung wird es sonst mit Sexualität in Verbindung gebracht."

Einfach das, keine Meinung über ihre Broschüre. *(Mutter schreibt ihre Notiz)*

Ich finde ihren Prospekt schädlich, denn nicht nur trägt er nichts zur Sache bei, sondern er öffnet im Gegenteil Tür und Tor für Zweideutigkeiten. Und er besagt nichts: die „Hippies" sind auch „Kinder der Liebe", das ist ihr großes Leitwort.

Um die Wahrheit zu sagen, als ich den Prospekt öffnete, hatte ich eine Reaktion von Ekel.

Nein, wenn ich Vertrauen zu ihr hätte, würde ich es anders formulieren – ich würde direkt schreiben: „... vom spirituellen Standpunkt aus ist dies eine Katastrophe." Aber die Leute zur Weißglut zu treiben, bringt uns auch nicht weiter.

Sie hat überhaupt kein Vertrauen, sie hält sich für unendlich überlegen. Lediglich aus politischen Gründen gibt sie sich die größte Mühe, nicht in einen offenen Konflikt *(mit Mutter)* zu treten, denn sie fühlt, daß es ihr Handeln stören würde.

Sie wollte einen LSD-Club in Auroville eröffnen – und sie behauptete, daß ich das autorisiert hätte (was der Wahrheit voll ins Gesicht schlägt). Denn ich hatte ihr geschrieben ... verstehst du, um so objektiv wie möglich zu bleiben, hatte ich ihr geschrieben, daß man sich, wenn überhaupt, dann nur unter dem Schutz von Leuten mit der nötigen spirituellen Erkenntnis UND der Macht zum Beistand und zur Kontrolle damit befassen dürfe. Das hat sie dann auf den Kopf gestellt und gesagt: „Mutter hat ihren Segen dazu gegeben unter der Bedingung, daß wissende Leute dabei sind." Und bei den Leuten, die eine Ahnung haben, handelt es sich ihrer Meinung natürlich um ...

Im Grunde geschieht alles im Leben und in der Aktion, damit die Bewegung der Transformation und des Aufstiegs so schnell wie möglich vonstatten gehen kann. Es mag Zeiten geben – es gibt da einen Rhythmus –, in denen eher Harmonie herrscht, es handelt sich dabei aber um eine stagnierende Harmonie, und in solchen Zeiten versucht man, all jene Bewegungen, die gefährlich sind und das Risiko mit sich bringen, den Fortschritt aufzuhalten oder selbst zur Zerstörung zu führen, zu unterdrücken oder wenigstens zu bündeln; aber es gibt andere Augenblicke, in denen ein großer Drang nach Transformation besteht, und, mein Gott ... mit dem Risiko eines möglichen Schadens. Und bestimmt sieht man seit 1956 etwas, das unbeirrbar drängt, um die Bewegung voranzutreiben, und ... das erzeugt Überspanntheiten, die sehr gefährlich sind.

Mit dieser Erkenntnis und dieser Gewißheit – dieser Vision der Dinge – begnüge ich mich meistens damit, Zeuge zu sein, ohne einzugreifen. Dies würde erst dann geschehen, wenn die Dinge einen wirklich bösartigen Charakter annehmen – dann ist man gezwungen einzugreifen.

Wir werden sehen.

20. Februar 1968

(Mit Mutters nahendem neunzigsten Geburtstag am 21. Februar hat sie schon seit Wochen keine Zeit mehr gehabt, regelmäßig zu essen und zu schlafen, und sie verbringt ihre Zeit damit, Leute zu empfangen, zu arbeiten, Briefe zu schreiben usw. Satprem stellt fest, daß sie nicht müde aussieht.)

Gäbe es nicht die Gedanken der Leute, die Kollektivsuggestionen und vielleicht eine unterbewußte Suggestion (es ist möglich, daß die Zellen noch einer unterbewußten Suggestion unterworfen sind), bräuchte es nur einige Sekunden einer ... *(Geste der Verinnerlichung)*, sich in das Höchste Bewußtsein zu versenken, und alles geht gut. Ich bin nie hungrig (und ich verspüre kein Bedürfnis zu essen), ich bin nie müde (und ich verspüre kein Bedürfnis zu schlafen). Nur die alten Suggestionen bestehen noch, all die Gedanken der Leute: ich würde schwach und krank, wenn ich nicht esse, und ich würde müde und krank, wenn ich nicht schlafe – all diese Geschichten eben. Die Zellen glauben nicht daran, aber dennoch ... Verstehst du, sie glauben, es sei ihre Pflicht, zu essen und zu schlafen, sonst ... Und ich sehe sehr wohl, daß es GAR NICHT die Arbeit ist, die mich ermüdet: ich bin nicht müder, nachdem ich vierzig, fünfundvierzig, fünfzig Personen gesehen habe, als nach einer einzigen, die schlecht gelaunt ist. Vor allem ist die Atmosphäre verdorben, insofern als die Leute einen instinktiven Horror vor der Wahrheit haben (sie wissen es nicht einmal), und dies erzeugt ein Unwohlsein, ein Mißbehagen, immer. Das reicht schon aus – eine Minute mit jemandem, der mit dieser Atmosphäre eintritt, und sofort muß man sich konzentrieren, eine Anstrengung machen. Manchmal ist es notwendig ... *(Geste einer Kraft, die herabkommt, um zuzuschlagen)*, manchen Leuten „sage" ich: „Verhalt' dich lieber ruhig, sonst geschieht dir was!" Ich „denke" in keiner Weise, aber die Kraft ist gegenwärtig *(gleiche Geste)*. Das passiert nicht oft, aber von Zeit zu Zeit geschieht es.

Die Nerven erinnern sich jedoch ... Als ich nach einem Jahr hier zum ersten Mal Sri Aurobindo verlassen mußte (als der Erste Weltkrieg ausbrach), wegen des Krieges, wurden alle Nerven krank: sie befanden sich in einem Zustand aufgereizter Spannung (ich glaube, man nennt das Nervenentzündung: alle Nerven). Das ist besonders schmerzhaft, alles war aus den Fugen geraten: der Kreislauf, die Verdauung, alles (ich war in Frankreich, im Süden von Frankreich). Die Nerven erinnern sich daran, ich weiß nicht warum, sie erinnerten sich einmal daran, als es hier viele Schwierigkeiten gab. Sri Aurobindo war

20. FEBRUAR 1968

da, und ich sagte es ihm (ich weiß nicht, ob ich dir das schon erzählt habe): ich hatte vollkommen den Eindruck einer Hand, die kam und allen Schmerz einfach so auflöste – in Sekundenschnelle war alles weg. Und es ist nie wiedergekommen. Von Zeit zu Zeit, wenn die Leute sehr schlecht eingestellt sind, wenn ihre Gedanken schlecht sind, wenn man sich nicht ausruhen kann, nicht ißt, nicht schläft, dann fängt es manchmal wieder an zu ziehen. Ein kurzer akuter Schmerz. In Frankreich hatte ich das über Wochen. Das kommt immer noch manchmal, und dann muß ich mich ruhig verhalten und ... mich in der göttlichen Gegenwart auflösen. Damit hört es auf, es verschwindet, ohne Spuren zu hinterlassen.

Wenn sie sich hingegen unwohl fühlen, erinnern sie sich daran. Und dann sagen sie: „Ich weiß nicht, was zu tun ist, um sich dieser Erinnerung zu entledigen ..." Ich erwische sie und sage ihnen, wie dumm sie sich anstellen ... dann geben sie Ruhe.

Interessant ist, daß es für mich keinen Hunger und keine Müdigkeit gibt; das existiert nicht, es entspricht keinerlei Wahrnehmung. Es handelt sich vielmehr um ein Gefühl von Harmonie oder Disharmonie: Ist die Atmosphäre harmonisch oder zumindest voll guten Willens (die Harmonie könnte natürlich immer größer sein, das versteht sich), aber voll guten Willens, dann geht es.

Es gibt Leute, bei denen, sobald sie eintreten, eine ungeheure Herabkunft stattfindet, sehr häufig die Kraft der Kali oder der Maheshwari (nicht der Höchste sondern das, was für sie am besten verständlich ist), sehr häufig, sofort und augenblicklich. Dann steht alles still. Und das Amüsante und Interessante daran ist: durch die Reaktion (durch den Aspekt, der antwortet) wird mir der Zustand klar bewußt, in dem die Leute sich befinden. Das ist keineswegs eine mentale Wahrnehmung. Nur als Schlußfolgerung dessen, was eingetreten ist *(die Art von Kraft, die sich in Mutter manifestiert)*, weiß ich, was sie denken; so weiß ich also: sie müssen in dem und dem Geisteszustand sein. Aber ich könnte nicht direkt sagen, was sie denken. Es gibt ja Leute, die einem sehr wohl sagen können: „Sie denken genau dies oder jenes". Aber alles Mentale ist mir sehr fremd. Hingegen könnte ich stets genau sagen, welches der jeweilige Zustand der Aufnahmefähigkeit, der gute Wille und der Zustand der Aspiration ist, und dies kommt automatisch, ohne danach zu suchen, einfach durch das, was sich in der Atmosphäre regt.

(Schweigen)

Sri Aurobindo ist immer zugegen. Manchmal wird er sehr aktiv, besonders dann, wenn die Leute einen „auspumpen", an einem zerren oder einen mit dem Gewicht all ihrer Schwierigkeiten und Begierden niederdrücken. Seine Haltung hinsichtlich dieser letzten Tage kann ich mit folgenden Worten wiedergeben: „Für sie wird Gott erst dann akzeptabel, wenn sie ihn kreuzigen können."

Das finde ich sehr interessant.

Sie räumen Gott – dem Göttlichen – keinen Platz in ihrem Leben ein, es sei denn, sie können ihn ans Kreuz nageln. Das heißt, sie anerkennen das Göttliche in einem Körper erst dann, wenn der Körper sich kreuzigen und martern läßt. Wenn irgendwelche Hindernisse auftreten, sagen sie: „Er ist also nicht göttlich!"

Er ist nicht göttlich ...

Sri Aurobindo pflegte immer zu sagen: „Das Göttliche trägt Sorge, sich zu verschleiern, um sie nicht zu zermalmen."

Und das ist wahr, ich habe das beobachtet: Mitunter, wenn die Kraft wirklich in ihrer ganzen Macht kommt, ist es schrecklich. Selbst für diejenigen, die das kennen, selbst für die Mutigsten von ihnen ist es hart. Und es ist immer so: Es hält sich zurück, um nicht unerträglich zu werden.

Was hast du mir zu sagen? Nichts?... Schade, immer bin ich es, die redet!

(Mutter geht in Meditation)

Du hast vor dir, dort *(Geste in Brusthöhe)*, Sri Aurobindos Symbol. Das nach unten zeigende Dreieck besteht aus einem fast weißen Licht, aber mit einer Spur von Gold, und der nach oben weisende Teil ist von einem intensiven Dunkelviolett – ich weiß nicht warum ... Das aufsteigende Dreieck ist dunkelviolett (die Farbe der Vitalkraft), ein Violett von einer sehr intensiven dunklen Färbung, sehr stark, und zusammen mit dem absteigenden Dreieck ergibt es Sri Aurobindos Symbol. Direkt vor dir.

Es ist nicht leuchtend, aber auch nicht dunkel: eine sehr reiche und intensive Farbe, wirklich ein Violett von großer Intensität.

Das aufsteigende Dreieck ist die Aspiration der Schöpfung; das absteigende Dreieck ist die Antwort des Göttlichen. Und dort, wo beide zusammenkommen, ergibt es das Viereck der Manifestation. Und es ist direkt vor dir, sehr deutlich dargestellt.

Das entspricht deinem inneren Zustand ... *(lachend)* sehr schön!

Alles Gute zum Geburtstag, liebe Mutter!
(Mutter ergreift Satprems Hände)

28. Februar 1968

(Der ganze Ashram ist auf den Beinen, um der Einweihung Aurovilles beizuwohnen. Mutter liest ihre Botschaft, die durch das indische Radio direkt nach Auroville übertragen wird:)

„Grüße von Auroville an alle, die guten Willens sind.
In Auroville sind all jene willkommen, die nach Fortschritt und einem höheren, wahreren Leben streben."

(Dann liest Mutter die Charta:)

Auroville Charta

1) Auroville gehört niemandem im besonderen.
Auroville gehört der Menschheit als Ganzes.
Um sich jedoch in Auroville aufhalten zu können, muß man ein williger Diener des göttlichen Bewußtseins sein.

2) Auroville wird der Ort einer fortwährenden Ausbildung, eines steten Fortschritts und einer Jugend sein, die niemals altert.

3) Auroville will die Brücke zwischen Vergangenheit und Zukunft sein.
Unter Ausschöpfung aller äußeren und inneren Entdeckungen geht es kühn den zukünftigen Verwirklichungen entgegen.

4) Auroville wird der Ort sein für materielle und spirituelle Forschungen, um der konkreten menschlichen Einheit einen lebendigen Körper zu verleihen.

*(Die Radioverbindung wird beendet ...
Schweigen)*

Was für eine königliche Ruhe! Dies geschieht nicht oft. Bis halb zwölf. Wenn du mir etwas zu sagen hast, ich höre.

Hast nicht du etwas zu sagen?

Nein, nein, das reicht! *(Mutter lächelt)*
Ich verbringe alle meine Tage und Nächte damit, die Atmosphäre zu beruhigen. Dies hat Ausmaße angenommen ... Weißt du, wie diese Bewegungen, die sich so zu drehen beginnen, wie der Wind in den Wirbelstürmen oder wie Meeresstrudel, und dann geht es immer schneller und immer stärker. Also werden die Leute krank, sie fühlen sich wie erschlagen, sie sind zu nichts mehr fähig. Seit drei Tagen verbringe

ich meine Zeit damit, die Atmosphäre zu beruhigen. Glücklicherweise wenden sie sich an mich (natürlich nicht „ich"), sie haben dabei die Empfindung, daß es hier einen stabilisierenden Faktor gibt, der alles Durcheinander wieder richten kann, andernfalls ... Schwierig wurde es durch die wirklich große Anzahl der äußeren Zugänge: zum Darshan am 21. waren mehr als viertausend Personen da, und dann all jene, die für heute und morgen gekommen sind, das heißt, fünf- oder sechstausend, die ernährt und untergebracht werden müssen ... Wirklich eine Heidenarbeit.

Und dann wurde ich gebeten, es möge keinen Regen geben, aber auch keinen Sonnenschein! *(Mutter lacht)* Nun, das ist nicht ganz einfach, aber vorhin ist Z gekommen, um mir zu sagen, daß die Gegend von Auroville *clouded* [bewölkt] sei, d.h. keine Sonne ... Diese kleinen Wesenheiten sind sehr zuvorkommend, aber man verlangt das Unmögliche von ihnen. Gleichzeitig richtet man an mich all diese gegensätzlichen Anliegen: „Ich brauche unbedingt Regen"; „Ah, nein, bloß keinen Regen; ich brauche Sonne"; „Oh, nein, ich will keine Sonne ..." Wie sollen sie das bloß anstellen!

Bist du zufrieden?

Zufrieden? Was soll das heißen?

Geht es?

Ich weiß nicht. Ich habe den Eindruck, daß es dort gut geht.

Z erklärte mir vor zwei Tagen: „Ach, das war eine gute Lektion! Nun sind wir davon überzeugt, daß die Lebensart des Westens nicht besser ist als unsere." Denn sie glaubten die ganze Zeit, daß die materialistische Methode zu besseren Verwirklichungen führe – alle glaubten das –, nun sind sie eines Besseren belehrt.

Ich habe dir schon erzählt, daß der sowjetische Konsul begeistert ist. Er hatte die Charta gesehen – zuerst auf englisch – (auf englisch heißt es *Divine's Consciousness*, mit Apostroph), und er sagte: „Schade, daß dies die Vorstellung von Gott hervorruft." S hatte ihn aufgesucht, und sie sagte: „Das ist keineswegs der Fall! Die ganze Sache hat mit Religion nichts zu tun, was sich im Französischen sehr gut zeigen läßt." Dann las er „göttliches Bewußtsein", und das hat ihn befriedigt. Er sagte dazu: „Das ist genau das, was wir zu verwirklichen versuchen, und ohne diese Worte wird es offiziell von der sowjetischen Regierung unterstützt und anerkannt werden." Dann bat man ihn um die russische Übersetzung, allerdings ist es nicht seine Übersetzung, die man in Auroville lesen wird, sondern diejenige von T, die keine Angst vor Worten hat. Ich habe ihm eine Ermächtigung geschickt und ihm erklären lassen, daß die Worte allein eine mehr oder weniger geschickte Übertragung sind, nicht nur der Idee, sondern auch dessen, was über die Idee hinausgeht, d.h. des Prinzips, und daß es nicht besonders darauf ankomme, ob es sich um das eine oder andere Wort handelt (jeder verwendet die Worte, die ihm am besten passen), und so habe ich ihn ermächtigt, die Worte zu verwenden, die für seine Regierung annehmbar sind. Der sowjetische Konsul hat zugestimmt und sich sehr zufrieden gezeigt. Dann sagte er: „Wenn die sowjetische Regierung etwas offiziell unterstützt, dann ist es ihr ernst damit." – Das weiß ich, es ist wahr, sie sind sehr großzügig. Ich hoffe also, daß dies ein günstiges Ergebnis zeitigen wird. Und genau darauf wollte ich hinaus, weißt du: Amerika ist seit langem enthusiastisch – das ist erfreulich, aber vielleicht verstehen sie es weniger gut. Die Russen sind von Natur aus Mystiker; das hatte der Kommunismus verboten und unterdrückt, wodurch sich natürlich viel Kraft angesammelt hat. Und jetzt will es aufbrechen.

Wenn beide gleichzeitig Auroville unterstützten, hätten wir keine finanziellen Sorgen mehr!

Das ist Schritt für Schritt gekommen, Schritt für Schritt. Ich habe dir schon gesagt, was Sri Aurobindo mir im Hinblick auf den Zustand Indiens offenbarte, daß Indien den gegenwärtigen Zustand der Menschheit symbolisiere, und dafür, sagte mir Sri Aurobindo, sei Auroville gegründet worden. [1] Da verstand ich. Von dem Augenblick an wurde es sehr klar – „klar", ich will damit sagen, es bewirkte, daß diese Erkenntnis sich ausbreitet, und die Leute zu verstehen beginnen.

*
* *

Addendum

(Auszug aus einem Gespräch von Mutter mit einem Schüler über Auroville)

Eine absolut durchgehende Aufrichtigkeit ist notwendig. Der Mangel an Aufrichtigkeit ist der Grund für die gegenwärtigen Schwierigkeiten.

In allen Menschen gibt es Unaufrichtigkeit. Es gibt vielleicht kaum mehr als hundert Menschen auf Erden, die vollkommen aufrichtig sind. Die eigentliche Natur des Menschen macht ihn unaufrichtig, er ist sehr verworren, denn er ist andauernd dabei, sich selbst zu betrügen,

---

1. Siehe das Gespräch vom 3. Februar 1968, S. 37.

sich die Wahrheit vorzuenthalten, sich zu entschuldigen. Yoga ist das Mittel, Aufrichtigkeit in allen Teilen des Wesens zu erzielen.

Es ist schwierig, aufrichtig zu sein, aber man kann es zumindest in mentaler Hinsicht tun, und soviel kann man von den Aurovillianern verlangen.

Die Kraft ist gegenwärtig wie nie zuvor, und nur die Unaufrichtigkeit der Menschen hindert sie daran, herabzukommen und empfunden zu werden. Die Welt lebt in Falschheit, alle menschlichen Beziehungen gründeten sich bisher allein auf Lüge und Täuschung. Die Diplomatie zwischen den Nationen basiert auf Lüge. Man gibt vor, den Frieden zu wollen, und bereitet sich gleichzeitig auf den Krieg vor. Allein eine vorbehaltlose Aufrichtigkeit zwischen den Menschen und den Nationen ermöglicht das Kommen einer transformierten Welt.

Auroville ist der erste Versuch dieser Erfahrung. Es ist möglich, daß eine neue Welt geboren wird, wenn die Menschen die Anstrengung der Transformation und das Streben nach Aufrichtigkeit auf sich nehmen. Vom Tier zum Menschen waren Jahrtausende notwendig; dank seines Mentals kann der Mensch dies jetzt beschleunigen und bewußt eine Transformation auf einen Menschen hin anstreben, der göttlich sein wird.

Diese Transformation mit Hilfe des sich selbst analysierenden Mentals ist ein erster Schritt; darauf gilt es, die vitalen Impulse zu transformieren – was viel schwieriger ist –, und vor allem das Physische umzuwandeln: jede Zelle unseres Körpers muß bewußt werden. Dies ist meine Arbeit hier. So wird es möglich sein, den Tod zu besiegen. Aber das ist eine andere Geschichte; das wird die Menschheit der Zukunft sein, vielleicht in einigen Jahrhunderten, vielleicht schneller. Das hängt von den Menschen und den Völkern ab.

Auroville ist ein erster Schritt in diese Richtung.

März

2. März 1968

(Über die Charta von Auroville)

Alle wollen meine Botschaften ändern!...

Ändern?

Ja.

Warum?

(Mutter lacht) Weil die Worte ihnen nicht passen ... Es gibt da eine ganze Geschichte mit den Kommunisten und dem sowjetischen Konsul: ein scheinbar sehr intelligenter Mann, Leser von Sri Aurobindo, sehr interessiert, wollte sich nützlich machen und ... er sagte: „Was kann ich nur mit dem „göttlichen Bewußtsein" anfangen.[1] *(Mutter lacht)* Dieses Wort ist bei uns verboten." Man sagte ihm also, daß es sich dabei nicht um Gott handle (ich verstehe sehr gut, daß man das Wort „Gott" verbietet, denn man kann alles mögliche hineinlegen). Er sagte: „Das geht nicht!" Sie schickten dann eine russische Übersetzung, die glücklicherweise erst nach den Feierlichkeiten ankam und bei der es sich um eine Übersetzung ihrer eigenen Gedanken handelte, aber in keiner Weise um die meines Textes. Also antwortete man ihnen, sie sei zu spät angekommen. T hat es übersetzt, aber sie weigerte sich, es vorzulesen, denn sie sagte, dies sei eine „zu große Verantwortung"! *(Mutter lacht)* Sie sind alle so. Schließlich las S es vor. Wir haben auch einen kommunistischen russischen Architekten hier, der sehr viel für Auroville gearbeitet hat, an Modellen usw. (ein sehr netter junger Mann), und er kam gestern mit einer Bitte: Ob er nicht das Wort „Göttlich" ändern könne. Ich fragte ihn also: „Was schlagen Sie vor?" Und er sagte mir: „Das universelle Bewußtsein." Also antwortete ich ihm *(lachend):* „Damit schmälern Sie die Bedeutung des Begriffs aber schrecklich." Darauf war er verärgert. Was also tun? So sagte ich ihm: „Hören Sie, ich mache Ihnen ein Zugeständnis; wenn Sie wollen, kann man sagen: das „vollkommene Bewußtsein", das schadet nichts." Damit war er zufrieden, ich schrieb ihm „vollkommenes Bewußtsein" auf sein Papier, und damit ist er gegangen.

Die Gruppe, die wir hier haben ... (wie soll man sie nennen?) ... die Schüler von Y, die „Avantgarde"-Gruppe, kann den Begriff „göttliches Bewußtsein" nicht ausstehen. Die deutsche Übersetzerin, die keine

---

[1] „Um sich in Auroville aufhalten zu können, muß man ein williger Diener des göttlichen Bewußtseins sein."

direkte Schülerin von Y ist, dafür aber von M, ging zu ihm und bat ihn um Unterstützung (wahrscheinlich moralischer Art), und das Beste, was sie finden konnten, war „das höchste Bewußtsein" ... Da fragte ich: „Wo ist Euer Höchstes, und wo Euer Niedrigstes?"

Mich haben sie gar nicht erst gefragt, sie sind sich ihrer selbst so sicher. So las man also ihren Text in Auroville vor, und die Leute, die deutsch verstehen, kamen nachher zu mir und sagten: „Wie geht das denn an?" ... Dadurch habe ich davon erfahren. „Wie kommt es, daß man in der deutschen Version »das göttliche Bewußtsein« mit dem »höchsten Bewußtsein« übersetzt hat?"

Jeder schreibt, was er will!

Man wird aber eine kleine Broschüre mit der Botschaft und allen Übersetzungen machen, auf japanisch, auf hebräisch, auf arabisch, usw. Mit Fotos illustriert, und dazu wird man den deutschen Text wiederherstellen. Aber der russische Text ...

Die „Stadt des Friedens", das ist amüsant. *(lachend)* Das klingt vielversprechend!

Aber das ist mir egal; was ich sehr kleinkariert finde, ist, mir nichts zu sagen, es heimlich zu ändern. Und zu hoffen, daß ich es nicht mitkriegen werde, ist eine Kinderei, und die Neigung, mir etwas vorzuenthalten, ist nicht sehr schön.

Im Ganzen gesehen ist alles aber sehr gut gegangen.

Wir haben eine Fahne von Auroville, die sehr hübsch ist, man hat sie dort hingebracht; es gibt nur zwei Fahnen (die anderen Länder haben kleinere Wimpel), die Fahne des Ashrams und die von Auroville. Sie hat diese Farbe: *(Mutter zeigt auf eine orangene Hibiskusblüte auf dem Tisch).*

Was die jungen Delegierten angeht, das war ziemlich gemischt: diejenigen, die spontan aus ihren Ländern kamen oder von der UNESCO ausgewählt wurden, waren sehr angenehm; und dann hat man fast mit Propagandamitteln Leute aus Delhi rekrutiert (viele kamen von den Botschaften dort), darunter waren einige zweifelhafte Gestalten. Manche rauchten, und es gab sogar einen, der angetrunken war ... Nichtsdestotrotz, solange sie zusammen waren, haben sie sich akzeptabel benommen. Und dann gab es einen – einen Tschechen –, der einfach nicht mehr weggehen will. Er sagte jedenfalls, er werde solange warten wie nötig, aber vor der Abreise wolle er mich unbedingt sehen.

Man sieht sehr gut, wie die Kraft und die Gnade mit allem arbeitet.

Ja.

Denn hätte man diese Elemente alle sich selbst überlassen, nun, dann wäre nichts weiter als ein großes Durcheinander entstanden. Man sieht sehr wohl, wie das arbeitet ... es arbeitet und bedient sich ganz gleich welchen Materials.

Es zieht sogar noch einen Nutzen aus den schlimmsten Dingen. Das ist das Interessante daran.

(Schweigen)

Ich hörte einige wenig erfreuliche Bemerkungen über „= 1", von Leuten, die vollkommen außerhalb davon stehen[1]. *Sie sagten mir vor allem, daß es ein sehr intellektuelles, abgehobenes und verneheltes Blatt sei ...*

Oh, ja.

Auch mache es den Eindruck, als wollten sie alles an sich reißen.

Vor allem das.

Und drittens sagten sie mir, daß Sri Aurobindos Name nur ganz nebenbei am Ende erwähnt wird.

Ja. Hast du die letzte Ausgabe gesehen? *(Mutter sucht nach dem Blatt)* Die Aufmachung ist ausgezeichnet, wirklich – sie hat das fröhlichen Herzens gemacht. Es wird sehr gut präsentiert.

Ja, es ist schade. Es handelt sich bei ihnen um viel pervertiertes Talent.

Ja, pervertiert: ich habe vor allem den Eindruck einer Perversion.
Vor allem hier *(Mutter zeigt auf das Titelblatt)*, das ist schrecklich aggressiv. Anstelle eines sich öffnenden Strebens *(Mutter macht eine entsprechende aufsteigende Geste)*, ist es ...

Wie das Fallbeil einer Guillotine.

Die Aspiration der Blumen findet ihre Erfüllung in der Blüte; die Natur steigt auf und weitet sich so intensiv wie möglich, um zu empfangen. Das hier *(Mutter deutet auf „= 1")* gleicht einer Schneide. Das ist sehr bezeichnend.
Ich habe nie etwas gesagt.
Dabei ist es mit viel Geschmack gemacht.

---

1. „= 1" ist eine aurovillianische Zeitung.

Die Perversion stammt vom Mental. *(Mutter blättert durch die Ausgabe)* All das ist sehr aggressiv.

*
* *

Etwas später

Gestern kam ich von unten *(dem Empfangszimmer)* zurück (ich kann nicht mehr „morgens" sagen), nachdem ich achtundsiebzig Personen gesehen hatte ... um drei Uhr nachmittags: die Zeit, zu der ich normalerweise vom Bad zurückkomme, um zu arbeiten – kein Essen. Das sogenannte Mittagessen hat sich schon seit langem in Luft aufgelöst.

(Schweigen)

Es gibt drei Dinge, vor denen man auf der Hut sein muß. Das erste ist die kollektive Suggestion von „Krankheit" – „Krankheiten" kann es in dem Sinne geben, daß gegnerische Kräfte am Werke sind und versuchen, die Dinge zu zersetzen und die Arbeit zu verzögern; aber für das Individuum bestehen diese sogenannten Krankheiten aus ... Äußerlich gründen sie sich auf die „Kenntnis" von Mikroben, Bazillen usw., aber das bedeutet, das Pferd vom Schwanz her aufzuzäumen und alles verkehrt aufzufassen, denn Mikroben, Bazillen und all diese Mikroorganismen sind AUSWIRKUNGEN, nicht Ursachen.

Und zwar die Auswirkungen von drei Dingen: bösem Willen (schlimmstenfalls einer Weigerung, der Bewegung zu folgen) in mehr oder weniger totaler Form, sodann Unkenntnis der Gesetze und ihrer Konsequenzen, d.h. der Ursachen und der Wirkungen (völlige Unkenntnis), und drittens natürlich die Folge einer Form von Trägheit – alles ist eine Form von Trägheit, hier geht es aber um die größte Form von Trägheit, nämlich die Unfähigkeit, etwas aufzunehmen und darauf zu reagieren. Diese drei Dinge zusammen erzeugen Krankheiten und die letztendliche Auswirkung: den Tod, d.h. die Zersetzung der geschaffenen Harmonie.

Vom kollektiven Standpunkt aus, vom kollektiven Einfluß her, ist das Gegenteil der Fall: dort ist der Tod die „Ursache" der Störung; anstatt die Wirkung zu sein, ist er die Ursache – und das ist absurd.

Vom Standpunkt der Transformation der Zellen und des Organismus gleicht dieser kollektive Einfluß einem Bad, in das man getaucht wird, und die Leute, die dem entkommen wollten, brachen alle Verbindungen ab und versuchten, sich zu isolieren. Das Ergebnis war das Verlassen der materiellen Zone, denn es ist unmöglich, die ganze

Zeit so zu verharren *(Geste wie in einem Schneckenhaus)*, als gäbe es keinerlei Verbindung zum Ganzen. Also entsagten sie dem Leben.

In den Beziehungen mit dem Ganzen gibt es grob gesagt drei ... man kann sagen drei „Verteidigungsmöglichkeiten" oder drei Haltungen, die man einnehmen kann. Erstens diejenige der Isolierung, die nicht total sein kann, da man sich sonst völlig zurückziehen müßte, und die deshalb nur sehr bedingt wirkungsvoll ist. Zweitens diejenige des Angriffs: das heißt, die Macht aufzubringen, sich mit den Widersachern herumzuschlagen und sie zurückzuwerfen. (Dies hat einen großen Nachteil, wenn es sich nämlich um Kräfte derselben Ebene handelt, sind diese unwirksam oder nur sehr beschränkt wirksam, und wenn es sich um höhere Kräfte handelt, wird die Wirkung eher katastrophal sein: man zerstört, um zu siegen, und das ist sicherlich nicht die Absicht des Höchsten.) Und schließlich gibt es die Möglichkeit der Ansteckung durch die höhere Kraft, was aber den Faktor impliziert, der sich hier durch Zeit ausdrückt. Eben diese Methode wurde gewählt. Sie setzt aber viel Zeit voraus – und aus diesem Grunde dauert es endlos.

Das Ergebnis ist absolut gewiß, mit einem Mindestmaß an Schaden. Dieses Mindestmaß ist jedoch immer noch sehr erheblich.

Und für das menschliche Bewußtsein dauert es sehr lange. Aber wie du eben sagtest, ist es sehr schön. Man hat den Eindruck von etwas, das aufgeht *(Geste einer sich ausbreitenden Flut)*, es wirkt gewiß sehr langsam für das menschliche Bewußtsein, jedoch unerbittlich gegenüber den Widerständen und mit einer souveränen Siegesgewißheit ... Das ist wirklich schön. Und unbestreitbar bringt dieser Weg das geringste Maß an Schaden mit sich. Wobei natürlich sogar all das, was uns als „Schaden" erscheint, in der Gesamtschau nichts anderes sein kann als das Mittel einer höheren Verwirklichung.

9. März 1968

(Über ein älteres Gespräch aus den Entretiens *vom 27. Mai 1953, in dem Mutter insbesondere sagt: „Wenn das Bewußtsein sich im Hintergrund entwickelt hat und man die Fähigkeit besitzt, es zu konzentrieren, kann man äußerlich tun oder lassen, was man will, und doch handelt stets dieses Bewußtsein.")*

Das ist genau die Erfahrung von heute morgen.

Die Erfahrung war folgendermaßen: Wichtig ist nur, das Bewußtsein der höheren Gegenwart beizubehalten, das heißt, diese Gegenwart muß konkret sein; dann ist alles, was man tut oder sagt – ganz gleich, was es auch sei –, Ausdruck dieser Präsenz. Und die Erfahrung von heute morgen bestand darin, den Unterschied zwischen dem direkten und einem mehr oder weniger verschleierten Ausdruck zu finden, wobei diese Qualitätsunterschiede des Ausdrucks eine Funktion des mentalen Urteils sind, das heißt, das Mental eines jeden urteilt von diesem Unterschied aus. Das ist jedoch eine rein individuelle Frage, und im allgemeinen sind die Dinge, die uns am wenigsten klar oder ausdrucksvoll erscheinen, mitunter jene, welche den besten Ausdruck darstellen.

Das läßt sich schwer erklären.

Es war die Wahrnehmung dessen, was das mentale Bewußtsein dem Werk des Höchsten Bewußtseins HINZUFÜGT, und dieser Zusatz oder dieses Urteil ist immer noch eine vollkommen relative Sache – abhängig von der Zeit, dem Anlaß, der Person. Es ist nichts Absolutes, d.h. im einen Fall wird eine bestimmte Einkleidung den vollkommenen Ausdruck bilden, und in einem anderen Fall wird dieselbe Einkleidung das nicht leisten können ... Dies ist die lange Erfahrung der Relativität, in welcher sich die mentale Welt im Verhältnis zum sich ausdrückenden Höchsten Bewußtsein befindet.

Das fiel mir nach einem Satz ein, den ich irgendwo las: „Es ist gewiß, daß der Schöpfer gelächelt haben muß, wenn man sieht, wie humorvoll die Schöpfung ist."[1] Und so sah ich, wie relativ die Formulierungen des menschlichen Bewußtseins sind – es gibt keinen absoluten Ausdruck, der Ausdruck ist immer relativ, und der Eindruck, den er hinterläßt, ist relativ, je nach dem Individuum, das ihn wahrnimmt.

---

1. Sri Aurobindos Aphorismus 478: „Ein Gott, der nicht lächeln könnte, hätte kein so humorvolles Universum erschaffen können."

Ich drücke mich unzureichend aus, aber es handelt sich um eine konkrete Erfahrung: die Relativität der mentalen Auslegung der Aktionen des höchsten Bewußtseins.

Und so führte diese Erfahrung zu folgendem Ergebnis: so passiv und durchlässig sein wie möglich, damit die Schwingung des Bewußtseins sich mit einem Mindestmaß an Deformation überträgt und ausdrückt. Dies galt es zu versuchen.

Heute könnte ich keine solchen Reden mehr halten *(wie in dem alten Gespräch aus den „Entretiens")*. Heute scheint mir das vermessen! *(Mutter lacht)*

Alle Erfahrungen, ausnahmslos alle, dienen jetzt zur Klärung des Lebens, das ist ungeheuer interessant: die Dinge werden an ihren Platz gestellt. Und all die Meinungen und Vorlieben, all die Anziehungen und Abneigungen, all dies vergeht ... es geht in einer Art Lächeln auf – nicht in Gleichgültigkeit sondern in einem Lächeln: einem Lächeln über die unglaubliche Relativität der Manifestation. Und die Wahrnehmung beginnt sich abzuzeichnen, was eine wahre Manifestation sein wird: eine Art sehr geschmeidiger Harmonie, ohne Stöße und unermeßlich. Etwas sehr Interessantes ist im Entstehen.

Diese Dinge *(auf die Entretiens zeigend)* sind noch zu scharf formuliert. Aber ich verstehe sehr gut, daß es beinahe völlig unverständlich wäre, wenn ich jetzt Erfahrungen wie jene, die ich heute morgen hatte, beschreiben wollte – sie sind zu weit vom Bewußtsein der anderen entfernt.

13. März 1968

(Über ein altes Gespräch aus den Entretiens *vom 27. Mai 1953)*

Du sagst folgendes:

„Ja, die Wissenschaft kann die Entdeckung machen. Wenn sie in eine genau definierte Richtung geht, wenn sie genügend fortschreitet, wenn sie nicht unterwegs aufgibt, werden die Wissenschaftler dasselbe finden, was die Mystiker gefunden haben, was die religiösen Menschen gefunden haben, was alle Welt gefunden hat, denn es gibt allein eine Sache zu finden, nicht zwei. Nur eine allein. Auf diese Weise kann man eine große Wegstrecke zurücklegen, man kann gehen und gehen, und wenn man lange genug gegangen ist, ohne aufzugeben, kommt man notwendigerweise an die gleiche Stelle. Ist man einmal dort angekommen, hat man den Eindruck, daß es gar nichts zu finden gibt. Wie ich schon sagte, es gibt nichts zu finden. Darin liegt die Macht. Darin liegt alles. So ist es!"

„Darin liegt die Macht." Was willst du damit sagen?

Es ist seltsam, als du es vorgelesen hast, war es EINFACH, klar, und nun...

Ja, als ich es vorlas, war es mir auch klar ... Vielleicht ist es einfach eine Stelle, die keinen Kommentar erfordert, und damit basta!

Ja, sie werden dasselbe finden, was die Mystiker gefunden haben, was die religiös Eingestellten gefunden haben, was alle gefunden haben – darin liegt die Macht. Das, was man findet, ist die Macht. Und Dem kann man im wesentlichen weder einen Namen noch eine Definition geben.

Darum geht jetzt der große Streit wegen Auroville: in der „Charta" habe ich „göttliches Bewußtsein" gesagt [„um sich in Auroville aufhalten zu können, muß man ein williger Diener des göttlichen Bewußtseins sein"], und so bemängeln sie: „das erinnert an Gott". Darauf erwiderte ich *(lachend):* Mich erinnert das nicht an Gott!... Also übersetzen es die einen mit „das höchste Bewußtsein", die anderen sagen etwas anderes. Mit den Russen einigte ich mich auf „das vollkommene Bewußtsein", aber das ist nur eine Annäherung ... Es ist Das – man kann dem keinen Namen geben, und man kann es nicht mit Definitionen begrenzen – es ist die Höchste Macht; die Höchste Macht, derer man gewahr wird. Und die Höchste Macht ist nur ein Aspekt: der Aspekt, der sich auf die Schöpfung bezieht.

*
* *

(Etwas später über einen anderen Abschnitt desselben Gesprächs aus den Entretiens, *wo jemand Mutter fragte, ob das Göttliche sich von uns zurückziehen könne)*

Du hast geantwortet:

„Das ist eine Unmöglichkeit. Wenn das Göttliche sich von etwas zurückzöge, würde dieses sich augenblicklich auflösen, denn es würde gar nicht mehr existieren. Um es klarer auszudrücken: Das Göttliche ist die alleinige Existenz."

Heute würde ich antworten: „Das ist, als ob du fragen würdest, ob das Göttliche sich von sich selbst zurückziehen könne!" *(Mutter lacht)* Das Unglück ist, wenn man „das Göttliche" sagt, verstehen sie „Gott" ... Es gibt nur Das: nur Das existiert. „Das", was? – Das allein existiert!

(Schweigen)

Heute morgen war ich dabei, das zu betrachten, und es war, als sagte ich zum Göttlichen: „Warum amüsierst Du Dich damit, Dich selbst zu verneinen?" ... Weißt du, um ein Bedürfnis nach Logik zu befriedigen, sagen wir: All das, was finster ist, all das, was häßlich ist, all das, was nicht lebendig ist, all das, was nicht harmonisch ist, all dies ist nicht göttlich. – Wie aber kann das sein?... Hier handelt es sich nur um eine Einstellung beim Handeln. Und mich in dieses Bewußtsein des Handelns versetzend, sagte ich: „Warum amüsierst Du Dich damit, so zu sein?" *(Mutter lacht)*

Das war eine sehr konkrete Erfahrung der Zellen, mit dieser Empfindung (nicht Empfindung, auch nicht Wahrnehmung), einer Art Gewahrwerden, daß man sich dicht am Rande des großen Geheimnisses befindet ... Und plötzlich ist da eine Ansammlung von Zellen oder eine Körperfunktion, die sich querstellt – warum nur? Was für ein Sinn liegt darin? Und die Antwort war: Es ist, als helfe all das, die Grenzen zu sprengen.

Warum aber, und wie?

Mental kann man alles erklären, das hat jedoch keinerlei Bedeutung: für den Körper, für das materielle Bewußtsein ist dies abstrakt. Wenn das materielle Bewußtsein etwas begriffen hat, weiß es das HUNDERTMAL BESSER, als man es mental wissen könnte. Wenn es etwas weiß, hat es die Macht: das gibt die Macht. Und dies entwickelt sich langsam aber sicher. Und für ein unwissendes Bewußtsein bedeutet das: langsam und schmerzlich. Für das wahre Bewußtsein ist es nicht im geringsten so! Der Schmerz, die Freude, all das ist eine Art ... eine so absurde Art, die Dinge zu sehen – sie zu verspüren und zu sehen.

Es gibt eine immer konkretere Erkenntnis, daß alles darin einbezogen ist, daß es nichts gibt, was nicht diese Seinsfreude enthält, denn das ist DIE Art und Weise zu sein: ohne Seinsfreude kein Sein. Aber mental verstehen wir den Begriff „Seinsfreude" nicht so. Das läßt sich sehr schwer ausdrücken. Und diese Wahrnehmung des Leidens und der Freude (ja fast des Bösen und des Guten), all das sind Behelfe, die notwendig sind, damit die Arbeit innerhalb der umgebenden Unbewußtheit vonstatten gehen kann. Denn das wahre Bewußtsein ist etwas ganz und gar anderes. Und dieses Zellbewußtsein ist dabei, das zu lernen, und zwar durch eine konkrete Erfahrung. All diese Wertschätzungen von dem, was gut oder böse ist, was Leiden und was Freude ist, all das erscheint dort sehr nebelhaft. Aber „die Sache" – die Wahrheit –, die konkrete Sache ist noch nicht darin erfaßt. Sie ist auf dem Weg, man spürt, daß sie auf dem Weg ist, aber sie ist noch nicht da. Hätte man sie erfaßt ... wäre man allmächtig. Und es ist möglich, daß sich dies erst erreichen läßt, wenn die Welt in ihrer Totalität oder in einem hinlänglichen Umfang für die Transformation bereit ist.

Dies ist eine Vermutung, sozusagen eine Inspiration. Aber es liegt noch in einem höheren Bereich.

Von Zeit zu Zeit macht es den Eindruck, als berühre man die Erkenntnis der Allmacht: man steht knapp davor ... ah! *(Mutter macht eine Geste des Ergreifens der Sache)*... und dann verwischt es sich wieder.

Wenn man das hat, wird sich die Welt ändern können. Und wenn ich „man" sage, meine ich damit keine Person ... Es gibt möglicherweise etwas, das DER Person gleichbedeutend ist, aber das ... Dabei bin ich nicht sicher, ob es nicht eine Projektion unseres Bewußtseins auf etwas ist, das sich uns entzieht.

Sri Aurobindo pflegte zu sagen, wenn man nur weit genug über das Unpersönliche hinausginge, fände man jenseits davon etwas, das wir DIE Person nennen könnten, das aber nicht das Geringste mit dem zu tun hat, was wir uns unter „Person" vorstellen.

Und dort gibt es nur noch ... allein Das! Und Das hat die Macht. Aber selbst wenn wir sagen: „es gibt nur noch Das" *(lachend)*, situieren wir es IN etwas anderem!... Die Sprache ist völlig ungeeignet, etwas auszudrücken, was das Bewußtsein übersteigt. Sobald man es formuliert, sackt es ab.

(Schweigen)

Etwas weiter unten [in diesem Gespräch aus den „Entretiens"], sagst du: „Es gibt eine Menge Leute, die das Göttliche verwirklicht haben, die nie darüber sprachen und die sich dessen vielleicht nicht einmal bewußt waren." Wie ist das möglich? Kann man das Göttliche verwirklichen, ohne sich dessen bewußt zu sein?

Das ist wieder dasselbe. Man könnte hinzufügen: „... und die IN MENTALER HINSICHT nichts davon wissen". Sie sagen nicht: „Ich habe das Göttliche verwirklicht", weil es für sie keinem mentalen Begriff entspricht.

16. März 1968

Mutter reicht Satprem eine Blume.

Das ist ein *Happy Heart* [„frohes Herz"[1]].
Ich bin dabei, sein Geheimnis zu ergründen.

(langes Schweigen)

Man hat stets den Eindruck, die ganze Zeit auf dem Weg zu einer großen Entdeckung zu sein; dann macht man diese Entdeckung und wird dessen gewahr, daß sie schon immer bekannt war!... *(lachend)* Man betrachtet sie nur auf andere Weise.

Heute morgen kam eine Erfahrung, die wie eine außerordentliche Offenbarung anmutete, und ... es handelt sich um etwas, das man schon immer wußte. Dann mentalisiert man sie – sobald man sie mentalisiert, wird es klar, aber es ist nicht mehr das, was man ursprünglich erfahren hat. Man kann sagen, daß diese Schöpfung die „Schöpfung des Gleichgewichts"[2] ist und daß es sich nur um einen Fehler des Mentals handelt, eine Sache auswählen und eine andere ablehnen zu wollen – daß alle Dinge zusammengehören, daß das, was man gut nennt, das, was man schlecht nennt, das, was uns angenehm erscheint, und das, was uns unangenehm erscheint, alles zusammen bestehen sollte. Und heute morgen kam die Entdeckung, daß durch die Trennung – diese Trennung, die schon auf alle möglichen verschiedene Arten beschrieben wurde, manchmal bildhaft, manchmal in abstrakter Form, manchmal in psychologischer Form usw. –, all

---
1. *Ravenalia spectabilis.*
2. Siehe *Agenda* Bd. 4 vom 13. November 1963: „Die Überlieferungen sagen, daß ein Universum erschaffen wird, dann ins *Pralaya* zurückgezogen wird und daraufhin wieder ein neues entsteht; sie sagen, wir seien das siebte Universum, das nicht ins Pralaya zurückkehren, sondern sich ständig, ohne Rückschritt, weiterentwickeln wird." Siehe auch *Agenda* Bd. 7 vom 4. März 1966.

das schlicht Erklärungen sind, während es sich hier wahrscheinlich einfach um das handelt, was die Objektivierung ermöglichte *(Geste, das Universum aus dem Nicht-Manifestierten hervorzubringen)* ... Aber auch das ist wieder nur eine Erklärungsart. Was ist diese angebliche Trennung also? Man weiß es nicht (oder vielleicht weiß man es doch ...). Jedenfalls ist sie es, die Weiß und Schwarz schuf (im Falle der Farben), oder Tag und Nacht (dort ist es bereits verschwommener – aber auch Schwarz und Weiß sind schon vermischt), jedenfalls die Tendenz, zwei Pole zu konstruieren: das Angenehme und Gute im Gegensatz zum Unangenehmen und Schlechten. Und wenn man zum Ursprung zurückkehren möchte, verschmelzen diese beiden Pole immer mehr, und zwar in einem vollkommenen Gleichgewicht, das bedeutet, daß keine Teilung mehr möglich ist und daß kein Teil Einfluß über einen anderen ausübt – beide sind ja eins –, und das ist die berühmte Vollkommenheit, die man wiederzuerlangen versucht.

Die Ablehnung des einen und das Annehmen des anderen ist eine Kinderei, eine Unwissenheit. Und all die mentalen Übertragungen wie die eines ewig bösen Übels, das die Vorstellung der Hölle wachrief, oder die eines ewig guten „Guten" ... all das sind Kindereien.

(Schweigen)

Und es kann sein (vielleicht, denn sobald man es formulieren will, beginnt man zu mentalisieren, und das schmälert es, zieht etwas ab, begrenzt es, und es verliert die Macht der Wahrheit, aber nun ...), es kann also sein, daß in diesem Universum, so wie es beschaffen ist, die Vollkommenheit ... *(Mutter verharrt lange in ihrer Erfahrung versunken)*. Die Sache entzieht sich den Worten ... Man könnte es folgendermaßen formulieren (aber dann wird es trocken und leblos): Die Wahrnehmung ... Ist es allein Wahrnehmung? – Es ist mehr als das ... nicht Wahrnehmung, nicht Wissen, nicht Bewußtsein ... Man könnte sagen: das Bewußtsein der Einheit des Ganzen, so wie es vom Individuum wahrgenommen wird – wahrgenommen, gelebt, verwirklicht. Aber das besagt nichts, es sind nur Worte ... Das Universum scheint dafür geschaffen worden zu sein, dieses Paradox eines Bewußtseins des Ganzen in allen seinen Teilen lebendig zu verwirklichen (nicht nur wahrgenommen sondern auch gelebt), wobei jedes Element zugleich das Ganze darstellt.

Die Bildung dieser Elemente begann durch die Trennung, und diese Trennung führte zur Aufspaltung in etwas, das man Gut und Böse nennt; aber vom Standpunkt der Wahrnehmung aus gesehen – der Wahrnehmung in ihrer materiellsten Form – kann man sagen: es ist das Leiden und das Ananda. Und die Bewegung besteht darin, jegliche

16. MÄRZ 1968

Trennung aufzuheben und das totale Bewußtsein in jedem seiner Teile zu verwirklichen (vom mentalen Standpunkt aus mag das absurd sein, aber so ist es).

All dies ist für meinen Geschmack viel zu philosophisch und nicht konkret genug. Die Erfahrung von heute morgen war jedoch konkret, weil sie von extrem konkreten Wahrnehmungen im Körper ausging, von der Gegenwart dieser konstanten Dualität, die in ihrer Erscheinung einem Gegensatz gleichkommt (kein bloßer Gegensatz: eine gegenseitige Verneinung) zwischen ... wir können das Leiden und das Ananda als Sinnbild nehmen. Der wahre Zustand ist eine Totalität, die alles enthält; anstatt aber alles in gegensätzlichen Elementen zu enthalten, ist es eine Harmonie von allem, ein Gleichgewicht von allem (es erscheint im Augenblick unmöglich, dies in Worte zu fassen, aber es wurde gelebt und gespürt). Und wenn dieses Gleichgewicht in der Schöpfung verwirklicht worden ist, kann diese Schöpfung ... (wenn man es in Worte faßt, hört es auf, das zu sein, was man meint) ... man könnte sagen: kann diese Schöpfung ohne Unterbrechung fortschreiten.

Aber das ist es nicht.

Wieder durch das gegenwärtige unvollkommene Bewußtsein gesehen, gab es in diesen Tagen wiederholt einen Zustand (all das geschah methodisch, und es wurde organisiert durch eine Gestaltung des Ganzen, die allem, was wir uns vorstellen können, unendlich überlegen ist), der den entscheidenden Faktor für den Bruch des Gleichgewichts, das heißt für die Auflösung der Form, bildet – das, was man gewöhnlich den „Tod" nennt –, und dieser Zustand wurde zur Verdeutlichung bis an die äußerste Grenze geführt, und zwar begleitet vom Zustand (nicht der Wahrnehmung: dem Zustand), der diesen Bruch des Gleichgewichts verhindert und das ununterbrochene Andauern des Fortschritts gestattet. Dies ergibt im Körperbewußtsein die gleichzeitige Wahrnehmung (fast gleichzeitig) von dem, was man als äußerste Angst vor der Auflösung (es ist nicht ganz das, geht aber in diese Richtung) und andererseits als das höchste Ananda der Vereinigung bezeichnen kann – und beides gleichzeitig.

Vereinfacht ausgedrückt: die extreme Zerbrechlichkeit der Form (mehr als eine Zerbrechlichkeit) und die Ewigkeit der Form.

Und nicht bloß die Vereinigung sondern die Verschmelzung, das Einswerden dieser beiden Zustände ergibt die Wahrheit.

Mentalisiert wird es für jedermann klar – es verliert jedoch seine wesentliche Qualität, dieses gewisse Etwas, das sich nicht mentalisieren läßt.

Das Bewußtsein dieser beiden Zustände muß gleichzeitig sein?

Nicht gespalten. Die Vereinigung der beiden Zustände macht das wahre Bewußtsein aus; die Einheit der beiden („Vereinigung" setzt noch eine Trennung voraus), das Einssein der beiden Zustände macht das wahre Bewußtsein aus. Dann spürt man, daß dieses Bewußtsein die Höchste Macht ist. Die Macht ist begrenzt durch Widerspruch und Verneinung: die mächtigste Macht ist jene, die sich am stärksten behauptet – das ist eine totale Unvollkommenheit. Es gibt jedoch eine allmächtige Macht, die aus der Verschmelzung der beiden Zustände resultiert. Das ist die absolute Macht. Und wenn dies physisch verwirklicht wäre ... ergäbe das vermutlich die Lösung des Problems.

Die Stunden, die ich heute morgen auf diese Weise verlebte, machten den Eindruck, man habe alles gemeistert und alles begriffen – und mit „begreifen" verstehe ich das Begreifen, aus dem sich die absolute Macht ergibt. Natürlich läßt sich das nicht aussprechen.

Eben das haben die Leute, die diese Erfahrung hatten oder sie berührten, ausgedrückt, als sie sagten, diese Welt sei eine Welt des Gleichgewichts, das heißt die Gleichzeitigkeit aller Gegensätze, ohne Trennung. Sobald es irgendeine Divergenz gibt ... nicht einmal Divergenz: schon ein Unterschied bedeutet den Anfang der Trennung. Und alles, was nicht dieser Zustand ist, wird nicht ewig sein können; allein dieser Zustand ... man kann nicht sagen, er enthalte die Ewigkeit, sondern (wie soll ich sagen?) ... er drückt die Ewigkeit aus.

Alle möglichen Philosophien versuchten, dies zum Ausdruck zu bringen, aber all das bleibt in der Luft, es ist mental, spekulativ. Jetzt wurde dies gelebt – erlebt, ich will sagen, es gilt, Das zu SEIN.

Ist das die materielle Entsprechung einer psychologischen Erfahrung, in der das Gewahrwerden des Bösen vollständig im Gewahrwerden eines absoluten Guten, selbst im Bösen, verschwindet?

Ja, genau. Man kann sagen, anstatt nur eine mentale Vorstellung zu sein, handelt es sich hier um die konkrete Verwirklichung der Tatsache.

20. März 1968

Da ist ein Problem. Es handelt sich um P.L. Du weißt, wer das ist?

Nein.

Er ist ein Würdenträger der römischen Kurie.

Du meinst, er ist Katholik?

Er wird in seinem Land zum Bischof ernannt werden.

Oh!

Hier liegt das Problem. Er ist dort eine bedeutende Persönlichkeit, und nun will er alles fallen lassen – sein Christentum, all das weist er von sich, möchte nichts mehr davon wissen. Er möchte aus seiner Kirche austreten, sein Bischofsamt niederlegen, alles, und er möchte hier bleiben. Er hat hier etwas „gefunden".

Ja, aber ich habe diesen Mann gesehen: er war sehr enthusiastisch.

Ja. Er möchte also alles hinschmeißen. Das Problem ist, daß der geringste Anlaß in Italien einen Riesenskandal verursachen kann. Die Kommunisten sind jederzeit auf dem Sprung, den kleinsten Vorwand zu ergreifen: ein Priester, der den geistlichen Stand verläßt ... Nicht bloß ein Priester sondern ein angehender Bischof der römischen Kurie. Er möchte, daß alles ohne Skandal vonstatten geht. Aber wie?

Ja, ich habe den Mann gesehen, er hat einen sehr guten Eindruck auf mich gemacht.

Er ist ein guter Mann. Er hat etwas. Er hat Erfahrungen mit Sri Aurobindo, er sieht Sri Aurobindo. Aber auch dabei gibt es ein Problem. Vor allem braucht er deine Kraft, denn vital und physisch hat er nicht sehr viel Kraft. Wenn er seinen Körper verläßt ... Neulich sah er Sri Aurobindo im Samadhi, und währenddem wurde sein Körper von wilden Bestien verschlungen und aus seinem Bett geschleudert. Der Mann wird sehr angegriffen. Er braucht Schutz. Er ist vital und physisch schwach. Wenn er also nach Rom zurückgeht, werden diese Leute ihn nicht ohne Kampf gehen lassen, verstehst du ... Er bittet dich um Rat, wie vorzugehen sei.

Aus welchem Land stammt er?

Er hatte ein Amt beim Römischen Tribunal, wo er die Scheidungsfälle regelte. Nun braucht er einerseits deine Kraft, um sein Vorhaben auszuführen, denn es ist wahrlich ein Vorhaben, und dann stellt sich die Frage, wie ein Skandal vermieden werden kann. Er sagte mir, er sei der rechte Arm von Kardinal Tisserant[1]: „Sollte ich Kardinal Tisserant darum ersuchen, mir irgendeine Mission außerhalb Roms zu geben, in Afrika oder in Indien, und mich derart nach und nach von Rom lösen, mich in Vergessenheit geraten lassen und dann verschwinden? Oder sollte ich direkt mit dem Papst sprechen und ihm klar sagen, was los ist?..." Denn P.L. war mit dem Papst im Flugzeug anläßlich seines Bombay-Besuchs ...

Mir gefällt die Lösung besser, mit dem Papst zu reden.

(Mutter tritt in eine lange Konzentration ein)

War nicht er es, der während der Meditation hier ohnmächtig wurde?

Ja, genau, er ist vital und physisch schwach.

Der Papst aber ist im Vital sehr stark. Das ist problematisch.

(Mutter tritt erneut in eine lange Konzentration ein)

Ja, das ist das einzige, was man tun kann. Es besteht diese Gefahr, aber es ist notwendig, daß er da hindurchgeht.
Wann reist er ab?

Anfang April. Er bittet darum, dich vorher zu sehen.

Ja, gut. Aber ich werde nichts sagen.
Wenn er hier fortgeht, geht er zuerst wohin?

Ich glaube, direkt nach Rom.

(Schweigen)

Ich kann mir vorstellen, daß das vielleicht auch den Papst interessieren wird?

(Mutter nickt)

---

1. Kardinal Tisserant verstarb 1972.

23. März 1968

(Satprem liest Mutter das Ende des Gesprächs vom 3. Juni 1953 aus den Entretiens *vor, wo es um das Karma geht: „Die Leute, die das in allen Religionen erklärt haben [daß die Folgen des Karmas sehr streng seien], die all diese ach so absoluten Regeln aufgestellt haben, taten dies, für mein Gefühl, um sich an die Stelle der Natur zu setzen und um die Leute manipulieren zu können ... deshalb fürchten sich die Leute und sind entsetzt ... Dabei müßten sie nur eine Stufe höher steigen. Man muß ihnen den Schlüssel geben, der die Türe öffnet. Es gibt eine Tür zur Treppe, und dafür braucht man einen Schlüssel. Der Schlüssel ist eine genügend aufrichtige Aspiration oder das genügend intensive Gebet ... Beiden wohnt eine Zauberkraft inne, man muß sich ihrer nur zu bedienen wissen ... Manche können das Gebet nicht ausstehen (gingen sie dem in ihrem Herzen auf den Grund, würden sie feststellen, daß es sich um Stolz handelt). Und dann gibt es diejenigen, die keine Aspiration haben, die es versuchen und es nicht können – dies liegt daran, daß sie nicht die Flamme des Willens haben und auch nicht die Flamme der Bescheidenheit. Man braucht beides: eine sehr große Bescheidenheit und einen sehr starken Willen, um sein Karma zu verändern.")*

Wann habe ich das gesagt?

1953.

Das ist merkwürdig.

Es liegt ein UNGEHEURER Schmerz dahinter, etwas sehr Weites und sehr Starkes. Seltsam.

Wie eine Verbindung mit dem menschlichen Schmerz ... wirklich seltsam.

*
* *

Später

Ich mache entscheidende Augenblicke durch. Aber es ist sehr schwierig.

Die Übertragung des Nervensystems. Ich habe dir schon erzählt, daß alles „übertragen" wird, eins nach dem anderen; jetzt ist das Nervensystem an der Reihe. Das ist ... schwierig. Sehr schwierig.

Ich werde später darüber sprechen.

27. März 1968

Am 1. April wird die Sportsaison eröffnet, und ich habe folgende Botschaft dazu gegeben.
Ich beginne mit einem Paradox:

> *The first condition for acquiring power is to be obedient.*
> *The body must learn to obey before it can manifest power; and physical education is the most thorough discipline for the body.*
> *So be eager and sincere in your effort for physical education, and you will acquire a powerful body.*

Das ist nur logisch. Damit hat sich's.
Und nun die Übersetzung:

> Die erste Voraussetzung, um Kraft zu gewinnen, ist, gehorsam zu sein.
> Der Körper muß gehorchen lernen, bevor er Kraft manifestieren kann; und sportliche Übung ist die umfassendste Disziplin für den Körper.
> Seid also eifrig und aufrichtig in eurem Bemühen beim Sportunterricht, und ihr werdet einen kraftvollen Körper erhalten.

*
* *

Etwas später

Alle streiten sich ... Oh! Dieser Zank um nichts und wieder nichts – alle verlieren die Fassung, alle haben Streit miteinander. So geht das seit drei Tagen. Die Astrologen sagen, es hänge mit der „Position der Sterne" zusammen – ich glaube nicht daran. Ich glaube, die Lage der Sterne ist eher ... (wie soll man sagen?) die himmlische Art und Weise, irdische Geschehnisse abzuzeichnen! Sie beeinflussen sie nicht, sondern sind ihr Ausdruck.

*
* *

27. MÄRZ 1968

(Danach tritt Mutter in eine lange Kontemplation ein, die beinahe die gesamte Gesprächszeit dauert. Einmal öffnet sie die Augen und betrachtet Satprem, als geschehe etwas oder als wolle sie etwas sagen...)

Hast du eine Frage?

Ich hatte den Eindruck, das da etwas war.

Was?

Ich weiß nicht.

Aber ich wollte dich gerade dasselbe fragen ... ich hatte den gleichen Eindruck – dich betreffend. Etwas Neues. Nein? Hattest du keine neue Erfahrung?

Ich hatte einen bestimmten Eindruck.

Aber ja, sehr stark! Ich wollte dich etwas fragen *(als Mutter die Augen öffnete)*, und anstatt dich zu fragen, versuchte ich zu sehen, was los war, und dann sah ich nichts. *(Mutter lacht)*
Eine ganz andere Schwingung, eine Art von ... Ist es schon Mittag?... Sind wir allein?

Ja.

Der Eindruck einer bewußten, sehr friedlichen, jedoch sehr starken Kraft, die herabkam und in dir Fuß faßte – etwas Neues. Hast du es gespürt?

Vor ein paar Tagen gab es eine mentale Übertragung davon.

Ach!... *(in einem enttäuschten Tonfall)* Was denn?

Der Eindruck, daß alle Verwirklichungen in den Höhen und alle entsetzlichen Höllen, die man durchleben mag, im Großen Feuer EINS sind. In der Flamme ist alles EINS. All das oben löst sich auf; all das unten löst sich auf; und dann ist es EINS in der Flamme, es gibt keine Gegensätze mehr.

Für mich übertrug sich das, was ich in dir sah, durch ein sehr starkes, leuchtendes Gleichgewicht und ... oh! einen außerordentlichen Frieden.
Etwas hat sich etabliert *(Geste eines soliden Vierecks)*. Man könnte es durch das Wort „Verwirklichung" übersetzen.
Friedlich, machtvoll, leuchtend – und sehr dicht.

Wir werden sehen.

30. März 1968

(Seit einiger Zeit sieht Mutter sehr ernst aus.)

Du machst einen sehr ernsten Eindruck?

Es geht. Aber ich kann nicht sprechen. Es geht gut ... Wie soll man das nennen? *(Mutter verharrt schweigend)* ... Die Universalisierung des Körperbewußtseins – das sind große Worte! Doch das ist es.

Sehr interessant. Ich möchte lieber nicht sprechen, es geht aber gut.

Heute morgen war es wieder sehr interessant. Ich kann es aber noch nicht sagen. In einiger Zeit werden wir sehen.[1]

---

1. Im August fand die zweite große, gefährliche Wende in Mutters Yoga statt (nach derjenigen vom April 1962). Schon jetzt war eine Veränderung in ihrer Stimme hörbar, als spreche sie von sehr weit weg.

April

3. April 1968

*(Fortsetzung des Gesprächs vom 20. März 1968
über das Mitglied der römischen Kurie:)*

Hast du P.L. wiedergesehen?

Nein.

Ich habe ihn gestern gesehen.

Er sprach mit mir, aber ich habe ihn nicht verstanden. Ich weiß nicht, was er mir gesagt hat. Ich hatte jedoch SEHR STARK und nachhaltig den Eindruck eines neuen Anfangs ... des Einsetzens von etwas wie einer Handlung oder einer Reihe von Geschehnissen, die eine große Bedeutung für die Entwicklung der Erde haben werden.[1] Ein sehr starker Eindruck: das blieb über Stunden. Und das ist für mich wirklich außergewöhnlich, denn im allgemeinen berühren mich äußere Ereignisse nicht ... *(Mutter schüttelt den Kopf)* All diese Ereignisse sind so relativ, daß sie gewöhnlich gar keinen Eindruck hinterlassen.

Dies ist also ganz und gar ungewohnt und unerwartet.

Wie eine Tür, die sich auf etwas hin öffnet, das eine beträchtliche Bedeutung für die Entwicklung der Erde haben wird.

Ich hatte nicht den Eindruck, daß er selbst sich dessen bewußt war ... Es ging ein wenig über das menschliche Bewußtsein hinaus. Aber den Papst sah ich sehr deutlich.

Hat er beschlossen, nach Rom zu gehen?

Ja, gleich nach seiner Ankunft wird er um eine Audienz bitten.

Es war wirklich sehr ungewöhnlich, der Eindruck hielt über Stunden an: etwas, das weit über die menschlichen Individuen hinausreicht und das der Beginn von etwas sehr Wichtigem in der Geschichte der irdischen Evolution sein wird.

Das letzte Mal, als ich ihn sah, fragte er mich, wie er vorgehen solle, um beim Papst vorgelassen zu werden. Daraufhin sagte ich ihm: „Das ist ganz einfach, der Name Sri Aurobindos wird Ihnen die Tür öffnen; schreiben Sie dem Papst: »Ich komme von Sri Aurobindos Ashram, und ich würde Sie gern sehen.«"

---

1. Es könnte scheinen, als sei dies die Folge oder die Konkretisierung einer Bewegung gewesen, die 1967 mit folgender Notiz von Mutter begann: „Das Christentum vergöttlicht das Leiden als Heil der Erde" (29. Juli 1967). Dann die Besuche von Madame Z, die vorgab, eine Annäherung zwischen der katholischen Kirche und dem Ashram einleiten zu wollen, und schließlich der Besuch des Mönchs, der sein Christentum mit der Neuen Wahrheit zu erweitern versuchte (siehe *Agenda* Bd. 8).

(Mutter vertieft sich in eine lange Konzentration)

Es ist seltsam, eine seltsame Empfindung ... Weißt du, so als würde man eine Seite umblättern. Seit gestern und auch jetzt noch ist der Eindruck wirklich stark: von etwas ... *(Geste einer Seite, die sich umwendet)*, und das war der Anfang. Im Kopf spielte sich nichts ab, kein Gedanke, nichts: allein eine Art Empfindung von so etwas *(gleiche Geste)*, und ...

Wir sollten uns das Datum merken – vielleicht werden wir es in zehn oder zwanzig Jahren verstehen!

Gestern war der zweite April. Ein seltsames Datum: der 2.4.68 – zwei, vier, sechs, acht. Der Eindruck, daß ein Blatt umgewendet wurde und ... ein Anfang. Oder, wenn du so willst, der Eindruck einer Kurve, die abgeschlossen ist, und einer anderen, die anfängt (aber es handelt sich nicht um eine geometrische Empfindung sondern ...). Doch das ist nicht so gut wie dieses Sinnbild einer ungeheuren Seite, die umgewendet wurde, und dann etwas, das beginnt. Es ist weiß ... Und das ist erst der Anfang.

Dabei gab es keinerlei Empfindung von etwas Persönlichem: die Persönlichkeiten *(P.L.)* sind wie Figuren, die einen Anfang setzen, das ist alles. Die Bewegung, der Ursprung der Bewegung ist unendlich viel höher und weiter als jegliche physische Persönlichkeit.

Wirklich die Wahrnehmung, daß alle diese Leute und all diese Dinge nur Figuren sind *(Geste wie auf einem Schachbrett)*, die in Bewegung gesetzt werden, aber ...

Wir werden sehen.

Das sollte jedenfalls festgehalten werden.

Es hat also etwas mit dem Papst zu tun?

Ja, mit dem Christentum.

(Mutter vertieft sich aufs neue in eine lange Kontemplation)

Seit gestern (dies scheint nicht mit der ersten Erfahrung in Bezug zu stehen) hat sich den ganzen Tag über meine Art zu reagieren (innerlich, nicht äußerlich), meine Art, auf die Dinge zu reagieren, und meine Art, die Dinge auf MATERIELLE WEISE zu sehen, vollkommen verändert. Ganz als handelte es sich um eine neue Person, die sich sogar über die alten Reaktionen wunderte und sich fragte: „Wie ist das nur möglich, daß ich so reagierte?" (Es geht um den Körper.) Alles ist ganz anders.

Auch jetzt ist es noch immer sehr stark, ganz so als ob ... nicht eine neue Persönlichkeit, aber eine neue Seinsweise bestünde, nicht persönlich sondern wie ein großer Strom.

Das ist sehr seltsam.

Ich durchlebte drei sehr schwierige, sogar gefährliche Tage, und dann, mit einer Straffung des Willens und einem sehr aktiven *surrender* aller Zellen kam es gestern zu diesem Ergebnis.

Seltsam, sehr seltsam.

Wir werden ja sehen! *(Mutter lacht)*

6. April 1968

Ich wollte für Auroville keine Regeln aufstellen, aber ich bin trotzdem gezwungen, einige Dinge festzulegen, denn ... es zeigt sich, daß es Schwierigkeiten gibt. Ich weiß nicht, wie ich das anstellen soll.

Was ich sagen wollte, kam auf eine sehr einfache Weise *(Mutter nimmt eine Notiz zu Hand)*, einfach so (es betrifft praktische Kleinigkeiten).

> „Man muß wählen, ob man sich betrinken oder in Auroville leben will, beides ist nicht miteinander vereinbar."

Es geht nicht um leichtes Trinken sondern um etwas, das zu Gewalttätigkeiten führt, das grenzt an Irrsinn.

Und wenn man sich auf diesen Weg begibt, kann man noch folgendes sagen *(Mutter nimmt eine andere Notiz)*:

> „Man muß wählen, ob man in der Falschheit oder ob man in Auroville leben will, beides ist nicht miteinander vereinbar."

Möge es so sein!

> *Man kann sagen, daß man sich betrinkt, um zu vergessen: doch man geht nicht nach Auroville, um zu vergessen, sondern im Gegenteil, um sich zu erinnern.*

Ja, man sollte es eher so formulieren.

Die Idee ist jedoch, auf der Tatsache einer WAHL zu beharren: in Auroville zu leben bedeutet eine WAHL. Ein willentlicher Akt, eine Haltung, die man einnimmt, eine Entscheidung, die man fällt. In Auroville zu leben, bedeutet eine Wahl, man hat sich für einen bestimmten Lebensstil entschieden. Hat man sich einmal entschieden, so werden gewisse andere Optionen damit unvereinbar ... Auf alle Fälle bedeutet das Leben in Auroville eine HANDLUNG, es ist eine Entscheidung, die man trifft, eine Tat.

Dies hier *(Mutter deutet auf ihre Notizen)* sind Zugeständnisse an den gegenwärtigen Zustand der Menschheit, denn in Wahrheit sollte es in Auroville nur die Betrachtung der Einzelfälle geben. Was ich damit sagen will, ist folgendes: es mag Leute geben, die trinken und die nichtsdestotrotz fähig sind, in Auroville zu leben. Man kann also keine allgemeingültigen Regeln aufstellen. Wenn man aber keine allgemeinverbindlichen Regeln aufstellt, auf welchem Bein soll man dann tanzen, wenn man jemandem sagen muß (der bereits akzeptiert worden ist, darin liegt die Schwierigkeit): „Nein, Sie müssen sich ändern – wenn Sie damit nicht aufhören, können Sie nicht in Auroville bleiben ..."?

Was man in bezug auf den Alkohol sagt, läßt sich ebenso über die Drogen sagen; es läßt sich über viele andere Dinge sagen.

Ja. Über sehr viele. Das ist erst ein Anfang. Ich habe das kommen sehen, verstehst du, man wird mit Notwendigkeiten konfrontiert werden ... Notwendigkeiten der Wahl – es heißt: entweder-oder.

Wie bei den Drogen sind die Auswirkungen für manche Leute nicht gefährlich oder bösartig.

Im Grunde ist die Freiheit eines jeden eingeschränkt durch die Tatsache, daß er nicht die Freiheit der anderen beeinträchtigen darf. Hier liegt die Grenze.

Es ist immer schwierig, allgemeine Regeln aufzustellen.

Es ist unmöglich.

Ich erinnere mich, daß ich einige Jahre lang Opium nahm, und es tat mir gut, es besänftigte und beruhigte mich. Es jetzt zu nehmen, wäre absurd, aber in der damaligen Periode hat es nicht geschadet.

Ja, das verstehe ich sehr gut. Ich sehe das alles sehr deutlich von einem universellen Standpunkt aus ... Siehst du, so etwas *(Mutter zeigt ihre Notiz)* kann man nur ganz bestimmten Individuen sagen, das heißt: „FÜR SIE ist das zutreffend – Sie müssen Ihre Schwäche und Ihre Gewohnheit überwinden, um in Auroville zu leben; Sie müssen wählen, beides zusammen geht nicht!" Das ist aber eine rein individuelle Frage; einem anderen braucht man das vielleicht nicht zu sagen.

In der allgemeinst möglichen Form läßt sich sagen, daß alle Selbstvergessenheit dem Leben in Auroville widerspricht. Man geht nicht nach Auroville, um zu vergessen, um sich zu vergessen – jede Art von Selbstvergessenheit, ganz gleich in welcher Form.

Ah! Aber wenn man „Selbstvergessenheit" vom geistigen Standpunkt aus nimmt ... *(Mutter lacht)*

Das Vergessen des wahren Selbstes.

(Mutter lacht) Sobald wir es formulieren ...
Es wäre exakter zu sagen:

„Alles Trachten nach Unbewußtheit steht im Gegensatz zum Leben in Auroville."

Das ist allgemeiner. Möchte man noch allgemeiner sein, könnte man sagen:

„Jede Bewegung des Zurückweichens oder des Herabstiegs steht im Gegensatz zu einem Leben in Auroville, das ein -Leben des Aufstiegs und der Zukunft ist."

Aber Worte ...
In den Zeitungen sind Artikel über die Einweihung Aurovilles erschienen, beispielsweise unter dem Titel „Eine Utopie wird verwirklicht". Und sofort gibt es Leute, die erklären: „Das werdet ihr nie schaffen!", denn ihr Argument ist: „Dies sind menschliche Wesen, und sie werden menschlich bleiben" – aber damit irren sie sich. „Die menschliche Natur ist unveränderlich", auf dieser Grundlage behaupten sie: „Ihr werdet damit keinen Erfolg haben." Folglich ist die einzige Notwendigkeit die, die Zukunft nicht nur zu akzeptieren und zu wollen, sondern sich an den Willen zur Transformation und zum Fortschritt zu halten. Und dies läßt sich sehr wohl als allgemeingültige Formel verwenden.

Aber siehst du, was die Drogen betrifft, so verwendet man bei Operationen zum Beispiel Chloroform; das Chloroform hat auf jedes Individuum eine unterschiedliche Wirkung (das wird in der Theorie nicht akzeptiert, aber es ist eine Tatsache). Wir haben S hier, der Anästhesist war, und das Resultat seiner Erfahrungen war, daß es auf jeden eine andere Wirkung hatte. Manche versetzt es in Unbewußtheit (die Mehrzahl), aber einige Menschen katapultiert es in ein anderes Bewußtsein.

Und dasselbe gilt für alle anderen Dinge.

Also ist meine Notiz nur für bestimmte individuelle Fälle zutreffend: „In Ihrem Fall ist das so; in einem anderen Fall muß es nicht unbedingt unvereinbar sein."

Man wird das Schritt für Schritt sehen müssen ... Das wird interessant!

10. April 1968

P.L. ist abgereist. Er bat mich um „Segenspäckchen", um ihm zu helfen ... *(lachend)*, und dies tat er durch vier verschiedene Personen, um sicherzustellen, sie zu erhalten. Jedem hat er ungefähr dasselbe gesagt: daß er etwas sehr Schwieriges vorhabe und daß er deshalb dringend meiner aktiven Hilfe bedürfe ... also habe ich ihm vier Päckchen gegeben.

Mir kam der Gedanke, ihn zu bitten, uns den Tag und die Uhrzeit seines Gesprächs mit dem Papst zu telegraphieren.

Das ist eine gute Idee.

Wie es scheint, ist er der Sohn eines Ministers ... Ich weiß nicht mehr, wem er das anvertraute, aber er sagte, sein Vater sei (oder war) Premierminister seines Landes, und er selbst sei Advokat und verwalte das Vermögen verschiedener Personen. Er sagte, er habe um die zwanzig Crores Rupien[1] zu verwalten, d.h. ein beträchtliches Vermögen. Das war aber auch alles, mehr hat er nicht gesagt.

Er hat mich gefragt, was er mit seinem Geld machen solle, also habe ich ihm geraten, zu A zu gehen. Er sagte mir auch, er habe Aktien vieler Unternehmen und fragte mich: „Soll ich mich von all dem trennen?" Darauf habe ich ihm gesagt: „A könnte Sie da beraten, auf den ersten Blick aber gibt es keinen Grund, sich davon zu trennen; wenn Sie Zinsen beziehen, können Sie diese Zinsen ja dem Ashram geben, wenn Sie sich dem Ashram widmen wollen – es besteht jedenfalls kein Grund, alles aus dem Fenster zu werfen."

---

1. ca. 10 Millionen DM

10. APRIL 1968

Er sprach nicht davon, sich von etwas trennen zu wollen, als er bei A war, er sagte nur, daß er das Geld ANDERER verwalte.

Ach, das hat er mir nicht gesagt.

Das macht einen merkwürdigen Eindruck: dem einen erzählt er die eine Geschichte, dem anderen etwas anderes ...

Ich glaube nicht, daß etwas Unrechtes dahinter steckt.

Ich empfand den Kontakt als sehr angenehm – sehr angenehm, sehr vertraut, sehr gut. Ein sehr guter Kontakt.
Wahrscheinlich erzählt er jedem nur einen kleinen Teil der Sache.

Mir sagte er, daß er alles geben wolle, dann zögerte er und fragte: „Was aber, wenn ich in mein Land zurückkehren muß, um meine Mutter zu besuchen?..." Darauf sagte ich ihm: „Es besteht kein Grund, alles wegzugeben. Wenn Sie wollen, bewahren Sie sich eine gewisse Freiheit mit etwas Geld auf der Seite für alle Fälle. Jedenfalls wird Sie niemand um etwas bitten. Entscheiden Sie das nach Ihrem Herzen."

Ja.
Wenn es sich nicht um das Geld anderer handelt sondern um sein eigenes, dann ist er sehr reich.

(Schweigen)

Gestern bekam ich einen Besuch von einem jungen Mann (einem sehr jungen Mann), der mit seiner Mutter und Großmutter kam: diese Leute besitzen eine Jutefabrik in Pakistan. Sie ist einige Millionen wert, wovon die Hälfte ihr persönliches Vermögen ist. Die Regierung Pakistans hat sich alles angeeignet. Es gab jedoch ein Gerichtsurteil (von einem Gerichtshof in Pakistan), und das Gericht hat entschieden *(lachend)*, daß die Fabrik an ihre Eigentümer zurückgegeben werden müsse. Darauf schrieb die pakistanische Regierung diesem Herrn und sagte ihm: „Kommen Sie, nehmen Sie Ihre Fabrik in Besitz!" Aber gleichzeitig hat man ihm bedeutet, sich in acht zu nehmen (ich weiß nicht wie), man werde ihn bei seiner Ankunft verhaften ... Also kam er ratlos zu mir und schilderte mir die Lage. Ich sagte: „Gut, wir werden sehen – wir werden unser Bestes tun."
Das ist amüsant.
Die Sache ist so: das Geld (wirkliche Beträge, nicht dreieinhalb Groschen) macht immer wieder Ansätze, zu uns kommen zu wollen (ich weiß nicht, ob das eine Anziehung oder ein Bedürfnis ist) ..., und dann sieht man überall ganz klar, wie die gegnerischen Kräfte

es verhindern. Es handelt sich da um eine Kraft der Zersetzung, der „Veruntreuung", könnte man sagen. Es ist interessant, dies als Konflikt zu beobachten.[1]

Vielleicht will es mich lehren, die Art von Schwingung oder von Macht zu finden, welche diese unrechte Aneignung aufhebt ... das ist möglich.

Der Konflikt spielt sich zwischen dem ab, was man „gegnerische Eigentümer" nennen könnte. In Wahrheit gehört es niemandem. Diese Vorstellung, Geld zu BESITZEN, hat alles verfälscht. Geld sollte kein „Besitz" sein: im Sinne einer Macht ist es ein Handlungsmittel, das einem gegeben wird, um ... man könnte sagen, um es nach dem „Willen des Gebenden" einzusetzen, d.h. auf unpersönliche und klarsichtige Art und Weise. Wenn man ein gutes Instrument der Verbreitung und Nutzung ist, dann kommt es, und es kommt in dem Umfang, wie man fähig ist, es angemessen zu benutzen. Darin liegt seine wahre Aufgabe.

Ich sehe diese Leute *(von der Jute-Fabrik)*, da gibt es keine Wahl; dieser Herr sagte nicht spontan (gefühlsmäßig): „Dieses Geld steht den göttlichen Kräften für ihr Wirken zur Verfügung." – Nicht im entferntesten, diese Idee kam ihm gar nicht in den Sinn, es ging ihm nur darum, „wieder BESITZ zu ergreifen" von etwas, auf das er Anspruch erhebt. Deshalb *(Mutter schüttelt den Kopf)* macht es keinen großen Unterschied, wie die Geschichte nun ausgeht.

Die richtige Haltung ist folgende: das Geld ist eine universelle Kraft, dazu bestimmt, auf der Erde eine Arbeit zu verrichten – die nötige Arbeit, um die Erde darauf vorzubereiten, die göttlichen Kräfte zu empfangen und zu manifestieren –, und die Kraft der Nutzung sollte in die Hände derjenigen fallen, welche die klarste, allgemeinste und wahrhaftigste Vision haben.

Vor allem geht es darum, keine Empfindung eines Besitzes zu haben (das ist wirklich elementar). Was soll das heißen, „das gehört mir"? Was soll das bedeuten?... Das will mir überhaupt nicht einleuchten. Warum wollen die Leute, daß es ihnen gehört? – Um es nach Lust und Laune auszugeben. So ist es doch. Und dann gibt es jene, die Spaß daran haben, es irgendwo anzuhäufen ... das aber ist eine Krankheit. Um sicher zu sein, es immerfort zu haben, horten sie es. Wenn man nur begreifen könnte, daß man wie eine Sendestation sein muß: Je weitreichender die Station (genau das Gegenteil des Persönlichen), je unpersönlicher, allgemeiner, weitreichender sie ist, desto

---

[1]. Es handelt sich um das ganze Problem der „Eigentümer" des Ashrams (oder Aurovilles) und um die Veruntreuung, von der Mutter schon 1960 (und früher) sprach: siehe *Agenda* Bd. 1, vom 23. Juli 1960.

mehr Kräfte kann sie enthalten („Kräfte", das heißt, ins Materielle übersetzt: Geldsummen). Diese Aufnahmefähigkeit steht in einem direkten Verhältnis zur besten Nutzungsmöglichkeit – „die beste" bedeutet, vom Standpunkt des allgemeinen Fortschritts aus gesehen: die umfassendste Sichtweise, das tiefste Verständnis und die erleuchtetste, genaueste und wahrhaftigste Nutzung, nicht vom Standpunkt der falschen Bedürfnisse des Egos aus gesehen, sondern entsprechend dem allgemeinen Bedürfnis der Erde im Hinblick auf ihre Evolution und Entwicklung. Das heißt, die Person mit der umfassendsten Vision sollte den größten Einfluß haben.

Hinter allen falschen Bewegungen gibt es eine richtige Bewegung: Es liegt eine Freude darin, mit der geringsten Verschwendung und den besten Ergebnissen leiten, nutzen und organisieren zu können. (Das ist eine sehr interessante Sichtweise.) Und dies sollte das wahre Leitmotiv bei jenen sein, die es anhäufen wollen: die Fähigkeit, es in sehr großem Maßstab zu nutzen.

In dem Maße, wie diese Vision klarer wird ... Seit langer, langer Zeit, seit Jahren ist der Sinn für Besitz verschwunden; das ist eine Kinderei, es ist nichts und zudem so dumm! Kannst du mir sagen, was für eine Befriedigung jemand hat, wenn er Massen von Papier in eine Kiste steckt oder in seinem Tresor verschließt? Es kann keine wahre Freude bringen. Das höchste der Gefühle ist das des Geizhalses, der seine Kiste öffnet und den Inhalt betrachtet – da ist nicht viel dabei. Es gibt andere Leute, denen es Vergnügen bereitet, viel auszugeben – viel zu besitzen und viel auszugeben; das ist etwas anderes, dies sind großzügige, ungeregelte und unorganisierte Naturen ... Die Freude, es allen WAHREN Bedürfnissen, allen wahren NOTWENDIGKEITEN als Ausdrucksmittel zur Verfügung zu stellen, das ist gut. Es gleicht der Freude, eine Krankheit in Gesundheit zu verwandeln, eine Lüge in Wahrheit, ein Leiden in Freude, das ist das gleiche. Man muß also ein künstliches und blödsinniges Bedürfnis, das mit nichts Natürlichem übereinstimmt, umwandeln in eine Möglichkeit, die vollkommen mit der Natur übereinstimmt – man braucht hier soundsoviel Geld, um dies oder jenes Notwendige zu erledigen, hier etwas einzurichten, dort etwas zu reparieren, hier etwas zu bauen, dort etwas zu organisieren – das ist gut. Ich kann gut verstehen, daß man der Vermittlungskanal von all dem sein möchte, um das Geld genau dort einzusetzen, wo es notwendig ist. Dies sollte die wahre Bewegung hinter jenen sein, die es gern ... (in einen stumpfsinnigen Egoismus übersetzt), die es gern horten.

Die Verbindung von Habgier und dem Hang zur Verschwendung (die beide unwissend und blind sind) könnte, richtig kombiniert, eine klare Schau und eine Verwendung mit einem Höchstmaß an Nutzen ergeben. Das wäre dann gut.

Allmählich entsteht also die Möglichkeit, das, was kommt, in die Praxis umzusetzen.

Natürlich sind dafür sehr klare Gehirne und sehr integre Vermittler notwendig, um überall gleichzeitig sein zu können und alles gleichzeitig tun zu können. Dann wäre die berühmte Geldfrage gelöst.

Geld gehört niemandem: Geld ist ein kollektives Gut, das nur von denjenigen verwendet werden sollte, die eine integrale, allgemeine und universelle Vision besitzen. Ich möchte folgendes hinzufügen: nicht allein integral und allgemein sondern auch essentiell WAHR, d.h. jemand mit dem nötigen Unterscheidungsvermögen zwischen einer Verwendung, die dem universellen Fortschritt entspricht, und einer bloßen Laune. Das sind aber Details, denn selbst die Fehler, selbst die Vergeudung, kommen, von einem bestimmten Standpunkt aus betrachtet, dem allgemeinen Fortschritt zugute: man lernt aus den Fehlern.

(Schweigen)

Ich muß immer an das denken, was Théon sagte (Théon war vollkommen gegen die Philanthropie), er sagte: „Die Philanthropie verewigt das menschliche Elend, denn ohne menschliches Elend hätte sie keine Existenzberechtigung." Wie hieß doch der große Philanthrop zur Zeit Mazarins, der die *„Petites Sœurs de Charité"* [den Orden der Schwestern der Barmherzigkeit] gründete?

Vinzenz von Paul.

Ja, der ist es. Mazarin sagte ihm einmal: „Seitdem Sie sich um sie kümmern, gibt es mehr Arme als je zuvor!" [1]

*
* *

Ein wenig später

Ich habe nochmal über meine Geschichte mit dem Geld nachgedacht: auf diese Weise sollte das Leben in Auroville organisiert sein – ich bezweifle jedoch, daß die Leute dazu bereit sind.

---

1. Jemand schrieb Mutter folgendes: „Ich will, daß mein Geld ausschließlich dafür benutzt wird, die Ursachen unserer Leiden und unseres Elends zu beheben." Darauf antwortete Mutter: „Genau daran arbeiten wir hier, nicht jedoch in der künstlichen Weise der Philanthropen, die sich allein mit Äußerlichkeiten abgeben. Unser Ziel ist es, ein für allemal die URSACHE des Leidens zu beseitigen, indem wir die Materie mittels einer integralen Transformation vergöttlichen."

Das ist nur möglich, solange sie die Führung eines Weisen akzeptieren.

Ja.

Als erstes muß von allen anerkannt werden, daß eine unsichtbare höhere Macht existiert (d.h. daß sie einer Bewußtseinsebene angehört, die für die meisten verschleiert ist, die man aber erreichen kann – ein Bewußtsein, das man beliebig benennen kann, das spielt keine Rolle, das aber integral und rein ist, das heißt nicht lügnerisch, sondern das in der Wahrheit steht), und daß diese Macht fähig ist, die materiellen Angelegenheiten AUF EINE VIEL WAHRERE, glücklichere und hilfreichere Weise zu leiten als irgendeine materielle Macht. Das ist der erste Punkt. Stimmt man darin einmal überein ...

Und dies ist nicht etwas, das man vortäuschen kann; kein Wesen kann vorgeben, es zu haben: entweder besitzt man diese Fähigkeit oder nicht, denn *(lachend)* bei der erstbesten Gelegenheit im Leben wird jede Anmaßung offensichtlich. Darüber hinaus gibt es einem keinerlei materielle Macht – auch in dieser Hinsicht hat Théon etwas gesagt: „Diejenigen, die ganz oben sind (er sprach von der WAHREN Hierarchie, die dem Bewußtsein eines jeden entspricht), haben notwendigerweise nur ein Mindestmaß an Bedürfnissen; ihre materiellen Bedürfnisse nehmen in dem Maße ab, wie ihre Fähigkeit einer materiellen Vision zunimmt." Und das ist vollkommen wahr. Es geschieht automatisch und spontan; es handelt sich nicht um das Ergebnis einer Anstrengung: je weiter das Bewußtsein ist, je mehr Dinge und Wirklichkeitsebenen es umfaßt, desto geringer werden die materiellen Bedürfnisse – ganz automatisch –, denn sie verlieren all ihre Wichtigkeit und ihren Wert. Es reduziert sich alles auf einen materiellen Mindestbedarf, der sich wiederum mit der fortschreitenden Entwicklung der Materie verändern wird.

All das ist leicht erkennbar, und es ist schwierig, in dieser Hinsicht jemandem etwas vorzuspielen.

Zweitens gibt es die Macht der Überzeugung. Das bedeutet, in dem Augenblick, wo das höchste Bewußtsein mit der Materie in Berührung kommt, hat es spontan ... (wie soll ich sagen?) Es handelt sich nicht um einen „Einfluß", denn es besteht kein Wille, jemanden zu beeinflussen ... Vielleicht kann man es so ausdrücken: Es hat eine viel größere Überzeugungskraft als all die dazwischenliegenden Bereiche. Durch die einfache Berührung ist seine Überzeugungskraft, das heißt seine Transformationskraft, viel größer als diejenige aller Zwischenregionen. Das ist eine Tatsache. Aus diesen beiden Tatsachen ergibt sich, daß keine Anmaßung von Dauer sein kann. (Ich sehe dies vom Standpunkt der kollektiven Organisation aus.)

Sobald man von dieser höchsten Höhe herabkommt, gibt es ein ganzes Spiel verschiedenster Einflüsse *(Geste von Vermischung und Konflikt)*, und gerade darin liegt ein sicheres Zeichen: Schon die geringste Absenkung (selbst in den Bereich der höheren Mentalität, der höheren Intelligenz) bringt den ganzen Konflikt der Einflüsse mit sich. Nur das wirklich ganz Hohe mit seiner vollkommenen Reinheit hat diese spontane Überzeugungskraft. Folglich ist aller Ersatz eine bloße Annäherung, und da steht es nicht viel besser als in der Demokratie – die Demokratie bedeutet ein System, das mit der größten Anzahl kleinster Köpfe regieren möchte (ich meine hier die „Sozialdemokratie", die neueste Tendenz).

Wenn es keinen Vertreter des höchsten Bewußtseins gibt (das kann vorkommen), dann läßt sich dieser vielleicht durch eine kleine Gruppe ersetzen (das wäre einen Versuch wert) – irgendwo zwischen vier oder acht, etwas in der Art –, vier bis sieben oder acht Menschen mit einer INTUITIVEN Intelligenz. „Intuitiv" ist hier wichtiger als „Intelligenz": eine Intuition, die sich intellektuell manifestiert. (Das bringt praktische Nachteile mit sich, aber es käme der Wahrheit vielleicht näher als die allerniedrigste Lösung: Sozialismus und Kommunismus.) Alle Vermittler haben sich als unfähig erwiesen: die theokratische Regierung, die aristokratische Regierung, die demokratische Regierung, die plutokratische Regierung, all das: sie alle sind *complete failures* [vollkommene Fehlschläge]. Und die neueste steht auch kurz vor dem Eingeständnis ihres Fehlschlags, diese Regierung ... wie sollte man sie nennen? ... demokratisch?[1] (Demokratie beinhaltet immer die Vorstellung von reichen Leuten mit guter Ausbildung), all dies hat seine völlige Unfähigkeit erwiesen.

Es ist die Herrschaft der am besten verteilten Dummheit.

Ja, genau! ... Aber ich spreche von einem System, das ganz unten steht, d.h. ein sozialistisches und kommunistisches System als Ausdruck der materiellen Bedürfnisse ... Im Grunde entspricht das einer Art Abwesenheit von Regierung: Weil sie nicht die Macht haben, über die anderen zu regieren, sind sie gezwungen, ihre Macht an jemanden abzutreten, der sie an ihrer Stelle ausübt, einen Lenin zum Beispiel, denn der war ein Kopf. Aber all das ... all das ist versucht worden, und seine Untauglichkeit ist erwiesen. Das einzige, was wirklich kompetent sein kann, ist das Wahrheitsbewußtsein, das seine Werkzeuge

---

1. Mutter meint sozialistisch oder kommunistisch.

auswählt und sich über eine bestimmte Anzahl Werkzeuge ausdrückt, wenn es nicht einen allein gibt („einer" ist auch nicht genug, „einer" ist gezwungen, sich eine ganze Gruppe zu wählen). Und diejenigen, welche dieses Bewußtsein besitzen, können irgendeiner Gesellschaftsklasse angehören, es handelt sich um kein Geburtsprivileg sondern um das Ergebnis einer persönlichen Anstrengung und Entwicklung. Und ein augenfälliges äußeres Anzeichen der Veränderung in politischer Hinsicht ist, daß es nicht mehr um Klassen und Kategorien geht, auch nicht um Geburtsvorrechte (all das ist Schnee von gestern): es handelt sich um Individuen, die ein höheres Bewußtsein erreicht haben und dadurch das Recht haben zu regieren – nicht aber die anderen –, ganz gleich welcher Klasse sie angehören mögen.

Das ist die wahre Schau.

Es ist jedoch unbedingt notwendig, daß all jene, welche an der Erfahrung teilhaben, absolut davon überzeugt sind, daß das höchste Bewußtsein der beste Richter der MATERIELLSTEN Dinge ist. Genau dies hat Indien ruiniert: diese Idee, daß das höchste Bewußtsein sich mit den „höheren" Dingen abgibt und sich für die Dinge unten nicht im geringsten interessiert und davon nichts versteht. Das hat zum Ruin Indiens geführt. Diesen Fehler gilt es vollkommen zu beseitigen. Das höchste Bewußtsein sieht am klarsten – am klarsten und wahrhaftigsten –, was die allermateriellsten Bedürfnisse sind.

Und damit läßt sich eine neue Art von Regierung anstreben.

(Mutter lacht)

13. April 1968

R (der Architekt Aurovilles) ist für fünf Tage gekommen, und zunächst will er etwas aufbauen, was er einen „Stadtteil von Auroville" nennt, das heißt, anstatt sich sofort mit zehn- oder zwanzigtausend Personen befassen zu müssen, möchte er vom strukturellen Standpunkt aus mit zwei- oder dreitausend anfangen, vor allem um zu sehen, wie es laufen wird: man muß die Erfahrung des Lebens in Auroville machen ... Ich hatte auch darüber nachgedacht, und als ich das letzte Mal mit dir darüber sprach, kam diese Frage auf: In welchem Sinne sollen wir die Erfahrung machen? Y hat ihre Vorstellungen, was die Erziehung angeht (ich mische mich da nicht ein); R hat seine Vorstellung, was den Bau angeht (auch da mische ich mich nicht ein), niemand aber hat das Problem vom Standpunkt der Verwaltung oder der Organisation und des Geldes aus betrachtet, und darüber hatten wir das letzte Mal gesprochen.

Du könntest mir vorlesen, was ich sagte, und wenn es in Ordnung ist, könnte ich ihnen den Text geben ... Dann gibt es noch diesen russischen, kommunistischen Architekten, der ganz Feuer und Flamme ist: für ihn ist Auroville die ideale Verwirklichung. Dieser Junge ist sehr stark, er hat Kraft (auch Überzeugungskraft den Leuten gegenüber). Also wäre es interessant, wenn er ein wenig sehen könnte, in welche Richtung wir uns bewegen.

(Mutter hört sich den Text an)

Das ist nicht vollständig.

Da steckt schon viel drin.

(Schweigen)

Die Weisen des vedischen Zeitalters waren Ratgeber des Königs. So war das jedenfalls früher.

Oder wenigstens sagt man uns das!

Ich werde später darüber sprechen. In meinem Bewußtsein war es viel vollständiger und allgemeiner als das, was ich da gesagt habe, und ... Die Erfahrungen sind im Augenblick sehr aktiv, sehr intensiv. Aber sobald man es ausspricht, wirkt es platt. Deshalb ziehe ich es vor, nichts zu sagen ... Das ist für später.

Es ist nicht platt. Da steckt eine Macht drin.

Ja, aber das, was ich innerlich erlebte, ist hundertmal stärker ... Oh, das wird ihnen guttun, das weiß ich, aber ...

Das, was im Bewußtsein verblieben ist, sollte gelebt werden, bevor man es ausspricht. Wir haben also Zeit!

17. April 1968

(Mutter verbringt die Gesprächszeit in Kontemplation. Gegen Ende ergreift sie das Wort:)

Keine Lust zu sprechen.
Hast du nichts zu fragen?

Du machst einen etwas ernsten Eindruck.

Nein, das ist es nicht ...

(Nach langem Schweigen)

Es ist sehr schwer zu sagen, aber es geht offensichtlich um das Phänomen der materiellen Transformation. Es fängt mit dem an, was man als einen „Regierungswechsel" bezeichnen könnte: anstelle eines persönlichen inneren Wesens regiert unmittelbar das Bewußtsein, das Höchste Bewußtsein. Und dies bedeutet die Übertragung aller Regungen, aller Handlungen – aller Funktionsweisen. Die Übertragung des persönlichen Wesens. Anstatt einem persönlichen Bewußtsein zu gehorchen, steht es unter Dem Einfluß und wird unmittelbar vom Bewußtsein BEWEGT.

Es handelt sich um das gleiche Phänomen, das sich für die verschiedenen Zustände des inneren Wesens ergibt (dort ist das relativ einfach), und nun ist es physisch. Aber es ist nicht mentalisiert, daher ist es schwer auszudrücken.

20. April 1968

(Mutter reicht Satprem eine Notiz über Auroville:)

(Frage:) In welchem Maße hängt Aurovilles Fortschritt von der Annahme der Spiritualität durch die Menschen ab?

Diese Entgegensetzung und Trennung von Spiritualität und materiellem Leben ergibt für mich keinen Sinn, denn in Wahrheit sind Leben und Geist EINS; in und durch die physische Arbeit muß sich der höchste Geist manifestieren.

*
* *

Heute erhielt ich einen Brief von einer schwedischen Dame (schwedisch oder norwegisch, ich weiß nicht mehr), die ein Kruzifix gekauft hat ... ein ungeheures Kunstwerk! Enorm, ich erinnere mich nicht mehr an die genauen Dimensionen, etwa 10 m hoch. Sie fragte mich, was sie damit tun solle. Sie möchte es mir schicken ... (sie hat viel dafür bezahlt, aber sie ist sehr reich, und sie wollte mir ein Geschenk machen). Also habe ich ihr gesagt, sie solle damit eine Ausstellung in einer großen Halle machen, mit der Unterschrift: die Vergangenheit. Und daneben solle sie ganz klein das Foto der Galaxis stellen, die fast identisch ist mit dem Entwurf von Auroville – das Foto der Galaxis ist so groß – und darunter der Entwurf von Auroville, der ungefähr so groß ist *(Geste einer noch kleineren Abmessung)*, mit dem Kommentar: die Zukunft.

Sie wird Eintrittsgeld von den Leuten verlangen, die es sehen wollen. Kennst du dieses Foto der Galaxis? Es ist sehr schön. Einer der Entwürfe für Auroville ist damit beinahe identisch, und sie haben das gemacht, ohne das Foto der Galaxis gesehen zu haben ... Sie werden beide Fotos dort aufstellen, und wenn die Leute Fragen stellen, wird man ihnen sagen: Schreiben Sie dorthin, man wird Ihnen antworten!

Ich halte das für ein interessantes Sinnbild.

Weißt du, wenn ich irgend etwas anderes vorschlage, z.B. ein Foto von Sri Aurobindo oder auch Bücher, dann macht das den Eindruck ... als wolle man eine neue Religion gründen – ich will keine Religionen, Schluß mit den Religionen!

Also ist es der Versuch einer Verwirklichung.

*
* *

*(Mutter tritt in eine lange Kontemplation ein,
die bis zum Ende der Gesprächszeit dauert.)*

Hast du keine Fragen?

Geht es dir gut?

Oh, es ist sehr interessant ... Es muß sich um entscheidende Tage handeln.

Alle Stützen sind entfernt worden außer der Einen.

23. April 1968

(Mutter zeigt eine Broschüre über Auroville, deren erstes Bild eine blendendweiße Urne unter dem weiten Himmel darstellt.)

Dies ist sehr gut. Es hat etwas ... ich weiß nicht *(Mutter senkt ihre Faust auf die Erde)* wie ein Gesetz des Schicksals: etwas, das sich durchsetzt.

(Schweigen)

Habe ich dir erzählt, daß eine schwedische oder norwegische Dame mir ein riesiges Kruzifix schicken will?... Ja. Aber diese beiden Texte habe ich dir noch nicht gezeigt. Du weißt, daß ich ein Foto der Galaxis ausgewählt habe und dann ein Foto von Auroville, das dem der Galaxis ein wenig ähnelt. Also wird man groß unter das Kruzifix schreiben *(Mutter lacht)*:

„Das Göttliche Bewußtsein, das von den Begierden des Menschen gekreuzigt wurde."

Und danach, ganz klein, unter das Foto von Auroville, schreibt man:

„Das Göttliche Bewußtsein, das durch die menschliche Einheit manifestiert wird."

Wir werden sehen! Die Dame hat viel guten Willen, man wird die Reaktion in ihrem Lande abwarten.

(Schweigen)

Gestern kamen sie mit der Auroville-Broschüre aus der Druckerei und sagten mir: „Ach! Hier gibt es einen Fehler; man ist zu uns gekommen, um uns zu sagen, man müsse den Text der Charta von Auroville ändern: Mutter habe Anweisungen gegeben, man müsse überall „das Göttliche Bewußtsein" durch „das vollkommene Bewußtsein" ersetzen." Ich schaute sie an und sagte: „Was?" – „Ja, das hat man uns gesagt." Darauf sagte ich: „Welcher Schwachsinnige hat euch denn das erzählt?" Worauf sie erwiderten: „Aber er sagte, Sie hätten es verlangt." Da antwortete ich: „Sagt mir seinen Namen, und ich werde ihm eine saftige Ohrfeige verpassen!"

Es kommt selbstverständlich nicht in Frage, irgend etwas zu ändern. Es war ja so, daß die Leute, die es ins Russische, ins Jugoslawische, ins ... (ich weiß nicht mehr, eine bestimmte Anzahl von Sprachen) übersetzt haben, mich fragten, was sie anstelle des „Göttlichen" nehmen könnten, denn in Rußland ist das Wort verboten. Also sagte ich: „Gut.

FÜR RUSSLAND können Sie, wenn Sie wollen, anstelle von „das göttliche Bewußtsein" das „vollkommene Bewußtsein" setzen." Ich gab ihnen zu bedenken: „Das reduziert den Begriff, aber nun, das macht nichts."

In der französischen Broschüre steht „göttlich". Und ich sagte: Wenn ihr wollt, könnt ihr im Russischen und im Deutschen ... im Deutschen hat T es mit „das Höchste" übersetzt. Ich antwortete ihr: das ist ärmlich, aber was soll's, schließlich sagte ich ihnen zu, daß ich nicht protestieren würde. Im Chinesischen ist es „göttlich". Und im Japanischen ist es, glaube ich, auch „göttlich".

Für das Deutsche hat man mir feierlich erklärt: „Oh, wenn man „göttlich" sagt, läßt das die Leute sofort an Gott denken ..." Worauf ich antwortete *(lachend):* „Nicht notwendigerweise, wenn es sich nicht um Schwachsinnige handelt!"

Es hat mir aber eine sehr präzise Vorstellung davon gegeben, was geschehen wird, wenn ich, aus welchen Gründen auch immer, nicht mehr hier bin ... jeder würde in meinem Namen Erklärungen abgeben ... *(Mutter lacht)* Das wäre entsetzlich!

Allerdings.

*   *
  *

Danach tritt Mutter in Kontemplation ein

Es ist überaus interessant und sehr merkwürdig. Eine merkwürdige Empfindung ... Ich weiß nicht, das geht schon lange so, aber in diesen Tagen ist es so intensiv und so präzise geworden ... Die Empfindung ist so *(Geste, in der Schwebe zu sein),* man hat die alte Seinsart verlassen (nicht im persönlichen Sinne: sozusagen weltweit), und man steht kurz davor, in eine neue Seinsweise einzutreten, und ... man ist so *(Geste, zwischen zwei Welten zu schweben).*

Die gesamte alte Seinsweise (die Art und Weise zu empfinden, die Art zu denken, sogar der Bewußtseinszustand) sieht aus ... nicht ganz wie eine Deformation oder eine Verfälschung, aber wie etwas in der Richtung – besser gesagt: es ist die menschliche Seinsweise. Und diese Seinsweise ist notwendigerweise das Resultat einer intensiven mentalen Entwicklung.

Was vollkommen klar wird, ist „Das Bewußtsein". Es wird nicht mehr mit Worten erklärt oder definiert oder ... darum geht es nicht mehr, es ist nur noch Bewußtsein (zumindest hat man den Eindruck, man wisse, was das sei): Bewußtsein. Das ist der Zustand: Bewußtsein. Dabei ist es noch ein bruchstückhaftes Bewußtsein, das ... ich kann nicht sagen „sich anstrengt", weil keine Anstrengung besteht, das aber dabei ist, sich zu einem totalen Bewußtsein zu entwickeln. Dies ist also der Übergang *(die gleiche Geste des In-der-Schwebe-Hängens)*. Es handelt sich noch um ein Bewußtsein (es ist nicht direkt individuell oder persönlich sondern bruchstückhaft, das heißt, es ist objektiviert worden), das sich dessen BEWUSST ist, sich zu vereinigen. Es steht noch auf dieser Stufe und ist damit noch nicht die ganze Einheit.

Das führt zu allen möglichen Erfahrungen ...

Und es handelt sich hier nicht um das Ergebnis einer Konzentration oder von was auch immer sondern einfach um die normale oder, besser gesagt, die beständige Seinsweise. Dabei gibt es noch Spaltungen in dem Sinne, daß eine Bewußtseinshaltung eine andere betrachtet, und wieder eine andere, die die beiden ersten betrachtet – all das ist noch ... *(Geste des Schwankens)*. Es gleicht einem Spiel zweier unterschiedlicher Bewußtseinsteile, die sich beobachten, sich objektivieren. Es ist also noch nicht ganz „das".

Und all dies findet im Körper statt – es mögen verschiedene Körperteile sein, das weiß ich nicht. Es mag verschiedene Bewußtseinsstufen oder Identifikationsstufen geben, die je nach Körperfunktion mehr oder weniger total sind, ich weiß es nicht. Darunter bestehen noch die alten Strömungen des mentalen Einflusses, des Mentals, das man gemeinhin als „höheres" Mental bezeichnet (das intuitive Mental usw.). Und schließlich das ganze Spiel der Kräfte, der Suggestionen, der Formationen, das rundum da ist und das von außen eindringt. Ich sage zwar „das von draußen eindringt", dabei besteht keine Empfindung eines „Draußen"; dieses Gefühl gibt es nicht mehr, ebensowenig die Empfindung von „dies und das", so ist es nicht, so ist es überhaupt nicht mehr, nicht einmal mehr für den Körper.

> *(Mutter tritt abrupt in eine lange Kontemplation ein, die bis zum Ende der Gesprächszeit dauert)*

Die Fortsetzung in der nächsten Nummer!

24. April 1968

(Botschaft)

In der spirituellen Anordnung der Dinge gilt: Je höher wir unsere Schau und Aspiration richten, um so größer die Wahrheit, die in uns herabzudringen sucht, denn sie ist bereits in uns vorhanden und ruft nach Befreiung von ihrer Verkleidung in der manifestierten Natur.

Sri Aurobindo

27. April 1968

Hast du Neuigkeiten von P.L.? Es scheint, daß er krank war.

Ja, ein Brief mit schlechten Nachrichten ... Ich habe zwei Sachen hier: einmal einen Brief von P.L. und dann einen Brief mit Bezug auf P.L. Hier derjenige von P.L. [es folgt ein Brief, in dem P.L. erzählt, daß er gleich nach seiner Rückkehr in den Vatikan krank geworden sei, auch sei es ihm nicht gelungen, den Papst zu sehen, und er fühle sich hoffnungslos, unfähig usw.].

Er hat keine Kraft. Das habe ich befürchtet.
Der Einfluß ist zu stark *(Geste, wie um P.L. unter einer Klaue zu zeigen).*
Und der andere Brief?

Dabei handelt es sich um einen Brief von Monsignore R, einem Freund von P.L., der Milliardär ist, wobei P.L. die Milliarden dieses Herrn verwaltet. Er schrieb an J [eine Freundin von P.L.]. Und er sagt folgendes ... [es folgt ein Brief, in dem Monsignore R J bittet, P.L. zu Hilfe zu kommen, ihn bei sich in Pondicherry aufzunehmen und ihn zu pflegen, daß sein Fall sehr schwerwiegend sei, daß P.L eine „psychologische Krise" durchlaufe und daß für ihn ein Umgebungswechsel erforderlich sei usw.].

Es wäre besser, wenn er kommt.
Und was hat sie unternommen?

Ach, das ist ein anderes Problem. J hat mir geantwortet: „Das ist unmöglich." Sie hat eine Aversion gegen P.L., denn P.L. klammert sich verzweifelt an sie.

Oh je!

Er klammert sich an sie, als sei sie das Leben selbst. Wenn er hier ist, möchte er nicht von ihr weichen, er möchte bei ihr wohnen und klammert sich mit aller Kraft an sie. Und Sri Aurobindo und Mutter, die tieferen Beweggründe, sieht er allein durch die Augen von J. Das ist die Geschichte. Also hat J eine Aversion und sagt: Ich will nicht mehr.

Bittet er nicht darum, zurückzukommen?

Ich glaube, genau dies wünscht er sich. Ihm fehlt bloß die Kraft, seine Lage im Vatikan zu regeln. Er hat nicht den Mut, seine Angelegenheiten zu bereinigen.

Aber der andere, Monsignore R, kann das für ihn tun: er wird ihn zurückschicken.

Ja, aber P.L. hat nicht den Mumm zu sagen, daß er alles hinschmeißen will.

Ach!...
Verlangt man dort von ihm eine sofortige Antwort?

Dieser Monsignore wartet auf ein Telegramm.

Gut, man kann telegraphieren und ihn einladen. Was ich aber sagen wollte: Muß er dort seine Lage sofort klären, oder kann man das auf später zurückstellen?

Das kann auf später verschoben werden.

Dann ist es besser, wenn er kommt. Aber er muß ja nicht unbedingt bei J bleiben. Er kann sehr wohl hier leben, ohne bei ihr zu wohnen.

Das wird ein Drama werden, denn er besteht absolut darauf, bei J zu sein.

Ich sehe folgendes: daß er wieder herkommt und daß man ihn in Golconde[1] unterbringt. Man muß dem Monsignore ein Telegramm in diesem Sinne schicken.

---

1. Das Gästehaus des Ashrams.

Und P.L. vorher davon unterrichten, daß er in Golconde untergebracht werden wird.

Ja, auf jeden Fall.

Gestern schrieb P.L. folgendes an F: „Sagen Sie Mutter, daß ich krank bin und Hilfe brauche." Und ich habe ihm ein „Segenspäckchen" schicken lassen. Er sprach nicht davon zurückzukommen, aber er sagte, er brauche unbedingt Hilfe.

Er wird sich in der gleichen Lage wiederfinden: er wird wieder hierherkommen und sehr glücklich sein, sehr zufrieden, alles wird gut gehen und dann ...

Er braucht bloß hierzubleiben!

Einfach hierbleiben?

Und die Sache wird sich dort ganz von alleine lösen.

Weißt du, es vergeht kein Tag, ohne daß ich nicht eine innere Verbindung zu ihm verspüre; und ich bin von meiner Seite aus nicht „aktiv", d.h. bei mir besteht eine Verbindung nur, wenn die Leute rufen. Das bedeutet, daß er wirklich ruft. Und das ist ein beständiger Zustand, mit dem Eindruck einer Spannung. Der an F adressierte Brief kam gestern hier an. Da verstand ich die Geschichte.

Das beweist, daß sein Vitalwesen noch nicht hinlänglich geklärt ist, um die nötige Stärke zu haben. Die Vitalkräfte dort *(im Vatikan)* sind ÄUSSERST mächtig.

Aber er sagte mir hier, sobald er in Trance gehe, werde sein Körper von Bestien zerrissen.

Das ist ihm sogar hier passiert?

Ja.

Das ist ärgerlich.

Er erzählte mir noch eine andere Geschichte. Er hatte einen „Traum", während er hier in Pondicherry war, der ihn wirklich erschütterte (weil er dich liebt, du bedeutest ihm wirklich viel). Eines Nachts aber sah er sich selbst in einen Vogel verwandelt, als eine Art Eule, die kam, um dich zu töten! Dieser Vogel hatte eine Art Dolch und wollte dich töten. Daraufhin wachte er mit einem Ruck auf, vollkommen entsetzt darüber, was er im Begriff zu tun war. P.L. war zur Eule geworden, die sich mit einem Dolch auf dich stürzte, um dich zu töten ... Er war völlig entsetzt, der Arme.

27. APRIL 1968

Das heißt, daß er sehr unter ihrem Einfluß steht.

(Schweigen)

Als er Sri Aurobindo am Samadhi sah, ist er ohnmächtig geworden ... Er trägt einen großen inneren Konflikt in sich.

Aber als er Sri Aurobindo sah, sagte ihm Sri Aurobindo: „Komm, setz dich zu mir, hier, setz dich nahe zu mir, bleib hier!" Also blieb er da, sehr glücklich, um dann plötzlich zu fliehen ...

Ach!

Sri Aurobindo sagte ihm: „Setz dich her, sei ganz ruhig!"

Ja, die Schlacht wird innen ausgetragen.

(Schweigen)

Ich glaube, da bleibt nur eines zu tun: J zu bitten, ihm zu telegraphieren, daß er im Golconde wohnen wird, und dann wird man weitersehen. Es geht nicht an, daß man sie darum ersucht, ihn aufzunehmen, es ist besser, wenn er nicht bei ihr wohnt. Ich möchte nicht, daß sie eine Beziehung eingehen. Das geht nicht – nicht hier, verstehst du, das würde sofort seinen Schutz schwächen, deshalb ... Wenn er ein Verlangen dieser Art hat und deswegen hierherkommt, entzieht er sich sofort dem Schutz.

Aber es ist beides! Er verspürt eine Leidenschaft für J, und dann gibt es Sri Aurobindo und Mutter.

Ja, es ist gemischt.

Das Wahre in ihm hat sich dessen bedient.

Ja ... Gut.
Das geht weit über die Individuen hinaus, darum geht es hier.[1]

---

1. Tatsächlich ist dies der Beginn einer langen Geschichte mit dem Vatikan und den kirchlichen Reformen (der Beginn oder die Fortsetzung, nachdem Mutter den Papst 1964 vor seiner Reise nach Bombay „traf").

Mai

2. Mai 1968

Dein P.L. kommt also wieder ...

Was für eine Lawine von Telegrammen! Und es hört nicht auf; hier ist schon wieder eins: [es folgt ein Telegramm, in dem P.L. ein mysteriöses und „unerwartetes Ereignis" ankündigt und inständig darum bittet, man möge ihn aus „schwerwiegenden" Gründen bei seiner Freundin J unterbringen.]

Dann soll er halt bei J wohnen!
Er hat dort plötzlich eine Heidenangst bekommen. Es ist wahr, daß ihre okkulte Macht sehr groß ist und man sehr stark sein muß, um ihr zu widerstehen. Und ihm war wirklich bange. Das hat ihn krank gemacht.
Ich hatte den Eindruck, daß der andere, dieser Monsignore R, ihn am liebsten loswerden wollte ... Ganz im Ernst, ich hatte den Eindruck, daß er etwas witterte und sich sagte: Es ist besser, wenn er geht.

Offensichtlich ist er nicht stark genug.

Nein, er hat keine Kraft.

Aber weißt du, er ist wirklich ein Opfer: mit sieben Jahren hat ihn seine Mutter nach Spanien in ein Mönchskloster gesteckt ... und dort blieb er bis zum Alter von achtzehn.

Der arme Mann!

In Spanien! Weißt du, dieses unerbittliche Christentum ... Von sieben bis achtzehn. Entsetzlich!

Er ist wirklich ein netter Mann, aber vital ist er einfach nicht stark genug. Und jetzt verstehe ich das, wenn er so lange in einem Kloster gelebt hat ...

(Mutter bleibt lange konzentriert)

Ich habe nicht den Eindruck, daß diese Sache abgeschlossen ist.

(langes Schweigen)

J ist besorgt, weil er sie so in Beschlag nimmt.

Wer hatte ihn dort für das Kardinalsamt vorgeschlagen?

Ich weiß nicht, aber so war es vorgesehen.

Vorgesehen … Es muß sich wohl um eine politische Affäre handeln … Im allgemeinen geht es dabei um eine politische Entscheidung.

Aber ja, das ist nichts als Politik.

… Denn er ist viel zu leidenschaftlich dafür.
Ist das für jetzt geplant oder später?

Ich weiß es nicht.

Ich frage dich das deshalb, weil es sich bei diesem „unerwarteten Ereignis", von dem er sprach, genau darum handeln könnte. Vielleicht hat man dort eine Entscheidung getroffen … Ich habe den sehr starken Eindruck, daß der andere Herr *(Monsignore R)* ihn aus irgendeinem Grund am liebsten loswerden möchte.

Wir werden sehen.

*
* *

(Mutter geht in eine lange Kontemplation, die bis zum Ende der Gesprächszeit dauern wird.)

Ich habe immer noch den Eindruck, daß etwas BEDEUTENDES begonnen hat … Dies wird sich aber wahrscheinlich über sehr lange Zeit erstrecken. Es wird lange dauern.

4. Mai 1968

(Mutter gibt Satprem eine Blume, die sie „göttliche Reinheit" taufte, Isotoma longiflora.)

Kennst du diese Blume?

Sri Aurobindo zufolge wird die Reinheit dadurch definiert, ausschließlich unter dem Einfluß des Göttlichen zu stehen. Somit steht das Göttliche natürlich ausschließlich unter seinem eigenen Einfluß, und das ist die Reinheit!

Hast du etwas Neues von P.L. gehört?

Seine Ankunft wird heute erwartet.

Er sprach von einer „neuen Entwicklung", was kann das wohl sein? Ich habe sehr stark den Eindruck, daß man sich seiner entledigen wollte, in dem Sinne, daß entweder der Papst nicht gewillt war, ihn anzuhören, oder eher, daß sein Freund, Monsignore R, nicht wollte, daß der Papst von ihm die Wahrheit hört.

Man kann es folgendermaßen ausdrücken: ich hatte den sehr starken Eindruck (sehr stark, während mehr als zwei Tagen), daß der Katholizismus sich wehrt, und da man P.L. im mentalen Bereich nichts anhaben konnte, entschied man sich dafür, eine Ebene tiefer zu gehen und seine Gesundheit zu ruinieren – sie wissen, wie man dies anstellt, das sind mit allen Wassern gewaschene Okkultisten.

Und er hat kein breites Gleichgewicht *(weite Geste nach oben)*, was bewirken würde, daß all dies keine Wirkung hätte. Er ist dem gegenüber noch offen.

Er hat nicht einmal auf die elementarsten Ratschläge gehört, die man ihm gab. Man hatte ihm gesagt: „Sprechen Sie nur mit dem Papst und mit niemandem sonst." Stattdessen hat er mit allen möglichen Leuten darüber geredet. Er sprach mit Kardinal Tisserant und mit Monsignore R, folglich ...

(Schweigen)

Sie klammern sich so an ihre Macht, daß sie fähig sind, auf die alten Geschichten zurückzugreifen: Exkommunikation, Inquisition und all das, allein um zu verhindern, daß die Sache in Bewegung gerät. Das ist mein Empfinden. Es ist entsetzlich. Während beim Papst tatsächlich das Bemühen bestand, weiterzugehen.

Du sagst: „es bestand"?

Was habe ich gesagt?

Du hast gesagt: das Bemühen „bestand" ...

Ja, denn ich bin mir nicht sicher, ob man ihn nicht ...

(Mutter verharrt schweigend)

Hast du davon gehört? Es ging das Gerücht um, daß der Papst abdanken würde. Es gab in der Presse vor einigen Tagen entsprechende Berichte.[1]

---
1. „Dankt der Papst ab?" (Vatikan, 30. April:) „Die Frage, ob der Papst abdanken wird, stellt sich mit erneuter Dringlichkeit. Dieses Thema wird nicht allein in den Kreisen des Vatikans diskutiert sondern auch unter hohen Zivilbeamten Roms. Das italienische Fernsehen soll eine Sondersendung über „die Laufbahn des Papstes" zusammengestellt haben, die im Falle seiner Abdankung sofort ausgestrahlt werden kann. Gut unterrichtete Kreise im Vatikan haben diese Gerüchte bisher nicht bestätigt, schließen diese Möglichkeit jedoch auch nicht aus." (*The Hindu*, 1. Mai 1968)

Nein, das wußte ich nicht.

Es wurde schließlich dementiert, aber das Gerücht hatte sich schon sehr verbreitet.

Ja, das ist es. Und ich wußte es nicht. Das ist wirklich interessant ... Ich glaube, daß da eine Räuberbande am Werk ist.

Oh, ja ... J erzählte mir, daß sie, als sie in Rom war, an allen offiziellen Empfängen teilgenommen habe: all diese Prälate waren fett wie ... sie tranken Champagner und Cognac ... Wo ist da die Spiritualität!

(Nach einer Stille)

Die Kardinäle wollen den Papst zum Abdanken bewegen ...

(längeres Schweigen)

Sie werden versuchen, so lange wie möglich Widerstand zu leisten.

Es wäre gut, wenn sich zwischen dir und ihm ein Kontakt herstellen ließe.

(Mutter nickt emphatisch) Ja, ja.
Ich bin mir darüber im klaren, und ich habe es dir auch schon gesagt: Diese Leute haben eine ziemlich umfassende Kenntnis des Okkulten, gepaart mit einem totalen Mangel an Skrupel. Ich bin absolut davon überzeugt, daß sie es waren, die P.L. krank machten. Er weiß das vielleicht nicht (wahrscheinlich weiß er es nicht), aber ich bin davon überzeugt, ich bin mir sogar sicher.

Auch hier fand ein sehr starker Angriff statt – sehr stark und direkt auf mich gerichtet. Ich habe es gesehen – ich kann nicht sagen, daß ich es zu spüren bekam, aber ich habe es kommen sehen.

Ging es von ihnen aus?

Ja.
Es war nicht allein auf mich gerichtet, sondern es traf auch andere hier ... *(Geste, die Atmosphäre des Ashrams andeutend).*[1]

Sie sind sehr gewieft.
Weißt du, es gibt nur eines, das stärker ist als sie, eine einzige Sache: der Friede des Herrn. Ich weiß nicht, ob du verstehst, was ich sagen will (ich drücke mich in Worten aus, die an ihre eigene Ausdrucksweise

---

[1]. Einige Wochen später wurde auch Satprem ernsthaft und anhaltend davon betroffen.

erinnern), aber es handelt sich um etwas ... *(nach oben deutende Geste einer unermeßlichen Weite)* ... „Dem" können sie nichts anhaben. Aber das ist auch das einzige. Und es gibt nicht viele Menschen, die wissen, wie man sich unter „Seinen" Schutz stellt.

(Mutter tritt in eine lange Kontemplation ein)

*
* *

Wann warst du das letzte Mal hier? Vorgestern?... Vorgestern morgen, gegen fünf Uhr früh, las ich einen Brief von T.F., den zu lesen ich vorher keine Zeit hatte. Ich war ganz allein hier, tief in Konzentration. Zwei Sätze kamen als Antwort auf den Brief, und ich wollte sie aufschreiben. Ich begann also zu schreiben, und plötzlich schrieb ich mit einer ganz kleinen Schrift. Ich versuchte, größer zu schreiben: unmöglich. Also ging ich nach innen und sah mir die Sache an, und da bemerkte ich, daß es Sri Aurobindo war, der schrieb! Also ließ ich ihn gewähren.

Es ist nicht seine Schrift, aber auch nicht meine. Es ist eine Art Kombination aus beiden ... Ich hatte die gleiche Erfahrung vor vielen Jahren, gleich nach dieser „Krankheit", als ich anfing, hier oben *Savitri* zu übersetzen. Eines Tages beim Schreiben war er es, der schrieb – es war seine Schrift, das heißt beinahe unleserlich! Also sagte ich *(lachend)* nein, das gefällt mir nicht! (Denn es war unleserlich – wäre es lesbarer gewesen als meine eigene Schrift, hätte ich mich gefreut.) Und ich hörte auf damit. Vorgestern aber kam es ... ich weiß nicht mehr, wo ich das Papier hingelegt habe *(Mutter sucht)*. In dem Brief schilderte T.F. ihren Eindruck, wer ich sei, und sie schloß mit den Worten: „Wenn das wahr ist und ich mich nicht täusche ..." Als Antwort darauf kam Sri Aurobindo und sagte ... *(Mutter versucht vergeblich, sich zu erinnern)* Ich erinnere mich nicht mehr an die Worte.

Es ist seltsam, ich erinnere mich nicht mehr.

(Hier der wiedergefundene Text:)

Das göttliche Leben auf dem Weg der Evolution,
das göttliche Bewußtsein am Werk
in der Materie – das ist in etwa,
was dieses Dasein repräsentiert.

Gleichzeitig war da die klare Sicht, das klare, scharfe Bewußtsein der ganzen Sache vom Standpunkt der irdischen Evolution aus gesehen: von dem, was in der irdischen Evolution geschah.

(langes Schweigen)

In diesen Tagen fand eine extrem INTENSIVE Arbeit der „Entpersönlichung" des physischen Bewußtseins statt ... Das ergibt eine Art ... *(gleitende Geste)*. Die gesamte feste Grundlage, welche die körperliche Person ausmacht, hopp! weg, verschwunden. Und so gibt es Augenblicke der Unsicherheit. Während zehn, fünfzehn Minuten hatte ich beispielsweise eine vollkommene Gedächtnislücke. Inzwischen bin ich diese Art von Dingen gewohnt (sie kommen in Scharen), also verhalte ich mich ausschließlich dem Göttlichen zugewandt ... alle Zellen sind reglos, schweigend und ausschließlich Der Kraft und Dem Bewußtsein zugewandt *(Geste mit nach oben gewendeten ausgestreckten Armen)*, abwartend. Dies bildet eine Art Konzentration von Energie und Kraft, und plötzlich, als käme es von anderswo (und das ist eine wirklich sehr seltsame Empfindung) ... Alles, was man tut, alles, was man weiß, all dies basiert auf einer Art halbbewußtem Gedächtnis, und das ist verschwunden. Da ist nichts mehr. Und es wird ersetzt durch eine Art leuchtende Gegenwart, und ... die Dinge sind einfach da, man weiß nicht wie. Nicht so, als kämen sie zurück, wie sie vorher waren ... sie bestehen ohne jegliche Anstrengung. Und es kommt stets nur GENAU das, was man in einem gegebenen Augenblick braucht. Nichts von all dem Gepäck, das man die ganze Zeit hinter sich herschleppt wie vorher, nichts davon: nur GENAU das, was man wirklich braucht. Man muß jedoch äußerst ruhig sein; regt man sich auf, läßt man sich auch nur ein ganz klein wenig irritieren oder strengt man sich irgendwie an, so kommt nichts mehr ... Und auf der materiellsten Ebene besteht der Eindruck, daß das gesamte materielle Gleichgewicht der Vergangenheit ebenfalls verschwunden ist, und so kann in jedem Augenblick alles Beliebige geschehen ... Glücklicherweise (und aus diesem Grund geschieht es wahrscheinlich) haben die Zellen einen wirklich glühenden Glauben.

Ich habe dir vorhin schon gesagt, daß ich diese Lawine von Angriffen spürte. Sie kam in sehr subtiler Form: die Unwirklichkeit der gewonnenen und akzeptierten Auffassung – die Unwirklichkeit der göttlichen Gegenwart im Körper, die Unwirklichkeit des Transformationsprozesses auf eine zunehmende Vergöttlichung der Welt hin; dieses ganze Gefühl der Unwirklichkeit schlich sich heimlich ein *(Geste einer von unten aufsteigenden Welle)*, um die Grundlage und Stütze des Glaubens abzuschneiden.

Aber das Bewußtsein war da und die Einsicht, daß es sich um einen Angriff handelte. Es gab keinen Kampf, keinen Versuch, kein Bemühen, das Gegenteil zu behaupten, nichts, es war einfach so *(Mutter öffnet ihre Arme nach oben)*, eine VOLLSTÄNDIGE Hingabe.

Und das ... wie ich sagte, ist unantastbar.

Eine leuchtende Reglosigkeit.

Allmählich löst sich das ganze Bewußtsein der Zellen aus diesem Zugriff und ersteht neu im Licht. Das war eine sehr interessante Erfahrung.

Der Angriff kam natürlich mit all diesen Suggestionen von Krankheit, Tod, Zersetzung, Unwirklichkeit – das ganze Gewimmel.

Es gab nicht den geringsten Versuch, dagegen anzukämpfen, nichts; einfach … *(gleiche Geste der geöffneten Arme)*: Aspiration und Selbsthingabe.

Es ist noch nicht abgeschlossen, aber … Ich wollte erst darüber sprechen, wenn es völlig vorbei ist, aber wegen dieser Sache *(die Gerüchte über die Abdankung des Papstes)* überstürzten sich die Dinge, und alles wurde konzentrierter.

Wir werden sehen.

8. Mai 1968

Hast du P.L. wiedergesehen? Wie fandest du ihn?

Er ist sehr erschüttert und nervlich ausgelaugt.

Du glaubst nicht, daß sie Magie gegen ihn ansetzten?

Doch, ich habe ganz und gar diesen Eindruck.

Du also auch … Ich habe sehr stark den Eindruck, daß man Magie gegen ihn ansetzte, um zu verhindern, daß er mit dem Papst spricht.

Im Augenblick ist er immer noch sehr erschöpft.

Ja, sie haben ihn ausgesogen.

Es begann mit einem mentalen Angriff: all die Zweifel. Sri Aurobindo ist „wie der Heilige Augustinus", und Mutter ist „wie die Jungfrau Maria", es ist also „alles dasselbe". Jedenfalls ein mentaler Angriff. Danach konnte er nichts mehr zu sich nehmen: Jedesmal, wenn er etwas aß, mußte er sich übergeben. Dann Anfälle von Hysterie: Krämpfe, übermäßiger Speichelfluß, und schließlich war er halb verrückt.

Du meine Güte!

Er hatte dem Papst nämlich geschrieben ... Folgendes geschah: Er schrieb dem Papst und bat ihn um eine Audienz, aber dieser Brief hat den Papst nie erreicht.

Ach!

Der Brief geriet in die Hände des für die Korrespondenz zuständigen Sekretärs, der die Sache wahrscheinlich an das „indische Departement" des Vatikans weitergab, um herauszufinden, was es mit diesem Ashram auf sich hatte ... Und man hat ihm nie gestattet, den Papst zu sehen. Nach acht Tagen begannen die Angriffe. Dann sagte man ihm: „Sehen Sie, Sie sind zu krank, um den Papst zu treffen. Sie sind ans Bett gefesselt."

Man ist dort jetzt sehr mißtrauisch.

Durch all das, was er erzählte, wurde mir die Atmosphäre im Vatikan sehr klar ... Es ist fürchterlich dort, eine Mafia, Banden, die sich aufs Blut nicht ausstehen können und die sich nichts zu sagen getrauen, solange der Papst lebt: und diejenigen, die für den Papst sind, getrauen sich auch nicht, den Mund zu öffnen, denn die sagen sich: „Wenn der Papst stirbt, bin ich auf die Gegner des jetzigen Papstes angewiesen, damit ich an seiner Stelle gewählt werde." Alle denken nur an die Nachfolge. Also möchte niemand des anderen Feind sein, und jeder überwacht jeden. Eine entsetzliche Atmosphäre.

Seitdem er den Brief an den Papst abgeschickt hat, beobachte ich, daß wir hier ständig, ständig unter Angriff stehen.
Diese Leute sind gefährlich.

Dann gibt es da noch etwas Ernstes, worauf mich P.L. aufmerksam gemacht hat: Vor einem Jahr wurde der Papst operiert ...

Was für eine Operation?

An der Prostata. Tatsächlich ist es Krebs.

Oh!... Also erwarten alle, daß er stirbt ...

Zudem ist er nicht beliebt. P.L. sagte mir: „Im Vatikan ist er nicht beliebt." Es heißt: „Er ist der Sohn eines Journalisten, ein Typ, der auf Sensationen aus ist." So beurteilt man ihn dort.

(Mutter verharrt lange in Konzentration)

Wurde der Papst vor oder nach seinem Indienaufenthalt operiert?

Ich glaube danach.

*
* *

*(Mutter verweilt bis zum Ende
der Gesprächszeit in Kontemplation)*

Ich habe keine Lust zu sprechen ... Es handelt sich aber um eine unermüdliche Arbeit, Tag und Nacht, Tag und Nacht ... „Man"¹ scheint da etwas ausgelöst zu haben ... etwas recht Ungeheuerliches.
Hast du nichts zu sagen?

Man kann sich fragen, welche Folgen diese ganze Geschichte dort im Vatikan haben wird.

Ihnen geht es doch nur darum, den gegenwärtigen Stand der Dinge beizubehalten. Ihr ganzer Wille ist darauf ausgerichtet, daß sich nichts ändere ... Leider ist es leichter, eine Änderung zu verhindern, als sie auszulösen.

11. Mai 1968

(Eine Schülerin hatte einen Artikel über die Zukunft des Ashrams geschrieben, in dem sie unter anderem sagte: „Der Ashram wird ein okkultes Zentrum werden, eine exklusive Gemeinschaft ...")

Ich halte überhaupt nichts davon, daß man Reklame oder Propaganda für den Ashram macht. Dafür besteht überhaupt keine Notwendigkeit.
Es besteht keine Notwendigkeit, vom Ashram zu sprechen – *(lachend)* die beste Art, den Ashram „okkult" werden zu lassen, besteht darin, nicht darüber zu sprechen.

*
* *

Ich habe P.L. gesehen.
Auch hat man mir die Kinder von J *(der Freundin von P.L.)* gebracht, und der Junge sagte mir: „Ich möchte dein Krieger sein, um die Wahrheit zu erobern und zu verteidigen."

---
1. Seit dem 2.4.68 („Ein ungeheures Blatt wendet sich")

Sehr lieb, der Kleine, wirklich sehr lieb!

Was P.L. angeht, so handelt es sich vor allem um Einbildungen. Es gibt zwar okkulte Störungen, aber ...

Schon beim bloßen Gedanken *(an den Vatikan)* verkrampft sich sein ganzes Gesicht. Also riet ich ihm, nicht mehr daran zu denken, es völlig zu vergessen und ... es einer ungewissen Zukunft zu überlassen. Sich gar nicht mehr damit befassen. Wenn man ihm sagt, er solle sich nicht mehr damit beschäftigen, ist sein Gesicht ein einziges Lächeln.

15. Mai 1968

(Das Gerücht geht um, daß es Mutter „nicht gut geht", tatsächlich empfängt sie niemanden. Als Satprem eintritt, ist ihre untere Gesichtshälfte stark angeschwollen, offenbar durch eine „Infektion". Sie konnte nichts mehr essen.)

Du siehst: der Vatikan.

Ich habe gekämpft und gekämpft ... Aber es sind zu viele Lügen um mich herum. Zu viele Leute lügen hier überall.

Eigentlich sollte ich P.L. morgen sehen; ich glaube aber, es ist besser, noch einige Tage zu warten. Du kannst es ihm ausrichten – sag ihm aber nicht den Grund!

Hat sich dies durch seine Atmosphäre übertragen?

Nicht besonders, es kam direkt.

Natürlich geschah es wegen dieser Geschichte, und vor allem aufgrund dessen, was wir ihn im Vatikan tun lassen wollten. Das ist die Reaktion darauf.

Ich habe es sofort gespürt und widerstand dem sehr lange, aber dann ... die Atmosphäre hier ist nicht rein genug.

Es bedient sich des einen oder anderen.

Es handelt sich um die allgemeine Atmosphäre hier.

Solange die Störung unsichtbar ist, kann ich nichts sagen, und man weiß es nicht, aber hier *(lachend)* hat es eine so deutliche Form angenommen, daß es nicht mehr zu verkennen ist!

Letzte Nacht, im tiefsten Schlaf, fand ich mich in einer infernalischen Welt wieder. Ich hielt es zuerst für die SS: große, schwarzgekleidete Typen, und ich fand mich als Gefangener mitten drin. Eine Welt abscheulicher Männer wie in der SS, ganz in schwarz gekleidet. Vielleicht waren es keine SS-Männer sondern Priester? Ich hatte den Eindruck, dort wie in einem Konzentrationslager gefangen zu sein.

Oh!

Große, schwarzgekleidete Gestalten mit grausamen Gesichtszügen, engen Lippen ... Ich hatte den Eindruck, daß es sich um die SS handelte, vielleicht sind es aber Priester?

(Mutter verweilt schweigend, tritt dann in eine lange Konzentration ein. Plötzlich bricht sie das Schweigen mit der Bemerkung:)

Eine weiße Säule erschien sehr beharrlich – die ganze Zeit, dort *(Geste, vor sich hindeutend)*, wie ein Friedensgeschenk.

*
* *

(Gegen Ende der Gesprächszeit kommt Satprem auf die Vatikan-Affäre zurück.)

Wird dies nicht auf sie zurückfallen?

Das ist mir egal.[1]

18. Mai 1968

(Satprem ist erstaunt darüber, wie jäh und spurlos Mutter von der Schwellung geheilt ist. Mutter lacht.)

Siehst du!

---

1. Während Mutter sprach, hatte Satprem den starken Eindruck, daß Mutter ihm eigentlich sagen wollte: „*Ich* arbeite dort an der Transformation."

Jetzt gibt es etwas anderes. Es betrifft die Schüler – man versucht, sie etwas zu entschlacken und gibt ihnen Studienthemen auf, Forschungsthemen, und man hat mich um ein Thema gebeten. Also sagte ich: „Was ist der Tod?"

Eine Klasse hatte dies als Arbeitsthema, und man sandte mir die Antworten der Schüler – vier von ihnen.

(Mutter reicht vier Blätter, die Satprem vorliest)

Rita:

„*Die reale Tatsache des Todes läßt mich an eine Erfahrung denken, in der man mit wachsendem Schwung in den Raum geschleudert wird.*"

Das ist amüsant! Das hat mir sehr gefallen. Das ist auch das einzige, die anderen sind rein pragmatisch.[1]

Dilip:

„*Ein Stillstand aller physischen Regungen aufgrund eines Mangels an Energie (oder Seele).*"

Das ist nicht klar ... und die beiden anderen sind wirklich rein pragmatisch ...

Anand:

„*Wenn das Gehirn zu funktionieren aufhört und die Zersetzung des Körpers einsetzt, das ist der Tod.*"

(Mutter lacht sehr)

Und schließlich das letzte. Es ist *matter-of-fact* [rein sachlich].

Abhijit:

„*Der Blutkreislauf in den Gehirnzellen kommt völlig zum Erliegen.*"

Das ist der Tod.

Und ich sage ihnen folgendes dazu *(Mutter liest)*:

„Der Tod ist das Phänomen der Dezentralisierung und der Zerstreuung der Zellen, die den physischen Körper ausmachen.

---

1. Dieses Kind, das den Tod auf solch anmutige Weise sah, starb vier Jahre später.

18. MAI 1968

Das Bewußtsein ist aufgrund seiner eigentlichen Natur unsterblich, und um sich in der physischen Welt manifestieren zu können, stattet es sich mit materiellen Formen von mehr oder weniger großer Dauer aus.
Die materielle Substanz ist auf dem Weg zur Transformation, um eine vielfältige, zunehmend vollkommenere und dauerhaftere Ausdrucksform für dieses Bewußtsein zu werden."

Ich werden ihnen das schicken. Aber ich habe mich über ihre Notizen gefreut ...
Für mich war folgendes interessant: Als ich mir gestern die vier Antworten ansah, las ich zuerst diejenige von Abhijit: „Der Blutkreislauf kommt zum Erliegen ..." Und, ich weiß nicht, es war sicherlich eine besondere Gnade über mir, denn als ich diese Worte las, wurde ich augenblicklich mit dem objektivsten, ausgeglichensten und unvoreingenommensten wissenschaftlichen Geist in Verbindung gebracht – eben dies war seine Art, das Phänomen zu sehen und zu schildern: nicht die geringste Emotion, keinerlei Reaktion, einfach so. Ich verstand und sah unendlich viel mehr als das, was der Junge dort hineingelegt hatte, und ich sah die ganze Weisheit, die darin lag, eine wissenschaftliche Weisheit. Und gleichzeitig die Wahrnehmung des Heilmittels im Laufe der Evolution der Dinge. Das materiellste Mittel.
Dies gab mir eine ganze Reihe von Erfahrungen (in der Nacht und am nächsten Morgen), die bestimmt bei weitem den Bereich überschritten, den ihre vier Überlegungen abdeckten ... Beim Mädchen *(Rita)* entstand ein Eindruck der Vision all jener, für die der Tod der Zugang zu einer herrlichen Verwirklichung ist.
All das kam so spontan und natürlich, daß ich den Eindruck hatte, es sei in ihren Arbeiten enthalten. Jetzt, während du es mir wieder vorlasest *(lachend)*, wurde mir klar, daß all dies gar nicht vorhanden ist. Es kam jedoch so spontan: ich saß hier und las die vier Antworten, und dann kam es, eins nach dem anderen. Und vor allem die Sichtweise von Abhijit, diese ganz und gar objektive Art, die sich letztlich vollkommen vom Phänomen distanziert: „Der Blutkreislauf setzt aus ...", ganz so, als betrachtete man ein kleines Gerät oder Werkzeug *(Mutter dreht und wendet etwas mit den Fingerspitzen)*, und schließlich sagt man: „Ach, sieh nur, es ist stehengeblieben ... deswegen geht es nicht mehr." So etwa. Das heißt, es besteht keinerlei Unsicherheit, keinerlei Beklemmung, keinerlei Streben ... Der gesamte Bereich der Gefühle, der Empfindungen und psychologischen Phänomene ist vollkommen abwesend ... Ein einfaches kleines Ding *(gleiche Geste mit den Fingerspitzen)*, so wie man eine Maschine betrachtet, die stehengeblieben

ist, „weil es nicht mehr so macht". Das ist alles. Und gleichzeitig ist dieser Körper jeglicher menschlichen Beklemmung enthoben, allem enthoben: nicht nur der Beklemmung sondern auch der Gewohnheit und der ganzen menschlichen Formation im Hinblick auf den Tod – all dies war weg. So als befände ich mich hoch oben und betrachtete alles ganz unten – hopp! Alles weg.

Man könnte dies als vollkommene Loslösung vom Phänomen bezeichnen.

Und danach kam diese Notiz, ohne zu suchen, ohne nachzudenken, nichts. Sie kam auf eine solch unpersönliche Art, daß du sehen konntest, welche Schwierigkeiten ich beim Vorlesen hatte: ich konnte mich an kein Wort von dem, was ich geschrieben hatte, mehr erinnern. Es kam, ich schrieb es auf, und das war's dann. „Ich schrieb es", d.h. man veranlaßte mich, es zu schreiben, um es ihnen zu schicken.

Ich werde das nochmal ordentlich abschreiben *(Mutter sucht nach einem Papier und macht sich ans Werk)*. Das hat alles ins rechte Licht gerückt ... Ach, ja! Um mich verständlich zu machen, muß ich noch etwas hinzufügen. Gestern sah ich D, und da sie mir geschrieben hatte, sie wisse nicht, wie man meditiere, daß sie sich aber ruhig verhalten werde, um mich nicht zu stören, fing ich natürlich an zu sprechen. So sagte ich ihr Dinge, die ich noch nie vorher ausgesprochen habe (die ich nicht wiederholen könnte und die auch sie nicht zu wiederholen wüßte, denn sie verstand nur einen sehr kleinen Teil von dem, was ich sagte). Ich sagte ihr, daß vom Standpunkt der Manifestation aus (ich sprach nicht von dem, was jenseits der Manifestation liegt) nur eine einzige wahre Sache existiert, und zwar das Bewußtsein, und daß es sich bei allem übrigen allein um die ERSCHEINUNG von etwas handelt, aber nicht um die wahre Sache. Das Bewußtsein ist DIE Sache, und alles übrige ist eine Art Spiel, in dem jeder in der Illusion lebt, eine Persönlichkeit zu sein, doch das ist nur eine Illusion ... Als ich davon sprach, hatte ich die vollkommen aufrichtige und spontane Erfahrung. Und ich sah, daß diese Erfahrung des EINEN Bewußtseins, das sich ein Spiel daraus macht, sich durch all diese unzähligen Gestalten auszudrücken ... *(Mutter hält inne)*

Aber dies läßt sich nicht ausdrücken, Worte genügen nicht. In dem Augenblick, als ich davon sprach, drückte sich dieses Bewußtsein selber aus ... Und die beiden Erfahrungen zusammen (die Notizen der Kinder las ich gestern abend, und D sah ich heute morgen), beides zusammen vermittelte mir den Abstand (nein, keinen Abstand sondern eine Befreiung) zum Phänomen des Todes auf eine solch absolute Weise, daß ich die ganze menschliche Tragödie im Laufe der Geschichte bis in eine ferne Vergangenheit zurück betrachten konnte ... Es handelt sich um ein natürliches Phänomen innerhalb der irdischen Schöpfung, aber als MITTEL DES ÜBERGANGS – ich sah sehr deutlich, warum es notwendig war, und auf welche Weise es im menschlichen Bewußtsein und durch die mentale Entwicklung zu einer Tragödie und schließlich zu einem bloßen Übergangsmittel wurde (fast läßt sich sagen, zu einem ungeschickten Übergangsmittel), das jetzt wieder überflüssig wird.

Diese umfassende Vision der Schöpfungsgeschichte als Ganzes zeigte sich auf diese Weise. Wirklich interessant. Es war interessant, denn ... uff! man fühlt sich so frei, so erlöst, so friedlich, so lächelnd ... und gleichzeitig ist da eine solche Sicherheit, daß alles sich auf eine harmonischere, weniger chaotische, weniger leidvolle Manifestation hin zubewegt ... und daß man lediglich einen weiteren Schritt in der Schöpfung tun müßte.

Was ich so erstaunlich finde (ich staune oft darüber): meistens führen gerade scheinbar höchst mittelmäßige oder unbedeutende Dinge (all das, was die Menschen für bedeutungslos halten) den entscheidenden Fortschritt herbei. Während des gestrigen Tages wurde zum Beispiel scheinbar (ich weiß, daß es sich um nichts als einen Anschein handelt) durch den Besuch von D und durch die Antworten der Kinder dieser gesamte Abschnitt der Manifestation deutlich, er rückte ins rechte Licht und verlor all seine Macht, seinen Einfluß und seinen Zugriff auf das Bewußtsein. Es war ganz so, als erhebe sich das Bewußtsein vollkommen frei, freudig und leuchtend über all das hinaus.

Und ausgelöst wurde es durch diese Kleinigkeiten.

(Schweigen)

Heute morgen, nachdem ich das aufgeschrieben hatte, kam mir sogar ein Rückblick auf die Geschichte dieses Körpers, einfach so, auf einen Schlag, alles zusammen *(Geste wie ein Lichtstrahl)*, mit großen, erstaunten Augen ... Durch wieviel Empfindungen, Erfahrungen und Entdeckungen, oh ... (ich kann nicht Dramen sagen, denn er hatte niemals eine große Neigung zum Drama), aber immerhin waren es „Erfahrungen", „Entdeckungen" *(Mutter deutet einen großspurigen Tonfall an)*, „Offenbarungen" ... *(lachend)*, um eben das wiederzufinden, was man schon immer wußte.

Wirklich lustig!

Und dann die Schlußfolgerung (gleich, nachdem ich diese Notiz geschrieben hatte): Zuerst bestand da die ganz spontane, natürliche, evidente Wahrnehmung des Bewußtseins, das sich einer Sache bedient und sie dann aufgibt, sie sich auflösen läßt, nachdem sie ihren Nutzen verloren hat ... Aber es war noch nicht das: es ging nicht einmal darum, etwas aufzunehmen, es zu benutzen und sich dessen so lange zu bedienen, bis es unbrauchbar wird; es handelte sich eher um eine UNUNTERBROCHENE Bewegung *(geschmeidige Geste wie eine ungeheure Welle)* innerhalb einer einheitlichen Substanz, mit Augenblicken der Konzentration und der bestmöglichen Verwendung von etwas, und dann, nicht etwa ein Zurückweisen sondern eine Ausweitung, eine Unermeßlichkeit an Frieden – die Rückkehr zu einem Zustand unermeßlichen Friedens, um eine neue Form zu bilden. Etwas Andauerndes, Ununterbrochenes *(gleiche Geste einer unermeßlichen Welle)* und folglich ohne wirklichen Verlust: Der Tod ist bloß ein Anschein, und man versteht nicht einmal mehr, wie jemand überhaupt in einer solchen Illusion leben kann. Und DAS Bewußtsein, EIN Bewußtsein – nicht dies oder das *(Geste, um eine Reihe verschiedener getrennter Individuen anzudeuten)*, nein, nein, nichts davon: EIN Bewußtsein ... das spielt.

(Schweigen)

Dann gab es irgendwo noch die Vorstellung einer Anstrengung, um der vorgegebenen Aufgabe gewachsen zu sein, ja, es gab noch diesen Gedanken der Anstrengung, des Kampfes, und das ist nun verschwunden. Es war weg. Es IST weg.

Zuerst begann es fast mit einer Frage des Körpers: „Warum nur liegt dir so viel daran, mich zu erhalten? Das ist doch gar nicht so toll (all das in einem sehr vertrauten Tonfall), dies ist wirklich kein besonders bemerkenswerter Zustand." (Er litt aber auch nicht, er fühlte sich in keiner Weise elend: er betrachtete alles mit einem Lächeln.) Und darauf kam diese Antwort ... Aber so kann man das nicht ausdrücken, es gibt hier keine Fragen mehr: die Dinge sind spontan so, wie sie sind, in einem ewigen Lächeln und einer so leichten, leuchtenden Schwingung, so sehr ... ohne Widersprüche. Eine Schwingung der Expansion und des Fortschritts. Dieses Bild sah ich: die Ausbreitung und den Fortschritt.

Vor allem die Anstrengung, der Kampf und mehr noch das Leiden, der Schmerz, all das ist einfach verschwunden! Verschwunden ... wahrlich wie eine Täuschung.

Man könnte sagen, es war ... (ich sage, „es war", denn erst jetzt kann ich davon sprechen; im Augenblick der Erfahrung hätte ich nicht darüber sprechen können), es ist der Zustand, in dem der Tod keine Wirklichkeit mehr hat – der Tod und alles, was ihn begleitet und was ihn im Verlauf der Evolution notwendig machte.

(Mutter beginnt ihre Notiz sauber abzuschreiben)

18. MAI 1968

Ich weiß nicht, wer das geschrieben hat. Ich schreibe jetzt die ganze Zeit Dinge, von denen ich nicht weiß, wer sie schreibt. Mitunter weiß ich genau, daß es Sri Aurobindo ist, aber manchmal habe ich keine Ahnung, wer es tut. Ich weiß jedoch, daß es nicht jemand von der Erde ist.

Hier, ich werde dir ein interessantes Beispiel geben *(Mutter nimmt einen Absatz ihrer Notiz wieder auf).* Siehst du, in dem Bewußtseinszustand, in dem ich mich befand, hätte ich gesagt (als bestmögliche Annäherung an die Sache): „Bewußtsein ist von seiner essentiellen Natur her unsterblich, und es VERDICHTET sich in materiellen Formen, um sich in der physischen Welt manifestieren zu können usw. ..." Aber da kam mit großer Bestimmtheit: „Nein, es KLEIDET SICH in materielle Formen." In meiner Spontaneität aber sagte ich „verdichtet", denn ich sah die Bewegung: eine Bewegung der Verdichtung, der Manifestation, und als die Sache getan war: Ausdehnung. Eine ununterbrochene Bewegung, die sich verdichtet und wieder ausdehnt, sich verdichtet und wieder ausdehnt ... *(Geste wie die Wellenbewegung eines Ozeans).* Und es kam zwingend: es mußte heißen „kleidet sich". Folglich ist es absolut sicher, daß dies von jemand anderem geschrieben wurde. Und es handelt sich nicht um den Eindruck, „eine Person" zu sein, wobei diese „andere Person" etwas schreiben oder sagen möchte, keineswegs. Doch wenn ich sage, es ist Sri Aurobindo (ich spüre es, ich weiß es), heißt das nicht, daß ich ihn materiell sehe und er meine Hand nimmt und mich zu schreiben veranlaßt – nichts davon. Es ist etwas Fließendes, das sich konzentriert und das Schreiben veranlaßt. Und die Qualität dieses Fließens läßt mich wissen, um wen es sich handelt. Das ist ganz merkwürdig. So als verschwinde das Gefühl der Trennung vollkommen, und doch bleibt ein Gefühl der Verschiedenheit bestehen: eine Vielfalt von Seinsweisen. Sie sind aber nicht mehr begrenzt, abgeschnitten und abgetrennt *(Mutter zeichnet kleine Würfel in die Luft),* es sind eher Schwingungsarten der Wahrnehmung oder der Aktion (wobei die Schwingung unterschiedliche Beschaffenheiten aufweist), Schwingungsarten der Wahrnehmung und des Wirkens, die aufeinanderfolgen, sich vermischen und sich überlagern. Wie eine Art fließendes Spiel: keine voneinander abgetrennte kleine Marionetten mehr.

Meine Nächte verlaufen GÄNZLICH auf diese Weise. Tagsüber existiert noch etwas von der alten Angewohnheit, aber in den Nächten verläuft es sofort so.

Und doch kann ich in Form einer Analogie sagen (nicht als Analogie sondern als Entsprechung), es handelt sich um „diesen" oder „jenen", die eine oder andere Person. Letzte Nacht verbrachte ich z.B. eine ganze Zeit mit M und G, die mich ganz verzweifelt riefen (sie sind abgereist und in England angekommen), ich verbrachte einige Zeit mit ihnen, allerdings waren es keine „Personen" mehr, diese Marionetten, die wir sind, ganz und gar nicht! Aber sie waren es ganz eindeutig. Der Kontakt war sehr genau, sehr präzise, die Schwingungsqualität war sehr deutlich. Und sie hatten eine Gestalt: man konnte ihre Gestalten sehen, es ist jedoch nicht von gleicher Qualität. Etwas Hartes, Lichtundurchlässiges und Ungeschicktes ist weggefallen.

Und *(auf die Notiz zeigend)* so ist es auch in der Übertragung. Wenn dies herabkommt, besteht ein Wille, es zu schreiben, und dort hätte etwas es so ausgedrückt, wie ich schrieb: „eine Verdichtung des Bewußtseins."

Es wurde nicht erklärt, war jedoch klar bewußt: die Zeit dafür ist noch nicht gekommen.

Dies ist ein äußerst bewußtes Bewußtsein, bewußt nicht nur der Sache, des Ziels oder der Mittel sondern auch der Bedingungen: die Gesamtheit. Und wenn Das etwas betrachtet, weiß Es, daß dies in der ganzen sich entfaltenden Unermeßlichkeit genau in jenem gegebenen Augenblick zu sein hat und geschehen muß.

Und es ist auf eine absolute Weise frei – spontan frei. Spontan. Jede Handlung geschieht spontan. Wie eine Vision – eine sich ausdrückende Vision.

(Mutter beendet das Abschreiben)

Es wird immer interessanter. Dabei besteht absolut kein Gedanke, nichts: eine Sekunde vorher weiß ich es nicht, und dann kommt es auf eine absolute Art und Weise. Manchmal regt sich etwas dabei und sagt: „Ich würde das aber so sagen, meine Erfahrung ist folgendermaßen ..." (wie ich es dir gerade beschrieben habe). – „Nein, es IST so."

Gestern sah ich jemanden, dessen Namen ich nicht nennen will, und ich begann mit ihm zu reden. Ich wußte nichts, es gab keine vorgefaßten Auffassungen, nichts. Ich begann zu sprechen und sagte ihm: „Sehen Sie, wir befinden uns in einer Zeit, in der die Dinge sichtbar werden ... Es gibt lange, lange Zeiträume, in denen sich die Dinge vorbereiten, wonach sehr lange Zeiträume kommen, in denen sich die Dinge entwickeln, organisieren, einrichten und Konsequenzen spürbar werden. Zwischen beiden aber gibt es einen Augenblick, in dem es geschieht, und die Dinge passieren. Und das ist nicht immer sehr lang (manchmal dauert es lange, mitunter geht es sehr schnell), auf jeden Fall aber geschieht etwas. Und dieses „Etwas" wird der Welt schließlich eine neue Entwicklung bringen. Und jetzt haben wir genau

18. MAI 1968

so einen Augenblick erreicht.¹ Das heißt ... Die meiste Zeit über sind die Leute blind, aber wenn wir nicht blind sind, wenn unsere Augen offen sind, SEHEN wir sie, werden wir sie sehen."

Der Anlaß (um die Sache an ihren Platz zu stellen) ergab sich, weil ich sagte: „Der Präsident der Vereinigten Staaten wird nach Rußland reisen, um den Friedensvertrag mit Vietnam zu unterzeichnen."² ... Wobei sich zwei andere, ähnliche Umstände gleichzeitig ergaben, d.h. es werden drei Friedensverträge zur gleichen Zeit abgeschlossen werden.

Wenn solche Ereignisse stattfinden, zeigt das, daß man etwas zu sehen bekommen wird.

(Schweigen)

Manche Leute stecken bis hierher *(Geste zu den Augenbrauen)* in der Nacht, in der Vergangenheit, in der Lüge. Sie sehen nichts und wieder nichts – sie werden bis ans Ende gehen, ohne auch nur das geringste zu sehen.

Diejenigen, welche die Augen offen haben, werden sehen.

*
* *

(Gegen Ende kommt das Gespräch auf eine Wunde auf Satprems Rücken:)

Hindert dich das am Schlafen?

Nein, es ist nichts. Es entwickelt sich nur weiter, und das seit etwa vierzehn Tagen.

Was für eine komische Idee ... Es kann sich um dasselbe handeln wie bei mir *(der Angriff von Magie)*. Es ist nicht immer leicht zu verhindern, daß einen dies berührt.³

Es gibt eine vollkommen eigene, unverwechselbare Schwingungsqualität: Wenn man daran gewöhnt ist, Schwingungen wahrzunehmen, kann man sich nicht täuschen; man kann die eine nicht mit der andern verwechseln. Wenn es von dort kommt *(Magie)*, weiß man dies augenblicklich. Es ist völlig eindeutig ... *(Mutter macht eine kleine stoßende Geste, wie das Züngeln einer Schlange oder ein winziger Blitz, der zuckt und einschlägt).*

---

1. Wir befinden uns in der Zeit der Studentenunruhen in Nanterre: Mai 68.
2. Erst im Januar 1973 kam es zum Waffenstillstand in Vietnam.
3. Vierundzwanzig Stunden nach dem Gespräch mit Mutter war die Wunde verheilt.

Ich spüre Mächte, die so hindurchkommen, als Reaktion auf die Angriffe ...

Es gab einen Augenblick, wo ich noch so etwas wie Entrüstung verspürte; das beginnt jetzt, unmöglich zu werden.[1]

22. Mai 1968

Mutter reicht Satprem den Text einer Notiz:

„Durch die Ausweitung seines Bewußtseins identifiziert sich der Körper mehr oder weniger mit denen, die ihn umgeben.
Jede Bemühung um Reinigung des eigenen physischen Bewußtseins in den anderen bedeutet entsprechend weniger Arbeit für diesen Körper."

Wenn sich nur jeder bemühen würde ...

(Mutter nickt)

*
* *

Gestern sah ich P.L. Er ist noch immer schrecklich nervös. Er sagt, es gehe ihm viel besser, aber bei der geringsten Kleinigkeit verkrampft er sich immer noch völlig. Es ist noch etwas um ihn herum ...

Er muß noch hierbleiben, bis sich all das aufgelöst hat, bereinigt und zerstört ist.

Interessant, es geschehen interessante Dinge.

P.L. hatte einen interessanten Traum. Er notierte ihn sich, damit ich ihn dir erzähle ... Ein sehr sonderbarer Traum, den er in einem Abstand von einigen Tagen dreimal hintereinander hatte. Genau denselben Traum, dieselbe Geschichte ...

Jemand hat ihm diesen Traum geschickt.
Laß hören!

(Satprem liest:) „Ein Feiertag im Vatikan. Der Petersplatz ist brechend voll. Das Gefolge des Papstes, dem ich so oft aus nächster

---

1. Siehe auch die Bemerkung: „Das ist mir egal" im vorigen Gespräch.

Nähe neben den Kardinälen beigewohnt habe, setzt sich in Bewegung. Anstelle des „sedia gestatoria" [der Sänfte des Papstes] geht dort jedoch ein riesiger Elefant, der eine bekannte Persönlichkeit auf dem Rücken trägt. Wer ist diese Persönlichkeit? Die Mutter? Nein, es ist Pavitra ... Aber nein, es ist Satprem! Wieder nicht, es ist der Rektor der Schule ... Je mehr ich meine Aufmerksamkeit auf die betreffende Persönlichkeit richten möchte, desto mehr verändert sich ihr Gesicht, wie in einem Kaleidoskop. In Wirklichkeit habe ich Schwierigkeiten, mich darauf zu konzentrieren, denn ich leide unter dem Gewicht des Elefanten, der seinen Einzug in den Petersdom hält. Tatsächlich befinde ich mich in einer sehr unbequemen Lage, denn ich bin nicht der Elefant: ich bin in seinen Füßen, seinen Zehennägeln, und sein Gewicht ist ungeheuer schwer, aus diesem Grund gelingt es mir nicht zu sehen, wer auf dem Elefanten sitzt. Inzwischen ist der Elefant auf der Höhe des Bernini-Baldachins im Petersdom angekommen, und schließlich erreicht er den Thron des Papstes, wo er seinen Platz einnimmt und sich hinsetzt ..."

(Mutter lacht)

„Auf seinem Kopf sitzt noch immer die gleiche Persönlichkeit: die liebe Mutter? Pavitra? Satprem? Ein Lehrer? Ich weiß es nicht. Ich kann den Körper nicht sehr gut sehen, und allein das Gesicht verändert sich ... Plötzlich durchläuft eine ungeheure Schwingung die unermeßlich große anwesende Menschenmenge: Alles wird erschüttert, und aus diesem Gesinnungswandel entspringt ein mächtiger Ruf, ein Applaus für diese Kraft, die ihre Seelen durchdringt – die ganze Menge ist transformiert ... Nach den Feierlichkeiten verläßt der Elefant den Dom. Ich stehe am Portal und betrachte die unendliche Menge, die sich weit, weit erstreckt. Ich würde gern wissen, wieviele Personen es sind, und schließlich erscheint am Horizont eine Ziffer: 1,6 Milliarden."

Dieser Mann ist erstaunlich empfänglich!

(langes Schweigen)

Dreimal sagst du?

Dreimal: am 9. Mai, am 11. und am 18. Mai.

Was war die Zahl?

1,6 Milliarden. Es scheint, dies entspricht etwa der ganzen Christenheit: nicht nur die Katholiken sondern alle Christen.

Das war es, was mir gesagt wurde. Mir wurde gesagt, dies sei die erste Bewegung – das erste Anzeichen der Bekehrung der Christenheit zur Wahrheit. Und es wurde deutlich gezeigt, daß dies BESCHLOSSEN worden war. Das sah ich.

So etwas hatte ich noch nie gesehen! Ich habe dir schon erzählt, als ich im Empfangszimmer war und P.L. hereinkam, geschah etwas so … Schwerwiegendes (wie soll ich sagen?…), etwas, das die Bedeutung und Solidität einer großen weltumfassenden Bewegung hatte: wie die großen Epochen, der Beginn eines großen Zeitalters.[1] Ich hatte so etwas noch nie verspürt. Das war vor seiner Abreise [zurück zum Vatikan]. Also sah ich mir die Sache an und erkannte, daß es von oben erlassen worden war: der Beginn der Bekehrung der Christenheit zur Wahrheit – das Christentum in seiner Gesamtheit.

Dort hat man das auch gespürt: ich habe dir von diesem Angriff erzählt, er war von einer Gewalt …

Es traf vor allem P.L. und dann zum Teil auch mich: es hat diesen Körper berührt. Aber weißt du, selbst vom allergewöhnlichsten, oberflächlichsten Gesichtspunkt aus war die Heilung wunderbar. Diese Dinge *(Schwellungen)* dauern im allgemeinen acht bis zehn Tage – nach zwei Tagen war alles vorbei. Dies … Mein Körper selbst, der doch daran gewöhnt ist, mit den Kräften in Verbindung zu stehen, war höchst erstaunt. Es war wirklich wunderbar.

Die konkrete Wirkung dieser Kraft, die Sri Aurobindo „die supramentale Kraft" nannte, ihr erster Kontakt und ihr erster Aspekt ist ein Aspekt der Wahrheit.[2] Oder wie Sri Aurobindo es ausdrückte: die Wahrheit muß sich vor der Macht der Liebe manifestieren.

Verglichen mit dem normalen Ablauf des Lebens gleicht dies tatsächlich einem Wunder – wunderbar in dem Sinne, als zumindest die Geschwindigkeit der Transformation und der Aktion ungewohnt ist.

*
* *

---

1. Siehe auch das Gespräch vom 3. April 1968, S. 91.
2. Es gilt hier zu verstehen, daß der Begriff „Wahrheit" nicht in einem philosophischen, ethischen oder ideellen Sinn verwendet wird: Es handelt sich um die Wirklichkeit, WIE SIE IST, die Welt, so WIE SIE IST, ohne Verhüllung durch die Falschheit. Das wirkliche Leben ist ein „Wunder".

22. MAI 1968

*Nach einer langen Konzentration
greift Mutter den Faden wieder auf:*

Da waren noch zwei Kleinigkeiten, wirklich Kleinigkeiten, aber immerhin amüsant ... Vor einem oder eineinhalb Jahren (ich erinnere mich nicht mehr genau) schickte mir jemand ein Album mit Fotos aus Frankreich, besonders aus Paris, und ich habe sie mir angesehen. Beim Blättern gefiel mir ein Foto der Quais besonders gut (ich sah es mir besonders aufmerksam an, in allen Einzelheiten), die Quais mit all den Bouquinistes. Im Vordergrund war ein Buchtrödler, ich sah ihn deutlich. Danach schloß ich das Album und legte es weg. Später wollte ich jemandem davon erzählen und sagte ihm: „Sehen Sie sich einmal die Buchtrödler in Paris an! Es gibt da ein Foto ..." Also blätterte ich im ganzen Buch, Seite um Seite – kein einziges Foto eines Buchtrödlers! Ich suchte das ganze Buch durch, wieder und wieder ... kein einziges Foto eines Buchtrödlers.[1] Das war also wirklich ein Problem, ich sah mir das Album noch mehrere Male an und versuchte, eine Erklärung zu finden. Schließlich reisten M und G nach Paris und schickten mir eine Ansichtskarte von den Quais mit den Buchtrödlern – es war genau dieses Foto! Gestern erhielt ich die Karte. Das Bild war nicht im Album: ich erhielt es erst gestern, es war genau das Foto.

Das andere steht in Bezug zu R, der vor einigen Jahren einen Anfall von Filiarosis erlitt. Er hatte mir davon erzählt, doch es war weggegangen. Aber dann kam es wieder. Vielleicht drei oder vier Jahre später. Diesmal war es sehr heftig, und es gelang ihm nicht, es loszuwerden. Er beklagte sich darüber in einem Brief an mich. Ich sagte ihm, daß er einen „Rückfall in seinem Glauben" durchmache. Es scheint, dies war das dritte Mal, daß ich ihm das schrieb (ich hatte keine Ahnung – ich weiß nie, wie und weshalb ich etwas schreibe). Also antwortete er mir: „Dies ist das dritte Mal, daß Sie mir das schreiben, was bedeutet das?" Da erklärte ich es ihm. Als ich seinen Brief erhielt und ihm antwortete, tat ich, was ich immer tue: ich bringe die Person in Verbindung mit dem Herrn, und ich bitte um Sein Einschreiten ... Er erhielt also meinen Brief, und heute schreibt er mir, daß er, während er ihn las, in einem Zeitraum von zehn oder zwanzig Minuten tatsächlich beobachten konnte, wie das Bein immer dünner wurde, und innerhalb von zehn, fünfzehn Minuten war die Schwellung verschwunden. (Der Fuß war zweimal so dick wie normal, das Bein war ganz geschwollen, du weißt wie das bei Elefantiasis ist.) Das schrieb er mir heute morgen ... Und ich hatte ihm gesagt, daß die Kraft dieselbe war, aber nicht

---

1. Siehe auch *Agenda* Bd. 5 vom 5. Februar 1964.

sein Glaube, und daß darum die Kraft nicht so viel Wirkung zeitigen konnte. Und er antwortete mir: „Ich las nur Ihren Brief, und vor meinen Augen verschwand alles!"

Wenn man diesen Körper fragt, gibt es nur ... Er ist sich zweier Dinge bewußt: einer immer intensiveren Anbetung der Zellen, ach, wie ... *(Geste einer aufsteigenden Flamme)*, und gleichzeitig ein so deutliches Gefühl, wie weit sie noch von dem entfernt sind, was sie sein sollten, also ein Gefühl der Unwürdigkeit ihres Zustandes. Diese beiden Dinge existieren ständig nebeneinander. Das ist alles. Wenn man mir dann Fälle wie diesen erzählt, ob es nun eine Krankheit oder etwas anderes sei (so etwas bekomme ich jeden Tag drei-, vier-, fünfmal zu hören, das kommt andauernd vor – ich gebe dir diesen Fall als ein sehr konkretes Beispiel, weil es gerade eben geschah und du R kennst). Dabei ist sich der Körper nicht einmal bewußt, als Vermittler zu fungieren, denn seine Gebrechlichkeit und Unzulänglichkeit ist ihm allzu deutlich gegenwärtig ... Ganz wie diese Heilung *(die Schwellung in Mutters Gesicht)*, das war eine Heilung wie bei R, beinahe augenblicklich: es kam schlagartig und ging weg. Der Körper ist sich der Herrlichkeit des Wunders also vollkommen bewußt ... eines Wunders, das jegliche Vorstellung übersteigt.

Und es gibt die sehr ausgeprägte Empfindung im Bewußtsein, daß die Zeit gekommen ist.

Neulich erklärte ich dies Rijuta: Diese unermeßlichen Perioden, in denen die Dinge sich vorbereiten – die Vergangenheit klingt ab, und die Zukunft bereitet sich vor –, unermeßliche Zeiträume ... eintönig, grau, in denen die Dinge sich endlos wiederholen und alles den Eindruck erweckt, als müsse es ewig so bleiben. Zwischen zwei solchen Perioden tritt plötzlich die Veränderung ein. Wie der Augenblick, als der Mensch auf der Erde erschien – und nun handelt es sich um etwas anderes, ein anderes Wesen.

Jedenfalls werden wir ganz eindeutig die Vorzeichen sehen – wir sehen sie sogar schon ... Das sagte ich Rijuta, während ich erzählte, daß der Präsident der Vereinigten Staaten nach Moskau reisen werde, um einen Friedensvertrag mit Vietnam zu unterzeichnen. Es gab drei Kriege, von denen der eine eingestellt, aber noch nicht beendet war (der zwischen Ägypten und Israel, dort ist man jetzt zu einer Übereinkunft gelangt). An den dritten erinnere ich mich nicht mehr. Drei gleichzeitig. Der Schwerwiegendste von den dreien war der zwischen Amerika und Vietnam. Ich sagte ihr also: Das ist ein Zeichen.

Und dies ist keine mentale Vorstellung, das sind keine Gedanken: als ich das sagte, SAH ich es, ich sah es.

Ja, etwas ist tatsächlich dabei, sich zu verändern.

22. MAI 1968

Das sind noch Vorzeichen, Bewegungen, die etwas ankündigen, es ist noch verstreut, noch nicht zusammenhängend; für denjenigen aber, der zu sehen versteht, ist es klar.

(Schweigen)

Durch dieses letzte Abenteuer *(der Angriff auf Mutter)* hat der Körper vertrauen gelernt. Vorher war er noch ganz im Pessimismus befangen gewesen durch seine materielle Vergangenheit. Bestimmte Elemente dieser Vergangenheit, insbesondere die Eltern, waren ganz bewußt ausgewählt worden aufgrund ihres praktischen Sinns, ihrer sehr konkreten materiellen Ehrlichkeit: bloß nichts Mystisches – dies geschah absichtlich. Andererseits gab mir das jedoch eine Art von ... nicht eigentlich Pessimismus, aber doch eine sehr akute Sicht der extremen Unzulänglichkeit der Dinge. Der Körper spürte das, und sein Glaube mußte gegen eine Angewohnheit ankämpfen, die stets die Schwierigkeit, das Hindernis, den Widerstand erwartete, und obwohl er einen vollkommenen Glauben in den letztlichen Sieg hat, konnte er doch nicht von der Gewohnheit lassen, auf dem Weg Schwierigkeiten zu erwarten ... Dieses letzte Abenteuer gab ihm einen guten Schub nach vorn: sein Vertrauen ist jetzt viel lächelnder. Und die allgemeine Schau ist so, wie ich sie dir geschildert habe. Die ganze Zeit über, selbst angesichts der schlimmsten Schwierigkeiten, besteht immer ... es dringt aus den Zellen hervor, wie eine goldene Hymne: die Beschwörung, der Anruf, die Beschwörung der höchsten Macht ... Und dies mit einem solchen Glauben! Herrlich.

(Schweigen)

Und was haben die gegenwärtigen Ereignisse in Frankreich zu bedeuten?[1]

Das ist ganz klar die Zukunft, die erwacht und die die Vergangenheit davonjagen möchte.

Hast du die Briefe der Kinder von S gelesen? Sie sind dort. Alle Studenten und die ganze Arbeiterklasse haben ihre Kräfte vereint. Natürlich ergibt dies mental ein Riesenmischmasch, alle möglichen Ideen sind da, aber die Kraft dahinter ... Zum Beispiel wollen die Studenten die Lehrmethoden vollkommen ändern: sie fordern mit großem Nachdruck die Abschaffung aller Prüfungen. Sie selbst sind sich

---

1. Eine Art Generalstreik von acht Millionen Menschen, der mit einem Aufstand der Studenten und der Besetzung der Sorbonne begann.

dessen nicht gewahr, aber sie werden von einer Kraft gedrängt, die die Manifestation einer wahreren Wahrheit will.

Sie selbst wollen keine Gewalt – es scheint, daß nicht sie es waren, die zuerst Gewalt anwendeten, sondern die Polizei. Das ist sehr interessant, denn die Polizei ist das Sinnbild der Verteidigung der Vergangenheit. Als ich die Briefe dieser Kinder las und man mir dann die Neuigkeiten brachte, kam es (dies wurde sehr klar gesagt, eine sehr klare Vision): Die Zukunft, die Höhere Kraft ZWINGT die Leute, das zu tun, was sie tun sollen. Zwischen jetzt und jenem (das sehr weit in der Zukunft liegt) muß die Macht einer REGLOSEN Masse sein. Und die Vision war klar: Wenn Millionen, nicht Tausende sondern Millionen von Menschen sich versammeln und die Gebäude einnehmen, die Plätze besetzen, absolut friedlich, sich schlicht versammeln und besetzen (natürlich mit Vertretern, die sagen, was sie wollen), dann wird dies Macht haben. Es darf aber keine Gewalt aufkommen: Sobald man zur Gewalt greift, ist das ein Rückfall in die Vergangenheit, es öffnet den Weg zu allen Konflikten ... Zu dieser Zeit wußte ich nicht, daß es die Polizei war, die mit der Gewalt begonnen hatte; ich wußte es nicht, ich kannte die Einzelheiten der Geschichte nicht. Die Vision aber war sehr klar: eine Massenbesetzung, und diese Menschenmenge ist allmächtig in ihrer Reglosigkeit, sie setzt ihren Willen durch ihre bloße Anzahl durch, mit intellektuellen Vertretern für die Verhandlungen.

Ich weiß nicht ... De Gaulle hat eine Öffnung für etwas, das über die rein materielle Kraft hinausgeht. Ist er der Situation gewachsen? Ich weiß es nicht. Auf jeden Fall aber gehört er zu den besten Instrumenten.

Nicht unbedingt in allen Einzelfällen, aber in der Richtung der Bewegung handelt es sich klar um den Willen, mit der Vergangenheit Schluß zu machen und das Tor der Zukunft zu überlassen.

Wie ein Ekel vor der Stagnation. Ja, ein Durst nach etwas Kommendem, das leuchtender und besser scheint. Und tatsächlich GIBT ES etwas – es handelt sich nicht um eine bloße Einbildung: ES GIBT etwas. Das ist das Schöne daran, es gibt etwas. ES GIBT eine Antwort. ES GIBT eine Kraft, die sich ausdrücken möchte.

Frankreich befindet sich in einer bevorzugten Lage: Indien an erster Stelle, gefolgt von Frankreich, aus Gründen der ... einfach der Empfänglichkeit. Frankreich hat immer versucht, vorn zu sein (aus diesem Grund wurde mein Körper auch dort geboren).

(Schweigen)

22. MAI 1968

Die Zeitungen sprechen von einem Streik von mehreren Millionen (die Kinder von J schrieben dies). Es hat aber überhaupt nicht den Charakter eines Streiks: das ist eine Revolution.

Ich kenne das. Ich weiß nicht, ob ich dir das jemals gesagt habe, aber es bestand schon immer eine Identifikation des Bewußtseins dieses Körpers mit allen revolutionären Bewegungen. Ich konnte das innerlich immer bewußt verfolgen und unterstützen, noch bevor man Nachrichten davon hatte: in Rußland, in Italien, in Spanien und anderswo – immer, überall –, und es handelt sich im wesentlichen immer um dieselbe Kraft, die das Eintreffen der Zukunft beschleunigen will – immer –, die ihre Aktionsmittel aber stets dem jeweiligen Zustand der Masse anpassen muß.

Und jetzt scheint der Zustand der Erde einen Punkt erreicht zu haben, wo die Manifestation der Masse in einer Art schweigendem, reglosem Willen zumindest möglich wird ... Dies ist eine Zwischenphase, um jenen Zustand zu erreichen, wo die Masse unter der direkten Kontrolle der höchsten Kraft gehalten und von ihr bewegt wird.

Darauf gehen wir jedenfalls zu.

*
* *

Gegen Ende des Gesprächs

Gestern sagte ich P.L., er möge es mich wissen lassen, wenn er das Bedürfnis verspürt, mich zu sehen. Natürlich wäre es vom mate-riellen Standpunkt aus besser, wenn dies nicht zu oft geschieht, denn ich bin überaus beschäftigt, aber wir werden sehen, was wir tun können. Es ist notwendig und sehr wichtig.

Ich sage ihm nichts über seinen Traum, oder kann ich ihm etwas sagen ...?

Oh, du kannst ihm sagen, daß ich ihn bemerkenswert sensibel und empfänglich finde und daß eine SEHR TIEFE Wahrheit hinter seinem Traum steht, trotz der etwas kindlichen äußeren Form. Eine sehr tiefe Wahrheit.

Das ist nicht jemand, den man antreiben muß, im Gegenteil: er ist jemand, den man besser zurückhält, denn das *Adhar* (wie die Inder sagen), d.h. die materielle Hülle, ist nicht stark genug für die Kraft, die ihn bewegt. Das führt zu Krankheiten. Er ist kein Mann, den man motivieren muß: im Gegenteil, man muß ihn bremsen.

Aber er ist sehr bewußt – sehr bewußt, viel bewußter, als es dem Traume nach erscheint. Sehr bewußt ... Auch dort ist ein Wendepunkt eingetreten, wo die gewaltige alte Formation des Christentums, die sich so über die Welt ausgebreitet hat *(Geste einer Krake mit vielen Tentakeln)*, – die natürlich ihren Zweck erfüllt hat und getan hat, was sie tun sollte; sie kam, als es nötig war, usw., usw., wir wissen das –, aber jetzt ist der Wendepunkt, wo sie sich ändern muß, um ein Werkzeug der Wahrheit von morgen zu werden.

Und dieser Papst hat seine Arbeit verrichtet, so gut er konnte.

Vielleicht wird es noch über einen längeren Zeitraum hinweg nötig sein, daß P.L. ein nur teilweise bewußter Vermittler bleibt: nicht aktiv. Er dient als Vermittler, als Bindeglied *(Geste einer Brücke zwischen Mutter und dem Vatikan)*. Er darf sich aber nicht ... Er hat nicht die Fähigkeit, der ungeheuren Macht dieser Leute zu wiederstehen. Es ist wichtig, daß er sich sehr ruhig verhält – sehr ruhig, sehr friedlich –, daß er sein Leben glücklich weiterlebt und seine Aufgabe erfüllt.

25. Mai 1968

(Über ein altes Gespräch aus den Entretiens *vom 10. Juni 1953)*

Worum geht es?

Um Angriffe der gegnerischen Kräfte und Asuras.

Oh!... *(lachend)* Das ist ein schönes Mittel, den anderen die Schuld in die Schuhe zu schieben.

Meinst du, wir sollten das veröffentlichen?

Gewiß, es ist nützlich.

Wenn die Leute mir jetzt von Angriffen der gegnerischen Kräfte erzählen, habe ich immer große Lust, ihnen zu sagen: „Die Gegenkraft steckt in euch selbst!"

Ich denke, es handelt sich hier um ein sehr bequemes Mittel, ungestraft davonzukommen ... Wenn man selber vollkommen ist, können sie einem nämlich nichts anhaben. Das ist völlig klar. Nur die Unvollkommenheiten verleihen ihnen ihre Macht. Und wenn man sich auf Sri Aurobindos Standpunkt stellt, versteht man, warum er sagen kann: Die sogenannten gegnerischen Kräfte werden geduldet, weil sie nützlich sind, um die Leute zur Notwendigkeit der Transformation, zur Dringlichkeit der Reinigung zu erwecken.

29. Mai 1968

(Mutter sucht nach einer Vase für eine Amaryllis und schickt sich an, sie mit den Rosen zusammenzustellen.)

Die Rosen können das überhaupt nicht leiden. Sie wollen keine anderen Blumen in ihrer Nähe dulden ... Aber ich stelle sie trotzdem dazu.

(Mutter steckt die Amaryllis mitten zwischen die Rosen und lacht)

Sie haben einen Kastengeist!

* * *

Etwas später

Hier ist ein Brief von T.F. Sie beklagt sich über die Filme, die wir hier zeigen – sie meint, diese sollten lehrreich sein und großartige Dinge zeigen ...

Damit ein Film großartige Dinge darstellen kann, sollten die Leute diese wunderbaren Dinge erst einmal leben. Oder nicht?

Sie schrieb mir sogar, daß eine ganze Gruppe von Lehrern ein Rundschreiben aufsetzen will, um für eine Änderung zu plädieren – ich mag das überhaupt nicht. Das ist die Mentalität eines kleinen Pensionats. Also schrieb ich gestern eine Antwort.

(Mutter liest)

„Man würde den Kindern gern in filmischen Vorbildern zeigen können, wie das Leben sein sollte, aber davon sind wir noch sehr weit entfernt. Solche Filme müssen erst noch gemacht werden. Heutzutage zeigt das Kino meistens noch das Leben, wie es nicht sein sollte, und zwar auf hinlänglich schlagende Weise, um nichts als Ekel zu erregen.

Auch dies ist eine nützliche Vorbereitung.

Im Ashram werden Filme nicht zur Unterhaltung sondern als Teil der Erziehung zugelassen. Damit stellt sich das Problem der Erziehung.

Wenn wir davon ausgehen, daß ein Kind keinen Dingen ausgesetzt werden soll und nichts lernen, wissen und kennen darf als das, was es rein und frei von allen niederen, vulgären, gewalttätigen und degradierenden Regungen erhalten möge, dann muß der Kontakt mit der gesamten übrigen Menschheit mit einem Schlag unterbunden werden, angefangen mit all den Kriegsgeschichten, den Mordfällen und Konflikten, all den Lügen und Betrügereien, die man „Weltgeschichte" nennt; auch der gegenwärtige Kontakt mit der Familie, den Eltern, den Freunden, all dies muß unterbunden werden; sogar der Kontakt mit all den vitalen Impulsen im eigenen Wesen sollte ständig kontrolliert werden.

Dieser Gedanke war der Anlaß für das hinter den Mauern eines Klosters abgeschottete mönchische Leben oder das asketische Leben in einer Höhle oder in den Wäldern.

Dieses Mittel hat sich als völlig unwirksam erwiesen, und es ist ihm nicht gelungen, die Menschheit aus ihrem Sumpf zu befreien.

Sri Aurobindo zufolge liegt die Lösung ganz woanders.

Es gilt, das Leben als Ganzes zu konfrontieren, einschließlich der noch bestehenden Häßlichkeit, Lüge und Grausamkeit, während man gleichzeitig darauf achten soll, in sich selbst die Quelle aller Güte, aller Schönheit, allen Lichts und aller Wahrheit zu entdecken, um diese Quelle zum Zwecke der Transformation bewußt mit der Welt in Beziehung zu setzen.

Das ist unendlich viel schwieriger, als Ausflüchte zu suchen oder die Augen vor den Schwierigkeiten zu verschließen – und dies ist das einzig wirksame Mittel für jene, die wahrhaft stark und rein und fähig sind, die Wahrheit zu manifestieren.

Du kannst diesen Brief allen zeigen, die sich so wie Du selbst entrüsten."

Man muß sie ein wenig aufrütteln, sie sind so *goody-goody* [so bigott], oh!

Und das ist noch nicht alles. Es scheint, daß ich euch beiden *(Sujata und Satprem)* „Unterricht" erteile …

Unterricht!

29. MAI 1968

Und man hat mich gefragt, ob es nicht möglich sei, an diesem „Unterricht" teilzunehmen ... Was für ein Gedanke! Kannst du dir vorstellen, daß ich euch Unterricht gebe? Ach, es ist wirklich schrecklich ... Sie bat mich darum, daß ich „eine bestimmte Anzahl von Lehrern" an diesem Unterricht teilnehmen lasse, denn das würde ihnen gut tun, angefangen natürlich mit ihr selbst.

Ich werde ihr folgendes sagen: „Ich kann Sie aus dem einfachen Grunde nicht teilnehmen lassen, weil es keinen Unterricht gibt!..." Schon letztes Jahr fragte mich R dasselbe, und ich antwortete: „Das ist ein völlig falscher Eindruck. Es kann sein, daß ich schweige, es kann sein, daß ich spreche, aber es ist auf keinen Fall irgendein Unterricht. Von Zeit zu Zeit sage ich etwas und dann ..."

Was für eine Idee!... Der Guru als Superlehrer, als Superprofessor! Schon allein die Vorstellung eines Gurus läßt mich schaudern, aber ein Superlehrer-Guru, was für ein entsetzlicher Gedanke!

Was die untereinander für Dummheiten austauschen müssen – erschreckend.

Juni

3. Juni 1968

Ich komme von drüben *(aus dem Musikzimmer, wo Mutter die Besucher empfängt)*. Ich habe zwei Dutzend Besucher gesehen ... auch den Premierminister von Orissa (Orissa war der erste indische Staat, der Geld für seinen Pavillon in Auroville stiftete: hunderttausend Rupien). Ein guter Mann. Das sind gute Leute, die Leute aus Orissa; von all den Staaten sind sie diejenigen, die den stärksten Vorwärtsdrang haben und etwas verändern wollen.

Und Bengalen? Drängt es nicht vorwärts?

Die Bengalen sind eher ... phantasievoll. Das heißt, sie reden sehr viel – sie reden sehr gut! Die Einwohner von Orissa sind praktischer – großzügig, sie sind von Natur aus großzügig und freigebig.

Bengalen ... sie sind sehr selbstbewußt, sie empfinden sich als die intellektuelle Avantgarde des Landes, folglich sind sie sehr von sich selbst eingenommen. Ich für meinen Teil bevorzuge die einfachen Leute.

*
* *

Etwas später

Ich habe die restlichen Unterlagen von T.F.s Kurs über den Tod erhalten. Es gibt neues Material.

(Mutter reicht Satprem ein Blatt)

„Liebe Mutter, wir haben mit Freuden Deine Antwort erhalten, und wir schicken Dir unsere Gedanken und Fragen im Hinblick auf den ersten Absatz: „Der Tod ist das Phänomen der Dezentralisierung und der Zerstreuung der Zellen ..."„

Und?

Abhijit sagt folgendes: „Wenn eine Zelle sich ihrer Persönlichkeit bewußt wird, dann besteht das Risiko, daß sie allein in ihrem Eigeninteresse handelt, ohne das kollektive Interesse zu berücksichtigen."

(Mutter lacht) Das Eigeninteresse einer Zelle!
Und danach?

Amitangshu stellt zwei Fragen. Die erste lautet: „Vollzieht sich die Dezentralisierung auf einmal oder nach und nach?..."

Das braucht Zeit.

Es ist so: Der zentrale Wille des physischen Wesens gibt seine Bemühung auf, alle Zellen zusammenzuhalten. Das ist der erste Schritt. Er akzeptiert die Auflösung. Aber alles zerfällt nicht auf einen Schlag: das braucht seine Zeit.

Vor dem Tod stellt sich stets eine Akzeptanz ein, die Zentralisierung in der gegebenen Form zu beenden, aus welchem Grund auch immer. Mir ist aufgefallen, daß einer der häufigsten Gründe der ist, daß ein Gefühl unwiederbringlicher Disharmonie besteht. Der zweithäufigste Grund ist eine Art Widerwillen, mit der nötigen Anstrengung des Zusammenhaltens fortzufahren.

Tatsächlich gibt es unzählige Gründe, aber es besteht eine Art Bemühung des Zusammenhalts und der Harmonisierung, und was dem Tod in jedem Fall vorangeht (falls es sich nicht um einen gewaltsamen Unfall handelt), ist, daß, aus welchen Gründen auch immer oder auch ohne Grund, dieser Wille, der den Zusammenhalt aufrechterhält, abdankt.

Da ist eine zweite Frage: „Sollte jede einzelne Zelle sich ihrer Einheit mit dem Zentrum bewußt sein?"

Nein, so ist es nicht.

(nach einer langen Stille)

Es ist schwer, das verständlich zu machen ... Bei den Zellen handelt sich noch um ein halbkollektives Bewußtsein, nicht um ein individuelles Zellbewußtsein.

Und dann?

Anand Arya fragt: „Findet die Dezentralisierung immer nach dem Tode statt, oder kann sie schon vorher beginnen?"

(Lachend) Sie beginnt häufig schon vorher!

Dilip M. fragt folgendes: „Zerstreuen sich die Zellen im Raum oder innerhalb des Körpers? Wenn es im Raum geschieht, würde sich der Körper dann nicht mit den Zellen zerstreuen?"

Aber ja! Natürlich zerstreut sich der Körper nach dem Tod. Aber das dauert lange ...

Die Inder wissen das nicht, weil man sie kremiert.

Rita fragt: „Hat das Wort „Zerstreuung" im Begriff der „Zerstreuung der Zellen" nicht eine besondere Bedeutung? Wenn ja, welche?"

Ich meinte das im positivsten Sinne.

Ich habe sogar beobachtet, wie die Zellen, die besonders weit entwickelt waren und sich der göttlichen Gegenwart in ihnen bewußt geworden waren, wenn die Konzentration, die den Körper zusammenhält, aussetzt und der Körper sich auflöst (nach und nach), wie diese Zellen sich ausbreiten und andere Verbindungen eingehen, in denen sie das Bewußtsein der göttlichen Gegenwart, das jede von ihnen hatte, durch Ansteckung verbreiten. Auf diese Weise also entwickelt sich die gesamte Materie durch das Phänomen der Konzentration, der Entwicklung und der Zerstreuung, und sie lernt durch Ansteckung, entwickelt sich durch Ansteckung und macht Erfahrungen durch Ansteckung.

Aber es handelt sich nicht wirklich um die Zelle selbst, die andere Verbindungen eingeht – es handelt sich doch vielmehr um das subtile Bewußtsein der Zellen?

Ja, absolut! Die Zelle löst sich natürlich auch auf. Das BEWUSSTSEIN der Zellen dringt in die anderen ein.

Das ist schwer zu erklären, wenn man nicht selber die entsprechende Erfahrung hat.

5. Juni 1968

Ich habe eine Frage in bezug auf P.L. Es gibt zwei Neuigkeiten. Zunächst stand er vor einigen Jahren in Beziehung zu einer extrem reichen Amerikanerin, der er geholfen hatte. Diese Frau möchte sich P.L. gegenüber erkenntlich zeigen und ihm für ein gutes Werk eine Million Dollar geben.

Das trifft sich gut!

Sie ist jedoch sehr katholisch. Damals war P.L. noch ordiniert.

Sie ist katholisch?

Ja, sie ist sehr fromm. Eine gute Frau, wie es scheint. P.L. hat also gefragt, ob er nicht versuchen solle, ihr zu erklären, was er hier tut, und ob er ihr nicht einige Bücher von dir schicken solle, um zu sehen, was dabei herauskommt. Vielleicht gelingt es ihm, diese Frau für etwas Interessanteres zu motivieren.

Es handelt sich nicht um jene Frau, die „den Frieden auf Erden" haben möchte?

Ich weiß es nicht. Als P.L. sie traf, war ihre Tochter gerade ermordet worden, und in diesem schwierigen Augenblick half ihr P.L. So ist sie ihm also sehr verbunden, und sie möchte Geld für eine gute Sache spenden, aber eben für eine christliche Sache.

Im allgemeinen haben Leute dieser Art mehr Sinn für ein Werk als für Ideen.

Auroville?

Auroville ist, wie Sri Aurobindo sagte, ein praktisches Mittel, eine ausreichend starke menschliche Einheit zu schaffen, um einen Krieg zu verhindern.
Wir werden sehen. Man kann es versuchen.
Man wird sehen.

Die zweite Neuigkeit betrifft Monsignore R, dessen Vermögen P.L. verwaltet. J hatte die Idee, ihm mein Buch „Das Abenteuer des Bewußtseins" zu schicken, worauf er uns einen begeisterten Brief schrieb, in dem er sagt, daß ihn das Buch sehr eingenommen habe und daß es ihn wirklich interessiere. Darauf schrieb er einen weiteren Brief an P.L., wo es heißt: „Hätte ich nicht meine Verpflichtungen in Rom, würde ich sofort zu Ihnen nach Pondicherry kommen."

Oh!... Das ist gut, eine gute Nachricht.

8. Juni 1968

Ich habe gerade ein Problem studiert ...
Im Grunde genommen, wenn man den Firnis abkratzt – den Firnis der guten Manieren –, akzeptiert der Mensch die Existenz Gottes nur unter der Bedingung, daß dieser Gott sich einzig und allein mit der Befriedigung der menschlichen Bedürfnisse und Wünsche abzugeben habe – das mögen kollektive Bedürfnisse sein oder „planetarische" Wünsche, wie es Y ausdrückt, aber die Sache läuft letztlich darauf hinaus.

Dies trifft vor allem auf die Vorstellung eines Gottes zu, der einen Körper angenommen hat ... Im Grunde erscheint es den Menschen ganz natürlich, daß Christus für ihr Heil gekreuzigt wurde – diese Vorstellung fand ich schon immer monströs.

Ich sehe jetzt ... wie spontan das geschieht. Hier in Indien ist es genauso mit der Vorstellung des Gurus, des Avatars: Der Guru ist einzig und allein dafür da (und wird nur dafür anerkannt), um alle Forderungen zu erfüllen, nicht weil er mit einem menschlichen Körper ausgestattet ist, sondern weil er der Repräsentant der höchsten Macht ist. Und diese höchste Macht akzeptiert man, man gibt vor, ihr zu gehorchen, man unterwirft sich ihr, aber mit dem Hintergedanken: „Sie existiert allein zur Befriedigung meiner Wünsche." Die Qualität dieser Wünsche hängt vom Individuum ab: die einen haben ihre winzigen persönlichen Bedürfnisse, die anderen haben hochtrabende Bedürfnisse für die ganze Menschheit oder selbst für noch höhere Verwirklichungen, aber letztlich läuft es immer auf dasselbe hinaus. Das scheint die Vorbedingung für die Hingabe zu sein.

Man muß aus dem menschlichen Bewußtsein, d.h. aus dem aktiven, schaffenden Bewußtsein heraustreten, um sich davon lösen zu können.

Das geht so weit, daß, wenn jemand es wagt zu behaupten, die Welt und alle Schöpfungen bestünden allein für die Befriedigung des Göttlichen, es sofort zu den heftigsten Protesten kommt und man ihm alles mögliche entgegenhält: „Aber dieses Göttliche ist ein Monstrum, eine Ausgeburt an Egoismus!", ohne sich zu vergegenwärtigen, daß man genauso ist.

(Schweigen)

Das ist nicht sehr lustig.

Ach, wir sollten lieber am „Bulletin" arbeiten.

Ja, aber liegt das Göttliche denn nicht auch am Ursprung unseres Wunsches nach einer höheren und schöneren Verwirklichung?

Aber ja.

Ich wollte nur sagen, daß man die den Menschen eigene Art von Bewußtsein bis ins Unendliche erweitern und ausdehnen kann – und es ist nichts. Es muß überschritten werden, denn diese Auffassung von Egoismus gehört noch ganz und gar der Menschlichkeit an.

Siehst du, jedes menschliche Wesen setzt sich spontan und selbstverständlich in den Mittelpunkt und organisiert die Welt um sich herum (und dieses Phänomen trotzt jeder Entwicklung und jeder Erweiterung); für sie bleibt daher auch das Göttliche notgedrungen etwas, das sich in den Mittelpunkt stellt und die Welt um sich herum organisiert.

Für einige Stunden (ich weiß es nicht mehr genau, denn ich habe nicht auf die Zeit geachtet) war das Bewußtsein plötzlich ... ich weiß nicht, umgekehrt (wie soll ich sagen?), und es gab kein Zentrum mehr, dieses Zentrum, um das alles organisiert war, existierte absolut nicht mehr. Das göttliche Bewußtsein war kein zentrales Bewußtsein, um das herum alles organisiert war – in keiner Weise. Es war etwas ... außerordentlich Einfaches und gleichzeitig ungeheuer Vielschichtiges.

(Mutter verharrt lange Zeit schweigend)

Jetzt ist es nur noch eine Erinnerung, also ist es nicht mehr „das". Es bleibt nur noch als tastende Erinnerung.

Es gab nicht einmal mehr die Möglichkeit einer Trennung ...

Jetzt kann ich es sehen *(Mutter schließt die Augen)*.

Es wäre wie eine Einheit, die aus unzähligen – aus Milliarden – leuchtenden Lichtpunkten besteht. Ein EINZIGES Bewußtsein – ein einziges –, das aus unzähligen hellen Lichtpunkten besteht, die sich ihrer selbst bewußt sind.

Das mag völlig idiotisch klingen, aber ...

Es handelt sich nicht um die Gesamtheit von all dem, das ist es ja! Es ist keine Gesamtheit sondern eine Einheit. Aber eine mannigfaltige Einheit. Allein die Tatsache, daß man es in Worten ausdrückt, macht es idiotisch.

Unmöglich. Die Sprache ist unzulänglich.

Ach, laß uns arbeiten!

*
* *

(Etwas später geht es um ein altes Gespräch aus den Entretiens *vom 24. Juni 1953, wo von den Krankheiten die Rede ist.)*

Seit einiger Zeit existiert jetzt beides gleichzeitig *(Mutter führt ihre beiden Zeigefinger zusammen)*, in dem Sinne, als das Bewußtsein in jeder Minute (nicht jede „Minute", aber immerhin) weiß: Ist die Haltung so *(Mutter neigt den linken Zeigefinger ein wenig nach links)*, handelt es sich um eine Krankheit; ist die Haltung hingegen so *(Mutter neigt den rechten Zeigefinger ein wenig nach rechts)*, bleibt alles in Ordnung. Dazu erscheint, „wie es wieder in Ordnung kommt". Das ist ungeheuer interessant.

Ich warte noch ein wenig, das zu formulieren, bis es sich besser gefestigt hat, bis es klarer und genauer geworden ist, völlig ... nun eine wissenschaftliche Haltung. Es ist aber sehr interessant.

Nimmt man diese Haltung ein *(gleiche Geste nach links)*, wird es zur Krankheit; nimmt man jene Haltung ein *(gleiche Geste nach rechts)*, wird es Teil der Evolution.

Im Körper?

Im Körper.
Wie der Körper bewußt an seiner Transformation teilnehmen kann.
Das ist jedoch ein längeres Thema, und ich möchte es lieber erst weiter ausreifen lassen. Noch befinde ich mich im Versuchsfeld. Wenn es besser gefestigt ist, werde ich darüber sprechen.

12. Juni 1968

(Nach einem Brief, in dem sich Satprem über seine Schwierigkeiten beim Schreiben oder besser beim Neuschreiben des Sannyasins *sowie über die völlige Unbewußtheit seines Schlafes beklagte)*

Ich habe dir nicht geantwortet, weil es nichts zu sagen gab – ich tue mein Bestes!

Aber ja, mit dem Buch geht es schon besser.

Ach! Es geht also besser.
Drei oder vier Tage vor deinem Brief dachte ich an das Buch, es erschien sehr stark – bevor du mir den Brief schriebst.
Und über die Nächte weiß ich Bescheid ...

Was stelle ich nachts bloß an?

Ich habe dir schon gesagt, daß ich dich früher sehr oft sah; jetzt sind meine Nächte sehr eingeschränkt, denn ich habe Arbeit bis sehr spät in die Nacht, und dann stehe ich sehr früh auf, also bleibt nicht viel von der Nacht übrig. Ich treffe dich aber immer am selben Ort, und dort bist du sehr aktiv und vollkommen bewußt ... Die Verbindung zwischen diesem Teil deines Wesens und dem wachen Teil fehlt – ach, das ist mitunter ein bloßes Nichts, eine winzige Kleinigkeit ... Weißt du, wie eine Lücke zwischen zwei Dingen. Ansonsten bist du sehr bewußt, du arbeitest auch sehr logisch: eine Sache, die weitergeht und sich entwickelt. Und es betrifft stets irdische Belange – die Organisation der Erde. Und ich treffe dich immer am selben Ort, wir arbeiten immer am selben Ort. Es macht einen sehr koordinierten Eindruck.

Ich habe mich schon öfters gefragt, ob diese Lücke nicht für dein eigenes Wohl besteht. Wenn dir nämlich dieser Teil deines Wesens sehr bewußt wäre ... Man ist dort so frei, so ruhig, so machtvoll, daß man dann unter Umständen von der Erde angewidert wäre. Ich fragte mich also schon öfters, ob dies nicht zu deinem eigenen Schutz ausradiert wird.

Denn das Leben dort setzt sich fort, verstehst du: Das sind keine „Träume" sondern eine Wirklichkeit, die weitergeht.

Früher begab ich mich immer dorthin; jetzt sind die Nächte sehr kurz, also gehe ich nur noch von Zeit zu Zeit hin, ich treffe dich aber stets dort an.

Was macht dein Buch? Korrigierst du es oder ...

Nein, ich schreibe fast alles neu.

Oh!

Ich bin fast fertig damit.

Was möchtest du am Ende sagen? Was möchtest du sozusagen darlegen?

Das letzte Mal, als du es mir vorlasest, war das Ende nicht klar, ich verstand nicht genau, was du erreichen wolltest, es schien in Gleichgültigkeit zu enden.

Nein, nein!

Möchtest du zeigen, daß der Weg des Sannyasins nicht der wahre Weg ist, oder möchtest du eher zeigen, wie er zum wahren Weg führt?

Ja. Ich möchte zeigen, daß es sich um einen Teil des Weges handelt, daß der gesamte innere Bereich, die inneren Erfahrungen, die ganze Öffnung des Bewußtseins oben, im Grunde nur ein Ausgangspunkt sind.

Ja, das ist es.

Und daß man danach dazu geführt wird, etwas anderes zu suchen, dem HIER eine Realität zukommt.

Ja, genau. Soweit habe ich es verstanden, aber am Ende war das nicht sehr klar.

Das wird jetzt alles vollkommen neu geschrieben.

Ja, das ist sehr nützlich. Es ist sehr gut zu zeigen, daß dieser Weg seine Zeit hatte und seinen Zweck erfüllte, um den Suchenden mit einer Welt in Kontakt zu bringen, die er nicht kannte, daß man aber darüber hinausgehen muß.

Ja, ich möchte diesem Sannyasin die bestmögliche Form geben, ich möchte ihn in seinem besten Licht zeigen, ihn nicht leichtfertig abwerten, ganz im Gegenteil, dabei aber sein Ungenügen zeigen.

Ja, zeigen, daß der Weg anderswohin führt.

Denn gleichzeitig zerstört es alle Religionen und all ihre „jenseitigen" Ziele. Mit dem Sannyasin berühre ich ein ganzes Spektrum spiritueller Haltungen.

Ja, darum geht es, das ist sehr gut.

15. Juni 1968

Mutter betrachtet eine orangene Amaryllis-Blume

Sie ist so schön ... Ich weiß nicht warum, aber sie vermittelt mir immer den Eindruck einer Kirche ...

Ja, genau!

Geht es dir auch so? Warum nur?... Sie ist sehr schön, ich weiß nicht warum, aber sie macht den Eindruck ... einer künstlichen Anbetung!

*
* *

Satprem liest Mutter einen Brief von Sri Aurobindo vor:

„In unserem Yoga verstehen wir unter dem „Unterbewußten" jenen völlig vergrabenen Teil unseres Wesens, in dem es keine bewußt erweckten und zusammenhängenden Gedanken, Willensregungen oder Gefühle und zielgerichtete Reaktionen gibt, der aber nichtsdestoweniger auf trübe und verkapselte Weise alle Eindrücke empfängt und speichert; von daher können im Traum oder im Wachzustand alle möglichen Reize und gewohnte und hartnäckige Regungen aufsteigen, die sich auf gröbste Weise wiederholen oder sich auch unter seltsamen Formen verkleiden können. Diese Eindrücke steigen vor allem im Traum auf unzusammenhängende und unorganisierte Weise auf, sie können jedoch auch ständig in unserem Wachbewußtsein als mechanische Wiederholung alter Gedanken, alter mentaler, vitaler und physischer Gewohnheiten, oder als kaum merkliche Reize von Empfindungen, Handlungen oder Gefühlen auftauchen, die weder von unserem bewußten Denken noch von unserem bewußten Willen herrühren und die sich sogar deren Wahrnehmung, Wahl und Anordnungen widersetzen. Im Unterbewußten gibt es ein trübes Mental voll von hartnäckigen *samskaras* – Eindrücken, Assoziationen, fixen Vorstellungen und Gewohnheitsreaktionen –, die durch unsere Vergangenheit geformt wurden; ein trübes Vital voll von Keimen der gewohnheitsmäßigen Begierden, Empfindungen und nervösen Reaktionen; ein sehr obskurer Stoff, der beinahe alles regiert, was den Zustand des Körpers berührt. Es ist in großem Maße für unsere Krankheiten verantwortlich; die chronischen oder sich wiederholenden Krankheiten gehen in der Tat prinzipiell auf das Unterbewußte zurück, auf sein hartnäckiges Erinnerungsvermögen und seine Gewohnheit, alles zu wiederholen, was das Bewußtsein des Körpers geprägt hat. Es gilt, dieses Unterbewußte klar und deutlich von den „subliminalen" oder unterschwelligen Teilen unseres Wesens zu unterscheiden – so wie dem inneren oder subtilen physischen Bewußtsein, dem inneren vitalen oder dem inneren mentalen Bewußtsein, die in keiner Weise trübe oder unzusammenhängend und auch nicht unorganisiert sind sondern allein vor unserem Oberflächenbewußtsein verhüllt. Unsere Oberfläche empfängt beständig innere Anstöße, Nachrichten oder Einflüsse aus diesen Quellen, ohne die meiste Zeit über recht zu wissen, woher dies kommt.

Um seinen Willen im Schlaf zu behaupten, genügt es, das Unterbewußte daran zu gewöhnen, dem Willen zu gehorchen, den man ihm durch das wache Mental am Vorabend vor dem Einschlafen auferlegt hat. Es geschieht zum Beispiel sehr häufig, wenn man dem Unterbewußten den Willen einprägt, zu einem bestimmten Zeitpunkt am Morgen zu erwachen, daß das Unterbewußte gehorcht und man automatisch zur besagten Zeit erwacht. Das kann sich auf andere Bereiche ausdehnen. Nicht wenige Menschen haben festgestellt, wenn sie vor dem Einschlafen dem Unterbewußten einen Willen gegen sexuelle Träume oder Handlungen auferlegen, daß nach einer gewissen Zeit (dies gelingt nicht immer von Anfang an) eine automatische Reaktion entsteht, die sie vor der Beendigung des Traums oder selbst vor seinem Beginn zum Aufwachen bringt oder die unerwünschte Sache auf irgendeine Weise verhindert. Man kann ebenfalls einen bewußteren

Schlaf entwickeln, in dem eine Art inneres Bewußtsein intervenieren kann."

Sri Aurobindo
24.6.1934 (Cent. Ed., Bd. 20, S. 353)

Jetzt erinnere ich mich wieder genau daran. Sri Aurobindo las mir die Dinge, die er schrieb, vor dem Absenden immer vor.

*
* *

Danach geht es um ein altes Gespräch aus dem Entretien *vom 24. Juni 1953*

Du sagst folgendes:

„Eine Krankheit ist in jedem Falle – selbst wenn die Ärzte behaupten, es handle sich um Mikroben – schlicht und einfach ein Ungleichgewicht im Wesen: ein Ungleichgewicht zwischen verschiedenen Funktionsweisen, ein Ungleichgewicht zwischen den Kräften ..."

Ich weiß nicht, „ein Ungleichgewicht zwischen verschiedenen Funktionsweisen" erweckt einen rein physischen Eindruck. Für mein Gefühl fehlt da etwas, das zum Ausdruck bringt, daß es sich um ein Ungleichgewicht im PSYCHOLOGISCHEN *Aspekt des Wesens oder in der* PSYCHOLOGISCHEN *Funktionsweise handelt ...*

(langes Schweigen)

Seit einigen Tagen wird der Eindruck immer deutlicher, daß Gesundheit oder Krankheit nur eine Frage der Wahl sind (um es vereinfacht auszudrücken). Eine Entscheidung, die in jeder Minute getroffen wird. Auf jeden Fall ist das für meinen Körper so.

Dies bedeutet, daß man sich von der allgemeinen Funktionsweise der physischen Substanz und des Körpers lossagt; es ist nicht mehr eine Frage von Krankheiten, die geheilt werden oder nicht, in Abhängigkeit von ... anderen Gesetzen als den physischen, sondern in jeder einzelnen Minute besteht die Möglichkeit, das wahre Bewußtsein zu wählen, und wenn man es nicht tut, kommt es zu einer Störung oder einem Ungleichgewicht. Es ist stets etwas da, das der Bewegung der fortschreitenden Harmonie nicht folgen kann oder ihr mitunter nicht folgen will. Ich spreche hier von Zellen und Zellgruppierungen.

Meistens liegt es an einer Art Faulheit: etwas, das die Anstrengung scheut, keinen Entschluß fassen möchte, also die Verantwortung anderen überläßt. Auf englisch würde ich sagen, es handelt sich um *the remnant*, das Überbleibsel der Unbewußtheit. Eine Art Schlaffheit *(Geste der Schwäche)*, die ein allgemeines unpersönliches Gesetz akzeptiert: man suhlt sich in der Krankheit. Gleichzeitig besteht in jeder Minute innen als Antwort darauf das Gefühl der wahren Haltung, das sich mit großer Einfachheit in den Zellen überträgt: „Der Herr ist der allmächtige Meister." Etwas in der Art: „Es hängt voll und ganz von Ihm ab. Wenn man Ergebenheit zeigen möchte, ist Er es, dem man sich ergibt." Dies sind bloß Phrasen, aber für die Zellen sind es natürlich keine Phrasen. Für sie ist es eine winzige Regung, die sich durch die Wiederholung des Mantras übersetzt. So ist das Mantra voll – voller Kraft –, und augenblicklich entsteht die Ergebenheit: „Möge Dein Wille geschehen", und eine Ruhe – eine leuchtende Ruhe –, und man sieht, daß es überhaupt keine zwingende Notwendigkeit gibt, krank zu sein oder ein Ungleichgewicht entstehen zu lassen.

Dieses Phänomen wiederholt sich HUNDERTE von Malen am Tag, in bezug auf die geringsten Kleinigkeiten.

Das erzeugt einen wachsenden Eindruck der Unwirklichkeit – der grundsätzlichen Unwirklichkeit – der Krankheiten. Deswegen sagte ich [in dem *Entretien*]: Es handelt sich ausschließlich um ein Ungleichgewicht. Aus Gewohnheit unterwirft man sich einer Art unpersönlichem Kollektivwillen der allermateriellsten Natur, welcher die Dinge DEM ANSCHEIN NACH regelt.

Dieser Art ist die Arbeit der letzten Tage beschaffen, und zwar ununterbrochen. Der einzige Zeitpunkt, wo das unterbrochen wird, ist, wenn ich Leute sehen muß, denn dann gibt es nur noch eins: die Gegenwart des Herrn und die Person in das „Bad des Herrn" einzutauchen. Das setzt sich fort und ist immer gegenwärtig. Selbst wenn vorher eine Schwierigkeit, ein Kampf oder Zwist zwischen den beiden Zuständen und ein Wille durchzuhalten bestand, verschwindet dies jetzt, denn darin besteht die Arbeit nicht; die Arbeit besteht darin, all jene, die zu mir kommen, in die Gegenwart zu tauchen – die unwandelbare, zuverlässige, wirkende und nahe Gegenwart.

(Schweigen)

Das würde beweisen, daß die Möglichkeit sogenannter „Krankheiten" etwas ANDAUERNDES ist, ein ständiger Zustand, in dem man sich befindet oder nicht; und dieses „man befindet sich darin oder nicht" hängt ab von … tatsächlich von vielen Dingen – vor allem von der Erinnerung, der Erinnerung an die Gegenwart und die einzigartige göttliche Wirklichkeit, und von der Art und Weise, wie man handelt. Das Leben ist eine Aneinanderreihung fortlaufender Tätigkeiten, die mehr oder weniger dauerhaft, mehr oder weniger absorbierend sind, mehr oder weniger den Eindruck von Bedeutung oder Bedeutungslosigkeit vermitteln, aber es ist eine andauernde Reihe von Tätigkeiten, und das, was man Ruhe nennt, also jener Zustand, in dem der materielle Körper verhältnismäßig bewegungslos ist, bedeutet bloß eine Tätigkeit auf einer anderen Ebene und von anderer Art. Der Zustand der Einheit, der tatsächlich VERWIRKLICHTEN Einheit, also nicht etwas, das blitzartig kommt und dann wieder verschwindet, sondern ein Zustand, der gefestigt ist und bei dem man den Eindruck der Dauerhaftigkeit hat (es sei denn, das zentrale Bewußtsein, der zentrale Wille bewegt einen, daraus hervorzutreten) ... *(Mutter versenkt sich in Kontemplation, ohne den Satz zu beenden.)*

(langes Schweigen)

Was genau wolltest du ausdrücken?

Nach dem, was du da sagst, hat man den Eindruck, daß die Ursachen der Krankheiten rein physischer Art sind. Deshalb sollte man vielleicht irgendwo die Worte „Bewußtsein" oder „psychologisch" beifügen. Du sagst: „Es handelt sich immer um ein Ungleichgewicht im Wesen, ein Ungleichgewicht verschiedener Abläufe, ein Ungleichgewicht der Kräfte ..." Dies erweckt den Eindruck von etwas rein Materiellem.

Ausschließlich materielle Kräfte gibt es gar nicht.

Die einzige mögliche Unterscheidung wäre diejenige zwischen mehr oder weniger Bewußtsein, und nur im Ausmaß der Unbewußtheit liegt die scheinbare Materialität.

Mit dem Zunehmen des wahren Bewußtseins verstärkt sich bei mir jetzt immer mehr dieser Eindruck des Fließens und der Plastizität. Die Verhärtung scheint nur eine Folge der Unbewußtheit zu sein. Der Mangel an Fluidität und Geschmeidigkeit scheint das Resultat der Unbewußtheit zu sein. Nicht nur im Körper: dieser Eindruck gilt für alles. Durch das Wachsen des Bewußtseins entwickelt sich eine Geschmeidigkeit und Fluidität, welche die Beschaffenheit der Substanz vollkommen verändern, und der Widerstand stammt einzig vom Grad der Unbewußtheit und ist diesem proportional.

Diese ganze Art zu reden *(wie in den Entretiens)*, dieser gewohnte Gesprächston, das erscheint ... ja, eben nur wie eine Art zu reden. Es stimmt aber nicht mit der Tatsache überein. Es hat keinen Bezug zur Wirklichkeit. Es handelt sich um eine Art zu reden, eine Art zu spüren, eine Art zu sehen – einfach eine alte Angewohnheit. Aber das trifft es nicht.

Die Arbeit ist immer noch in vollem Gange, und man hat nicht genügend Abstand, um darüber sprechen zu können.

Interessanterweise habe ich, was den Körper angeht, immer mehr den Eindruck eines „Überrests", der noch unbewußt ist. Denn in dem Zustand, der mir jetzt zur Gewohnheit wird, spüre ich (materiell) die Dinge über eine Entfernung von mindestens 50 cm. Und wenn ich mich bewußt auf eine Sache oder ein Individuum konzentriere, dann spüre ich sie in diesem Bewußtsein und in diesem Individuum MATERIELL. Und wenn es sich z.B. um eine sehr unbewußte Regung handelt, dann tut dies weh. So als würde man mir einen Schlag versetzen.

Diese Tendenz wird immer stärker.

Es gibt auch immer häufiger Momente, wo ich der Bewegung folge (ich wirke dann sehr konzentriert, und die Leute glauben, daß ich schlafe, das amüsiert mich sehr!...), und die Empfindsamkeit, das Bewußtsein ist überall um mich herum ausgebreitet oder für eine bestimmte Arbeit auf einen Punkt konzentriert, aber MATERIELL – nicht auf mentale Weise (das Mental bleibt seit langem und in immer stärkerem Maße ruhig), auch im Vital ist alles sehr friedlich – also MATERIELL.

(Schweigen)

Was mir noch nicht sehr klar ist ... was soll mit diesem Überrest geschehen? Für das gewöhnliche Denken der Leute handelt es sich um das, was sie „den Tod" nennen, d.h. die Zellen, die nicht in den plastischen Bewußtseinszustand eintreten können, werden verworfen. So wie die Arbeit jetzt vonstatten geht, gibt es aber keine kategorische Trennung *(zwischen den bewußten und den unbewußten Zellgruppen in Mutters Körper):* es handelt sich um unmerkliche oder kaum wahrnehmbare Zustandsabweichungen zwischen verschiedenen Teilen des Wesens. Also fragt man sich, wo, was, wann, wie geschehen wird?... Das wird mehr und mehr zum Problem ...

Die gesamte innere Funktionsweise wird immer mehr zum Ausdruck dieses bewußten Wirkens, dieses bewußten Willens, zum Teil ist es sogar schon klar und deutlich die wahre Funktionsweise. Weißt du, man hat den Eindruck eines Rückstands, dieser Rückstand ist aber nichts, das verworfen wird: es ist etwas, das zögert, das nachhinkt, das Schwierigkeiten hat, das sich bemüht – und das sich liebendgern bessern würde: wenn z.B. an einer Stelle eine merkliche Störung besteht, ein Schmerz, dann beginnt es nicht mehr zu zappeln und sich zu sorgen und nach Heilmitteln oder Ärzten oder Eingriffen zu verlangen, nein, in keiner Weise, es verlangt nach ... es macht einfach: „O Herr ..."

15. JUNI 1968

einfach so. Das ist alles. Und es wartet ab. Und im allgemeinen vergeht der Schmerz innerhalb einiger Sekunden.

Schwierigkeiten bereitet mir das EINDRINGEN von außen: Formationen, Gedanken, Unbewußtheiten *(Geste eines Gewimmels im ganzen Umkreis)*, Eindrücke, alle möglichen Eindrücke. Die meiste Zeit über macht das nichts, mitunter aber gibt es einen Stoß. Und das erschwert die Angelegenheit ein wenig.

(Schweigen)

Diese ganze Ausdrucksweise [in den *Entretiens*] ist veraltet. Man läßt es besser so, wie es ist.

Oder wenn du für die Klarheit des Ausdrucks ein Wort brauchst, setze es hinzu.

Wenn du von der Krankheit als einem „Ungleichgewicht zwischen verschiedenen Funktionsweisen" sprichst, würde ich vorschlagen hinzuzufügen: „zwischen verschiedenen Funktionsweisen des Bewußtseins"?

Es sind keine Funktionsweisen des Bewußtseins.

Denn all das macht einen rein materiellen Eindruck. Ich habe den Eindruck, man müßte ein Wort hinzufügen, das dem einen inneren Sinn verleiht.

Ja, für diesen Körper bedeutet es das, was man „rein materiell" nennen könnte: es gibt keine Einmischung des Vitals oder des Mentals. Im Normalfall mischt sich bei den Leuten das Vital oder das Mental ein – hier [bei Mutter] geschieht dies nie. Das gehört der Vergangenheit an, darum geht es gar nicht mehr. Alles spielt sich nur noch im physischen Bewußtsein ab. Für das gewöhnliche Verständnis handelt es sich um Unausgewogenheiten zwischen verschiedenen Funktionsweisen der Atmung, der Verdauung, des Kreislaufs usw. All dies ist für mich jedoch der Ausdruck von etwas anderem geworden.

Ja.

Ich kann das aber noch nicht auf eine verständliche Weise erklären. Deshalb ist es besser, es sein zu lassen.
Wieviel Uhr ist es?
Wir können ein wenig übersetzen ... Ist das *Bulletin* fertig?

Alles ist fertig, Mutter. Es fehlen nur noch die „Notizen auf dem Weg".

Die „Notizen" werden wir diesmal auslassen.

Es sei denn, wir nehmen das, was du heute gesagt hast?

Oh!...
Wer kann das verstehen? Ich selbst kann es nicht gut erklären.

Mir scheint, daß man etwas begreifen könnte. Ich habe den Eindruck, etwas zu begreifen. Oder täusche ich mich vielleicht?

Ach!

Es ist im Gegenteil sehr ...

Ich habe immer mehr den Eindruck, mit den Leuten chinesisch zu sprechen.

Ach ja?

Ich kann es nicht erklären, sie würden das nicht verstehen. Du hingegen hast alles Schritt für Schritt verfolgt, du bist daran gewöhnt, aber die anderen verstehen nichts – kein Mensch, ich kann niemandem mehr etwas sagen.

Die Beziehungen mit den Leuten sind so anders geworden ... Es ist andauernd so, wie ich dir sagte: eine Regung der Unbewußtheit, die mir einen Stoß versetzt; und manche Dinge ...

Ich kann das nicht erklären, es ist nicht möglich.

Wie auch die Tatsache, daß ich mich immer mehr krümme (obwohl dies weder auf einer Erschöpfung beruht noch auf einem Mangel an Gleichgewicht noch ... es hat keine materiellen Ursachen). Ich habe den Eindruck, daß der gegenwärtige Teil des Körpers (oder besser derjenige Teil, welcher der Vergangenheit angehört) schrumpft, und ich – mein Bewußtsein – umfassend wird, so weit und im Gegenteil so groß und so mächtig, aber weit weg, verstehst du ... Ich weiß nicht, wie ich das erklären soll, es ist eine merkwürdige Empfindung. So als schleppte man ein altes Gepäckstück mit sich herum.[1] Es liegt nicht daran, daß es nicht will ... Es ist mehr oder weniger schwierig, also dauert es mehr oder weniger lange. Das sind Nachzügler.

Die neue Seinsweise wird nur für den sichtbar sein, der selbst die supramentale Vision hat ... Ich sehe alle möglichen Dinge AUF MATERIELLE WEISE, die jedoch für andere nicht sichtbar sind *(Mutter blickt um Satprem herum)*. Es ist materiell.

Ein merkwürdiger Zustand.

---

1. Später fügte Mutter hinzu: „Ja, ein altes Gepäckstück. Es liegt nicht daran, daß es sich der Veränderung verweigert, darum geht es nicht. Es braucht nur ZEIT."

Ob wir Zeit zum Übersetzen haben? Mit ein bißchen Übersetzen verschafft man sich die Illusion, man täte etwas!

*
* *

Mutter geht zur Übersetzung
eines Textes von Sri Aurobindo über:

> „Diese Frage des freien Willens und der Vorherbestimmung ist die verwickeltste aller metaphysischen Fragen, und niemand war bisher in der Lage, sie zu lösen – aus dem guten Grund, daß sowohl Bestimmung als auch Wille existieren; es gibt sogar irgendwo einen freien Willen. Die Schwierigkeit besteht allein darin, zu ihm zu gelangen und ihn wirksam zu machen."

Das ist so wahr! Es ist Teil meiner gegenwärtigen Erfahrung. Ganz so, als würde man mir plötzlich irgendwo nahelegen: „Sag' doch einfach: Ich will das!" (Aber nicht mit Worten, Worte sind völlig unzulänglich). Dann gibt es ein winziges Etwas im Wesen, das so macht *(Geste einer Sammlung)*, und ... es ist geschafft. Das ist wahr. FÜR DEN KÖRPER (ich sage nicht für das Denken, nicht für die Gefühle: über all das sprechen wir ein für allemal nicht mehr), nur für den Körper sagt etwas: „Aber du mußt einzig und allein sagen: Ich will, es muß sein" (nicht in Worten), und tatsächlich macht etwas so *(gleiche Geste)*, wie in einem blauen Licht – ein strahlendes Saphirblau –, und ... es ist getan. Es ist da. Ganz einfach.

Nur kann man dies nicht erklären, denn man benutzt Worte, die eine andere Bedeutung haben. Wenn man sagte: „Du mußt nur wollen", dann würde man Unsinn reden.

Merkwürdig.

Das ist alles? Machen wir noch eine Übersetzung? Sind die nächsten Stücke lang?

Fünf und neun Seiten.

Das heben wir uns für ein anderes Mal auf.

Man wird mich aber nach all dem fragen, sie werden bereits ungeduldig. Und so denken sie (sie sind sehr höflich, sehr wohl erzogen), also denken sie: Mutter ist dabei ... *She is going down!* [Es geht bergab mit ihr.] *(Mutter lacht)*

Ich tue irgend etwas, ich schreibe, oder ich höre mir etwas an, und plötzlich trete ich in ein Bewußtsein ein, in dem ich all die veränderten Beziehungen sehe und dann eine Art Macht, die sich dartun möchte; das ist so interessant, daß ich, anstatt mit dem weiterzufahren, was ich gerade tue, der Bewegung folge … „Sieh mal, Mutter schläft wieder ein!" Ich lese ihre Gedanken und Reaktionen so deutlich wie den hellen Tag … Ich bin natürlich höflich und sage ihnen nichts. Wäre ich nicht so höflich, gäbe es Katastrophen.

Aber wenigstens wird es jemanden geben, der weiß!

Was ich gern wissen möchte … (ich beginne mich für diese Frage zu interessieren, ich schaue mir das an): Dieser Rückstand … *(Mutter unterbricht sich)*. Aber das ist gar nicht das Problem, alles ist eine Frage DER ZEIT. Mit der Zeit (Sri Aurobindo sprach von dreihundert Jahren), mit der Zeit wird sich ALLES verändern können. Aber es gibt diese Flut von Gewohnheiten und die einfache Lösung, die darin besteht, dies zu nehmen *(Mutter weist auf ihren Körper wie auf ein altes Kleidungsstück)* und es fallenzulassen: „Geh, ich will dich nicht mehr!" Das ist widerlich. Weil es sich nicht schnell genug ändern kann, wirft man es weg und sagt: „Geh! Geh, ich will dich nicht mehr, geh deiner Zersetzung entgegen!" Das ist widerlich.

Und ich SPÜRE die Atmosphäre. Das ganze Kollektivdenken, Leute, die mir schreiben: „Ich hoffe, daß Sie noch lange leben werden"! *(Mutter lacht)* All die gewohnten Dummheiten. Weißt du, sie sind so voller idiotischen guten Willens … das schafft eine schwierige Umgebung.

Ich betrachte diesen Körper; manchmal sagt er (mitunter, wenn die Verständnislosigkeit zu groß wird, wenn die Umwelt allzu verständnislos ist): „Ach, laß mich gehen!" Er sagt mir („er", was eigentlich? das, was noch unbewußt ist, zu unbewußt und nicht hinlänglich empfänglich), er sagt: „Gut, laß mich, sei's drum, laß mich gehen!" Nicht aus Ekel, nicht aus Erschöpfung sondern … Es ist wirklich herzerweichend. Also sage ich ihm *(im Tonfall, wie man mit einem Kind spricht)*: „Nein, nein, nein!"

Es ist einfach ein Frage der Geduld, eine bloße Frage der Geduld.

(Schweigen)

Was wird geschehen?

Ich weiß nicht. Wir werden sehen.

Auf jeden Fall wirst du es wissen.

Du wirst ihnen sagen können *(lachend):* „Es ist nicht so, wie Ihr denkt…" Ich würde es ihnen ja selber sagen, aber sie werden mich nicht hören.[1]

Ich weiß nicht … ich weiß nicht, was passieren wird. Was wird geschehen? Weißt du es?

---

1. Als Satprem es ihnen zu sagen versuchte, wollten die Ashramverwalter diese *Agenda* zensieren, und sie verbannten Satprem aus dem Ashram.

Eines Tages wird es herrlich sein.

(Schweigen)

Wenn man etwas zum ersten Mal macht, kann kein Mensch es einem erklären.

Wir werden sehen.

18. Juni 1968

(Über einen unveröffentlichten Brief von Sri Aurobindo)

K fragte mich, ob dies richtig ist:

(Frage:) Etwas ist merkwürdig. Wenn man Europäer berührt, spürt man keine sexuellen Schwingungen, während man Asiaten kaum berühren kann, ohne solche Schwingungen sofort oder später in der Erinnerung zu spüren. Heißt das, daß die Europäer reiner sind als die Asiaten?

(Sri Aurobindo:) „Nein, sie sind nicht reiner, aber sie leben mehr im Mental und weniger im Vital …"

Nun, heute stimmt das nicht mehr! Seit dem Krieg hat sich alles verändert.

„… Deshalb ist Sex für die meisten von ihnen weniger leidenschaftlich und vorrangig als für die meisten Inder. Das gilt zumindest für die Engländer und Amerikaner, weniger vielleicht für die Südländer. Es ist jedoch eine Tatsache, daß man Europäern leichter auf rein mentale Weise begegnen kann. Vivekananda bemerkte das in bezug auf amerikanische Frauen und schreibt darüber in einem seiner Briefe."

Seit dem Krieg ist das anders.

Ja, ganz im Gegenteil, ich habe den Eindruck, daß es jetzt bei den Europäern einen viel größeren Platz einnimmt als bei den Indern.

Ich auch.

Sogar als ich noch im Westen lebte, hatte ich den Eindruck, daß sich alles darum drehte. Man konnte sich nicht begegnen, ohne ...

Vielleicht ist das bei den Engländern anders, ich weiß nicht – die Engländer sind mir immer hölzern vorgekommen.

*
* *

Etwas später

Sind wir mit dem *Bulletin* fertig?... Es sind noch die Texte von Sri Aurobindo zu übersetzen.

Möchtest du, daß ich es bei mir zu Hause mache?

Ich fürchte, daß ich faul bin, weißt du! Aber du hast schon so viel zu tun.

Aber nein, Mutter! Ich bin für die Arbeit da.

Natürlich würde das schneller gehen.
Ich werde immer fauler!

Aber nein! Du hast Wichtigeres zu tun.

Ich habe den Eindruck einer sehr stetigen Arbeit. Auch die Nächte sind sehr aktiv.
Ich werde faul ...

Aber bitte!

Es ist merkwürdig, das zwingt sich mir geradezu auf: ich folge einer Bewegung, und dann ... gehe ich in Trance über. Und dies geschieht egal wann: Mitten während des Essens kommt z.B. etwas, also folge ich der Bewegung, bleibe darin versunken; und dann sehe ich, daß alle Leute auf mich warten. *(Mutter lacht)*

Das geht so seit einigen Monaten.

Ach ja?

Ja, das ist mir aufgefallen. Man hat den Eindruck, du seiest viel ... verinnerlichter.

Verinnerlicht, ja.
Das stimmt, ich höre mich reden, verstehst du ... Das Bewußtsein ist tiefer gedrungen. Ich höre mich sprechen. Manchmal erkenne ich sogar die Stimme nicht wieder, solche Sachen.

Ja, zuweilen hatte ich sogar den Eindruck ... Ich sagte mir: Mutter entfernt sich. Eine Distanzierung.

Nein ...

Ich bin INNEN, viel tiefer innen als früher – nicht hier drinnen *(in Mutter)* sondern in allen Dingen ... Sehr empfindlich gegenüber allen Regungen der Mitmenschen: den inneren Regungen.

Zum Beispiel die Zeit ... die Zeit vergeht mit blitzartiger Geschwindigkeit. Die Nächte, die Tage, die Wochen überstürzen sich in rasender Geschwindigkeit. Wenn der Sonntag kommt, habe ich den Eindruck, der letzte Sonntag war erst gestern. Alles geht ungeheuer schnell.

(langes Schweigen)

Ja, ich verstehe, was du sagen willst: die Beziehung mit den äußeren Dingen ist nicht mehr dieselbe.

Wir werden sehen! *(Mutter lacht)*

Reagiert die menschliche Materie denn ein wenig? Folgt sie überhaupt?

Das kann ich nicht sagen. Ich kann jedoch feststellen, daß die Einwirkung auf die menschliche Materie sehr viel größer ist als vorher – die Wirkung. Zum Beispiel die Möglichkeit, einen Schmerz aufzulösen, eine Schwingung zu ändern, all dies hat sich sehr gesteigert. Die Ergebnisse sind mitunter sehr interessant.

Vor kurzem (gestern, glaube ich) kam mir plötzlich folgende Erinnerung ... Jetzt weiß ich, warum die Dinge so kommen: es geschieht immer dann, wenn jemand ruft oder eine bestimmte Arbeit zu tun ist; und aus irgendeinem Grund kam mir eine alte Geschichte über Christus in den Sinn, *an old saying* [eine alte Parabel]: Christus war dabei, die Kranken zu heilen, ja, selbst einen Toten erweckte er wieder usw., schließlich brachte man ihm einen Schwachsinnigen, und man bat ihn, ihm Intelligenz einzuflößen ... Und der Geschichte nach nahm er Reißaus. *(Mutter lacht)* Später fragte man ihn: „Warum sind Sie geflüchtet?" – „Das ist das einzige, was ich nicht tun kann." ...

Warum kam mir das (denn es kommt ganz plötzlich)? Ich schaute mir die Sache an, und plötzlich sagte ich mir: „Aber nein! Warum ist er denn geflohen? Er hätte nur das tun müssen *(Mutter dreht ihre Hand ein wenig, wie um etwas zu formen)*, und der Mann wäre intelligent geworden."

Wenn ich mich so verinnerliche, ist es immer ... als formte ich Schwingungen. Und in diesem Augenblick war es wirklich klar: „Aber nein! Er hätte nur das tun müssen ... *(gleiche Geste mit der Hand)*, und er hätte das Licht empfangen und wäre intelligent geworden ..." Wenn ich nach innen gehe, geschieht dies immer, um an Schwingungen zu arbeiten. Später (am darauffolgenden Tag oder noch während desselben Tages) erfahre ich dann, daß jemandem etwas zustieß, daß er mich rief und mich um diese bestimmte Sache bat. Es ist immer ein Ruf. Und dies kommt als Antwort.

Da das Mental aber sehr ruhig ist, „weiß" ich es nicht in mentaler Form; es hat vielmehr eine sehr ... sehr einfache Form, sehr objektiv *(Geste, als sähe Mutter ein Bild):* plötzlich kam das Bild von Christus, der Reißaus nahm, weil man ihm einen Schwachsinnigen brachte, und sofort: „Aber nein!" Und die nötige Bewegung, um die Schwingungen in ihr Gegenteil zu verkehren *(die gleiche Geste wie zuvor),* das Licht zu empfangen und intelligent zu werden – auf diese Weise.

Im Grunde verbringe ich meine Zeit mit solchen Dingen. Ich notiere sie nicht, denn es wäre zu viel.

Jemandem geschieht etwas (meistens weiß ich, um wen es sich handelt, aber mitunter auch nicht), etwas ist verdreht; also arbeitet man daran, man rückt es zurecht, man bringt das Licht zurück, die richtige Schwingung, und später ... während des Tages oder am darauffolgenden Tag erhalte ich eine Nachricht: „Mir ging es sehr schlecht" oder „Ich habe Sie gerufen".

So geht das.

Das ist jedoch frei von jeglichem mentalen Gehalt – dort ist nichts: es ist sehr ruhig.

Voilà! *(Mutter lacht)*

So wirst du noch etwas arbeiten.

Aber das ist nichts, Mutter.

22. Juni 1968

Hast du Neuigkeiten von P.L.?

Nein, er ist nach Rom abgereist, mehr weiß ich nicht.[1]

Er ist angekommen.
Ich frage mich, weil ...

Spürst du, daß es nicht gut geht?

Ich habe einen sehr starken Verdacht in bezug auf diesen famosen „Freund" (Monsignore R), denn er war es, der P.L. geraten hatte, hierherzukommen (erinnerst du dich, wie dieser darauf bestand, daß er komme?), und nun behauptet er, P.L. sei nur hierher gekommen, um mit einer Frau zusammen zu leben. Er selbst hat alles arrangiert, damit P.L. bei J wohnt!
Ich habe einen sehr starken Verdacht.
Haben sie ihm nicht eine fürchterliche Falle gestellt?...

Er erwartet eine Art Verhör.

Ja.
Du erinnerst dich: dieser Monsignore hatte selber ein Telegramm an J gesandt, um sie zu bitten, P.L. aufzunehmen. ...
Diese Leute sind zu allem fähig.

Vor allem jetzt, denn es muß sich wohl herumgesprochen haben, daß er den Papst sehen wollte, um ihm vom Ashram zu erzählen.

Aber ja, natürlich!

Er erzählte mir vor der Abreise, daß er einen Traum hatte. Ich glaube, daß es sich um eine persönliche Symbolik handelt, aber ich weiß es nicht. Er befand sich in einer Vitalwelt (ich glaube, er wurde verfolgt), und plötzlich kletterte er auf einen Baum, der sich in ein Kreuz verwandelte, und er wurde ans Kreuz geschlagen ... Dies fand an der Küste eines Meeres statt, das wie aus Blei war. Er kletterte auf diesen Baum, der sich in ein Kreuz verwandelte; er wurde an diesen Baum gekreuzigt, und du weißt, daß an der Spitze des Kreuzes INRI steht: an dieser Stelle befand sich dein Symbol, das Symbol der Mutter. Und danach wurde das Kreuz von diesem bleiernen Meer erfaßt und verschlungen,

---
1. Ein Telegramm von Monsignore R rief P.L. plötzlich nach Rom zurück: „Neue Anordnungen der römischen Kurie erfordern Ihre sofortige Rückkehr, ansonsten wäre Ihre Stellung in Gefahr."

ganz überschwemmt, nur das Symbol von Mutter blieb oben an der Oberfläche. Das Kreuz wurde verschlungen, und nach und nach änderte dieses bleierne Meer seine Farbe und wurde durchsichtig. Er aber wurde mit seinem Kreuz verschlungen.

(Nach einem Schweigen) Ich habe ihn gesehen, bevor er ging; er hatte eine Atmosphäre um sich herum, die mir nicht gefiel ... ja, wie ein Mensch, der sich opfern wird.

Dabei sagte er, er sei sehr ruhig.

Ich habe alles getan, was ich konnte – ich habe sehr viel gearbeitet. Denn es gibt kein Schicksal, das nicht transformiert werden könnte. Ich habe alles getan, was ich konnte. Ihre Absichten aber gefallen mir nicht.

Ja, er sagte: „Mutter ist meine Rettung."

Ich werde die ganze Zeit dort hingezogen *(Geste eines Rufs von dieser Richtung)*, sogar heute morgen noch, gezogen von etwas, das mich zwang, dort zu arbeiten.

Ich wußte GENAU den Moment, als er in ihre Atmosphäre eintrat (jetzt erinnere ich mich nicht mehr an die Zeit), ich spürte es genau, und ich sah sein Gesicht.

*
* *

(Etwas später zeigt Mutter Satprem einen geöffneten, aber wieder versiegelten Brief.)

Dieser Schwarze, der hier war, schickte mir einen Brief aus Amerika: die Polizei hat ihn geöffnet ... *(lachend)* sie fragten sich wohl, ob er Sprengkörper enthielt!... oder ich weiß nicht was.

Sie haben ihn wieder versiegelt, siehst du?

Ich hoffe, daß er nichts Kompromittierendes schreibt!

Sieh dir diese Post an! *(Mutter reicht Satprem einen Stapel von Briefen.)*

Kongo ... Fiji ... Deutschland ... Frankreich ... Amerika ...

Das geht jeden Tag so.

Ich erhielt verschiedene Briefe aus Amerika, in denen ich gebeten wurde, Kennedy zu retten. Diese Briefe wurden von der Polizei geöffnet, sie müssen sich gefragt haben ... Und sie wandten sich hier an unseren A, den Amerikaner, und man verhörte ihn über eine Stunde lang – du weißt, wie sie sind.

Aber warum denn? Richtet sich das besonders gegen die Amerikaner?

Ja, es betrifft die Amerikaner.

Warum denn?

Ich weiß es nicht ... Sie haben sich in den Kopf gesetzt, daß wir ein „Nest von amerikanischen Spionen" sind.

*
* *

(Danach hört sich Mutter die Lektüre der Agenda vom 15. Juni an, in der es um die Krankheiten und den körperlichen „Rückstand" geht.)

In meinem Bewußtsein gab es viel mehr, als ich ausgesprochen habe...

Ja, du warst dreiviertel der Zeit in Trance.

Es gab viel mehr.

Aber das nützt nichts, ich kann den Text nicht verwenden *(für die „Notizen auf dem Weg")*.

In jenem Augenblick war ich sehr bewußt, doch es ist schwierig, das auszudrücken.

Jetzt ist nicht der Moment zu sprechen.

Was ich dort sagte, bestätigt sich jedoch, präzisiert sich weiter. In einiger Zeit wird das interessant sein.

(Schweigen)

Der arme P.L.!

Er hat dir nichts gesagt, was auf eine Art Opfergeist in ihm hindeuten würde? Er macht nicht diesen Eindruck, aber ...

Nein, ich hatte nicht diesen Eindruck.

Ich auch nicht.

Weißt du, dieser Bruder A[1] sagte: „Ich möchte der Bote sein, um ihnen die Wahrheit zu predigen, und wenn sie mich dafür foltern, werden sie mich eben foltern."

P.L. hatte nicht diese Einstellung. Er möchte helfen.

---

1. Ein katholischer Mönch, der im Ashram weilt.

P.L. könnte äußerst nützlich sein, wenn er will. Es gibt da jedoch ein kleines Etwas, das sich widersetzt, ich weiß nicht was – vielleicht mangelt es ihm irgendwo an Mut, ich weiß es nicht ... Er ist sofort sehr beunruhigt, wenn er sich Schwierigkeiten gegenübersieht.

Das macht mir Sorgen. Denn ich habe ihn mit hinreichend Kraft ausgestattet, daß er sich auf alle Fälle aus der Affäre ziehen kann, wenn er aber innerlich vibriert, dann funktioniert es nicht.

Ich habe ihm das gesagt. Ich sagte ihm: „Alles hängt von Ihrer Ruhe ab. Wenn Sie Vertrauen haben, kann Ihnen nichts passieren."

Ach! Gut, also vielleicht ...
Er läßt mich aber wirklich hart arbeiten! *(Mutter lacht)*
Wir werden sehen.

26. Juni 1968

Hast du Neuigkeiten von P.L.?

Gerade heute morgen machte ich mir ein wenig Sorgen um ihn. Ich habe den Eindruck, daß er sich ... in einen Abgrund reißen läßt. Das hat mir überhaupt nicht gefallen.

*
* *

Satprem liest einen Text von Sri Aurobindo vor:

„Die Angst vor dem Tod und die Aversion vor der körperlichen Auflösung sind das Stigma, das dem menschlichen Wesen durch seinen animalischen Ursprung auferlegt wurde. Dieses Brandmal muß absolut ausgelöscht werden."
(*Die Synthese des Yoga*, Cent.Ed., Bd. 20, S. 334)

Das kannte ich nicht. Das ist sehr interessant!

Denn bevor man den Zustand erreicht, wo der Tod nicht mehr notwendig ist, muß man den Punkt erreichen, wo man ihn wie etwas ... ganz Natürliches betrachtet, wie ein bedeutungsloses Ereignis. Vor allem dies: daß es sich um etwas handelt, dem nur eine sehr geringe Bedeutung zukommt.

26. JUNI 1968

(Schweigen)

Die Erziehung des physischen Bewußtseins (nicht des globalen Körperbewußtseins sondern des Bewußtseins der Zellen) besteht darin, ihnen beizubringen ... Es handelt sich vor allem um eine Wahl (es hat den Anschein einer Wahl): die göttliche Macht zu wählen – das göttliche Bewußtsein, die göttliche Gegenwart, die göttliche Macht (all das ohne Worte), dieses „Etwas", das wir als den absoluten Herrn und Meister definieren. Dies ist eine Wahl einer JEDEN SEKUNDE zwischen den alten Naturgesetzen – mit einem gewissen mentalen Einfluß und dem ganzen Leben, so wie es organisiert ist –, die Wahl zwischen dieser Herrschaft einerseits und andrerseits der Herrschaft des höchsten Bewußtseins, das auch gegenwärtig ist (die Empfindung der Gegenwart ist ebenso groß); das erstere ist gewohnheitsmäßig, und dies ist die Gegenwart. In jeder Sekunde, mit Veranschaulichungen (das ist ungeheuer interessant): zum Beispiel die Nerven ... wenn ein Nerv all den Naturgesetzen und mentalen Schlußfolgerungen und all dem gehorcht – diesem ganzen Drum und Dran –, dann macht sich der Schmerz bemerkbar; gehorcht er aber dem Einfluß des höchsten Bewußtseins, so entsteht ein merkwürdiges Phänomen ... nicht wie etwas, das „geheilt" wird, sondern man könnte eher sagen, daß sich der Schmerz wie etwas Unwirkliches auflöst.

Und dies geschieht im Leben einer jeden Sekunde, in den kleinsten Einzelheiten, für die ganze Funktionsweise des Körpers: Schlaf, Nahrungsaufnahme, Toilette, alle Tätigkeiten, wirklich alles, in jeder Sekunde. Und der Körper lernt. Natürlich treten Verzögerungen ein aufgrund der Macht der Gewohnheit und auch aufgrund der alten Ideen, die in der Luft liegen *(Geste eines Gewimmels in der Atmosphäre):* all das ist nicht persönlich. Eine ungeheure Arbeit.

Ununterbrochen.

Ununterbrochen. Es gab Zeiten, wo es manchmal vergessen wurde – jetzt wird es allmählich nicht mehr vergessen. Es ist ununterbrochen. Es wird nur durch eines unterbrochen, und zwar durch die Arbeit mit der Außenwelt, die Beziehungen zu den anderen – die Arbeit, die darin besteht, sie in das göttliche Bewußtsein einzutauchen und das Ergebnis zu beobachten. Zunächst die sehr klare Vision des Zustandes, in dem sie sich befinden (nicht bildhaft sondern sehr präzise), um sie dann in das göttliche Bewußtsein einzuhüllen und einzutauchen; und schließlich kann ich die Wirkung verfolgen, die das zeitigt oder nicht zeitigt. Soweit die Aufgabe in bezug auf die Leute! Die andere Arbeit *(in bezug auf die Zellen)* betrifft das Leben einer jeden Minute.

Es präzisiert sich und wird immer interessanter – aber es nimmt einen sehr in Anspruch.[1]

Und dann ein Bewußtsein – oder eher eine Wahrnehmung –, die zunehmende Wahrnehmung eines Zustands, der ... Ich weiß nicht, wie ich das erklären soll. Zwei Zustände bestehen gleichzeitig: der Zustand einer ununterbrochenen und fast endlosen Beständigkeit, und dann der Zustand ... der bevorstehenden Zersetzung (für den Körper); beide andauernd in dieser Art *(Mutter legt ihre Hände eng übereinander)*. Und die Wahl – die ständige Wahl –, die nur auf einer einzigen Stütze basiert: entweder seinen Stützpunkt für alles in jedem Augenblick im göttlichen Bewußtsein zu suchen oder aber das Aufgeben dieses Stützpunktes. Und die Wahl erscheint den Zellen wie eine freie Wahl, mit der sehr starken Empfindung (in keiner Weise gedanklich formuliert) der Hilfe, die vom höchsten Bewußtsein dafür gewährt wird, sich auf nichts anderes abzustützen als auf es.

Dies ist nicht mentalisiert oder nur in ganz geringem Maße, es ist fast nicht in Worte zu fassen. Dabei ist es sehr klar. Sehr klar ... aber was ist es genau? Es liegt nicht an der Empfindung sondern am Bewußtseinszustand. Die Bewußtseinszustände sind sehr klar. Aber sie lassen sich schwer ausdrücken. Und das geht andauernd so: nachts, tags, ununterbrochen. Es wechselt zwischen verschiedenen Ebenen und Tätigkeiten, aber es setzt sich ununterbrochen fort. Es handelt sich um eine Seinsart oder Seinsweise, die zugunsten einer anderen aufhören mag, aber dieser Bewußtseinszustand ist unaufhörlich, ununterbrochen, universell, ewig, außerhalb der Zeit, außerhalb des Raumes. Dies ist der Bewußtseinszustand.

(Ein Windstoß fegt die Briefe von Mutters Tisch)

Ich werde mit Briefen bombardiert! Das geschieht, um mich aufzuhalten.

(Schweigen)

Und dann diese angebliche Ruhe oder Auflösung, die vom Tod kommen soll, die ist weder eine Ruhe noch eine Auflösung sondern einfach ein Rückfall, von dem man sich wieder aufrichten muß, eine Schlaffheit, die einen zurückfallen läßt – denn man muß sich in jedem Fall wieder aufrichten. Es ist nichts anderes. Es gibt keine Gegensätzlichkeit, keinen Unterschied *(zwischen Leben und Tod)*, all dies ist ... Der Körper macht UNGEHEUERLICHE Entdeckungen.

---

1. Tatsächlich macht Mutter einen immer mehr verinnerlichten Eindruck und spricht wie von sehr tief im Innern.

Von Zeit zu Zeit kommt diese alte Gewohnheit *(Protest des Körpers):* „Oh! Ach! Zu viel! Zu viel!" Dann kann man ihm nur einen Klaps geben; also schämt er sich und rappelt sich wieder auf. Das ist sehr interessant. Sehr interessant.

Voilà – auf Wiedersehen.

29. Juni 1968

Hast du keine Neuigkeiten von P.L.?

Ich habe einen Brief erhalten, der von seiner guten Ankunft berichtet, und er sagt, daß er am gleichen Tag um 10 Uhr morgens dringlichst zum Vatikan gerufen wurde.

Sonst hat er nichts gesagt?

Seither ist kein weiterer Brief gekommen.

Das heißt, er hat nicht über das Ergebnis gesprochen.

Und wie durch Zufall reiste Monsignore R am Tag seiner Ankunft nach Spanien ab. Sie haben sich nicht getroffen.

Ich glaube nicht an Zufälle!

*

Später

Es ist eine ununterbrochene Erfahrung, Tag und Nacht, und so dicht, so intensiv ... unmöglich zu beschreiben.

So als machte ich in jeder Minute eine neue Entdeckung.

(langes Schweigen)

Jede Minute eine Entdeckung. Eine enorm beschleunigte Bewegung. Und weißt du, wodurch dies ausgelöst wurde? Durch den Text von Sri Aurobindo, den du mir neulich vorgelesen hast, wo er sagt, daß die Angst vor dem Tod im Menschen auf die Erinnerung des Tieres zurückgeht. Das hat geradezu ein Tor geöffnet.

Es ist wie eine Studie – eine sehr stark beschleunigte Studie einer jeden Minute, so *(lawinenartige Geste)* – vom Standpunkt der Arbeit aus, d.h. in bezug auf den Zweck der physischen Existenz in einem Körper und die Nützlichkeit der physischen Gegenwart: eine absolut klare, in allen Einzelheiten genaue Sichtweise dessen, was real ist, und dessen, was illusorisch ist, dessen, was wirklich notwendig ist, und der Dinge, bei denen es sich nur um Einbildung handelt (sowohl bei den anderen als auch bei einem selbst). Ich bräuchte aber Stunden, um all das zu erzählen ... Dazu (vielleicht als Basis?) die Wahrnehmung im Bewußtsein (aber eine detaillierte Wahrnehmung – ich möchte nicht sagen der Gedanken, denn es hat nichts mit Ideen oder Prinzipien usw. zu tun: es handelt sich in keiner Weise um eine mentale Übertragung), die Wahrnehmung dessen, was in der Arbeit die körperliche Gegenwart erfordert oder darauf angewiesen ist (ich sage aus gutem Grunde nicht „physisch", denn es gibt eine vom Körper unabhängige subtilphysische Gegenwart), die körperliche Präsenz. Und dann, gleichzeitig, eine so klare, so genaue und detaillierte Sicht der Beziehung, die jeder mit seinem Körper hat (eine Beziehung, die alles auf einmal ist: Gedanken, Gefühle, physische Reaktionen), und daß es dies ist, was den Eindruck der Notwendigkeit einer körperlichen Gegenwart vermittelt – es vermittelt auch ihr Ausmaß. Und dann gleichzeitig die Wahrnehmung der WAHREN Nützlichkeit der physischen Gegenwart wie auch der Reaktion in den Individuen ... das ist eine ganze Welt! Eine ganze Welt aufgrund der ungeheuren Menge an Einzelheiten. Eine Welt, die sich in jeder Sekunde entwickelt. Und dies wird begleitet von einer inneren Wahrnehmung, zunächst der Wirkung, die das auf die Zellen hat, und ferner, daß der Zusammenhalt jetzt wirklich das Ergebnis eines höchsten Willens ist, und zwar in dem Maße, wie es notwendig ist ... sagen wir für die Erfahrung oder die Arbeit (ganz gleich was: man mag es nennen, wie man will). Das heißt, es gibt den Aspekt des Fortschritts der Zellen als Körpergebilde. Es besteht kaum noch – nur in sehr geringem Ausmaß – der Eindruck einer Persönlichkeit oder einer physischen Individualität, darum handelt es sich fast gar nicht mehr; ebensowenig ist es eine Gewohnheit des Zusammenhalts, denn innen ist es sehr fließend: in der Tat wird es von einem höheren Willen für einen bestimmten Zweck zusammengehalten, aber auch dies bleibt fließend – nichts ist fest.

(Schweigen)

Da müßte man eine ganze Welt von Dingen erzählen, um es klar und deutlich zu machen, und das ist nicht möglich.

Die innere (oder höhere) Organisation der Umstände, der Gefühle, der Empfindungen, der Reaktionen in den Menschen, die sich für „Personen" halten, gewinnt sicherlich an Präzision und geht einem

29. JUNI 1968

wohl definierten Ziel entgegen – man könnte sagen „ein Fortschritt des Bewußtseinsgehalts", d.h. die Ausweitung und Aufklärung des Bewußtseins. Ich beschreibe dies aber vom falschen Ende her (d.h. ich beschreibe es so, wie man es versteht); in Wahrheit ist es so: Das Bewußtsein leistet eine besondere Arbeit an den Instrumenten seiner Manifestation *(Geste eines Durchknetens)*, um sie klarer, genauer, durchlässiger und vollständiger zu machen. Wenn das Bewußtsein sich ausdrückt, geschieht dies durch Instrumente, die seine Ausdrucksfähigkeit enorm verdunkeln, verwirren, vermischen und vermindern; und die Arbeit besteht eben darin, diese reiner zu machen – durchlässiger, heller, direkter, weniger vermischt –, sie unentwegt auszuweiten ... und sie gleichzeitig immer transparenter zu machen, den verwirrenden Nebel aufzulösen – damit sie durchlässig, hell und sehr weit werden.

Die Bewegung beschleunigt sich: die große Arbeit der gesamten Schöpfung, um bewußt zurückzukehren („zurückkehren" ist noch so ein idiotisches Wort, „sich zuwenden" wäre besser), um bewußt wieder Das zu werden, sich wieder damit zu identifizieren, ohne aber die ganze Arbeit der Entwicklung und des Aufstiegs zu verlieren sondern ... gleichsam eine Vervielfachung der Bewußtseinsfacetten, wobei diese Vielfalt immer zusammenhängender, organisierter und sich selbst bewußter wird.

Die Individualisierung ist nur ein Mittel, um die unzähligen Einzelheiten des Bewußtseins komplexer, verfeinerter und zusammenhängender werden zu lassen. Und „Individualisierung" ... man darf dies nicht mit dem physischen Leben gleichsetzen: das physische Leben ist nur EINES der Mittel dieser Individualisierung, mit einer solchen Zerstückelung und einer solchen Begrenzung, die zu einer Konzentration zwingt, welche die Einzelheiten der Entwicklung intensiviert; ist dieser Zweck einmal erreicht, besitzt sie keinerlei dauerhafte Wahrheit mehr.

(Mutter tritt in eine lange Kontemplation)

Was wolltest du mir sagen?

Du sagst, daß diese Individualisierung keiner „dauerhaften Wahrheit" entspreche ...

Diese Individualisierung in ihrem Gefühl oder ihrer Wahrnehmung oder ihrem Eindruck, ihrer Empfindung einer abgetrennten Individualität entspricht keiner dauerhaften Wahrheit, nein. Sie bleibt bestehen (wie soll man sagen?) in all ihrer Macht und Erkenntnis, jedoch mit einem Gefühl der Einheit. Das ist ein erheblicher Unterschied. Es besteht eine vollkommen klare Wahrnehmung dessen, was im

Bewußtsein der Individuen auf die Falschheit der Trennung zurückgeht; und es gibt immer etwas, das bleibt, obwohl es sich mitunter fast vollständig verflüchtigt (in außergewöhnlichen Fällen oder bei außergewöhnlichen Wesen). Das Gefühl der Trennung jedoch verschwindet vollkommen.

Man müßte zu vieles sagen, um irgend etwas erklären zu können.

(Kontemplation)

Ein anderes Mal kann ich mehr sagen.
Ist die Zeit um?

Ja, es ist elf Uhr dreißig.

Hast du keine Fragen?

Ich fragte mich, ob man auf der anderen Seite, wenn man sozusagen tot ist, nicht trotzdem ein gewisses Handlungs- oder Wirkungsmittel verliert?

Ja. Aber nicht so erheblich, wie man annehmen könnte. Zum Beispiel habe ich in der letzten Zeit versucht, nichts zu sagen, sondern stattdessen eine starke Formation zu bilden – dies gelingt sehr gut. Anstatt zu sagen: „Bring mir das und das" oder „Tue das und das für mich", einfach eine starke Formation bilden. Das geht ausgezeichnet. Und diese Formation ist in keiner Weise vom Körper abhängig. Das Bewußtsein ist nicht auf den Körper angewiesen, um Formationen zu bilden.

Aber die Materie braucht doch die körperliche Präsenz, um sich zu transformieren.

Ja, darauf läuft es hinaus.

Dies kann Sri Aurobindo nicht tun.

Sri Aurobindo arbeitet UNUNTERBROCHEN.

Ja, aber diese Transformation der Materie kann er nicht vollziehen.

Nein, das kann er nicht. Das hat sich natürlich aufgelöst.

Man könnte das die individuelle Arbeit nennen. Nur, in welchem Maße kann diese Transformation umfassend sein? Das ist die Frage. Ich stelle fest, daß die Arbeit offensichtlich sehr beschleunigt wurde, trotz alledem hat man aber den Eindruck, daß die schiere Menge der für die Transformation notwendigen Erfahrungen so ungeheuer ist, daß ... die beschränkte Lebensdauer zu kurz ist. In dieser Hinsicht ...

29. JUNI 1968

Ich habe dir bereits mehrmals gesagt, daß für meinen Körper ... (und dies ist kein bloßer Eindruck sondern eine sehr klare Wahrnehmung), daß bereits ein gewisses Ungleichgewicht oder eine Störung (die allem Anschein nach winzig und völlig nichtssagend sein mag) die Auflösung herbeiführen kann. Der Körper hat den Eindruck, daß schon eine Kleinigkeit die Auflösung bewirken kann und daß allein der Wille von oben den Zusammenhalt gewährleistet und verhindert, daß es so weit kommt. Allein Das entscheidet ... Die ersten dreißig (fünfundzwanzig bis dreißig) Jahre meines Lebens lebte ich mit der Empfindung, daß NICHTS den Körper auflösen könne; wenn eine Störung eintrat, kam alles ganz selbstverständlich wieder in seine Ordnung, damit es weiterging. Das war ein sehr starkes Gefühl. Danach kam ein Zeitabschnitt, in dem es weder zur einen noch zur anderen Seite neigte. Und jetzt kommt allmählich die Wahrnehmung, daß die GERINGSTE Kleinigkeit dafür ausreichen würde und daß einzig und allein der HÖCHSTE Wille (nicht einmal der höhere sondern der höchste Wille) die Auflösung verhindert. Es hängt einzig und allein von Dem ab.

Und es ist so, wie du sagst, nur insofern als diese Gegenwart nützlich und unabdingbar für einen bestimmten Aspekt der Arbeit ist, wird sie erhalten. Dabei spielt die Länge, das Wann, Wie und Was überhaupt keine Rolle: „Es ist wie Du willst." Die ganze Zeit, in allen Zellen, bei allen Tätigkeiten, andauernd: „Was Du willst, Herr." Die ganze Zeit. Es gibt keine Fragen. Keine Fragen. Nur eine Feststellung der Tatsache, eine sehr deutliche Wahrnehmung der Tatsache, daß allein der höchste Wille die Dinge so weitergehen läßt, wie sie es tun.

Der Schluß daraus läßt sich sehr leicht ziehen: solange Er es will, wird es so sein; wenn Er es anders wünscht, wird es anders sein. Das ist alles. Und gleichzeitig wird uns die Lektion beigebracht, verstehst du: eine immer klarere Wahrnehmung, daß der Bereich des Unentbehrlichen bei weitem nicht so groß ist, wie man annehmen könnte ... Für mich ist Sri Aurobindos Gegenwart ÄUSSERST wirksam – aktiv.

Interessant ist, wie für diesen Körper in den allergeringsten Details das Maß ersichtlich wird, inwieweit die Gegenwart tatsächlich eine echte Wirkung zeitigt und notwendig ist, und inwiefern sie nicht notwendig ist. Das präzisiert sich in den geringsten Details.

Die Zellen haben keine persönliche Wahl; ihre Haltung ist tatsächlich die folgende: „Was Du willst, was Du willst ...", bei absolut allem. Mit nur einem einzigen wachsenden und sich intensivierenden Gefühl, das immer zuverlässiger und ununterbrochen wird, und zwar daß die einzige Stütze der Höchste Herr ist – es gibt nichts als Ihn, nichts als Ihn. Und das innen, im Körper.

Gleichzeitig die sehr genaue Wahrnehmung ... Du weißt, was ich vor Jahren auf eine Frage geantwortet habe. Man fragte: „Was ist Reinheit?" Und ich antwortete: „Reinheit heißt, ausschließlich unter dem Einfluß des Höchsten Herrn zu stehen und nichts als Ihn wahrzunehmen". Ein oder zwei Jahre später fand ich in einem englischen Text von Sri Aurobindo einen Satz, der genau dasselbe in anderen Worten sagte [1](ich hatte das nie zuvor gelesen, ich kannte es nicht). Diesen selben Satz las ich gestern abend (ich habe einen Kalender mit Zitaten von Sri Aurobindo) ... Die Zellen werden immer reiner, und in dem Maße, wie sie das nicht sind, wird klar und auf absolut präzise und lautere Weise angezeigt, wie mit einer Nadelspitze, an welchem Punkt sie nicht rein sind. Und das tut weh! Das hängt immer mit einem Schmerz zusammen – während äußerlich derselbe physische Zustand herrscht. Nimm zum Beispiel die bloßgelegten Nerven eines Zahns; normalerweise sollte das andauernd weh tun, aber es gibt Augenblicke, wo es (auf beinahe allgemeine Weise) nicht weh tut, und in den Momenten, wo die Reinheit nicht vollständig ist, uff, tut es entsetzlich weh ... Und in einigen Sekunden mag es wieder vergehen. Folglich hängt alles ausschließlich von Dem ab – alles. Das ist der konkreteste Beweis!

---

1. „Reinheit bedeutet, keinen anderen Einfluß zu akzeptieren als denjenigen des Göttlichen." *(Lights on Yoga*, S. 39)

Juli

3. Juli 1968

Und deine „Savitri"-Übersetzung?

Ich muß arbeiten. Ich habe keine Zeit mehr. Ich habe für nichts mehr Zeit.

Schade.

Aber jetzt hat es sich F in den Kopf gesetzt, *Savitri* mit mir zu übersetzen (sie begnügt sich damit, im Wörterbuch nachzusehen, wenn ich ein Wort brauche). Wir haben ganz vorn angefangen und sind erst auf der zweiten Seite. So wird das fünfzehn Jahre dauern!

Für mich ist es jedoch sehr interessant, denn ich brauche mich nur ruhig zu verhalten, und dann diktiert mir Sri Aurobindo. Eine kleine Korrektur des Französischen, das ist alles. Er sagt mir die Worte: „Für dieses Wort nimm das Wort." In der Art. Das ist sehr interessant. Ich übersetze jedesmal aber nur fünf, sechs Zeilen ... Obwohl ich schon besser bin als früher.

*
* *

Etwas später

Die Regierung (ich weiß nicht wer) hat den Verantwortlichen des hiesigen Radios beauftragt, mich um eine Botschaft zur Lage Indiens zu bitten. Zuerst erwiderte ich ihm: „Ich befasse mich nicht mit Politik." Darauf sagte er mir: „Nein, nein, es handelt sich nicht um eine politische sondern um eine spirituelle Botschaft." Ich antwortete: „Ich weiß nicht." Er bestand aber darauf und meinte: „Die Regierung hat mich darum gebeten. Wenn ich ihnen nichts geben kann, bekomme ich Schwierigkeiten ..." Der arme Mann verstand es, mich weichzukriegen! *(Mutter lacht)*

Hier ist sein Brief *(Satprem liest vor)*: *„I pray the Mother to record a message for my radio on „integration and unity of India"... usw."* [Ich bitte die Mutter darum, für mein Radio eine Botschaft bezüglich der Integration und Einheit Indiens aufzunehmen.]

Ich sagte ihm folgendes:

(Mutter liest)

„It is only India's soul who can unify the country.
Externally, the provinces of India are very different in character, tendencies, culture, as well as in language, and any attempt to unify them artificially could only have disastrous results.

But her soul is one, intense in her aspiration towards the spiritual truth, the essential unity of the creation and the divine origin of life, and by uniting with this aspiration the whole country can recover a unity that has never ceased to exist for the superior mentality."[1]...

Meine Handschrift ist ziemlich unleserlich geworden ... Das habe aber nicht „ich" geschrieben, ich erinnere mich in gar keiner Weise daran – es ruft keinerlei Erinnerung in mir wach.

Ich schrieb auch (das war ich): „Die wesentliche Einheit der Schöpfung und der göttliche Ursprung des Lebens" – all dies, um das Wort „Gott" zu vermeiden, denn ... Während einer Zeit von wenigstens zwanzig Jahren meines Lebens hat mich dieses Wort sehr gestört, ich verstehe also dieses Gefühl der Leute sehr gut. Später half mir Sri Aurobindo dann, dies zu überwinden; das lag jedoch daran, daß er mich sehr weit in die Höhe zog, über all dies hinaus, denn ansonsten, intellektuell gesehen, ist dieser Begriff völlig inakzeptabel. Er beschwört die engstirnigste Religiosität und ... das geht einfach nicht. Folglich möchte ich mich darauf nicht einlassen – Indien ist jetzt so voll davon. Diese Auflehnung möchte ich hier nicht provozieren, und aus diesem Grunde der lange Satz.

*
* *

Am Ende des Gesprächs

Hast du etwas Neues von P.L. gehört?

Ich erhielt einen nichtssagenden Brief. Er schreibt, ohne ins Detail zu gehen, er sei zum Vatikan gerufen worden. Ansonsten sagt er, es gehe ihm gut und er spüre deine Gegenwart.

Ja, das weiß ich.

Er sagt, sowohl Kardinal Tisserant, der Kardinal Frankreichs, als auch Monsignore R hätten darauf bestanden, daß er seinen Posten im Vatikan behalte.

Ach!... Ich dachte, daß sie ihn dort zum Kardinal machen wollten ...

---

[1] „Allein die Seele Indiens hat die Macht, das Land zu einen. Ihre Landesteile sind sehr verschieden, was Charakter, Neigungen, Kultur sowie Sprache betrifft, und jeder Versuch, sie künstlich zu vereinigen, würde lediglich katastrophale Ergebnisse zeitigen. Indien hat jedoch eine einzigartige Seele, die in ihrem Streben nach spiritueller Wahrheit und der wesentlichen Einheit der Schöpfung und dem göttlichen Ursprung des Lebens von beispielloser Intensität ist, und durch eine Vereinigung mit dieser Aspiration kann das ganze Land jene Einheit wiederfinden, die für die höhere Mentalität nie aufgehört hat zu bestehen."

Ja, ja, aber P.L. wollte sich vom Vatikan zurückziehen.

Er, ja.

Sie hingegen bestehen darauf, zumindest im Augenblick, daß er seinen Posten im Vatikan behält.

Ach ...

6. Juli 1968

(Mutter fühlt sich nicht wohl. Trotzdem beginnt sie mit der Tonbandaufzeichnung der „Botschaft zur Einheit Indiens" für das indische Radio.)

Hast du etwas zu sagen?

Du siehst abgespannt aus.

Nein ... ach, das ist eine lange Geschichte.

Das letzte Mal, als du hier warst, war ich erkältet; das hat nicht mal einen Tag gedauert: die folgende Nacht war es vorbei. Es hat jedoch die Bewegung der Transformation beschleunigt, und so wurde es schwierig.

All das hier *(Hals, Brust)* wurde in Mitleidenschaft gezogen ... Normalerweise dauert es mehrere Tage.

Und heute morgen ... ich glaube, es liegt daran, daß der Körper direkt mit all jenen in Verbindung steht, die ihn mit großer Kraft anrufen, und weil er ein solcher Ignoramus ist, muß er die Konsequenzen austragen. In den letzten Tagen gab es drei oder vier solche Fälle: ich beobachtete im Körper eine Art Nachahmung ... Er hat es noch nicht gelernt, die Schwingung augenblicklich zu transformieren.

Es gab zwei oder drei Fälle (zwei waren sehr deutlich), und heute morgen begann dieser dumme Körper, Schwierigkeiten beim Atmen zu haben: „Viel zu schnell, viel zu schnell ..." Ich mußte ihn beruhigen (er bekam ein Fieber), auch aß ich nichts mehr. Ich hatte gesehen, daß dies aufgrund eines sehr kranken Menschen passiert war, ein Zusammentreffen von allen möglichen Dingen. Ich hatte dem Körper jedoch nachts gesagt, daß diese Arbeit erledigt werden müsse *(die Radioaufzeichnung)* und er nicht nachgeben dürfe. Um das tun zu können, ließ er alles andere ausfallen: kein Blumenarrangement, kein Frühstück usw.

Auch die Erkältung kam von einer anderen Person (ich habe gar keine Gelegenheit, eine Erkältung einzufangen), ich weiß, wer es war, aber ...

Jetzt heißt es: Entweder sich verändern oder sich auflösen.

Der Körper ist voll guten Willens, weißt du, er weigert sich nicht, er will wirklich mitarbeiten, aber mitunter kommt alles sehr schnell, und dann ist es schwierig.

(langes Schweigen)

Hast du etwas auf dem Herzen?

Ich habe Neuigkeiten von P.L.

Ach!

Eine ganze Reihe von Dingen. Zunächst ein Brief von J, die einen Brief von P.L. erhielt und mir folgendes sagte: „P.L. geht es sehr gut. Monsignore R sagte ihm, daß er „durch Ihr Buch[1] eine andere Welt entdeckt hat" ... Er hat mit Mutter Verbindung aufgenommen. Er hat P.L. von der Notwendigkeit überzeugt, weiter in diesem Milieu zu verweilen, wenn sie es transformieren wollen ..."

(Mutter macht große Augen)

Ach!...

„... P.L. fühlt sich ganz von Mutter geleitet. Sobald seine Arbeit beendet ist, zieht er sich völlig zurück, um Das Göttliche Leben *zu studieren und darüber zu meditieren ..." Dann noch folgendes: P.L. schickte einen Brief mit, den Monsignore R ihm nach seiner Ankunft in Rom gab. In diesem Brief schreibt ihm der Monsignore insbesondere: „Ich möchte Dich ebenfalls darüber in Kenntnis setzen, daß ich – unter dem Siegel der Vertraulichkeit – seiner Eminenz (dem Kardinal Frankreichs) eröffnet habe, daß Du in einem Ashram in Indien gewesen bist. Seine Reaktion war ausgezeichnet, und er stimmte Deinem Tun voll und ganz zu."„*

Was du nicht sagst!

---

1. *Sri Aurobindo oder Das Abenteuer des Bewußtseins.*

Und schließlich ein Brief von P.L., der die ganze Geschichte erzählt: „Ich habe mir ein wenig Zeit gelassen, um Sie von meiner neuen Lage hier zu unterrichten, die sich jeden Augenblick überstürzen könnte. Seit meiner Rückkehr verfolgte der Vatikan zwei verschiedene Strategien: Drohungen einerseits, Beförderungen und verlockende Angebote andererseits. Ich war seit dem 9. Dezember von Rom abwesend: welche merkwürdige Krankheit könnte wohl so lange dauern? Man sprach davon, mich von drei Ärzten untersuchen zu lassen, verlangte die Namen der besuchten Kliniken usw.[1] Ich beriet mich mit seiner Eminenz und mit Monsignore R. Durch Anwendung der Regeln hinausgeworfen zu werden, paßte niemandem: weder meiner Familie noch dem Kardinal selber. Somit blieb als richtige Lösung, meine neue Stellung anzutreten, wobei wir sichergehen mußten, daß ich wieder vollkommen hergestellt bin. So wurden die Untersuchungen abgebrochen. Das Prozeßverfahren wurde eingestellt, die Berichte wurden zu den Akten gelegt. Sicherlich sind die Neugierde und die Verdächtigungen nicht getilgt, in mein Leben jedoch ist wieder die Routine eingekehrt, und in einiger Zeit werden alle die Sache vergessen haben. Ich werde den Papst nächsten Monat sehen, und es ist möglich, daß ich ihn Ende August auf seiner Reise nach Kolumbien begleiten werde. Ich halte Sie darüber auf dem laufenden. Er hat noch immer Probleme mit seiner Gesundheit, was die Reise verhindern könnte … Alles, was ich Ihnen hier beschreibe, liegt sehr „äußerlich" von mir selbst, und ich habe kaum Anteil daran. Ich richte mein Bewußtsein lieber auf Sie, darin hat sich nichts geändert, es bleibt verbunden mit dem Einfluß der Mutter. Ich spüre ihren Schutz. Alles wird leicht, weil sie bei mir ist. Sie gibt mir die angemessene Antwort. Ich wiederhole wie ein Mantra: „O süße Mutter, mit deiner Hilfe, was ist da noch unmöglich?" Darüber hinaus ist die Freude, die sie mir ins Herz gelegt hat, unerschütterlich. Meine Gedanken fliegen ihr voller Dankbarkeit zu. Monsignore R erzählte seiner Eminenz, daß ich im Ashram war. Der Kardinal war begeistert. R hat Ihr Buch zu Ende gelesen. Er predigt die Gedanken Sri Aurobindos in seiner Messe. Er sagte mir, er sei mit Mutter in eine innere Verbindung getreten: er wird ihr schreiben und ihr später einen Besuch abstatten. Er hat die Botschaft Sri Aurobindos als Lösung der Weltfrage akzeptiert.*

---

1. P.L. hatte sich mit verschiedenen „psychischen Krankheiten" entschuldigt.

Ich muß Ihnen nochmals sagen, wie sehr mich das Telegramm gefreut hat: Mutter all meinen Dank."

(Mutter tritt in eine lange Kontemplation ein)

Das ist gut ... das sind sehr gute Nachrichten.

Es ist vollkommen wahr, daß ich bei ihm bin. Vollkommen wahr. Und erinnerst du dich, ich hatte dir von dieser Erfahrung erzählt, dieser sehr starken Kraft, die ich spürte, wie eine großartige Sache, die ihren Anfang nimmt, einen Anfang[1] ... Es scheint wahr zu sein.

Dies wird ein großer Schritt für die Menschheit sein – für die gesamte Menschheit.

Das ist wirklich gut.

Ich habe das Gefühl, er hätte gern eine Bestätigung von dir, daß er dort bleiben solle, um seine Arbeit zu verrichten.

Ach! Aber ja, so ist es gut, er soll dort bleiben, um seine Arbeit zu tun. Er soll dort bleiben. Und wenn ich sage „das ist wirklich gut", so heißt das, ALLES ist wirklich gut. Er ist den Umständen vollends gewachsen. Das ist sehr gut.

Die kleine Oberflächenpersönlichkeit gibt ihr eigenes Wohlbehagen auf zugunsten des allgemeinen Werks, und das ist sehr gut, das bringt einen sehr schnell voran.

Es ist wirklich gut. In jeder Hinsicht sehr gut.

Die Antwort *(von P.L.)* übertrifft meine Erwartungen.

Das erscheint mir absolut wie einer dieser herrlichen Augenblicke des göttlichen Bewußtseins ... man möchte einfach nur noch schweigen und anbeten ...[2]

---

[1] Ein Blatt in der Weltgeschichte hat sich gewendet, d.h. die Umorientierung der Christenheit zur Neuen Wahrheit (*Agenda* vom 3. April 1968).

[2] Einige Tage später schickte P.L. ein Telegramm an Mutter, in dem er sie um ihren Schutz bat, denn er habe eine „höhere Order" erhalten, sich einer „kollegialen" ärztlichen Untersuchung zu unterziehen unter Oberaufsicht des Leibarztes des Papstes. Es scheint also, daß es zu einer Umkehrung der Lage gekommen war. Mutter antwortete darauf folgendes: „Der beste Schutz ist ein unerschütterlicher Glaube an die Göttliche Gnade."

10. Juli 1968

Mutter ordnet ihre Korrespondenz

Die kleine S schrieb mir einen Brief – einen vollkommen verzweifelten Brief, in dem sie davon sprach, daß sie nicht mehr weiterleben wolle, weil sie Dummheiten begangen habe. Da antwortete ich ihr, daß man nicht zu seiner eigenen Befriedigung lebt, sondern um das Göttliche zu entdecken und sich mit ihm zu identifizieren. Folglich geht es nicht um eine Frage von „Lust" oder „Unlust".

Ich schrieb sehr nachdrücklich und sandte dann den Brief ab. Seitdem herrscht vollkommenes Schweigen. Niemand rührt sich mehr.

(ein anderer Brief:)

Das ist Y, die mir zeigen möchte, daß ich im Unrecht bin und sie recht hat. Sehr gut! Mag sie nur in dem Glauben verbleiben, recht zu haben, mir ist das egal. *(Mutter lacht)*

(eine Notiz von Mutter:)

„Nach dem, was ich weiß und sehe, soll man Kindern im allgemeinen VOM VIERZEHNTEN LEBENSJAHR AN ihre Unabhängigkeit lassen und ihnen nur Ratschläge erteilen, soweit SIE SELBST DANACH VERLANGEN. Sie müssen wissen, daß sie für die Führung ihrer eigenen Existenz selbst verantwortlich sind."

*
* *

Etwas später

Ich hatte den Kindern von T.F. auf die Frage geantwortet: „Was ist der Tod?" (Sie hatten mir geschrieben, und ich hatte ihnen geantwortet.) Sie haben aber nichts verstanden. Hier sind ihre neuen Fragen.

(Mutter reicht Satprem einen Brief)

Hier unsere Fragen zu deiner letzten Antwort: „Wenn der Wille des physischen Wesens „ohne Grund" abdankt, heißt das ohne PHYSISCHEN Grund oder ohne jeden Grund?"

Was hatte ich ihnen gesagt?

Im Hinblick auf den Weggang hast du gesagt:

„Es gibt unzählige Gründe, aber wenn es sich nicht um einen gewaltsamen Unfall handelt, ist es vor allem dieser Wille, den

Zusammenhalt aufrecht zu erhalten, der aus dem einen oder anderen Grund oder auch ohne Grund zu wirken aufhört. Dies geht dem Tod unweigerlich voraus."

Das physische Bewußtsein ist nur physisch bewußt, also war mein Satz nicht hinlänglich klar: „ohne eines ihm BEWUSSTEN Grundes". Das reicht.

Der andere Brief?

„Woher kommt der Unwille des physischen Wesens, mit seiner Anstrengung der Koordinierung und Harmonisierung fortzufahren?"[1]

Im allgemeinen stellt sich dieser Unwille ein, wenn es in einem Teil des Wesens – einem bedeutenden vitalen oder mentalen Teil – zu einer vollkommenen Abneigung gegen den Fortschritt kommt, und dies überträgt sich physisch in einer Weigerung, gegen den von der Zeit herrührenden Verfall vorzugehen.

Und die letzte Frage: „Wo entsteht die Verbindung zwischen dem Zentralwillen des physischen Wesens und den Zellen? Und wie geschieht das?"

(langes Schweigen)

Die Zellen haben eine innere Zusammensetzung oder Struktur, die der des Universums entspricht. So entsteht die Beziehung ... (man wird ständig von der Schwachsinnigkeit der Worte aufgehalten: es ist nicht „äußerlich" sondern nur für das Individuum äußerlich) zwischen identischen Außen- und Innenzuständen, d.h. die Zelle empfängt in ihrer inneren Zusammensetzung die Schwingung des entsprechenden Zustandes in der Gesamtzusammensetzung.

Worte sind idiotisch.

(Mutter tritt in eine lange Kontemplation ein, lächelt dann plötzlich amüsiert inmitten ihrer Kontemplation)

Jemand (ich weiß nicht wer) hat mir gerade etwas gezeigt ... Eine große Männerhand, sie hielt etwas ... kein Ei, keinen physischen Gegenstand, und er sagte mir, daß es sich um die Darstellung einer Zelle handle. Der Gegenstand kam mir etwa so groß vor *(ungefähr 7*

---

[1]. Mutter hatte gesagt: „Der Zentralwille des physischen Wesens gibt seinen Willen auf, alle Zellen zusammenzuhalten ... Aus dem einen oder anderen Grunde akzeptiert er die Auflösung. Einer der schwerwiegendsten Gründe ist die Empfindung einer nicht wiedergutzumachenden Disharmonie; der andere ist eine Art Abscheu, die Anstrengung des Zusammenhalts und der Harmonisierung fortzuführen."

10. JULI 1968

cm), transparent und lebendig: wirklich lebendig. Und er zeigte mir die Beschaffenheit der verschiedenen inneren Bestandteile der Zelle und ihre Verbindung mit dem Kern. Eine vollkommen genaue Vision – so präzise, daß es mich in Erstaunen versetzte, ich sagte mir: ah!

Es hatte eine seltsame Form: nicht wie ein Ei sondern an einem Ende schmaler und ... ich weiß nicht, wie ich es beschreiben soll. Gib mir ein Stück Papier!

(Mutter beginnt zu zeichnen)

Der Umriß war nicht sehr klar, denn es war ausstrahlend. Und die inneren Bestandteile hatten eine unterschiedliche Strahlkraft *(Mutter zeichnet verschiedene Punkte oder Verdichtungen im Inneren der Zelle)*, und der Mittelpunkt hier war ganz leuchtend. Und diese große Hand, so groß wie eine Pranke, weißt du, eine wirklich große Hand, hielt diese Zelle ganz behutsam: er gab acht, sie so sachte wie möglich zu berühren *(Mutter zeichnet zwei große Finger, die die Zelle hielten).* Sie war leuchtend, durch zwei Finger etwa so gehalten ... Ich kenne die biologische Form der Zelle nicht, aber so sah sie aus. Und er zeigte mir die verschiedenen Abstufungen der Leuchtkraft. Die Außenfläche war am undurchsichtigsten; je weiter man nach innen drang, desto leuchtender wurde es; und das Zentrum war vollkommen leuchtend, es war brillant, schillernd. Und es hatte verschiedene Farben – nicht sehr starke Farben, aber doch verschieden-farbig. Und die Hand erschien vergrößert, denn sie war wirklich sehr groß *(ungefähr 25 cm),* während der Gegenstand etwa so groß war *(ca. 7 cm),* es stellte eine Zelle dar.

Er zeigte mir ihre Beschaffenheit und auch, wie die Verbindung entsteht.

Die Verbindung geschah im Zentrum der Zelle?

Ja, im Zentrum der Zelle.

Die Finger waren viel größer als die Zelle, und sie berührten sie kaum mit den Fingerspitzen, etwa so *(Geste zwischen den Fingerspitzen),* und man sah nur den Zeigefinger und den Daumen: das Ende des Daumens. Aber was für riesige Finger! Es muß sich wohl um eine Vergrößerung gehandelt haben.

(Mutter lacht) Ich war etwas erschrocken.

Vielleicht handelte es sich um das Verhältnis der Hand und der Zelle – nein, das kann nicht sein. Aber die Hand, die mir die Zelle zeigte, war riesig. So groß. Er zeigte die Verbindung. Und dann die Farben: es gab Stellen mit bläulicher Tönung, Stellen ... alle möglichen Schattierungen – es war sehr vielschichtig – mit verschiedenen Strahlungen. Und die Verbindung geschah von Licht zu Licht.

Der Junge hier spricht von der Verbindung zwischen der Zelle und dem Zentralwillen des physischen Wesens.

Ja, physisch.

Aber du zeichnest den Zentralwillen in den Zellen selbst.

Es handelt sich um die Beziehung zwischen den beiden. Mir wurde gezeigt, in welchem Verhältnis der Zentralwille des physischen Wesens mit den Zellen steht oder wie er auf sie wirkt. Er zeigte mir eine Zelle, die einer Darstellung glich ...

Das heißt, der Wille, das Zentrallicht wirkt auf die Zelle, indem es entsprechende Lichter in ihr berührt?

10. JULI 1968

Ja, das ist es, durch einen inneren Kontakt des Wesens. Dies erweckt den Eindruck, daß jede Zelle eine kleine Miniaturwelt darstellt, die mit dem Ganzen in Verbindung steht.

(Schweigen)

Mein ganzes Leben lang habe ich darüber geklagt, daß meine Visionen nie materieller wurden als vitale Visionen; es begann mit dem Vital, und von dort reichte es immer höher, aber darunter gab es nichts. Und jetzt handelt es sich um eine ständige Vision des Subtilphysischen – eine konstante Vision: ich sehe beide zusammen, das Physische und das Subtilphysische. Nur wird die rein physische Sicht von der anderen Sichtweise sehr gestört. Weißt du, es ist mehr ein BEWUSSTSEIN der Dinge als nur eine Vision von ihnen. Und mir ist aufgefallen: wenn ich bestimmte Personen vor mir habe und sie betrachte, werden sie klarer und deutlicher; und es gibt andere, die sich FÜR MEINE PHYSISCHE SICHT immer mehr verwischen. Dies muß von ihrem Bewußtseinszustand abhängen. Manche werden vollkommen klar und deutlich, vor allem die Augen, und in den Augen sehe ich das Bewußtsein – die Augen sind vollkommen klar sichtbar. Und andere verwischen sich im Gegenteil; es gibt sogar welche, bei denen ich anstelle der Augen zwei schwarze Scheiben gesehen habe, als wollten sie sich verbergen. Diese Erfahrungen sind wirklich interessant.

Ach, physisch sehe ich genug, um alles tun zu können, nur nicht lesen. Und selbst meine Sicht der Bilder ist ein wenig ... ich weiß nicht, ob vermindert oder transformiert: ich sehe das Bild nicht genau so, wie es ist, sondern vielleicht so, wie es sein möchte.

Ein kleiner Unterschied.

Hm! *(Mutter lächelt amüsiert)*

Ein anderes Mal werde ich dir eine Frage in bezug auf diese Sehweise stellen. Jetzt ist es dafür zu spät.

Hättest du mir das früher gesagt, wäre ich froh gewesen. Aber jetzt ist es wirklich etwas spät. Welche Frage genau?

Über die supramentale Vision.

Ach, ja. Das war ein Problem. Gut, gut!

13. Juli 1968

(Mutter sieht abgespannt aus.)

Was gibt es Neues?

Ich wollte dir eine Frage über die Sehweise des Subtilphysischen stellen – diese materielle Sicht, die du bei geöffneten Augen hast. Ich würde gern wissen, ob das einer supramentalen Vision entspricht, oder ob es sich um eine Vision handelt, die, sagen wir, ein entwickelter Hellseher haben könnte?

Ich glaube nicht.

(langes Schweigen)

Sobald ich von etwas spreche, verschwindet es. Wenn ich zu früh davon spreche, entgleitet mir die vollständige Erfahrung.

* * *

(Danach tritt Mutter in eine lange Kontemplation, aus der sie erst am Ende der Gesprächszeit auftaucht.)

Es ist schwierig ... schwierig.

17. Juli 1968

(Mutter hat Fieber und atmet schwer, sie hustet. Sie hat nichts zu sich genommen und empfängt Satprem ausgestreckt auf ihrer Chaiselongue.)

Es geht im gleichen Stil weiter ...
Hast du etwas Neues?

Ich habe Neuigkeiten von P.L. und von Monsignore R ... Wird dich das nicht zu sehr ermüden?

Nein, nein! Das ermüdet mich nicht.

17. JULI 1968

Hier ist ein Brief von Monsignore R an dich, den er J zur Weitergabe schickte. Hier, was er an J schreibt: „Zuerst muß ich mich noch einmal bei Ihnen für das Buch von Satprem über Sri Aurobindo bedanken. Ich habe die Lektüre abgeschlossen. Dieses Buch hat auf mein Leben einen bedeutenden Einfluß und wird ihn auch weiterhin haben. Zweitens möchte ich mich bei Ihnen für die Hilfe bedanken, die Sie meinem teuren P.L. haben angedeihen lassen. Er kam transformiert, geläutert und erleuchtet zurück. Könnte ich Sie noch bitten, Mutter den beiliegenden Brief zukommen zu lassen ..."

Was sagt er?

„Mutter, ich kann Sie ohne den geringsten Vorbehalt mit dem Namen Mutter ansprechen, da Sie meinem Lieblingssohn das Leben geschenkt haben ... Sein Aufenthalt im Ashram bezeichnete einen wesentlichen Abschnitt in seinem Leben. Für sein innerstes Wesen bedeutet dies eine radikale Umwälzung ... Darf ich hinzufügen, daß ich in mir selbst Ihren mächtigen und wohlwollenden Schutz verspüre? Ich habe den Eindruck, von Ihnen verstanden zu werden, und ich sehe mich – zusammen mit Ihren zahlreichen Söhnen, Töchtern und Schülern – als Erbe der spirituellen Schätze, die Sie von Tag zu Tag durch Ihre Treue gegenüber der Ihnen anvertrauten Mission ansammeln. Mit meiner tiefsten und lebhaftesten Dankbarkeit bitte ich Sie, Mutter, meine respektvolle und kindliche Ehrerbietung anzunehmen."

Du hast kein Foto von diesem Mann?... Nein?
Und P.L., was sagt er?

Ermüdet dich all das nicht? Soll ich weiterlesen?... Er antwortet folgendes auf meinen letzten Brief, in dem ich ihm deine Botschaft mitteilte:

„Ich habe Tränen in den Augen: eine ungeheure ungestüme Freude erfüllte mein ganzes Wesen während der Lektüre Ihres Briefes, die Worte der Mutter, die Sie mir mitteilten ... Mir fehlen die Worte, um Ihnen mein psychisches Befinden zu beschreiben: erraten Sie es! Ich fühle mich so klein, so unbedeutend vor den Horizonten, die Sie mich erahnen lassen. All dies ermutigt mich zu ernsthafter Arbeit, zum „Abdanken der kleinen Oberflächenpersönlichkeit", um IHRER *würdig zu werden. Diese*

Empfindungen in meiner Seele unterscheiden sich radikal von all meinen früheren religiösen Erfahrungen ..."

(Mutter nickt)

„... ich fühle mich ganz leuchtend. Die göttliche Gnade ist so mächtig, daß ich mitunter glaube, mein Körper sei nicht fähig, sie auszuhalten. Die Gegenwart der Mutter ist so real. Die Glückseligkeit ist so erhaben, so seelenvoll ... das unscheinbare, am Samadhi begonnene ABENTEUER *wird so würdig, gelebt zu werden,* DAS BEWUSSTSEIN *ist so ausgedehnt ... Finsternis, Angst, Skrupel, Selbstkasteiungen sind weit weg. Vor einigen Wochen hatte ich einen sehr schmerzlichen Traum: Mein Körper wurde geviertelt, ich erlitt schreckliche Leiden; man riß an den Füßen, den Händen, dem Kopf ... Heute beim Lesen Ihres Briefes verstehe ich seine Bedeutung: ich mußte wachsen ... Nur zwei Worte, um Sie von meiner Lage hier zu unterrichten: Wie ich Ihnen schon sagte, fand ich im Vatikan zwei Strömungen, die erste tobt sehr heftig gegen mich; ich glaubte, daß der Antritt meiner neuen Stellung sie beruhigen würde ..., einige Tage später allerdings kamen sie mit der Forderung einer kollegialen Untersuchung (ein Nervenarzt, der, wie ich glaube, die Anweisung hatte, mich „krank" zu erklären; ein Endokrinologe und ein Allgemeinmediziner, sowie der Leibarzt des Papstes), von daher der Ruf des Kindes nach seiner Mutter: mein Telegramm, das den Schutz der Mutter erbat. Am Sonntag, dem 7., hatte ich einen Traum: Mutter erschien in einer Art riesiger Flugzeughalle, auf deren Boden ich mich befand, und sie sagte mir: „Schnell, schnell, überlaß mir deinen Platz!", worauf ich mich aus dem Staub machte, ohne meinen Körper, der sich noch auf dem Boden befand: meine Seele war es, die gegangen war, und – hoch oben, ganz hoch oben – sah ich, wie Mutter meinen reglosen Körper aufnahm und in ihn eintrat. Plötzlich bewegte sich eine ganze Armee von Ärzten in weißen Kitteln auf meinen Körper zu (Mutter hielt sich noch immer in meinem Körper verborgen). Kaum hatten sie meinen Körper umringt und mit der Untersuchung begonnen, als eine schreckliche Explosion sie in die Luft schleuderte ..."*

(Mutter lacht)

„... Durch den Krach der Detonation erwachte ich ... Sie haben mein Telegramm ja empfangen, und die Diagnose lautete: „Völlig gesund." Auf diese Weise verliert die Gruppe, die mich vom

Vatikan eliminieren wollte, täglich an Kraft, an Waffen, und die Intrigen werden neutralisiert. Die andere Gruppe hingegen steht mir wohlwollend gegenüber und sieht meine Transformation mit Freuden, und mit der gebotenen Vorsicht beginne ich damit, ihnen die Botschaft von Sri Aurobindo zu vermitteln. Ich sagte Ihnen schon, daß Monsignore R begeistert ist. Jetzt, seitdem ich weiß, daß Mutter geantwortet hat: „Oh ja, so ist es gut, es ist wichtig, daß er dort bleibt und seine Arbeit tut. Es ist wichtig, daß er bleibt ... Es stimmt, daß ich bei ihm bin", bin ich sehr gefaßt und erpicht darauf, „Werkzeug dieser großen göttlichen Arbeit zu sein."„

Sehr gut. Er ist ein guter Mann.

(Mutter verharrt in Kontemplation)

Dann habe ich einige neue Fragen aus der Klasse von T.F. ... Die Kinder haben eine äußerst enge Denkweise.

(Mutter sucht nach dem Brief)

Es ist nicht sehr aufregend, aber immerhin ...

(Mutter lacht, und Satprem liest vor)

„Genügt der Wille zum Fortschritt, um den zeitbedingten Verfall zu verhindern? Wie kann das physische Wesen diesen Verfall verhindern?"

Genau darum geht es ja: um die Transformation des Körpers. Es geht darum, daß die physischen Zellen nicht nur bewußt werden sondern auch EMPFÄNGLICH für die wahre Bewußtseinskraft, d.h. daß sie die Arbeit dieses höheren Bewußtseins ermöglichen. Das ist die Arbeit der Transformation ... Es ist nicht einfach!

Die andere Frage: „Wie wirken der zentrale Wille und das zentrale Licht, die nicht-materiell sind, auf die grobstoffliche Materie der Zellen?"

Genausogut könnte man fragen: „Wie wirkt der zentrale Wille auf die Materie?..." Das ganze Leben ist so! Man müßte den Kindern erklären, daß ihre gesamte Existenz das Ergebnis dieses Willens ist, daß ohne diesen Willen die Materie träge und reglos wäre und nur die Tatsache, daß die Schwingung des Willens eine Wirkung auf die Materie hat, das Leben ermöglicht – andernfalls gäbe es kein Leben.

201

Wenn es ihnen um eine wissenschaftliche Antwort geht und das Wissen um das Wie des Prozesses, dann wird es schwieriger, doch die TATSACHE besteht, eine Tatsache, die einem jede Sekunde in die Augen springt.

(langes Schweigen)

Sage bitte P.L., daß ich seine Nachricht sehr schätze und daß ich bei ihm bin. Ich finde, daß sich alles sehr gut entwickelt.

Und der andere, Monsignore R ...?

Im Prinzip müßte ihm J deine Antwort übermitteln.

(Mutter tritt in eine lange Kontemplation ein)

Ich habe stets den gleichen Eindruck ... weißt du: der Beginn von etwas sehr Bedeutendem.

20. Juli 1968

(Mutter scheint es besser zu gehen, obwohl sie noch hustet. Jetzt hat Satprem hingegen Fieber.)

Das kommt von dort *(vom Vatikan)*, es hat den gleichen Ursprung wie bei mir. Das erste Mal war ich auf der Hut, diesmal aber hat es mich überrumpelt ... Solange sie das amüsiert ...

*
* *

Etwas später

Ich kann nicht sprechen ... *(Mutter hustet)*. Z hat mir „gebeichtet" und mir Fragen gestellt. Ich wollte heute antworten, aber jetzt habe ich meine Stimme verloren. Wenn du es vorlesen möchtest *(Mutter reicht Satprem einen Brief)*.

„Ich habe das Gefühl einer Spaltung und Verwirrung in meinem Geist, wahrscheinlich zwischen den verschiedenen Teilen meines Wesens, deren ich mir nicht deutlich bewußt bin.

20. JULI 1968

In einem dieser Teile ist das Göttliche oder das Höchste eine formlose Sache, unbegrenzt und weit, etwas, das ich nicht wirklich kenne, das ich aber kennenlernen möchte und zu dem meine Gedanken und meine Liebe gehen, solange kein anderer Teil oder Umstand dazwischen tritt. Dies verspüre ich von tiefstem Herzen. Darin finde ich auch die Erklärung und den Daseinsgrund aller Dinge, und jeder Tag gestattet mir, im Verhältnis zu meiner eigenen Kleinheit einen neuen Aspekt dessen zu entdecken. Dort gibt es keine Schwierigkeiten, keine Probleme, alles ist glücklich und zufrieden.
In einem anderen Teil, der komplexer ist, geht das alltägliche Leben und die gewöhnliche Persönlichkeit ihren Gang. Dort sind die Dinge vollkommen anders. Der zentrale Pol dieses Teils war bis jetzt die Liebe, Liebe jedoch so, wie ich sie hier verstehe, nicht etwas Feinstoffliches, das aufsteigt, sondern etwas Konkretes, das lebt und sich austauscht und das für seine Existenz die physische Gegenwart braucht, das „Miteinander leben", andernfalls hat sie keinen Daseinsgrund, denn sie hätte keine Stütze, keine konkrete Form und Gestalt. Aus diesem Grund hast Du mir sicherlich gesagt, daß ich die Liebe liebe und keine Personen. Damit hast Du sehr recht, denn für mich sind Personen nichts als eine Gelegenheit, die Liebe zu leben oder das, was ich als solche bezeichne.
Nun gibt es in meinem Leben kein menschliches Wesen mehr, nichts; vielleicht ist es diese Leere, welche die letzte Krise ausgelöst hat. Ich verspüre verschwommen etwas, das mich stört und das ich nicht zu definieren vermag, das mir jedoch sehr mißfällt, als versuchte ein Teil meiner selbst, mit Dir das zu leben, was er nicht mehr mit den Menschenwesen zu leben vermag ... Meine augenblickliche Schwierigkeit rührt daher, daß es mir unmöglich ist, diese beiden Teile meines Wesens in Einklang zu bringen, das Innere und das Äußere, und die Scheidung, die dies mit sich bringt, betrifft auch Dich. Könntest Du mich über die folgenden Fragen aufklären: ..."

Ach! Es gibt Fragen.

„1) Ist das, was ich das Höchste nenne und dem ich mich in meinem Innersten zuwende, eine Realität im Ausmaß meiner Geringfügigkeit, und ist meine innere Bewegung in dieser Richtung etwas Echtes, Authentisches, oder handelt es sich um eine Einbildung und eine Ausflucht vor einer anderen Realität, die ich mich weigere anzuerkennen?"

Das läßt sich einfach beantworten.

„2) Welche Beziehung besteht zwischen dem, was ich das Höchste nenne und innen suche, und Dir selbst?"

(Lachend) Sie erwartet wohl nicht, daß ich ihr darauf antworte!

„3) Was bedeutet auf der praktischen Ebene des Yogas, daß man, wie Sri Aurobindo sagt, durch Dich gehen muß, um die Verwirklichung zu erlangen …"

Hat er gesagt, man solle durch die Mutter gehen?

Ja. Er sagte, wenn man sich ausschließlich an das Unpersönliche wende, erlange man eine starre, statische Verwirklichung, während man, wenn man durch dich gehe, eine dynamische Verwirklichung erziele.

Ach! Das ist es …
Und dann?

„… Was beinhaltet das, soweit es mich betrifft, in bezug auf die richtige Haltung dem Höchsten und Dir gegenüber?"

Ist das alles?

Ja. Sie bildet eine Trennung.

Ja. Das ist absurd.
Ich wollte ihr antworten, aber ich kann nicht sprechen. Sie wird warten müssen.

(langes Schweigen)

Ich habe mich mehrere Male selbst folgendes gefragt, von einem ganz praktischen Standpunkt aus: ich habe eine spontane Tendenz, wenn ich mich konzentriere, mich auf „Das" zu konzentrieren, das, was ich nicht definiere, eben „Das".

(Mutter stimmt lebhaft zu) Ja, ja!

Mitunter frage ich mich jedoch, ob es nicht besser wäre, mich auf eine genauere Form, wie zum Beispiel die deinige, zu konzentrieren – ich mache keine Unterschiede.

Ich bin nicht dieser Meinung.

Du bist nicht dieser Meinung?

Das schränkt zu sehr ein.

20. JULI 1968

Ich mache keine Unterschiede, wie: „Hier ist Mutter, da ist das Höchste", so nicht, ich frage mich jedoch, ob es praktisch nicht besser wäre, wenn „du" es bist anstelle von „Dem".

Nein, nein! Auf gar keinen Fall. Wenn man mich fragt, sage ich ganz entschieden nein. Denn trotz allem, selbst wenn man versteht, ist man durch die Tatsache einer persönlichen Form, einer persönlichen Erscheinung, einer scharf umrissenen Persönlichkeit beeinflußt – all dies ist wertlos. Einige ziehen es vor, mit der Idee „der Mutter", d.h. der ausführenden Kraft, zum Höchsten zu gelangen ... Für mich hingegen ... für mich ergibt dies natürlich keinen Sinn. Aber ich sehe sehr wohl, ich weiß, daß es niemals hier landet, wenn mich Leute rufen *(Mutter bezeichnet ihre Person)*, es geht in jedem Fall unmittelbar zum Höchsten; selbst das, was das aktive Bewußtsein berührt, geht unmittelbar zum Höchsten. Für Menschen mit einer solchen Einstellung ist es mitunter einfacher. Also lasse ich sie gewähren, aber ... Denn eigentlich ist das belanglos; diese Person *(Mutter)* ist ganz und gar ... wie soll man das nennen?... Sie ist nicht einmal ein Abbild, vielleicht eher ein Symbol ... Manche Leute brauchen einen Anhaltspunkt, um ihre Aufmerksamkeit darauf zu fixieren. Ich merke das die ganze Zeit: anstatt direkt zu gehen *(zum Höchsten)*, was für die Leute etwas verschwommen bleibt, geht es so *(zu Mutter)*, es sammelt sich hier, und dann geht es dorthin *(zum Höchsten)*.

(Mutter bezeichnet mit den Händen eine Art Kreislauf, der auf sie zugeht, zum Höchsten aufsteigt, um dann wieder durch sie zu den Personen zurückzufließen. Die Form des Kreislaufs erinnert deutlich an den Umriß eines einzigen Wesens.)

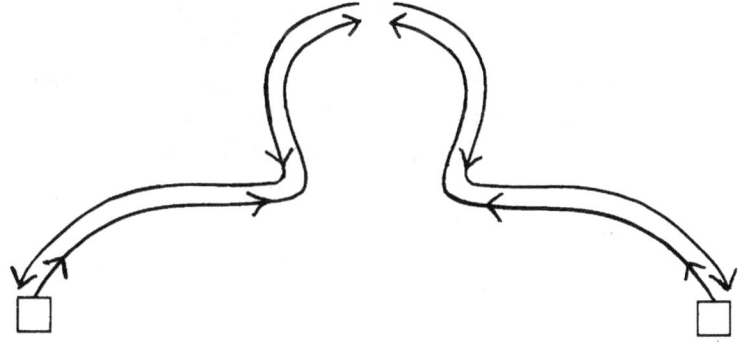

Auch bewirkt hier *(in Mutter)* die Tatsache der physischen Präsenz, daß die Richtung der Kräfte präziser ist. Ich sehe, wie die Kraft von oben wirkt *(Geste eines Drucks oder einer herabsteigenden Masse)*, und durch die Ähnlichkeit der Schwingungen kommen sie in Kontakt. Außerdem entsteht dabei *(beim Hindurchfließen durch Mutter)* dieses physische, materielle Wissen, das das Wirken der Kraft präzisiert und konkretisiert. Vom Standpunkt der Hilfe aus ist es ... Sri Aurobindo hatte recht: die Hilfe ist direkter. Dies erspart den Leuten Arbeit. Ich sehe, was kommt, diese Art Atmosphäre – es ist viel mehr als eine Atmosphäre: eine beständige Präsenz, verstehst du, sie ist ständig da –, und in diesem Bewußtsein *(Mutters)* präzisiert sich deren Wirkung: sie präzisiert sich individuell, je nach den Fällen, den Erfordernissen und Gegebenheiten. Eine fast automatische Arbeit. Natürlich stelle ich mir vor, daß dies die Leute weiterbringt. Sie brauchen im allgemeinen etwas Persönliches – „persönlich" heißt: wessen Schwingung mit der ihrigen identisch ist.

Ich weiß nicht, ob es aufgrund der Erkältung ist (ich glaube nicht – ich weiß sehr wohl, wo das herrührt), aber den ganzen Vormittag (die Nacht über und den Vormittag) bestand eine Art Wahrnehmung aller Arten von Bewußtseinszuständen, durch die dieser Körper hindurchgegangen ist, auch verschiedene Konstellationen von Umständen, und bei alldem eine solch konkrete, absolute Wahrnehmung: „Wo ist die Person? Wo ist das Individuum, wo befindet sich denn die Person, wo...?" Und mit einer so klaren Vision des höchsten Bewußtseins, das als EINZIGES permanent ist – das höchste Bewußtsein, das darin spielt, in all dem, in allen Regungen, allen Bewegungen, allen Handlungen, allen ... Dies wurde auf derart konkrete Art und Weise verspürt und durchlebt, daß ich sah, wie dieser Körper, den die Leute noch für den gleichen halten, der vor mehr als neunzig Jahren geboren wurde, in gar keiner Weise mehr derselbe ist. Alles hat sich verändert: die Zellen haben sich verändert, alles hat sich verändert. Alles: der Bewußtseinszustand ist ein vollkommen anderer; wo befindet sich nun die Person in all dem?... Das drängte sich auf einen Schlag auf: „Wo befindet sich diese Persönlichkeit ... Wo ist sie nur?..." Es gab nichts als Das *(Geste nach oben)*: Bewußtsein. Und dann die Vision des Ganzen, wie die Dinge sich gestalten, wie ... *(Wellenbewegung eines Ganzen, das sich in unzähligen Formen und Gestalten ausfächert)*.

Diese Erfahrung, die man sonst im höheren Mental oder im Psychischen hat, erlebt nun der Körper – der Körper selbst hat sie in seinem Zellaufbau. Er hatte diese Erfahrung heute morgen: nur Das war beständig – Das, was in sämtlichen unzähligen Veränderungen sich gleich bleibt ... *(reglose, unerschütterliche Geste mit der Handfläche)*.

Eine so konkrete Erfahrung – so konkret für den Körper –, daß er sich fragt, wie er denn überhaupt noch seine Gestalt erhalten kann.

20. JULI 1968

All die üblichen Vorstellungen ... ergeben überhaupt keinen Sinn mehr. Überhaupt keinen Sinn, all dies will nichts besagen.

Es begann gestern mit der Erfahrung des unendlich Kleinen und aller Welten, die auf diese Weise organisiert sind *(vielleicht macht Mutter eine Anspielung auf ihre Vision der Zelle in einer übergroßen Hand)*. Und ich hatte den Eindruck einer größeren Persönlichkeit (insofern als sie sozusagen mehr Raum einnahm), die Menschen, alle Menschen waren darin nichts als ganz winzige Bestandteile von etwas viel Größerem ... So war es gestern. Heute kam nun die umgekehrte, aber sie ergänzende Erfahrung. Das führt dann zu dieser Vision des Ganzen und aller Dinge – des Ganzen, das wir aufgrund unserer Schwäche immer mit Grenzen sehen.

(Mutter tritt in eine lange Kontemplation ein, plötzlich lächelt sie)

Ich weiß nicht, ob es aufgrund dessen kam, was ich dir erzählte, oder wegen etwas anderem, aber ich sah ein ungeheuer großes Wesen, das daherkam und ein kleines Kind an der Hand hielt ... und das kleine Kind warst du. Das Wesen kam und stellte das Kind so vor mich hin *(Geste zu Mutters Füßen)*. Es war ungeheuer groß, viel-viel größer als das Haus, verstehst du: das kleine Kind war wie ein Daumen für es *(Mutter deutet auf das Ende ihres kleinen Fingers)*. Es hat dich so gehalten und kam, um dich vor mich zu stellen *(Mutter lacht)*.

Vielleicht handelt es sich um die Fortsetzung von dem, was ich dir erzählte? Dabei war es sehr konkret.[1]

Sri Aurobindo sagte, wenn man über das Unpersönliche hinausgehe, finde man das Persönliche: DIE Person. Ich bin sicher, daß er selbst diese Erfahrung hatte ... Meine eigene Wahrnehmung dieses Phänomens ist eine Art Verschmelzung – eine Verschmelzung aller möglichen Auffassungen von Persönlichkeit in ... ich möchte nicht sagen in eine Unpersönlichkeit, das stimmt nicht, sondern in etwas, das keine Grenzen hat, das im engeren Sinne des Wortes überhaupt nicht persönlich ist, dabei jedoch mit der ganzen konkreten Realität der Person ausgestattet. Verstehst du, es handelt sich um eine Erfahrung des Körpers (in den anderen Bereichen hatte ich nie Schwierigkeiten), eine Erfahrung DES KÖRPERS. Der Körper hat andauernd die Erfahrung dieser Verschmelzung; andauernd ist es, als verschmelze er darin, aber ... für ihn ist dies trotzdem eine Bewegung vom Identischen

---
1. Satprem geht davon aus, daß es sich bei diesem ungeheuer großen Wesen um „Das" handelt, dem er sich anstelle Mutters zuwendet. Und „Das" kam, um ihn an seinen Platz zu stellen.

zum Identischen, und die Empfindung (oder die Wahrnehmung) eines „anderen" oder eines Andersseins empfindet er als seine eigene Unzulänglichkeit. Und doch handelt es sich in keiner Weise um die Erfahrung eines maßlos übersteigerten Ichs, absolut nicht, sondern ... Was völlig konkret ist, ist das All-Bewußtsein (er spürt sehr wohl, daß es sich dabei um viel mehr als das handelt, daß dies nur ein Aspekt ist). Das ist jedoch eine ununterbrochene Erfahrung.

Und diese Auffassung eines Persönlichen und Unpersönlichen ergibt keinen Sinn. Sie hat keinerlei reale Entsprechung. Der Körper hat das Gefühl seiner Persönlichkeit vollkommen verloren, absolut, und das ist seltsam.

Beispielsweise ... (alles überträgt sich jetzt in ein Bewußtseinsphänomen), beispielsweise geschieht, ich weiß nicht wie oft am Tag, folgendes: Plötzlich entsteht das Bewußtsein einer Störung, eines Schmerzes oder eines Leidens in irgendeinem Körperteil – nicht auf diesen Körper beschränkt *(Mutter deutet auf ihren Körper)* sondern wie in einem ungeheuer großen Körper oder Ort; und wenig später oder nach einigen Stunden höre ich, daß diese oder jene Person dies oder jenes Leiden hatte, das folglich als ein Teil dieses ungeheuren Körpers empfunden wurde ... Das hat sich wirklich merkwürdig entwickelt. Und es hat mit dieser Erkältung noch bedeutend zugenommen. Weißt du, ich empfange weniger Leute, ich arbeite weniger und ruhe mehr – aus Gewohnheit sage ich „ich", dies entspricht aber nicht mehr ganz dem gegenwärtigen Zustand ... Das „Ich" ist, als versetzte ich mich in das Bewußtsein der Leute und beschriebe den Vorgang von dort aus; das entspricht aber in gar keiner Weise der Empfindung dessen, was geschieht.

Ach, ich fange an, dich zu langweilen ...

Nein! Während du eben meditiertest, hatte ich einen so physischen Eindruck, eine so physische Erfahrung in meinem Körper wie selten zuvor.

Ach?

Ja, ich spürte das sehr stark: etwas, das sich überhaupt nicht dort oben abspielt sondern hier.

(*Mutter nickt und verharrt schweigend*)

Ja, im Grunde wie ein Bewußtsein hier im Körper.[1]

---

1. Satprem steigt von seinen „Höhen" herab. Es ist höchste Zeit!

20. JULI 1968

Ja, ja.

(Schweigen)

Es ist wirklich bemerkenswert, daß mit einem ... einem solch gewaltigen Kraftstrom, wie er in deiner Nähe oder auf dir oder in dir existiert, es nicht noch physischer wird.

Weißt du, durch die Neuigkeiten, die die Leute bringen, und die Dinge, die sich zutragen, habe ich immer mehr den Eindruck eines solch ungeheuren Stromes, daß ... Ich glaube, daß es sich so verhält, ich glaube, daß es dabei ist, alles zu verändern, und zwar in einem phantastischen Tempo, dessen wir aber nicht gewahr werden – man wird es erst später erkennen. Denn die Fülle an Details – es sind deren Hunderte – und der Eindruck als Ganzes ist ungeheuer. Weißt du, wenn das Bewußtsein sich konzentriert – und aus irgendeinem Grund sich hier in diesem Körper konzentriert –, so entsteht der Eindruck, als würde alles bersten – kochen und bersten –, so daß ich mich öfters frage: „Habe ich denn Fieber?" – Natürlich habe ich überhaupt kein Fieber. Und mit der Reglosigkeit, der äußeren Inaktivität und der Konzentration des Bewußtseins entsteht stets eine so unermeßliche, ungeheure Dichte, und ... Es ist Frieden, eine erhabene Ruhe. Ein Frieden ... unaussprechlich – inmitten einer ungeheuren Aktion. Und dann ...

(Mutter geht in Kontemplation)

*
* *

Am Schluß der Gesprächszeit

Es bleibt noch die Antwort an Monsignore R – das letzte Mal las ich dir seinen Brief vor.

Er erwartet eine Antwort?

Er erwartet etwas.

Ich habe ihm ausführlich und sehr konkret geantwortet – sehr konkret –, mit großer Konzentration ... ich weiß nicht, ob es sich um einen empfindsamen Menschen handelt.
Die Verbindung war lang, sehr vollständig und die Arbeit sehr präzise. Ich antwortete in einer viel wahrhaftigeren Weise, als es Worte vermögen.

Ich erwägte, bestimmte Dinge zu sagen, aber all dies ist vergleichsweise belanglos. Die großen Phrasen, all dies führt zu nichts, das verabscheue ich. All das ist so klein und mickerig.

Ich werde sehen, ob es ankommt.

24. Juli 1968

*(Satprem hatte Mutter geschrieben,
daß er noch immer Fieber habe)*

Aber was ist denn das!

Es geht schon viel besser.

Ach!

Gestern nachmittag wurde es plötzlich besser. Ich schrieb dir vorgestern, aber das Fieber blieb, es stieg sogar noch an ...

Aber mein Kind, ich wußte nicht, daß du geschrieben hattest, ich erfuhr es erst gestern abend.

Und gestern nachmittag, auf einen Schlag, in einer Sekunde, ganz abrupt, sagte ich mir: „Sieh an! Das Fieber ist verschwunden." Seltsam!

*(Mutter tut so, als wollte sie Satprem einen Klaps geben
für die Impertinenz des „Seltsam")*

Nein, ich sagte seltsam, denn es war doch immerhin merkwürdig: ich saß am Arbeitstisch, und auf einen Schlag sagte ich mir: „Weg! Verschwunden!" Ich weiß nicht warum. Dieses Plötzliche erstaunte mich.

Nein, so ist das eben.

(Schweigen)

Ich glaube, daß eine Säuberung vollzogen wird.

Und in aller Regel gebe ich meine Krankheiten nie weiter (ich fange auf, was die anderen haben!) – dieses Mal waren alle erkältet, auf die eine oder andere Weise. Alle.

24. JULI 1968

Und für mich bedeutet dies ganz klar eine Reinigung, und zwar eine sehr radikale.

*
* *

(Mutter bleibt fast die ganze Gesprächszeit in ihrer Kontemplation versunken.)

Ich kann nicht reden *(Mutter hustet)*, und du, du solltest auch nicht sprechen, also ...

Ich habe nur eine ganz kleine Frage in bezug auf P.L. Er schrieb, um zu sagen, daß er in drei Wochen im Vatikan Ferien habe, und er fragt, ob er herkommen kann.

Ich habe nichts dagegen, wenn er glaubt, daß ihm das dort keine Unannehmlichkeiten bereitet.

Er sagt auch, es sei recht wahrscheinlich, daß Monsignore R kommt. Für den Augenblick wurde er nach Kanada gerufen, er hofft jedoch sehr, im August herkommen zu können, um „den Segen der Mutter" zu empfangen.

Gut.
Es interessiert mich, diesen Mann zu sehen.[1]

Er schreibt: „Gegenwärtig liest Monsignore R die „Bulletins". Ich sagte ihm, daß wir das Gesicht der Kirche verändern und es durch die Gedanken Sri Aurobindos mit einem wahreren, gegenwärtigeren Inhalt erfüllen können. Davon war auch er überzeugt ..."

(Mutter lacht, amüsiert) Sehr gut!

---

1. Tatsächlich kam er nie; jedesmal, wenn er es versuchte, wurde er schwer krank.

27. Juli 1968

(Mutter ist immer noch nicht wohlauf.)

Die Stimme ist weg ...

Wird es nicht besser?

Der Schnupfen ist abgeklungen, doch gestern habe ich eine Dummheit begangen: ich nahm ein Mittel. Das hat mir eine schreckliche Nacht bereitet, und ... im Moment ist es schwierig. Es hat das Bewußtsein abgeschnitten. Deshalb ist es im Augenblick schwierig.

Das Bewußtsein hat sich wieder eingestellt, aber ...
Und du, hast du Neuigkeiten?

Wenn du meinem Verleger etwas Kraft schicken könntest: das Manuskript des Zyklus der menschlichen Entwicklung *liegt dort auf dem Trockenen.*

Wo?

Bei meinem Verleger in Paris.[1]

(Mutter konzentriert sich und tritt dann in eine lange Kontemplation ein)

Wenn du vom Schweigen genug hast, laß es mich wissen! Was mich angeht, ich kann den ganzen Tag so verbringen ...

Die Druckerei bittet um einige Texte, um die Lücken im nächsten Bulletin auszufüllen.

Nehmt Sri Aurobindo, nicht mich. Den ganzen Sri Aurobindo.

(Satprem schlägt folgenden Text vor)

„Das Übermental ist gezwungen, die Freiheit des Individuums zu respektieren ..."

Ach! Das ist eine Offenbarung! Das kannte ich noch nicht.

„... einschließlich seiner Freiheit, pervers, dumm, widerspenstig und dickfellig zu sein. Das Supramental liegt nicht einfach eine Stufe höher als das Übermental: es liegt auf der anderen Seite

---

1. Satprem mußte sich noch sechs Jahre damit herumschlagen, tatsächlich bis 1973, bevor die erste französische Übersetzung von Sri Aurobindo herauskam. Und als dies geschehen war, beschuldigten ihn die neuen Verantwortlichen des Ashrams, Sri Aurobindo „verschleudert" zu haben!

27. JULI 1968

der Grenzlinie; es handelt sich um ein anderes Bewußtsein und eine andere Kraft, jenseits der mentalen Grenze."

(es folgt eine Frage)

„Wollen Sie damit sagen, daß das Supramental gegenüber Personen keinen Respekt hat?"

(Sri Aurobindo antwortet:)

„Aber sicher! Genau das will ich sagen. Es respektiert allein die Wahrheit des Göttlichen und die Wahrheit der Dinge."

(18.9.1935)

Das ist hochinteressant. Wie wunderbar er das ausdrückt!

Dann folgt noch ein anderer Text, da bin ich mir aber nicht sicher:

„Die wissenschaftliche, rationalistische, industrielle, pseudodemokratische Zivilisation des Abendlandes ist gegenwärtig auf dem Weg der Auflösung, und es wäre eine wahnwitzige Absurdität unsererseits, jetzt blind auf sein sinkendes Fundament zu bauen. Während sich die fortschrittlichsten Geister Europas in der Hoffnung auf eine neue, spirituelle Zivilisation in dieser roten Abenddämmerung des Westens dem Genius Asiens zuzuwenden beginnen, erschiene es widersinnig, nichts Besseres zu tun, als unsere eigene Individualität und ihre Potentialitäten abzulehnen, und unser Vertrauen in die hinfällige und bankrotte Vergangenheit Europas zu setzen."

(*Arya,* Cent. Ed., Bd. 7, S. 274)

Ich wußte nicht, daß er das gesagt hat.
Ich weiß nicht, ob es sehr weise wäre, das zu drucken ... Dabei ist es sehr wahr. Das müßte man der indischen Regierung schicken.
Bald kommt N.S. *(eine Ministerin der Zentralregierung),* ich werde ihr das geben.
Es sollte aber nicht im „Bulletin" erscheinen.

Und Indira Gandhi, willst du es ihr nicht schicken?

....

31. Juli 1968

Hast du Neuigkeiten aus Rom?

Nichts Weltbewegendes, aber P.L. hat ein Foto von Monsignore R geschickt.

Ach, laß sehen!

Ich glaube aber nicht, daß es sich um ein Foto neueren Datums handelt.

(Mutter betrachtet es) ... Er mußte wohl gegen sehr mächtige Instinkte ankämpfen.
Sinnlichkeit und ...
Sehr intelligent, oh!
Interessant.
Ein merkwürdiger Mensch: er ist amoralisch. Das heißt, er kann extrem Gutes und extrem Böses tun, mit der gleichen Leichtigkeit. Und eine Intelligenz, wirklich brillant. Ein hervorragender Politiker ... Verstehst du, er benimmt sich nur aus politischen Gründen gut; entspräche es der gängigen Politik, schlecht zu sein, wäre er schlecht.
Ich frage mich, ob sie viele dieser Art unter den Kardinälen haben?...
Sinnlichkeit und Denken.
Gefühlsmäßig: nichts – das, was zum guten Ton gehört, sonst nichts.
Interessant, sehr interessant.
Wann will er kommen?

Das ist noch nicht entschieden. Vielleicht im August ... Sowohl P.L. als auch J sagten mir, daß es sich um einen Mann handle, der eine seltene Macht über Frauen hat.

Ach ja?

Weißt du, ihm wurde ein kolossales Vermögen für sein Werk gespendet, und stets waren es Frauen, die ihm all dieses Geld gaben. P.L. sagte mir aber, daß er andauernd krank sei, andauernd Schläge einstecke ... Er muß im Vital irgendeine Öffnung haben, eine Schwäche, und dadurch zieht er Schläge auf sich.

Ja, es handelt sich um die Art Mann, die mich FRÜHER am stärksten anekelte (heute ist dies nicht mehr der Fall). Das erstaunt mich nicht ... Er hat etwas Öliges an sich.

31. JULI 1968

P.L. sagte mir aber, daß gleichzeitig etwas in ihm sei, das ihn fühlen lasse, er habe seinen Weg verloren, und daß er nach etwas anderem strebe.

Ja, das liegt über dem Mental.

Es handelt sich recht genau um den Typus Mann, den ich völlig unausstehlich fand.

Wir werden sehen.

(Mutter tritt in eine lange Kontemplation ein)

Ich stand mit all diesen Leuten in sehr engem Kontakt.

Wir werden sehen.

Geht es dir inzwischen besser?

Ach, ich hatte Fieber – zwei Tage lang sah es ziemlich übel aus. Eine große Schlacht.

Wir werden später sehen *(Mutter hat ganz entschieden keine Lust zu erzählen, was vorgeht).*

August

3. August 1968

(Mutter fühlt sich noch sehr müde. Sie hört sich trotzdem ein langes Memorandum über Auroville an, das sie ablehnt, und sie entwirft mit Satprem eine Notiz, welche das Ideal dieser Zukunftsstadt zusammenfaßt:)

„Seit Jahrtausenden haben wir äußere Mittel, äußere Werkzeuge, äußere Lebenstechniken entwickelt – und schließlich erdrücken uns diese Mittel und diese Techniken. Das Zeichen der neuen Menschheit ist eine Umkehrung des Standpunktes und das Verständnis, daß die inneren Mittel, das innere Wissen und die innere Technik die Welt verändern können und sie zu meistern vermögen, ohne sie zu erdrücken. Auroville ist der Ort, an dem sich diese neue Lebensweise erarbeitet, ein Zentrum beschleunigter Evolution, wo der Mensch anfangen soll, seine Welt durch die Macht des inneren Geistes zu verändern."

*
* *

Danach tritt Mutter in eine lange Kontemplation ein

Das erscheint mir wie eine beschleunigte Transformation, es ist recht zermalmend.

Man wird sehen.

7. August 1968

(Als Satprem die Treppe zu Mutters Räumen hinaufsteigt, kommt ihm der Arzt entgegen und unterrichtet ihn davon, daß Mutter Schmerzen in der Brust hat und daß sich ihr Herz in einem schlechten Zustand befindet. Mutter sitzt in ihrem Sessel und wirkt sehr bleich.)

Wir müssen die Botschaft für den 15. August übersetzen. Ich habe folgendes Zitat ausgesucht *(Mutter reicht Satprem ein Blatt Papier):*

MUTTERS AGENDA

> *„One needs to have a calm heart, a settled will, entire self-abnegation and the eyes constantly fixed on the beyond to live undiscouraged in times like these which are truly a period of universal decomposition."*[1]

(Schweigen)

Befinden wir uns in Zeiten einer universellen Zersetzung?

(Mutter lächelt und nickt)

Hast du etwas Neues?

Aus Rom?... P.L. wird am Ende des Monats kommen. Der Monsignore kann nicht sofort kommen, will es aber später tun. Übrigens hat er einen sehr guten Brief geschrieben.

Oh! Möchtest du ihn vorlesen?

Er ist an J adressiert, als Antwort auf den Brief, den ich schrieb, in dem ich ihm sagte, daß du ihm innerlich „in reichem Maße" auf seinen Brief geantwortet hast, besser als es Worte vermöchten. Darauf sagt er:

„Viele Male bin ich in direktem Kontakt mit Mutter gestanden, und ich spüre, wie ihre Kraft mich umhüllt. Gestern begann ich mit der Lektüre von Mutters Gebete und Meditationen. Sie sind eine wahre Pracht. Mit P.L. sprechen wir jeden Tag über Sri Aurobindos Ashram. Jeden Tag. Der Herr hat Sie bei der Hand genommen und Sie in diese Oase des Friedens und des Lichts geführt: Seien Sie ihm dankbar! Ich beneide Sie so ... Mit P.L. bilden wir ein unschlagbares Team. Wir haben große Pläne ... und wir werden sie verwirklichen. Ich hielt mich für „alt", aber P.L. eröffnete mir: „Sie werden erst dann alt, wenn Sie aufhören, Fortschritte zu machen."„

Gut.

Hast du Neuigkeiten von deinem Verleger in Paris über den *Zyklus der menschlichen Entwicklung*?

Nein, nichts.

---

[1]. Auszug aus einem Brief von Sri Aurobindo an Mutter in Frankreich, vom 6. Mai 1915: „Nur mit einem ruhigen Herzen, einem festen Willen, vollständiger Selbsthingabe und einem stets auf das Jenseitsliegende fixierten Blick kann man unbetrübt in Zeiten wie diesen leben, bei denen es sich wahrlich um eine Periode universeller Zersetzung handelt."

7. AUGUST 1968

Bah!

(Mutter tritt in eine lange Kontemplation ein)

Folgendes geschah: der Körper empfindet plötzlich (ja, wirklich, eines Tages hat es ihn regelrecht gepackt) eine Art von ... nicht direkt Ekel, aber auf jeden Fall eine Unzufriedenheit mit seiner Seinsweise und all seinen Regungen, mit seinem ganzen Bewußtsein und ... (es ist klar, daß dies einer Bewegung entsprach, einer ihn betreffenden Bewegung der Transformation): eine völlige Zersetzung. Und ganz spontan, mit aller Aufrichtigkeit, zu der er fähig ist, gab er sich der Transformation hin und sagte: „Entweder Transformation oder Auflösung." Einfach so.

Somit scheinen die Dinge einen beschleunigten Kurs genommen zu haben, und die ganze alte Energie, die im Grunde nur vom Ego, vom Gefühl der eigenen Person herrührte: weg. Materiell, äußerlich war das Ergebnis, daß der Puls mehr als phantastische Formen annahm.

Aber spontan und beständig ruft der Körper – er ruft und ruft ...

Nur befindet er sich immer noch in einer Phase, wo alles schmerzt – alles ist elend, überall. Und ... er erfährt keine wirkliche Freude, verstehst du, er empfindet eine Art von beständigem Staunen, aber ... Auch hat er absolut keine Kraft.

Ich mußte alle Arbeit drastisch reduzieren. Einige Minutenlang, auch im Kontakt mit den anderen, kommt die Gegenwart sehr deutlich, wie immer, aber ... *(Mutter schüttelt den Kopf)*. Die Umstände scheinen sich so zu arrangieren, um die Gegenwart und die Hilfe zu bezeugen; zum Beispiel besteht die Macht über andere noch, dies aber ... *(Mutter deutet auf ihren Körper, als wäre da nichts, keine Macht über den Körper mehr)*.

(Schweigen)

Ich weiß nicht ...
Hat man dir etwas über mich gesagt?

Nein.

Ich weiß nicht, was sie unter sich sagen, ich habe jedoch den sehr starken Eindruck, daß alle denken, es sei das Ende.

Nein, nein! Überhaupt nicht!

Nicht?

Aber nein, Mutter, keineswegs!

Das Bewußtsein ist klar-klar-klar, weißt du, absolut nicht beeinträchtigt[1], absolut nicht, aber ...

Völlig klar – es ist vielleicht sogar klarer als früher.

Gestern noch konnte ich zum Beispiel nicht einmal mehr sprechen: Sobald ich ein Wort sagen wollte, mußte ich husten und husten. Heute spreche ich zum ersten Mal seit unserer letzten Begegnung.

Nein, Mutter, wir haben alle im Gegenteil den Glauben – einen spontanen Glauben –, daß es sich hier wirklich um die allerletzte Möglichkeit handelt, und das KANN NICHT fehlschlagen!

Der Körper gab sich mit aller Aufrichtigkeit hin, wirklich mit aller Aufrichtigkeit. Gibt es noch zu viel zu tun? Ich weiß nicht.

(Mutter tritt in Kontemplation ein)

Bis zum nächsten Mal also ...

Samstag ... Aber die Leute verstehen schon, Mutter!

Sie verstehen?

Ja, die „Notizen auf dem Weg" haben zu diesem Verständnis verholfen.

Also gut.

Sie wissen, daß dies eine Arbeit ist, die im Gange ist.

Schön!... *(Mutter lächelt spöttisch)*
Mein Kind ...

10. August 1968

(Mutter macht einen etwas kräftigeren Eindruck: sie blieb aufrecht stehen, um uns Blumen zu geben. Satprem übergibt Mutter seine Kriegsrente).

Satprem ist ein reicher Mann geworden! *(Mutter lacht)*

---

1. Mutter reagierte auf die Frage, die sich die meisten ihrer Schüler insgeheim stellten.

Gibt es nichts, was wir tun sollten?... Ich bin sicher, daß ich etwas für dich hatte, etwas, das ich dir zeigen wollte ... das ich mit dir erledigen wollte.

(Schweigen)

Es war etwas, das ich gestern Nacht mit dir getan habe.

(Mutter tritt in eine lange Kontemplation ein)

Es ist eine merkliche Besserung eingetreten, aber noch ist es unmöglich zu sprechen.
Hast du Fragen?
Wieviel Uhr ist es?... Elf Uhr fünfzehn.
Es ist LANGE her, daß ich mich so schön ausruhen konnte – lange.[1]

22. August 1968

(Wir haben Mutter seit dem 10. August nicht mehr gesehen. Dem Arzt zufolge ist ihr Herz äußerst schwach, sie ißt nicht mehr und kann sich nicht mehr aufrecht halten. Trotzdem erschien sie am 15. August zum Darshan fünf Minuten auf dem Balkon, aber P und V – der Leibwächter und die Assistentin – waren hinter ihr und an ihrer Seite, bereit, sie zu stützen. Sie machte einen so blassen Eindruck in ihrem silbernen Cape. Am 22. August morgens schickte sie Satprem einen Brief mit Trockensuppen, sie kümmerte sich selbst noch um die materiellen Bedürfnisse des Schülers. Ihre Schrift ist sehr verändert.)

22.8.68

Hier die Suppenpakete, sie sind dir inzwischen sicher ausgegangen.
Diesmal ist es WIRKLICH interessant – dabei ein wenig total und radikal.

---

[1]. Wir werden Mutter achtzehn Tage lang nicht sehen. Es war die zweite große Wende ihres Yogas nach derjenigen von 1962.

Wie *weit* wir noch vom Ziel entfernt sind ...
Ich werde versuchen, mich zu erinnern.

Immer bei Dir,

Mutter

28. August 1968

(Mutter empfängt uns in ihrem neuen niedrigen Sessel aus Rosenholz, der ihr bis zum Ende bleiben wird. Sie erhebt sich nicht mehr, um für uns Blumen zu holen.)

Komm näher, ich bin tauber als je zuvor! Wie geht es dir?

Es ist lange her, seit ich dich gesehen habe.

Es war interessant, mein Kind. Ich habe all die Notizen aufbewahrt, wir können sie zusammen durchsehen. Es ist noch nicht abgeschlossen, und ich weiß nicht, wann es vollzogen sein wird. Ich kann aber immerhin wieder beginnen, dich vormittags zu sehen.

Vor allem mußt du inzwischen verhungert sein.

Nein, überhaupt nicht!

(Mutter gibt Satprem Suppentüten)

Hast du etwas Neues?

Nein, Mutter. Vor dem 15. August sah ich etwas, eines Nachts, um den 11. August herum: ich sah eine ungeheure, überwältigende Welle von weißem Schaum, und zwar eine Welle, die höher als ein Haus war, phantastisch; und diese Welle schien ein riesiges, ganz schwarzes Dampfschiff voranzutreiben, das über die Klippen glitt, aber nicht daran zerschellte. Es wurde von dieser Welle vorangetrieben. Und da war noch ein anderes Schiff, viel kleiner, das eine hellgraue Farbe zu haben schien und noch viel schneller dahinschoß.

Dort drüben bewegt sich vieles ... Weißt du von den Ereignissen in der Tschechoslowakei?[1]

---

1. Am 20. August hatte Rußland die Tschechoslowakei besetzt.

28. AUGUST 1968

Es regt sich einiges.
Ein schwarzes Dampfschiff?

Ja, ein riesiges Dampfschiff. Seltsamerweise hatte man den Eindruck, daß es auf die Klippen prallen würde (die auch schwarz waren), ohne jedoch daran zu zerschellen.

Ich bin sicher, daß die Bewegung begonnen hat ... Wie lange wird es noch dauern, bis eine konkrete, sichtbare und koordinierte Verwirklichung erreicht worden ist? Ich weiß es nicht.

Etwas hat begonnen ... Es scheint der Ansturm der neuen Spezies und der neuen Schöpfung oder auf jeden Fall *einer* neuen Schöpfung zu sein.

Eine irdische Neuordnung und eine neue Schöpfung.

Für mich haben sich die Dinge sehr zugespitzt ... Es war mir unmöglich, auch nur ein Wort herauszubringen, kein einziges Wort: sobald ich zu sprechen anfing, mußte ich husten-husten-husten. So wurde mir klar, daß entschieden worden war, daß ich nicht sprechen sollte. Ich verharrte so und ließ die Kurve ihren Lauf nehmen. Danach verstand ich. Wir sind noch nicht am Ende angelangt, aber ... (wie soll man sagen?) wir sind über den Berg.

Eine Zeitlang waren die Dinge äußerst zugespitzt ... Gewöhnlich verliere ich nicht die Geduld, es war aber so weit gegangen, daß wirklich alles im Wesen ausgelöscht war. Nicht allein, daß ich nicht sprechen konnte, der Kopf befand sich in einem Zustand, den er in meinem gesamten Dasein noch nicht empfunden hat: so voller Schmerzen ... Ich konnte nichts mehr sehen, ich konnte nichts mehr hören (nachher werde ich dir von den Erfahrungen erzählen). Eines Tages also, als die Dinge wirklich ... überall so unangenehm und schmerzhaft waren, sagte der Körper wirklich sehr spontan und mit großem Nachdruck: „Es ist mir vollkommen egal, ob ich aufgelöst werde, und ich bin auch absolut bereit weiterzuleben, aber ich befinde mich in einem unmöglichen Zustand, so kann das nicht weitergehen – entweder leben oder sterben, aber nicht das." Von dem Augenblick an wurde es etwas besser. Damit begannen die Dinge, Schritt für Schritt wieder in Ordnung zu kommen.

Ich habe mir Notizen gemacht, die nicht viel taugen, ich glaube jedoch, daß sie aufschlußreich sein können *(Mutter sucht nach den Notizen auf einem Tisch in ihrer Nähe).* Ich sehe immer noch nichts – ich sehe nichts, aber ich weiß, wo die Dinge sind.

Ich habe zwei Sachen hier. Die eine ist etwas sarkastisch und kurz, die könnte als „À Propos" im nächsten *Bulletin* dienen. Und noch etwas habe ich da, das du, wenn du es überarbeitest, für die „Notizen auf dem Weg" verwenden kannst.

Das „À Propos" ist kurz und bündig *(Satprem liest):*

> „Der Arzt empfiehlt, sich nicht zu überanstrengen. Was aber ermüdet einen? – Nur das Nutzlose.
> Aufrichtige Menschen zu sehen, denen dies wohltut, ermüdet in keiner Weise.
> Diejenigen hingegen, die nur kommen, um Theorien oder Praktiken zu beurteilen, die sich in ihrer Intelligenz für sehr erhaben halten und für fähig, zwischen richtig und falsch zu unterscheiden, und die vermeinen, beurteilen zu können, ob eine Lehre wahr ist und eine bestimmte Praktik mit der Höchsten Wirklichkeit übereinstimmt, diese sind allerdings sehr anstrengend, und sie zu sehen, ist zumindest nutzlos ..."

Oh, das verstehe ich. Ich verstehe sehr gut, was du damit sagen willst!

(Mutter lacht) Ich dachte, daß dies eine interessante kleine Botschaft abgeben könnte.

Oh, ich habe eine Menge Leute dieser Art gesehen, weißt du ...

> „... Diese höheren Intelligenzen mögen ihrem kleinen Pfad folgen, was Jahrtausende dauern wird, und mögen sie die einfachen Leute und die Leute guten Willens, jene, die ihren Glauben in die göttliche Gnade setzen, in Ruhe auf ihrem Pfad des Lichts fortschreiten lassen."

Dann habe ich verschiedene Notizen, ich weiß nicht, welche das hier ist. (Mutter reicht Satprem die Blätter)

Die erste Notiz ist vom 22. August datiert:

„Über mehrere Stunden waren die Landschaften zauberhaft und von vollkommener Harmonie.
Ebenfalls über lange Zeit Visionen des Inneren immenser Tempel mit lebendigen Gottheiten. Jede Sache mit einem Grund, einem klaren Zweck, um nichtmentalisierte Bewußtseinszustände auszudrücken.
Anhaltende Visionen.
Landschaften.
Bauwerke.
Städte.

Alles immens und mannigfaltig, das gesamte Sichtfeld umfassend und die Bewußtseinszustände des Körpers ausdrückend. Viele, viele Bauwerke, immense Städte im Aufbau ..."

Ja, dies ist die Welt, die gebaut wird, die zukünftige Welt im Aufbau. Ich hörte nichts mehr, ich sah nichts mehr, ich sprach nicht mehr: ich lebte darin, die ganze Zeit, die ganze Zeit, Tag und Nacht. Sobald ich es aufschreiben konnte, notierte ich mir dies.

„... alle Arten von Baustilen, hauptsächlich moderne, noch nie gesehene. Unbeschreiblich!
Es handelt sich hierbei nicht um gesehene Bilder, sondern um Orte, an denen ich mich befand."

Ja, genau das ist es. Ich werde dir erklären, was geschehen ist. Hier eine andere Notiz mit dem Anfang:

„Das Vital und das Mental wurden fortgeschickt, um das Physische wirklich seinen eigenen Mitteln zu überlassen."

Ganz allein! Auf sich allein gestellt! Auf diese Weise wurde mir bewußt, wie sehr das Vital und das Mental dafür verantwortlich sind, daß man sieht, daß man versteht und daß man sprechen kann. Es war ... Ich sah, denn ich konnte noch umhergehen, es war jedoch ganz undeutlich und verschwommen. Ich hörte noch weniger als vorher, d.h. sehr wenig – ein bißchen –, manchmal so viel wie vorher, mitunter sogar einen ganz leisen Ton von sehr weither, den die anderen nicht hörten, ich aber hörte ihn; aber wenn sie mit mir sprachen, verstand ich nichts: „Was sagen Sie?" Ich weiß es nicht. Und dies hielt Tag und Nacht an.

Eines Nachts (um dir zu erklären, daß alles durcheinander war) ging es mir sehr schlecht; etwas geschah, und ich hatte einen ziemlich starken Schmerz, an Schlaf war nicht zu denken. Also verharrte ich in Konzentration, und so schien die Nacht in einigen Minuten vorüberzugehen. Andere Male hingegen, an anderen Tagen und zu anderen Zeiten, blieb ich konzentriert und fragte hin und wieder nach der Uhrzeit; einmal kam es mir so vor, als seien Stunden über Stunden vergangen, und als ich fragte: „Wieviel Uhr ist es?", waren es gerade fünf Minuten ... Weißt du, alles war ... ich kann nicht sagen durcheinander, sondern hatte eine vollkommen andere Ordnung erhalten.

Am 23. war der Geburtstag von A. Also sagte ich mir: der arme Mann, er wartet draußen, also muß ich ihn empfangen. Da rief ich ihn herein, und er setzte sich. Und mit einem Schlag fing mein Kopf ganz von sich aus an zu arbeiten – d.h. nicht der „Kopf", nicht die

„Gedanken" *(Mutter deutet ein Strömen oder durch sie hindurchgehende Wellen an)*, ich weiß nicht, wie ich das beschreiben soll. Es handelte sich nicht um Gedanken: eher Visionen, Wahrnehmungen. Ich stellte ihm also Fragen, und er notierte sie *(Mutter reicht Satprem eine maschinengeschriebene Notiz)*. Er hat nur meine Fragen festgehalten, nicht seine Antworten.

Mutter sagte am Nachmittag des 23. August 1968:

„Weiß man, wie die Materie sich bildete?..."

Das Physische stellte diese Fragen. Ich weiß nicht, wahrscheinlich interessierte sich der Körper im Kontakt mit der Atmosphäre von A *(einem Naturwissenschaftler)* dafür, wie alles entstanden ist. Und da A zugegen war und ich wußte, daß er antworten konnte, stellte ich ihm die Fragen.

„Weiß man, wie die Materie sich bildete?...
Zu sagen, es handle sich um verdichtete Energie, bedeutet nur, das Problem vor sich her zu schieben.
Die wirkliche Frage ist folgende: Wie stellt es der Höchste an, sich in der Materie zu manifestieren?..."

Der arme A war ein wenig überrascht. Nicht wahr, diese Themen werden für so wichtig, so weit und nobel angesehen, daß es ... wenn ich davon in einem solch gänzlich kindlichen Tonfall spreche, in einer so gewöhnlichen Sprache *(Mutter lacht)*, eine Bestürzung auslöst ... es war wirklich schwierig für ihn. Er sagte also: „Ich habe mein Möglichstes getan"(!)

„... weiß man, seit wann die Erde existiert? Was soll das -heißen, wenn man von Millionen oder Milliarden Jahren spricht?..."

Man hatte damals ja keine Zeitrechnung! Mit der Schlichtheit eines Kindes fragte der Körper: Ihr sprecht von Milliarden von Jahren, aber was war euer Maßstab dabei?

„... Kann man sicher sein, daß das, was wir ein Jahr nennen, immer den gleichen Zeitabschnitt bezeichnet hat?... Ich erlebte in diesen Tagen das Bewußtsein der Unwirklichkeit unserer gewohnten Zeitvorstellung. Mitunter erscheint eine Minute endlos; dann wieder vergehen Stunden und selbst ein Tag, scheinbar ohne irgendeine Dauer gehabt zu haben.
Sagt man, daß es einen Anfang gegeben hat?"

28. AUGUST 1968

(Hier erklärt A Mutter die Theorie, wonach das Universum durch verschiedene aufeinanderfolgende Perioden der Expansion und Kontraktion geht, und diese Theorie schien Mutter zu gefallen.)

Ja, das sind die „Pralayas".[1]

„... Diese Fragen werden nunmehr vom Körper gestellt. Das Mental ist seit langem verschwunden. Der Körper, die Zellen des Körpers, möchten aber den Kontakt mit dem wahren Wesen haben, ohne sozusagen über das Vital oder sogar das Mental gehen zu müssen. Darum geht es jetzt.
In diesen Tagen hatte ich zwei- oder dreimal das Wissen ..."

Ach, zwei- oder dreimal hatte ich absolut wunderbare und einzigartige Augenblicke – unbeschreiblich. Wirklich unbeschreiblich!

„... sobald man sich aber einer solchen Erfahrung bewußt wird ..."

Man hat die Erfahrung, und dann wird einem bewußt, daß man sie hat, und dadurch verdunkelt sie sich bereits, etwas trübt sich.

Ja, denn es handelt sich um das ganze Phänomen der Objektivierung des Mentals, das im Grunde in einer nächsten Spezies verschwinden wird.

Ja, so scheint es zu sein.

„... Sobald man sich aber einer solchen Erfahrung bewußt wird, sobald sie sich in die Erinnerung einprägt, ist sie bereits vollkommen verfälscht.
Im Grunde geschieht das auch bei den Wissenschaftlern. Wenn sie eine kleine Parzelle von Wissen erlangt haben, müssen sie sie ein- oder besser verkleiden, um sie dem menschlichen Bewußtsein zugänglich und verständlich zu machen."

(Schweigen)

„Weiß man, seit wann der Mensch existiert?
Bis der Übermensch auftritt, wird es zwar weniger Zeit dauern, als der Mensch brauchte, um sich zu entwickeln, aber es wird nicht sofort geschehen ..."

Am 23. steckte ich noch voll in der Suppe, mein Kind. Also dachte ich mir: Um aus dieser Suppe herauszukommen und ein fähiges Wesen

---

1. *Pralaya:* das Ende einer Welt, gefolgt von einer neuen Welt oder einer neuen Ära.

zu werden, das existiert und handelt, wird es noch lange dauern. Das dachte ich mir jedenfalls.

Du sagst aber auch folgendes, um mit der Notiz abzuschließen:

„Wir werden getan haben, was wir konnten."

Ja, das sagte ich ihm, um ihn zu trösten.

Hier, was sich dann in der Nacht zugetragen hat *(Mutter reicht Satprem eine von ihr selbst geschriebene Notiz):*

In der Nacht vom 26. auf den 27. August:

„Machtvolle und langanhaltende Durchdringung der supramentalen Kräfte im Körper, überall gleichzeitig ..."

Durchdringung des Körpers. Ja, eine Durchdringung von Strömen habe ich schon mehrmals gespürt, aber in dieser Nacht (d.h. vorgestern nacht) kam es plötzlich auf einen Schlag, als gäbe es nur noch diese supramentale Atmosphäre. Es gab nichts als das. Und mein Körper befand sich mitten drin. Es DRÜCKTE von allen Seiten, um einzudringen, von allen Seiten gleichzeitig. Kein isolierter Strom mehr, der eindringt, sondern eine allumfassende Atmosphäre. Dies hielt wenigstens vier oder fünf Stunden an. Und es gab nur einen Teil, der weniger durchdrungen wurde, und zwar von hier bis hier *(zwischen dem Hals und dem Scheitel).* Dort erschien es grau und trübe, als würde es weniger durchdrungen ... Meine Zähne sind in einem entsetzlichen Zustand, mein Kopf auch – ich sage dir: ich sehe nichts mehr, ich höre nichts mehr, ich ... All dies *(vom Kopf bis zum Hals)* braucht eine große Umwandlung. Aber abgesehen davon wurde alles andere massiv durchflutet ... Nie zuvor habe ich so etwas verspürt, niemals! Und es dauerte Stunden – Stunden. Bei vollem Bewußtsein.

In dem Augenblick, als es kam und während es blieb, war mir bewußt: „Ach, dafür ist es! Dafür also! Das willst Du von mir, Herr." In diesem Augenblick hatte ich das Gefühl, daß ETWAS geschehen würde.

Letzte Nacht erwartete ich, daß es wiederkommen würde, aber es kam nicht.

Dies war das erste Mal. Und es ging über Stunden. Es gab nichts mehr als Das. Und dies hier *(der Körper)* saugte es auf wie ein Schwamm.

Nur der Kopf war ganz grau und trübe. Die Zähne völlig ruiniert, d.h. sie sind in einem kläglichen Zustand ... Aber trotzdem bestand eine sehr klare Vision von allem, was sich für den Körper in den letzten Monaten zugetragen hat, und ... fast ein Hoffnungsschimmer, als würde man mir zu verstehen geben, daß hier etwas zustandekommen könnte.

Und es kam als Antwort auf das, was der Körper gesagt hatte (vielleicht zwei oder drei Tage zuvor) und wovon ich dir zu Beginn erzählt habe: daß er völlig bereit sei, aufgelöst zu werden (er ist von einer vollkommenen Ergebenheit), und daß er ebenfalls vollkommen bereit sei, unter egal welchen Umständen weiterzuleben, jedoch nicht in diesem Zustand der Verwesung. Darauf gab es zwei Tage lang keine Antwort, und schließlich folgte diese Durchdringung. Am darauffolgenden Tag ging es mir schon etwas besser, ich konnte wieder anfangen zu ... Weißt du, ich konnte mich ja nicht einmal mehr aufrecht halten! Ich hatte keinen Gleichgewichtssinn mehr, ich mußte gestützt werden. Ich hatte den Gleichgewichtssinn so weit verloren, daß ich keinen Schritt mehr machen konnte. An dem Punkt begann ich zu protestieren. Und am nächsten Morgen ging es wieder ein bißchen besser.

Am 23. besuchte mich A, und ich merkte, daß der KÖRPER während seines Besuchs vollkommen wach war – verstehst du, es handelte sich nicht um das Mental oder das Vital: die waren weggefegt ... Ich weiß nicht, ob dir klar ist, was dies bedeutet.

Doch, das ist phantastisch.

Ein Körper ohne Mental und ohne Vital. Und er befand sich in dem beschriebenen Zustand. Es gab nur diese Wahrnehmungen (*Städte, Bauten, Tempel*), er lebte in Seelenzuständen: die Seelenzustände der anderen, Seelenzustände der Erde, Seelenzustände ... Seelenzustände, die sich durch Bilder ausdrückten. Es war interessant. Ich kann nicht sagen, daß es uninteressant war, aber es bestand kein Kontakt mit dem materiellen Leben, oder nur ein sehr geringer: ich konnte kaum essen, ich konnte nicht gehen ... Der Körper war zu etwas geworden, um das sich die andern kümmern mußten, in allen Einzelheiten.

Und durch den Kontakt mit A begann der Körper, sich für all dies zu interessieren, ganz spontan stellte er Fragen, ohne zu wissen warum. Ständig fragte er: „Sieh an, so ist man also beschaffen ..." Er begann sich zu amüsieren.

Das wird einige Zeit brauchen.

Als vorgestern diese Durchdringung kam, sagte ich mir: „Ach!" ... Ich hoffte, daß der Gang sich beschleunigen würde und daß man schneller da herauskäme, aber heute nacht geschah nichts. Daraus ersehe ich, daß es noch einige Zeit dauern wird.

Aber in deiner Notiz vom 26. auf den 27. schreibst du etwas Seltsames:

> „Als ob der ganze Körper in den Kräften badete, die ihn von überallher gleichzeitig mit einer leichten Reibung durchdringen ..."

Und du fügst folgendes hinzu:

> „Der Kopf bis zum Hals war der am wenigsten empfängliche Bereich."

Es ist seltsam, daß gerade der Kopf am wenigsten empfänglich sein sollte ...

Nein, keineswegs, es handelt sich um den am stärksten mentalisierten Bereich. Und das Mental bildet ja den Widerstand.

Erstaunlicherweise wurde jedesmal, wenn du diese großartigen Augenblicke oder diese harten Schläge erlebtest, wenn ich so sagen darf, das Mental und das Vital hinweggefegt. Beim ersten Mal, 1962, geschah es genauso.

Ja, jedesmal.

Ich weiß, die Sache verhält sich folgendermaßen: Das Mental und das Vital waren Werkzeuge, um die Materie zu bearbeiten – sie auf alle möglichen Arten durchzukneten: das Vital durch die Empfindungen und das Mental durch die Gedanken. Nun machen sie mir aber den Eindruck von Behelfswerkzeugen, die durch andere Bewußtseinsebenen ersetzt werden sollen.

Verstehst du, es handelt sich um eine Phase in der universellen Entwicklung, und sie werden wie hinfällig gewordene Werkzeuge wegfallen.

Und jetzt habe ich die konkrete Erfahrung, was diese durch das Vital und das Mental geknetete Materie ist, aber OHNE Vital und OHNE Mental ... das ist etwas ganz anderes.

Diese „Wahrnehmungen von Seelenzuständen" enthielten vielerlei Sachen ... wirklich wunderbar! Keine, wirklich KEINE mentale Vorstellung könnte so herrlich sein – keine einzige. Ich verbrachte Augenblicke ... Alles, was man menschlich spüren oder sehen könnte, ist NICHTS im Vergleich dazu. Es gab Augenblicke ... absolut unbeschreiblich herrliche Augenblicke. Jedoch ganz ohne Gedanken, völlig ohne Gedanken.

Man könnte dieses kleine „*À Propos*" hinzufügen ... (wo ich mich über die Leute lustig mache), und dann kannst du mit all dem die „Notizen" vorbereiten.

Es sind noch einige andere Notizen übrig, die ich dir noch nicht vorgelesen habe. Hier sagst du:

28. AUGUST 1968

„Für den Menschen beginnt das Bewußtsein in der Mehrzahl der Fälle mit der Empfindung. Für den Körper waren all diese Empfindungen wie vermindert oder verschwommen: er sah und hörte wie durch einen Schleier. Gleichzeitig eine sehr extrem ausgeprägte Wahrnehmung des Grads der Harmonie oder Disharmonie. Der bildhafte Ausdruck – *weder gedacht* noch gefühlt."

Ich sagte es dir schon, ich sah ... nicht „sehen", wie man ein Bild sieht, sondern sich DARIN BEFINDEN, an einem bestimmten Ort sein. Noch nie habe ich etwas so Schönes gesehen oder empfunden! Es war kein Empfinden, sondern ... ich weiß nicht, wie ich es erklären soll. Absolut wunderbare Augenblicke, einfach wunderbar und einzigartig. Und es handelte sich nicht um Gedanken, ich könnte nicht einmal anfangen, es zu beschreiben – wie sollte man es auch beschreiben? Man kann Dinge nur beschreiben, wenn man zu denken anfängt.

Hier noch eine weitere Notiz:

„Der Bewußtseinszustand des Körpers und die Qualität seiner Handlungen hängt ab von dem Individuum oder den Individuen, in deren Gesellschaft er sich befindet ..."

Ach ja. Das war hoch interessant, weil ich alles etwa so sah *(Geste eines ablaufenden Films)*, es änderte sich. Jemand näherte sich mir: es änderte sich. Es geschah jemandem etwas: es änderte sich. Da waren P, V, der Arzt und manchmal C – C aber hatte nicht viel Einfluß auf die Atmosphäre. Bei den anderen drei war es jedoch stark, vor allem bei P und V ... Mein Kind, eines Tages, ich weiß nicht, was ihnen geschah: sie waren übermenschlich. Eines Tages, als ich offenbar in Gefahr war, ich weiß es nicht. Einmal waren während des ganzen Tages die Bilder (nein, keine „Bilder": Orte, an denen ich mich befand) so herrlich schön und harmonisch ... unbeschreiblich, ganz unbeschreiblich. Und sobald sich das Geringste in ihrem Bewußtsein änderte, begann sich sofort alles zu verwandeln. Wie in einem fortwährenden Kaleidoskop, Tag und Nacht. Hätte es irgendeine Möglichkeit gegeben, das aufzuzeichnen, wäre es einzigartig. Wirklich einzigartig. Und der Körper befand sich darin, beinahe porös – durchlässig, ohne jeden Widerstand, als würde alles durch ihn hindurchgehen.

Ich verbrachte Stunden, die herrlichsten, die man auf Erden verbringen kann.

Es war so ausdrucksvoll und aufschlußreich. Eines Nachts, während zwei Stunden, diese Tempel, von denen ich sprach (sie sind nicht physisch), von einer Unermeßlichkeit, einer Großartigkeit ... LEBENDIGE Gottheiten, mein Kind! Keine Bilder. Und ich weiß, wovon ich spreche.

Und dann der Bewußtseinszustand der Ewigkeit, oh!... wie über alle Umstände erhaben.

EINZIGARTIGE Dinge, wie kann man darüber sprechen?... Unmöglich, ganz unmöglich: es besteht nicht einmal genug Bewußtsein, um sie beschreiben zu können.

Die Notiz fährt fort:

„Der Sitz und das Feld des Körperbewußtseins sowie die Qualität seines Wirkens verändern sich und variieren entsprechend den Anwesenden, auf der ganzen Bandbreite, von der materiellsten Ebene über alle möglichen Arten von intellektuellen Tätigkeiten bis zu den spirituellsten.
Die Wahrnehmung der GEGENWART ist jedoch anhaltend und assoziiert mit allen Bewußtseinszuständen, ganz gleich, um welche es sich handelt ..."

Ja, mir wurde hier klar, daß die Zellen überall und die ganze Zeit über ständig wiederholten: OM NAMO BHAGAVATÉ, OM NAMO BHAGAVATÉ ... andauernd, andauernd.

„... und OM Namo Bhagavaté wiederholte sich spontan und automatisch in einer Art sanften Friedens."

28. AUGUST 1968

Verstehst du: Deshalb läßt sich nicht sagen, daß er litt oder krank war, das ist nicht möglich! Das kann man nicht sagen.

Es gibt Augenblicke, in denen wirklich etwas (ich weiß nicht was im Körper) sagte ... (dies aber habe ich nicht notiert, denn ich möchte nicht, daß man das sagt, es sollte nicht gesagt werden; ich sage es nur dir, einfach um die Sache zu erklären, es sollte aber nicht erscheinen, es sollte nicht gesagt werden, ich möchte es nicht ...) Der Körper (er befand sich in seiner Vereinigung) sagte also: „Ich bin bereit zur vollkommenen Auflösung. Ebenso bin ich bereit für das ewige Leben. Aber nicht dies, nicht dieser Zustand einer Halbverwesung: daraus muß man herauskommen." Und von dem Augenblick an begann es, besser zu werden.

Das heißt, für einige Minuten verlor er die Geduld. Und einige Minuten später wußte dieser Schwachkopf bereits selber, er wußte, er hatte es abgelehnt, sich auf eine noch umfassendere Erfahrung einzulassen. Verstehst du, der Körper hatte nicht den Mut, die Ausdauer, die Geduld und den notwendigen Glauben, um eine noch umfassendere Erfahrung auf sich zu nehmen.

Stell dir vor, auf einen Schlag, ich weiß nicht ... Ich muß sagen, daß es nicht angenehm war, es kam wie eine bösartige Suggestion von außen, die mir sagte: „Falls du jetzt geheilt wirst, dann mußt du, wenn der Tod dann wirklich kommt, all dies nochmals durchmachen."[1] Widerlich! Und ich glaube, dies war der tiefere Grund für diesen *outburst* [Ausbruch von Ungeduld].

Darüber darf also nicht gesprochen werden.

Ich betrachte dies als eine Niederlage.

Ich sollte jedoch (mit aller Bescheidenheit) auch sagen, daß ich mir nicht vorstellen kann, daß es viele gibt, die dies hätten aushalten können.

Und jetzt ergeht sich der Körper in seinem *mea culpa*.

Wir werden sehen.

Bis dann, mein Kind.

---

1. Ein Schüler, der ein guter Hellseher war, vernahm eines Nachts eine Stimme, deren Schwingung offensichtlich feindlich war (eine Stimme, die er aus einer vitalen Welt kommen spürte, die der Materie sehr nahe ist, beinahe selbst eine materielle Welt), die ihm erklärte, daß Mutter diesmal noch davonkommen werde, die aber auch voraussagte, daß die letzte Schlacht 1972 geschlagen würde.

30. August 1968

Ich dachte, es wäre vielleicht besser, wir würden deinem letzten „À Propos" eine kurze einführende Erklärung voranschicken, denn all jene, die das Bulletin lesen, sind nicht auf dem laufenden. Ich würde folgendes vorschlagen: „Diese Notizen im À Propos wurden von Mutter in der Folge einer Krise niedergeschrieben, die ihren physischen Körper bedrohte."

Das klingt etwas dramatisch!

Nun, schließlich ist es das, was passiert ist.

(Nach einem Schweigen) Ja, du hast recht, es ist besser zu sagen, daß es sich um eine rein physische Frage handelt – „dort" gibt es keine Krisen mehr. Nur der Körper hat dies noch nötig.

(Darauf liest Satprem Mutter die „Notizen auf dem Weg" vor, die aus dem letzten Gespräch zusammengestellt wurden. Mutter zögert, ihre Erfahrungen zu veröffentlichen.)

Das Bulletin geht überallhin, weißt du ... Es handelt sich nicht um eine persönliche Frage: es geht um den Standpunkt der Arbeit und die Auswirkungen, die dies hervorrufen wird. Nun, ich lasse es euch beide entscheiden *(Satprem und Nolini)*, ob es für die Arbeit geeignet ist oder nicht.

Ich habe den Eindruck, daß dieses Gespräch auf solch absolut klare Weise den Übergang des mentalen und vitalen Werkzeugs zu einem anderen Instrument verdeutlicht, das weder mentalisiert noch vitalisiert ist. Das ist ungeheuer wichtig.

Selbstverständlich!
Das ist offensichtlich. Ich habe den Eindruck, daß es jetzt wirklich neu ist.

Aber ja!

Wirklich eine neue Erfahrung.

(Schweigen)

Mitunter hat man den Eindruck, daß es sich beim Mental im Grunde um die ungeheuerste Illusion der Welt handelt ...

(Mutter nickt zustimmend)

... Daß dies der Schleier über der wahren Welt ist.

Nach dem, was ich jetzt sehe, erscheint mir, daß das Mental ein notwendiges Werkzeug war, um von der Unbewußtheit zum Bewußtsein zu gelangen, d.h. um diese Materie zu befähigen, Bewußtsein aufzunehmen. Ganz allmählich wird es nun aber entweder transformiert oder aufgelöst werden.

Das gleiche gilt für das Vital. Das Vital hat wirklich eine Wende zum Schlechteren genommen: es enthielt alle gegnerischen Kräfte und ebenso alle Schwierigkeiten. Hier gilt das gleiche: es war das erste Mittel, um die Materie aus der Unbewußtheit zu reißen, nachdem diese Arbeit jedoch getan ist, läßt sich sagen *(lächelnd)*, daß man sich von diesen beiden Strolchen getrost trennen sollte.

Es gibt in diesem Zusammenhang eine Erfahrung von einer Intelligenz, die dem Mental weit überlegen ist und die tatsächlich nichts mit dem Mental zu tun hat (eine Erfahrung, die Sri Aurobindo andauernd hatte). Eine „Intelligenz der Dinge" ... Und aus diesem Grunde nannte er seine Neuschöpfung „supramental". Und jedesmal beschrieb er sie als ein vollkommenes Verständnis der Dinge.

Man hat jedoch den Eindruck, daß das Mental nicht nur einen Schleier über das Wissen gelegt hat, sondern einen Schleier ÜBER DIE WELT SELBST. Daß man also die Welt nicht so sieht, wie sie ist, weil man sie mental sieht.

Ja, das ist möglich.

*(Schweigen,
Mutter sieht um sich)*

Ich sehe immer noch nichts.

September

4. September 1968

(Mutter ließ Nolini rufen, um ihn zu fragen, was er von dem Gespräch vom 28. August halte und ob er es für richtig erachte, es in den „Notizen auf dem Weg" zu veröffentlichen:)

(Zu Nolini:) Haben Sie es gelesen? Was halten Sie davon?

(Nolini:) Zunächst habe ich bei dem Gedanken an eine Veröffentlichung gezögert, dann dachte ich: „Wenn es auf andere dieselbe Wirkung hat wie auf mich, dann wird es hilfreich sein."

(Mutter lacht) Ich habe nichts dazu zu sagen ... All dies ist Teil der Erziehung dieses armen kleinen Körpers. Reizend!

(Nolini:) So werden wir es veröffentlichen?

(Satprem:) Wir könnten auch Pavitra fragen.

Pavitra wird sagen: „Was immer Mutter sagt" ...

Ich finde es vor allem sehr nützlich. Diejenigen, die mißverstehen, werden auf alle Fälle mißverstehen.

Oh, sie mißverstehen bereits!

(Nolini verläßt das Zimmer)

*
* *

Hast du nichts zu sagen?

Geht es dir besser, liebe Mutter?

Dieser arme Körper folgt einer Disziplin ... vom medizinischen Standpunkt aus glaube ich, daß es gut geht, ich weiß es nicht (!) Das heißt, ich huste nicht mehr, ich ...
Es fällt mir noch immer schwer zu sprechen.
Es fällt schwer, und außerdem erscheint es so unnötig ...

(langes Schweigen)

Seit zwei oder drei Nächten, auch letzte Nacht noch, war Sri Aurobindo lange anwesend; vor zwei Tagen war er mindestens zwei Stunden lang da. Er war gekommen, weil jemand etwas organisieren wollte (jemand mit großer Autorität), und ich wollte, daß Sri Aurobindo ihm erkläre, wie das zu tun sei. Der Betreffende war ein Europäer (ein Europäer oder Amerikaner, ich weiß es nicht, aber er schien eher europäisch zu sein), sehr groß, mit breiten Schultern. Ich kenne ihn nicht. Ein Mann zwischen vierzig und fünfzig, glaube ich ... Wie sieht Monsignore R aus?

Er ist ein sehr kräftiger Mann, eher untersetzt, eine breite Stirn, die untere Gesichtshälfte recht sinnlich.

Ja, ich habe das Foto gesehen.

Gestern in der Nacht kam Sri Aurobindo wieder. Er blieb eine längere Weile.

Jetzt sind die Visionen so konkret, daß sie beinahe materiell wirken – es handelt sich nicht um „Visionen", sondern es ist das Leben in einem bestimmten Zeitabschnitt. Und dies in einem Bereich, in den ich vorher noch keinen Einblick hatte.[1] Sehr konkret und präzise, und der Übergang zwischen diesem Zustand und dem Wachzustand ist beinahe unmerklich. Es handelt sich dabei nicht um eine Umkehr des Bewußtseins wie gewöhnlich: es ist beinahe unmerklich, wie miteinander verwoben *(Mutter greift mit den Fingern ihrer rechten Hand zwischen die ihrer linken, um die gegenseitige Durchdringung der beiden Welten anzuzeigen).*

Dort sehe ich allerlei Leute, die ich im allgemeinen sonst nicht sehe. Zum Beispiel träumte ich nie von P, nachts sah ich ihn nie; und nun sehe ich ihn sehr häufig, aber ... (wie soll ich sagen?) es gibt nur eine kleine Veränderung *(gleiche Geste der Verflechtung der Finger beider Hände)*, es ist sehr ... es handelt sich überhaupt nicht um denselben Bereich. Auch M sah ich z.B. nachts überhaupt nicht; und letzte Nacht sah ich ihn lange – ich fragte ihn Dinge, er antwortete mir, wir unterhielten uns ... es war völlig konkret.

Die Umgebung ist jedoch nicht dieselbe. Es handelt sich um eine SEHR vertraute Umgebung: ich habe nicht den Eindruck, mich an einem fremden Ort zu befinden; es ist eher ein Ort, wo ich mich, wenn nicht andauernd, so doch wenigstens täglich aufhalte und wo es bestimmte Gewohnheiten gibt ... Wirklich sehr seltsam, es handelt sich um einen Bereich, den ich früher nicht bewußt besuchte, und er ist überaus nahe *(die gleiche Geste).*

Letzte Nacht, als Sri Aurobindo kam, brachte ich ihm eine große Zeichnung, etwa so groß, eine Zeichnung mit Beschriftung, und ich sagte ihm: „Sieh, gerade wollte ich dir zeigen, wie interessant und amüsant dies ist!" Und es war ... Als ich erwachte, wußte ich nichts mehr davon. Es schien, als bestehe dort ein ganzes LEBEN – ein Leben und eine Tätigkeit, die sich entwickeln und uns ganz nahe sind. Es

---

[1] Und in welchen anderen Bereich hatte Mutter vorher keinen Einblick als in den zellularen?

muß sich um das Subtilphysische handeln, es ist ganz nahe. Sehr konkret, überhaupt nicht in der Art von Traumeindrücken. Vollkommen konkret, mit allen Empfindungen. Und von einer Kontinuität: es hält selbst dann noch an, wenn ich mir dessen nicht mehr bewußt bin, und wenn ich dann wieder bewußt hinkomme, geht es weiter: ich werde mir des Lebens dort zu einem „späteren" Zeitpunkt wieder bewußt, und es hat sich in der Zwischenzeit verändert.

Es macht den Eindruck eines materiellen Bereichs (d.h. physisch), wo das Bewußtsein intensiver ist – das Bewußtsein ist dort sehr klar und intensiv, und die Wahrnehmungen sind sehr intensiv.

Der Körper hat ganz und gar den Eindruck, eine Erziehung zu durchlaufen, Dinge zu lernen – nicht „Dinge" zu lernen: alles zu lernen.

Diese subtile Welt gleicht einer Wiederspiegelung der unsrigen, sie ist jedoch bewußter.

Das Licht dort ist sehr hell, die Formen sind sehr präzise.

(Schweigen)

Vor drei oder vier Tagen ruhte ich mich nach dem Essen aus (ich ruhe mich ein wenig aus, bevor ich bade – ich schlafe sehr wenig: ich trete in ein inneres Bewußtsein ein, aber ich schlafe nicht). Dann erwachte ich und schickte mich an, aufzustehen und zum Badezimmer zu gehen – ich fühlte mich wie früher: ich ging allein und war im Gleichgewicht. Ganz spontan, ohne darüber nachzudenken. Das wurde aber wieder zurückgezogen *(Geste, als käme jemand, um Mutter diese Kraft wegzunehmen)*. Also vermutete ich, daß während des Schlafs ein Teil des Vitalwesens *(lachend)* zurückgekommen war, und aus dem Grund begann ich natürlich, wieder zu Kräften zu kommen!... Dies wurde wieder weggenommen.

Es ist eine eigentliche Erziehung für den Körper: Man bringt ihm bei, seinen Willen zu gebrauchen – die wahre Art zu sein und zu wollen. Über der ganzen materiellen Schöpfung liegt wie ein Gewebe von bösem Willen *(die Erde bedeckende und einhüllende Geste)* – man könnte es „katastrophisch" nennen. Eine Art Netz, ja, ein defätistisches Netz – defätistisch und katastrophal –, wo man mit allem, was man tun möchte, keinen Erfolg hat, wo alle möglichen Unfälle passieren, alle möglichen bösen Willenskräfte eingreifen. Wie ein Netz. Und jetzt bringt man dem Körper bei, aus diesem Netz zu treten.

Und dies wie vermischt mit der sich verwirklichenden und ausdrükkenden Kraft; wie etwas, das der materiellen Schöpfung beigemengt ist. Und man bringt dem Körper bei, sich davon zu befreien. Es ist jedoch schwierig, sehr schwierig.

Dieses Netz ist die Ursache aller Krankheiten und Unfälle – der Grund für alle zerstörerischen Dinge.

Es besteht die ganze Zeit über – die ganze Zeit *(gleiche einhüllende Geste)*.

Und es ist sehr innig mit dem Körper vermengt. Es läßt sich noch nicht deutlich abtrennen.

So verläuft mein Leben jetzt. Dabei vergehen Stunden, in denen ich keine Ahnung habe, was außen vorgeht.

7. September 1968

Jemand hat mir ein Zitat von Sri Aurobindo geschickt, das sehr gut für das November-Bulletin zu passen scheint, es kommt aus *Thoughts and Glimpses:*

> „*The changes we see in the world today are intellectual, moral, physical in their ideal and intention: the spiritual revolution waits for its hour and throws up meanwhile its waves here and there. Until it comes, the sense of the others cannot be understood and till then all interpretations of present happenings and forecasts of man's future are vain things. For its nature, power, event are that which will determine the next cycle of our humanity.*"[1]

Sri Aurobindo
(geschrieben 1917)

Das Zitat vom August haben sie ausgelassen, ich habe es nicht einmal gesehen! Ich glaube, daß es Nolini nicht gefiel.

Ja, dort sprichst du nämlich von der „universellen Zersetzung".

Ja.

---

1. Die Veränderungen, die wir in der heutigen Welt sehen, sind intellektuell, ethisch, physisch in ihrem Ideal und ihrer Ausrichtung: die spirituelle Revolution harrt ihrer Stunde und wirft in der Zwischenzeit ihre Wellen hier und dort auf. Bis sie eintritt, kann der Sinn der übrigen Veränderungen nicht verstanden werden, und bis dahin sind alle Auslegungen und Interpretationen der gegenwärtigen Geschehnisse und die Voraussagen in bezug auf die Zukunft des Menschen eitles Tun. Denn ihre Natur, Macht und ihr Augenblick werden den nächsten Zyklus der Menschheit bestimmen. (*Thoughts and Glimpses*, 1917)

7. SEPTEMBER 1968

Dieses hier ist jedoch gut, denn er spricht von der spirituellen Revolution, als ob sie bald eintreten würde.

„Die spirituelle Revolution harrt ihrer Stunde."

Vielleicht ist sie nahe?

Ich gehe davon aus, daß sie schon begonnen hat!

Ja, das ist es.

Es muß hinzugefügt werden, daß dieser Text an dem betreffenden Datum geschrieben wurde ... *(1917)*

Es ist jedoch gut zu sagen, daß man die übrigen Revolutionen nicht begreifen kann, solange diese nicht stattgefunden hat.

Die übrigen sind nur Bindeglieder.

In Europa regt sich im Moment viel.

(Schweigen)

Pavitra hat die „Notizen auf dem Weg" gelesen *(das Gespräch vom 28. August)*, ich glaube, er hat nichts verstanden. Denn gestern sagte er mir nach der Lektüre ganz freundlich, daß er „Aufklärung darüber wünsche"...

*
* *

(Dann liest Satprem Mutter ein altes Entretien *vom 1. Juli 1953 vor, in dem Mutter vom Tod spricht. Zunächst wollte Mutter das Ende nicht abdrucken.)*

(Text des Entretiens:)

Ich habe euch schon wiederholt gesagt, und ich kann es nicht oft genug wiederholen, daß man nicht aus einem einzigen Stück gemacht ist. Wir beherbergen in uns viele Seinszustände, und jeder einzelne Seinszustand hat sein Eigenleben. Solange man einen Körper hat, ist all das in diesem Körper vereint, und es wirkt durch diesen einen Körper; dies vermittelt euch den Eindruck, daß es sich um eine einzige Person, um ein einziges Wesen handelt. Es gibt deren jedoch viele, und darüber hinaus gibt es Konzentrationen auf den verschiedenen Ebenen: so wie ihr ein physisches Wesen habt, habt ihr ein Vitalwesen, ein mentales Wesen, ein psychisches Wesen und noch viele andere, sowie alle Zwischenstufen ... Wenn ihr also euren Körper aufgebt, werden sich alle diese Wesen zerstreuen. Erst wenn ihr ein sehr fortgeschrittener Yogi seid und wenn ihr es vermögt, euer Wesen um das göttliche

Zentrum herum zu vereinen, bleiben alle diese Wesen miteinander verbunden. Wenn es euch nicht gelungen ist, euch zu vereinheitlichen, zerstreut sich im Augenblick des Todes alles: jedes Wesen geht in seinen Bereich zurück. Für das Vitalwesen beispielsweise werden sich eure verschiedenen Begierden abtrennen, und jede wird ihrer eigenen Verwirklichung entgegeneilen, ganz unabhängig voneinander, denn es gibt ja kein physisches Wesen mehr, um sie zusammenzuhalten. Habt ihr aber euer Bewußtsein mit dem psychischen Bewußtsein vereint, so bleibt ihr im Moment des Todes eures psychischen Wesens bewußt, und dieses psychische Wesen kehrt in die psychische Welt zurück – eine Welt der Seligkeit, der Freude, des Friedens, der Ruhe und des wachsenden Wissens ... Habt ihr aber in eurem Vital und all seinen Trieben gelebt, wird jeder Trieb sich hier oder dort zu verwirklichen versuchen ... Beispielsweise wird der Geizige mit jenem Teil seines Vitals, der ganz auf sein Geld konzentriert war, nach dem Tode daran haftenbleiben und darüber wachen, daß ja keiner es wegnimmt. Die Leute sehen ihn nicht, er ist jedoch nichtsdestoweniger gegenwärtig, und er wird sehr unglücklich sein, wenn etwas mit seinem lieben Geld geschieht ... Und wenn ihr ausschließlich in eurem physischen Bewußtsein lebt (was schwierig ist, denn ihr habt ja immerhin Gedanken und Gefühle) ... wenn ihr aber ausschließlich im Physischen lebt und das Physische zerfällt, werdet ihr euch im gleichen Augenblick auflösen, und dann ist es vorbei ... Es gibt einen Geist der Form: eure Gestalt hat einen Geist, der sieben Tage nach eurem Tod fortbesteht. Die Ärzte mögen euch für tot erklärt haben, der Geist der Form jedoch ist lebendig – nicht nur lebendig sondern in der Mehrzahl der Fälle auch bewußt. Er hält sich noch sieben bis acht Tage nach dem Tod, und dann löst er sich ebenfalls auf – ich spreche hier nicht von Yogis sondern vom gewöhnlichen Menschen. Die Yogis unterliegen keinen Gesetzen, für sie ist es völlig anders; für sie ist die Welt anders. Ich spreche von den gewöhnlichen Menschen, die ein gewöhnliches Leben führen; für sie verhält es sich so. Wenn ihr euer Bewußtsein bewahren wollt, besteht die Lösung somit darin, es in einem Teil eures Wesens zu vereinen, der unsterblich ist; andernfalls wird es sich wie eine Flamme in der Luft verflüchtigen, und das ist auch gut so, denn sonst gäbe es vielleicht allerlei Götter oder Arten von höheren Menschen, die dort ihre Höllen und ihre Himmel schaffen würden, in denen sie euch einschlössen, so wie sie dies jetzt in ihrer materiellen Einbildungskraft tun ...

(Frage:) Man sagt, es gebe einen Gott des Todes. Ist das wahr?

Ja. Ich nenne ihn einen „Genius des Todes". Ich kenne ihn gut. Es handelt sich da um eine außergewöhnliche Anordnung. Ihr könnt euch gar nicht vorstellen, wie genau das organisiert ist! Ich glaube, es gibt viele dieser Todesgenien, gewiß Hunderte. Ich habe wenigstens zwei von ihnen getroffen. Den einen traf ich in Frankreich und den anderen in Japan, und sie waren sehr verschieden; somit kann man sich vorstellen, daß es wahrscheinlich entsprechend der jeweiligen mentalen Kultur, der Erziehung, dem Herkunftsland, der Glaubensrichtung verschiedene solcher Genien gibt. Auf analoge Weise gibt es Genien aller Naturerscheinungen: Genien des Feuers, Genien der Luft, Genien des Wassers, des Regens, des Windes und eben Genien des Todes. Jeder dieser Genien des Todes, welcher es auch sei, hat ein Anrecht auf eine bestimmte Anzahl von Toten pro Tag. Eine wirklich phantastische Organisation. Es handelt sich um eine Art Bündnis zwischen den Vitalkräften und den Kräften der Natur. Wenn er zum Beispiel entschieden hat: „Hier die Anzahl der Leute, auf die ich heute ein Anrecht habe", nehmen wir an, vier oder fünf oder sechs (ein oder zwei sind auch möglich, das hängt vom Tag ab), wenn er entschieden hat, daß eine bestimmte Person sterben soll, wird sich der Genius in der Nähe der betreffenden Person aufhalten. Wenn es sich aber so verhält, daß ihr bewußt seid (ihr selber, nicht die betreffende Person), und wenn ihr den Genius wahrnehmt und seht, wie er auf eine betreffende Person zugeht, und ihr wollt nicht, daß diese Person stirbt, so könnt ihr ihm, falls ihr eine bestimmte okkulte Kraft besitzt, sagen: „Nein, ich verbiete dir, ihn mitzunehmen." Dies hat sich nicht nur einmal sondern mehrere Male zugetragen, in Japan und hier. Und es war nicht derselbe Genius. Deshalb sagte ich, daß es viele von ihnen geben muß ... Ihr könnt ihm sagen: „Ich verbiete dir, diese Person mitzunehmen." Und wenn ihr die Macht habt, ihn wegzuschicken, bleibt ihm nichts anderes übrig, als zu gehen; er verzichtet aber nicht auf seinen Tribut und geht woandershin – und so gibt es einen anderen Tod ...

(Frage:) Mitunter kommt es vor, daß Leute, wenn sie sterben, sich dessen gewahr werden. Warum sagen sie dem Genius nicht selbst, er solle verschwinden?

Dafür sind zwei Dinge erforderlich. Zuerst darf nichts in eurem Wesen, kein Teil in eurem Wesen, sich danach sehnen zu sterben. Dies geschieht nicht oft. Ihr habt immer irgendwo einen Defätisten in euch: etwas, das müde ist, das angeekelt ist, das genug hat, das faul ist, das nicht kämpfen will und das sich sagt: „Ach, möge es doch ein Ende nehmen, so sei's drum!" Das genügt, ihr seid tot. Dies ist jedoch eine Tatsache: Wenn nichts, absolut nichts in euch dem Sterben zustimmt, werdet ihr nicht sterben. Damit jemand stirbt, ist in jedem Fall eine Sekunde, vielleicht der hunderste Teil einer Sekunde der Zustimmung notwendig. Wenn es diesen Sekundenbruchteil der Zustimmung nicht gibt, stirbt man nicht ... Wer aber kann sich sicher sein, daß es nicht irgendwo in ihm ein kleines Stück Defätismus gibt, das nachgibt und sich sagt: „Na gut"...? Von daher die Notwendigkeit, sich zu vereinen. Welches auch immer der Weg ist, dem wir folgen, der Gegenstand, den wir studieren, wir kommen immer zum selben Schluß. Das Wichtigste im Leben eines Individuums ist, sich um sein göttliches Zentrum herum zu vereinen. Auf diese Weise wird es zum wahren Individuum, zum Meister seiner selbst und seiner Bestimmung. Andernfalls ist es ein Spielball der Kräfte, die es wie einen Korken im Meer auf und niederwerfen. Es wird in ungewollte Richtungen getrieben, es wird zu Handlungen gedrängt, die es nicht tun will, und schließlich verliert es sich in einem Loch, ohne die geringste Macht, sich wiederaufzurichten. Seid ihr aber bewußt um euer göttliches Zentrum gesammelt und von ihm regiert und gelenkt, so seid ihr Herr und Meister eures Schicksals. Es lohnt sich, sich darum zu bemühen ... Auf jeden Fall finde ich, daß man lieber Meister sein sollte als Sklave. Es ist ein ziemlich unangenehmes Gefühl zu spüren, daß man wie an Fäden hin und her gezogen und zu Dingen gezwungen wird, die man vielleicht gar nicht tun will ... Das ist sehr ärgerlich. Ich jedenfalls fand dies schon sehr ärgerlich, als ich noch ein kleines Kind war. Schon mit fünf Jahren erschien mir das vollkommen unerträglich, und ich suchte nach einem Mittel, dies zu ändern – ohne daß mir irgend jemand etwas hätte sagen können, denn ich kannte niemanden, der mir helfen konnte, und ich hatte nicht das Glück, das ihr habt, nämlich daß euch jemand sagen kann: „Seht, dies ist zu tun." Es gab niemanden, der mir das hätte sagen können. Ich mußte es ganz alleine finden. Ich habe es gefunden. Und ich habe mit fünf Jahren damit angefangen. Und ihr, wie lange ist es her, seit ihr fünf ward?...

*

Den Schluß lassen wir weg.

Aber warum denn!

Das klingt wie Angeberei.

Aber nein! Dieser Eindruck kommt überhaupt nicht auf. Du forderst die Kinder nur ein wenig heraus!

(mehr und mehr scheint Mutter wie aus weiter Ferne zu sprechen)

7. SEPTEMBER 1968

All dies erscheint mir so ... *(Mutter macht eine Geste über die Schulter).* Aber die Leute lieben das. Wenn ich ihnen sagte, was ich heute weiß, wären sie überhaupt nicht zufrieden.

Es besteht ein Riesenunterschied zwischen deiner Wahrnehmung von damals und der von heute.

Eine andere Welt.
Dort beschreibe ich die Vision des Mechanismus *(des okkulten Mechanismus des Todes),* was sehr wahr in dem Sinne ist, als es so gelebt wurde. Jetzt aber bin ich auf der anderen Seite. All das, was ich hier sage, ist immer noch Teil der Komplikationen in der Ausführung.[1]
Also gut.
Dies erscheint mir jetzt, als handle es sich um eine andere Person.

(Schweigen)

Es ist merkwürdig, ich hatte einen sehr seltsamen Eindruck *(während Satprem vorlas)* ... als würdest du dort lesen *(auf den Fußboden weisende Geste).*
Ich weiß, daß all dies genau stimmt, es hat sich so zugetragen, wie es gesagt wurde, und es ist vollkommen richtig. Doch jetzt ist es mir, als sähe ich alles von oben *(Mutter beugt sich vornüber, als betrachte sie etwas aus großer Höhe).* Und so wird alles sehr einfach ... Einfach die Vision, die sich verwirklicht (eigentlich ist es keine Vision, kein Wille, keine Entscheidung, doch was dem noch am nächsten kommt, ist zu sagen: eine Vision). Die sich verwirklichende Vision *(Geste, um die herabkommende Kraft der Vision anzudeuten).* Unten ertönen all diese Rufe; von oben kommt etwas herab; und von oben sieht man: es gibt, ja, Bewußtseinspunkte, die leuchten und rufen, und so entsteht der Kontakt *(Geste einer Verbindung der Kraft von oben mit den leuchtenden Punkten unten).*
Merkwürdig, ich habe tatsächlich den Eindruck, irgendwo hoch oben zu sein, die Dinge von hoch oben zu sehen.
Eine große Masse von Macht – Macht-Bewußtsein-Vision –, die auf die Welt herabsteigt.

(langes Schweigen)

In den letzten Tagen, wenn ich „aufwachte" (es war aber kein Aufwachen, sondern das Bewußtsein, das in seinem natürlichen Zustand überallhin ausgebreitet ist, sammelt sich beim „Aufwachen" wieder im

---

1. Mutter möchte sagen: „Der materiellen Ausführung des göttlichen Plans oder der göttlichen Vision."

Körper), wenn es sich hier innen sammelt, entsteht zuerst der Eindruck einer Art Fall *(im aerodynamischen Sinne)* und dann ein merkwürdiges Gefühl der Einschränkung, das bei den ersten Malen fast schmerzhaft war. (Jetzt ist es zu einer Art Gewohnheit geworden.) Das Bewußtsein konzentriert sich dort drinnen, somit gibt es einen kurzen Augenblick der Anpassung. Anfangs mußte ein gewisses Unwohlsein überwunden werden, nun geht es besser.[1] Und dann setzt die Funktion wieder ein. Und jetzt verstehe ich, denn während deines Vorlesens befand ich mich dort oben und betrachtete alles von diesem Standpunkt aus *(Mutter neigt sich nach vorn),* wie von oben. Auch jetzt sehe ich noch alles von oben.

Dort beschreibe ich die Funktionsweise des Todes ... Was für Komplikationen! Hier ist es einfach *(Geste der sich ausdrückenden herabsteigenden Visions-Kraft).*

Seltsam ... Ich habe die Augen geschlossen, und doch sehe ich. Nur sehe ich ... anders. Es ist sehr EINFACH. Dies sind Kräfte ... wie ein Druck *(die gleiche herabkommende Geste).*

Merkwürdig.

Offensichtlich liegt das Bewußtseinszentrum woanders.

(Schweigen)

Mutter, ich muß dich um Hilfe bitten.

Wofür?

Ich schreibe gerade die letzten Seiten meines Buches („Der Sannyasin").

Ach!... Gut.

Wenn ich dich dorthin mitnehme, wo ich mich aufhalte, *(Mutter lacht)* wird es interessant sein.

Wir werden es versuchen.

---

1. Offenbar verspürte Mutter in letzter Zeit beim „Aufwachen" ein Unwohlsein.

11. September 1968

Bei mir ist nur eines passiert ... eine sehr interessante Feststellung. Ich erinnere mich nicht mehr, wie oder bei welcher Gelegenheit, es war jedoch vorgestern, und zwar die Feststellung der Gegenwart des psychischen Wesens: daß das psychische Wesen voll gegenwärtig ist. Ich sagte *(am 28. August):* „Das Vital und das Mental sind verschwunden", aber das psychische Wesen ist nicht verschwunden.

Ich glaube, es geschah im Zusammenhang mit jemandem, der mich besuchte (ich erinnere mich nicht mehr), und ich wurde der Gegenwart einer sehr großen Macht gewahr, und das PHYSISCHE Wesen, der Körper, war sich dieser Gegenwart des psychischen Wesens bewußt, das die ganze Zeit im Hintergrund zugegen war. Es ist nicht verschwunden. Es ist bewußt.

An dem Tag war jemand gekommen (ich weiß nicht mehr wer), und die ganze Kraft, die zuvor schon da war, konzentrierte sich auf diese eine Person – es war dasselbe: die Kraft, die Gegenwart, mit dem gleichen Druck auf diese Person. Da sagte das psychische Wesen: „Ich jedenfalls bin nicht verschwunden, ich bin hier geblieben!" Mit seinem vollen Bewußtsein. Nur die Zwischenträger sind verschwunden.[1]

Das ist schwer zu erklären ... Ihre Abwesenheit ergibt den Eindruck eines Mangels – eines Mangels vom aktiven Standpunkt, vom Standpunkt des täglichen Wirkens aus gesehen.

Doch zum Beispiel der Kontakt mit den Leuten (der Kontakt mit den Anwesenden, aber auch mit jenen, die nicht anwesend sind), die Beziehung ist dieselbe geblieben, genau dieselbe. Sie ist sogar noch beständiger: dieser Zustand ist beständiger als sonst.

Das ist sehr schwer zu erklären.

Ja, man könnte es so sagen: alles Wirken (alles okkulte Wirken) auf die Menschen hier oder weit weg scheint mindestens so stark zu sein wie vorher – in bestimmten Fällen sogar noch stärker. Jegliches Bedürfnis nach Tätigkeit hat stark nachgelassen (schon vorher war nicht mehr viel davon übrig). Und es besteht ein gewisser Unterschied in den äußeren Beziehungen, das hat sich geändert. All dies beobachtete ich in den letzten Tagen (und es ist offensichtlich das psychische Bewußtsein, das beobachtet; wenn ich „ich" sage – und das ist mir aufgefallen –, handelt es sich nicht um den Körper sondern um das psychische Bewußtsein). Die Gewohnheit, die Augen geschlossen zu

---

1. Das heißt, das Mental und das Vital.

halten, hat zum Beispiel zugenommen, und dies behindert das psychische Wesen in gar keiner Weise. Es fährt mit seinem Wirken und seiner Beziehung fort.

Vielleicht ... Ich sage nichts, weil es noch nichts sehr Definitives gibt, aber vielleicht baut sich eine neue Beziehung oder ein neuer Zwischenträger zwischen dem psychischen Wesen und dem Materiellen, dem Physischen auf. Es sieht so aus, als würde sich dies gerade entwickeln.

Wir werden sehen.

Aber die Kraft, die sich ausdrückt, drückt sie sich unmittelbar aus oder durch das psychische Wesen – diese herabkommende Kraft?

Das psychische Wesen ist vollkommen durchlässig, es verursacht keinerlei Veränderung.

Das muß von den jeweiligen Fällen abhängen, je nach den erforderlichen Eingriffen: den Leuten, den Umständen. Denn das psychische Wesen verändert in keiner Weise die Qualität oder die Beschaffenheit oder die Wirkung der Kraft. Es gleicht etwas absolut Durchlässigem.

Es hängt eher von den Fällen ab, wo die Kraft sich auswirken möchte: je nach Personen und Umständen. Wenn die Aktion allgemein ist, scheint sie direkt zu sein. Ich bin mir jedoch nicht absolut sicher. Und die Gegenwart des psychischen Wesens macht sich nur bei bestimmten Personen bemerkbar.

Es gleicht einem Scheinwerfer, der Licht ausstrahlt, und gleichzeitig wirkt es wie eine Art Aufnahmegerät, das die Schwingungen empfängt ... Es ist ungeheuer präzise in bezug auf die Qualität der Schwingungen, die es umgeben. Oh, jetzt ist es viel genauer als früher. Eine kleine Regung hier oder dort, eine Welle, all dies wird sehr deutlich wahrgenommen, sehr klar, mit einem sehr aufnahmefähigen Bewußtsein, und gleichzeitig bestehen keinerlei Reaktionen. Keinerlei Reaktionen: wie ein äußerst empfindliches Aufnahmegerät, aber ohne die geringste eigene Reaktion. Eine große, leuchtende Bewegung macht sich breit.

Das Bewußtsein ist die ganze Zeit in diesem Zustand: etwas sehr Weites, Grenzenloses, SEHR Friedliches und Leuchtendes, und alles wird darin aufgezeichnet.

Die Macht kommt von oben, wie etwas ... (wie soll ich sagen?) etwas Warmes und Goldenes. Und so erweckt sie den Eindruck ... *(lächelnd)*, dichter zu sein.

*
* *

11. SEPTEMBER 1968

(Etwas später liest Satprem Mutter ein altes Entretien
vom 15. Juli 1953 vor:)

Ihr werdet sehen, daß eure ganze Vorstellung und Auffassung [vom Paradies und von der Hölle] auf einer Sache oder einem Wesen beruht, das ihr Gott nennt, und auf einer Welt, die ihr seine Schöpfung nennt, bei welchen es sich, wie ihr glaubt, um zwei verschiedene Dinge handelt. Das eine, welches das andere schuf, und das andere, das dem ersten untergeordnet ist und der Ausdruck dessen ist, was das erste schuf. Und darin besteht der ursächliche Irrtum. Könntet ihr zutiefst spüren, daß es keine Trennung zwischen dem gibt, was ihr Gott, und dem, was ihr Schöpfung nennt, wenn ihr euch sagen könntet: „Es ist genau dasselbe", und wenn ihr spüren könntet, daß das, was ihr Gott nennt (vielleicht ist es ja nichts als ein Wort), auch leidet, wenn ihr selbst leidet, auch unwissend ist, wenn ihr selbst unwissend seid, und dieses sich durch die gesamte Schöpfung langsam aber sicher, Schritt für Schritt, selbst wiederfindet, sich mit sich selbst wiedervereint, sich selbst verwirklicht, sich selbst ausdrückt, und daß die Schöpfung in gar keiner Weise etwas ist, das es auf willkürliche Weise wollte und auf willkürliche Weise schuf, sondern vielmehr ein wachsender, sich stetig entwickelnder Ausdruck eines Bewußtseins, das sich selbst objektiviert ... Anstatt nun wie ein kleines Kind zu sein, das sich auf die Knie wirft, die Hände faltet und sagt: „Mein Gott, ich bitte Dich, mach mich brav, damit ich meiner Mutter keine Sorgen mache" ... (das ist sehr leicht und, mein Gott, ich kann nicht sagen, daß es schlecht wäre!) Anstatt eine Kerze anzuzünden und dich mit gefalteten Händen davor hinzuknien, zünde eine Flamme in deinem Herzen an und hege eine große Aspiration für „etwas Schöneres, Wahreres, Edleres, Besseres als alles, was ich kenne; ich bete, daß ich morgen all diese Dinge zu erkennen beginne, daß ich alles, was ich jetzt nicht tun kann, morgen zu tun beginne – und jeden Tag ein wenig mehr." Wenn man die Sache ein wenig stärker objektiviert und aus dem einen oder anderen Grund mit viel Elend in der Welt konfrontiert wird, wenn man Freunde hat, die unglücklich sind, oder Eltern, die leiden, oder sonstige Schwierigkeiten, was es auch sei, wenn man dann bittet, daß sich das gesamte Bewußtsein gemeinsam zu dieser Vollkommenheit, die sich manifestieren soll, erheben möge und daß all diese Unwissenheit, die die Welt so unglücklich gemacht hat, sich in eine erleuchtete Erkenntnis verwandeln möge und daß all dieser böse Wille sich in Wohlwollen klären und transformieren möge ... Wie schön wären doch solcherlei Gebete!

*

Ich erinnere mich, daß ich bei diesen „Unterrichtsklassen" an bestimmten Tagen wußte, daß das Psychische sprach, und an anderen Tagen allein das Mental. Und ich erinnere mich noch, daß an diesem Tag die psychische Präsenz besonders stark war.

Das ist interessant.

14. September 1968

(Fast die gesamte Gesprächszeit verstrich in Kontemplation. Gegen Ende fragte Mutter:)

Hast du keine Fragen?

Ich spüre Sri Aurobindo sehr stark.

Ja ... Er ist ständig hier.

(Mutter versinkt wieder in Kontemplation)

Also bis Mittwoch. Wird die Übersetzung der „Notizen" bis dahin fertig sein?... Wenn nicht Mittwoch, dann Samstag.

Ich habe mich an lange Schweigeperioden gewöhnt.

(langes Schweigen)

Eine Art Erkenntnis der Nutzlosigkeit gesprochener Worte.

21. September 1968

Mutter, Sujata und ich bräuchten alle beide deinen Schutz.

Warum?

Wir sind beide physisch nicht bei guter Gesundheit.

Ach! Was ist es denn?

Seit einigen Tagen hat sie Fieber, starkes Fieber; letzte Nacht wurde sie ohnmächtig, und sie wurde wie gegen die Wand „gestoßen", dabei hat sie sich verletzt. Ich selbst habe mir heute nacht auch das Fieber geholt.

Bah!... Was sind das bloß für Geschichten!

Ich weiß nicht. Etwas will uns beiden zusetzen.

(nach langem Schweigen)

Ich weiß nicht ... ich sagte dir ja anfangs, daß ich etwas von dort kommen spürte *(vom Vatikan).*

Etwas geht vor sich.

Etwas passiert ... Eine Art Wüten, etwas, das unaufhaltsam wütet und alles stört.

Es weiß sich gut zu verbergen, denn es gelingt mir nicht, genau herauszufinden, was es ist. Aber ... Ich gebe dir ein Beispiel: noch gestern abend oder heute morgen (oder während der Nacht, ich weiß es nicht mehr) sagte der Körper: „Was habe ich denn getan, daß all diese Dinge die ganze Zeit über so knirschen?" Und schließlich zeigte mir „das" (wer, was? ich weiß es nicht) Dinge aus meinem Dasein ... diesmal zeigte es mir Dinge, die sich erst vor kurzem, d.h. während meines Lebens in Indien zugetragen haben (Dinge aus meinem Leben mit Sri Aurobindo), und auf eine Art!... Alles, was ich tat, alles, was ich dachte, meine ganze Art zu handeln, all dies erschien so häßlich, mein Kind! so egoistisch, so eng, so klein und häßlich ... Und sofort die Schlußfolgerung: „Der Zustand, in dem du dich befindest, ist ganz natürlich!" ... in der Art.

Was ist das?

Da gibt es nur eine Antwort: *(Geste mit nach oben geöffneten Händen)* eine unerschütterliche Ruhe und den Höchsten hierhin zu stellen, das ist alles. Aber ... es dringt nicht wirklich durch, doch es ist immer da, das heißt, es wird nicht definitiv weggeschickt, nicht aufgelöst: es bleibt hier *(Geste wie eine Umzingelung um Mutter herum).* Und das ist so, seitdem ich dir ganz am Anfang davon erzählte: eine ungeheure Formation.

Aber, Mutter, beinahe jede Nacht erwache ich mit Kopfweh.[1] *Meine Nächte sind sehr ermüdend.*

Jedesmal, wenn ich mich in diesen inneren Zustand des Friedens und der Ruhe begebe, ZIEHT etwas auf diese Weise, wie aus Boshaftigkeit, und schüttelt mich, als gäbe es eine Katastrophe.

Wo kommt das her?...

Da ist eine Boshaftigkeit. Gestern spürte ich diese Boshaftigkeit.

Ach?

Aber ja! Ich sah Wellen von Suggestionen.[2] *Und vor allem sind die Nächte so unangenehm. Warum nur?*

Verstehst du, wir leben die ganze Zeit in einer Welt, in der alles miteinander verwoben ist. Normalerweise ordnet es sich wieder (ich meine nicht „normal" für alle Menschen, aber für mich war es normalerweise immer so), man spürt den Schutz. Und dies ist jetzt verschwunden. Etwas arbeitet dagegen ... Und bis jetzt gab es nie das Gefühl, daß irgend etwas wirklich Macht hatte *(gegenüber Mutter)*. Ich brauchte nur so zu machen *(Geste des Wegfegens)*, und es war erledigt. Jetzt gelingt es mir nur noch, die schlechten Auswirkungen zu beheben oder sie zurückzustoßen – das ist inakzeptabel!

Es liegt vor allem am Mental, mit einem gewissen Gefühl der Fatalität: „Was einem zustößt, liegt an einem selbst, man hat es so verdient." In der Art. Die Antwort des Körpers darauf ist sehr einfach, er sagt: „Wir befinden uns alle im gleichen Zustand, die ganze Materie ist voller Unwissen und Unfähigkeit", und dies interpretiert der menschliche Geist dann als „Fehler", aber es sind keine Fehler. Ansonsten wäre es hoffnungslos: Wenn das, was gewesen ist, bis in alle Ewigkeit bestimmend für die Zukunft wäre, gäbe es keinerlei Hoffnung.

Es gelingt also, all das auf Distanz zu halten, es läßt sich beruhigen, ich sehe aber sehr wohl, daß es nicht verschwindet. Und der Körper hat

---

1. Dies sollte noch über Monate anhalten.
2. Vor dem Einschlafen sah Satprem alle Arten von Suggestionen an sich vorüberziehen, besonders eine, die Sujata zeigte, wie sie auf den Boden einer Zisterne geworfen wurde, die man gerade im Garten aushob. Einige Stunden später wurde Sujata ganz in der Nähe der Zisterne gegen eine Eisenstange in der Mauer geschleudert, d.h. ein wirklich schwerer Unfall konnte vermieden werden und verwandelte sich in einen kleineren Unfall (der sie immerhin beinahe ihr Auge gekostet hätte).

wirklich Vertrauen und den Glauben, nur dies rettet ihn, andernfalls ...

Und es zeigt mir auch die Konsequenzen: gerade die Unfähigkeit, andere zu beschützen, ihnen die nötigen Voraussetzungen zu bereiten und das Nötige für sie zu tun – all dies wird mir gezeigt mit ... weißt du, mit einer grimmigen Verbissenheit. Das führte so weit, daß der arme Körper zu weinen anfing! Dann bringt natürlich der Glauben alles wieder ins Lot. Man gewinnt jedoch den Eindruck, als wäre man ein Ungeheuer gewesen, das für all diese Störungen überall verantwortlich war.

Wirklich entsetzlich!

Ja, es gab einen Moment letzte Nacht, als ich so etwas wie tosende Schlammwellen sah; ich war durch eine Mauer davor geschützt, und die Wellen schlugen unentwegt dagegen.

Ja, das ist es.

Braune Wellen, wie Schlamm.

(nach einem Schweigen)

Der Körper ist überzeugt davon, daß all diese Schwierigkeiten als Teil der *Tapasya*[1] toleriert werden, und er weigert sich nicht, er beklagt sich nicht, aber es ist eine grimmige Tapasya.

Und es ist kein bloßes Kräftespiel: es ist bewußt.[2] Es ist bewußt und hat die Halsstarrigkeit eines bewußten Willens.

(langes Schweigen)

Gestern sah ich P.L. *(den Schüler aus dem Vatikan).* Hast du ihn gesehen?

Ja.

Auch er bat mich, ihn zu beschützen.

Gewiß! Er ist ein guter Mann.

Ja.

Ist er abgereist?

Heute nachmittag.

---

1. *Tapasya:* spirituelle Disziplin.
2. Das heißt, diese Angriffe sind das Ergebnis eines bewußten Willens von irgendwoher.

(langes Schweigen)

Hast du immer noch Fieber?

Ein bißchen, glaube ich. Aber Sujata hatte gestern sehr starkes Fieber. Mittlerweile ist es abgeklungen, doch es bleibt noch ein Schwäche-gefühl zurück.

Bah!
Was tust du dagegen?

Nichts.

Ihr tut nichts?

Manchmal nehme ich Aspirin. Sie aber nimmt gar keine Mittel.

Du mußt dich ausruhen, mein Kind.
(zu Sujata) Und du gehst ins Bett!

(Sujata:) Nach zwei Tagen im Bett bin ich das Bett leid!

(Satprem:) Ich habe jedoch volles Vertrauen.

Natürlich! Das darf aber nicht anhalten, wir sind es doch leid oder? Etwas in mir möchte sehr zornig werden, aber ich oder vielmehr der Körper traut sich nicht. Etwas hat Lust, oh, wirklich hart zuzuschlagen, aber ... denn das täte sicherlich seine Wirkung! Ich hatte schon Beweise dafür – nicht nur einen sondern viele Beweise. Aber ...
Wenn ich nur wüßte! Wenn ich auf vollkommen sichere und präzise Art wüßte, woher diese Angriffe kommen, dann ...

(Schweigen)

Es ist so: Der Körper ist vollkommen überzeugt, daß es nur EINEN wahren Willen gibt – EIN Bewußtsein, EINEN Willen. Folglich ist alles, was auch immer es sei, Bestandteil dieses einen Bewußtseins und dieses einen Willens. So ist es doch. Deshalb hat er keinen Grund, zornig zu werden. Er spürt nur eine einzige spontane Regung: daß die Aspiration intensiver und die Unterwerfung vollständiger, das Zutrauen umfassender werde. Das drückt sich dann folgendermaßen aus: „Das – Jenes, das alles und eins ist – ist trotz aller widrigen Erscheinungen die Höchste Güte, die Höchste Schönheit, die Höchste Harmonie ... und auf Das geht alles zu. Auch wir gehen Dem entgegen." So lautet die „Philosophie des Körpers", und zwar gar nicht auf die gleiche Weise wie die anderen Teile des Wesens: hier ist es ganz und gar spontan und indiskutabel.

(Schweigen)

Verstehst du, er ist völlig überzeugt, daß die Schläge ihn nur treffen können, weil sein Glaube nicht ausreicht. Er ist nicht total genug, nicht vollständig genug, nicht absolut genug.

Er ist sich seiner Schwachsinnigkeit sehr bewußt und ... (wie das erklären?) gleichzeitig hat er das Gefühl, daß auch die Wahrnehmung seiner Schwachsinnigkeit noch ein Hindernis darstellt; daß er sich als nichts anderes fühlen sollte als ... die Höchste Wahrheit, die Höchste Wirklichkeit. Damit würde dann alles gut gehen.

Ach, geh und ruh dich aus!

Wir fühlen uns wohl hier!

Hast du alles, was du zum Essen brauchst?...

25. September 1968

(Mutter gibt Satprem eine Blume namens „Transformation".)

Ich schenke dir die echte Transformation.

Warum die „echte"?

Ich sage dir das, weil im Kopf der meisten Leute eine große Verwirrung herrscht, zum Beispiel was den Begriff „Fortschritt" betrifft. Wenn ich von Fortschritt spreche, meine ich: „vom mentalen Bewußtsein in ein höheres Bewußtsein übergehen". Die meisten Leute verstehen darunter jedoch: „einen materiellen oder mentalen oder sonst irgendeinen Fortschritt zu machen ..." Wenn man den Leuten also von Transformation erzählt, denken sie an alle möglichen seltsamen Sachen ... Wenn wir jedoch von Transformation sprechen, meinen wir damit die supramentale Transformation.

* * *

Etwas später

Ich habe einige alte Papiere wiedergefunden (ich kann nicht mehr lesen, ich sehe nicht mehr klar genug), ich weiß nicht, worum es sich handelt. Hier ist ein Umschlag von dir.

Es geht um eine Frage über die „Aphorismen" von Sri Aurobindo:

51 – Wenn ich von einem „heiligen Zorn" sprechen höre, wundere ich mich über die Fähigkeit der Menschen, sich selbst zu betrügen.

Das ist herrlich!

Die Frage dazu war: „Man ist immer „aufrichtig", wenn man sich selbst betrügt; man handelt immer für das Wohl anderer oder im Interesse der Menschheit oder um dir zu dienen, das versteht sich von selbst. Wie kommt es, daß man sich täuscht, und wie kann man das erkennen?"[1]

Das ist sehr wahr.

Erst gestern, noch bevor ich das las (ich hatte es ja nicht gelesen), hatte ich diesbezüglich eine lange Vision – das ist erstaunlich.

Aber das liegt wirklich auf einer ganz anderen Ebene ...

Ja, wenn man den höheren Teil seines Mentals als Richter seiner Handlungen nimmt, kann man sich „guten Glaubens täuschen". Denn das Mental ist unfähig, die Wahrheit zu sehen, und es urteilt mit seiner eigenen beschränkten Fähigkeit – nicht nur beschränkt sondern ohne ein Bewußtsein der Wahrheit. So handelt das Mental „guten Glaubens", es tut eben, was es kann.

Für diejenigen, die sich ihres Psychischen voll bewußt sind, ist es natürlich nicht möglich, sich zu täuschen – wenn sie ihr Problem dem Psychischen unterbreiten, können sie von dort die göttliche Antwort erhalten. Aber selbst dann hat die Antwort nicht denselben Charakter wie diejenige des Mentals, die genau, kategorisch, absolut ist, und sich durchsetzt. Im Psychischen ist es mehr eine TENDENZ als eine Behauptung – etwas, das im Mental noch verschiedenen Auslegungen offenstehen kann.

Ich komme auf meine gestrige Erfahrung zurück. Nachdem ich die Sache betrachtet hatte, kam ich zu dem Ergebnis, daß man unmöglich einem Menschen etwas vorwerfen kann, der nach bestem Wissen und Gewissen handelt, denn wie könnte er auch über dies hinausgehen?...

---

1. Diese Frage datiert von 1961, siehe *Agenda* Bd. 2 vom 17. Januar 1961.

25. SEPTEMBER 1968

Gerade diesen Fehler begeht die Mehrzahl der Leute: sie beurteilen einen anderen Menschen nach ihrem eigenen Bewußtseinsstand, der andere hat aber nicht ihren Bewußtseinszustand! Sie können also nicht wirklich urteilen (ich spreche nur von den Gutwilligen, wohlgemerkt). So kommen wir wieder auf diesen famosen Satz zurück: „sich guten Glaubens täuschen". Wahr daran ist: Nach der Vision eines totaleren oder höheren Bewußtseins irrt sich eine bestimmte Person; entsprechend dieser Person selbst tut sie jedoch das Maximum von dem, was sie für richtig hält.

Das läuft darauf hinaus zu sagen, daß es absolut unmöglich ist, jemandem Vorwürfe zu machen, der gemäß seinem eigenen beschränkten Bewußtsein aufrichtig gehandelt hat. Wenn man es genau nimmt, haben alle ein beschränktes Bewußtsein, außer DEM Bewußtsein. Nur DAS Bewußtsein ist nicht beschränkt. Aber alle Manifestationen sind zwangsläufig beschränkt, es sei denn, sie treten aus sich selbst hinaus und vereinigen sich mit dem Höchsten Bewußtsein. Dann ... Unter welchen Bedingungen ist das jedoch möglich?

Es handelt sich um das Problem der Identifikation mit dem Höchsten, dem Höchsten Einen – das Eine, das alles ist.

(Schweigen)

Ein ganzer Zweig des menschlichen Denkens konnte sich die Identifikation mit dem höchsten Bewußtsein nicht anders vorstellen als durch die Auflösung der individuellen Schöpfung. Sri Aurobindo sagt jedoch im Gegenteil, dies sei möglich, OHNE diese Schöpfung aufzulösen. Sie haben die Idee, man müsse die Schöpfung beseitigen, weil sie die Schöpfung auf die menschliche Schöpfung beschränken – einem menschlichen Wesen ist das nicht möglich, für ein supramentales Wesen ist es jedoch möglich. Und dies wird der wesentliche Unterschied beim supramentalen Wesen sein: es kann sich mit dem Höchsten Bewußtsein vereinen, ohne seine endliche Gestalt zu verlieren.

Für den Menschen ist dies unmöglich. Das weiß ich.

Wie ich dir sagte, kann man die Einheit mit dem höchsten Bewußtsein erlangen; sobald man sie aber zum Ausdruck bringen will, ist es damit vorbei, es wird wieder ... *(Geste des Eingeschlossenseins in einer Schachtel).* Die Substanz, aus der wir bestehen, ist einfach nicht genügend rein, erleuchtet, transformiert (egal welches Wort man hier verwendet), um das höchste Bewußtsein ausdrücken zu können, ohne es zu entstellen.

*(Schweigen
Mutter verfolgt eine Erfahrung)*

Eine bestimmte Undurchlässigkeit der Materie, der Substanz, hindert sie daran, das Bewußtsein manifestieren zu können ... und genau diese „Undurchlässigkeit" (ich weiß nicht, wie ich das nennen soll) verleiht der Materie das Gefühl, daß sie existiert.

Das ist Teil der Erfahrung dieser letzten Tage. Seit ... ich weiß nicht, seit Wochen lebe ich in einer Art fließendem Zustand – einem durchlässigen Fließen –, und erst in dem Maße, wie dieses Fließen durch etwas ersetzt wird, das ich hier „Undurchlässigkeit" nenne, kehrt eine Art Konkretisierung der Existenz des Körpers zurück.

Verstehst du, der unmittelbare Kontakt des psychischen Wesens mit der Substanz des Körpers, ohne Zwischenträger, vermittelt die Empfindung ... Handelt es sich um eine „Empfindung"? Ich weiß nicht, es ist weder eine Empfindung noch eine Wahrnehmung sondern eine Art „gespürter Vision", eine äußerst präzise Sicht der Wertigkeit der Schwingungen in bezug auf eine höhere Schwingung, die ... in unmittelbarerer Weise ein Ausdruck der höchsten Schwingung ist (das ist alles, was ich darüber sagen kann).

Dies läßt sich nur sehr schwer ausdrücken, aber der Körper ist dabei, eine Erfahrung zu durchleben, die er noch nie hatte, und es gleicht einem Übergang von Ungenauigkeit zu Genauigkeit, von einem gewissen Fließen zu ... es handelt sich nicht um eine konkrete Sache: von etwas Fließendem und Ungenauem zu etwas Genauem. Alle Ereignisse (egal welch kleines variierendes Ereignis ihm widerfährt) sind Gelegenheiten für eine neue Wahrnehmung. Vorher war alles fließend und verschwommen; nun beginnt es, genauer zu werden – genauer, exakter. Damit verliert es aber auch etwas von seiner fließenden Qualität.

Das ist sehr schwer auszudrücken.

Ich hatte nie darüber nachgedacht. Seltsam, es ist nicht willkürlich, diese Erfahrung ist mir erst gerade zuteilgeworden. Es ist noch nicht sehr klar.

Im Grunde bewirkt das Mental eine Genauigkeit, die fehlt, wenn es nicht da ist. Seine Aufgabe innerhalb der Schöpfung besteht gerade darin, zu präzisieren, zu erklären und gleichzeitig zu beschränken.

28. September 1968

Geht es dir besser?

Ich bin sehr verärgert. Ich leide an einer ständigen Ermattung des Gehirns, gepaart mit Kopfschmerzen und Augenschmerzen, alles erscheint wie verschleiert.

Ach, mein Kind, das sind diese Biester ... Ich hatte dasselbe während meiner sogenannten Krankheit: ich steckte wie in einer Haube aus grauer Watte. Und es ist noch nicht weg, es besteht immer noch auf Distanz. Es drückt von überallher.

Das ist ärgerlich.

Ja, Mutter, es stört meine Arbeit beträchtlich. Schon eine gewöhnliche Arbeit zu verrichten, ermüdet mich, aber sobald ich schreiben oder etwas Kreatives tun möchte, stellt sich sofort eine Blockade ein, es wird schmerzhaft, ich bekomme Augenschmerzen und kann nicht mehr arbeiten.

Und du ißt gut?

Oh, ja, sehr gut ... Ich stelle oft fest, daß es nachts zunimmt.

Ja.

Anstatt mich nachts auszuruhen, habe ich den Eindruck, daß es in dem Moment kommt.

Ja, nachts ist es am stärksten.

Für mich war es eine Zeitlang sogar sichtbar.

Und selbst jetzt noch macht etwas so *(Geste eines Drucks rings um den Kopf).* Wenn ich mich dann in einem bestimmen inneren Zustand befinde, gelingt es mir, das zurückzuweisen; wenn ich aber nur eine Minute lang nicht auf der Hut bin ... Das heißt, es handelt sich um eine konstante Formation.

Etwas, das Druck ausübt.

Ja, hier *(Geste um den Kopf herum).* Und mitunter löscht es alles andere aus, alles: die Gedanken, die Erinnerung, all das. Und erst heute morgen noch verwandelte es wieder alle inneren Regungen (die Regungen der Nerven, der Muskeln, all das) in Töne – Laute und Worte – und mit einer Bösartigkeit, du machst dir keinen Begriff davon! Sichtlich ein Wille, der einen buchstäblich verrückt machen will. Schrecklich, wirklich schrecklich. Ich habe so etwas noch nie gesehen.

Natürlich genügt es, das zurückzuweisen, es zwingt einen jedoch zu einer andauernden Konzentration.

In manchen Augenblicken gibt es nach (erst kürzlich, seit zwei, drei Tagen), in manchen Augenblicken ist es weg ... Einmal fragte ich sogar: „Aber warum? Warum wird dies zugelassen?" Und der Grund ist immer derselbe: die Schwierigkeiten sollen zu einer Steigerung der Macht führen.

Von Zeit zu Zeit (jetzt beginnt es) erscheint ein kleiner Schimmer dieser Macht, die offensichtlich ungeheuerlich ist. Es kommt aber wie etwas, das einem an einem langen Bindfaden baumelnd gezeigt wird: „Seht, so ist das", wie ein Versprechen.

Ich wollte dir noch etwas erzählen: während deiner sogenannten Krankheit hatte V eine Vision ...

Ach?

Eines Nachts sah er ein rotes Licht, das erschien. Ein rubinrotes Licht. Und es begann deinen Körper zu umkreisen, wie um ihn zu zermalmen und zu durchdringen. Und als du ganz mit dieser rubinroten Substanz erfüllt warst, traten plötzlich weiße Funken aus deinem Körper aus, und diese Substanz aus rubinrotem Licht wurde heller: sie wurde rosa, gelb und nahm alle Regenbogenfarben an, dann verschwand sie. Und hopp, plötzlich kehrte es zurück, um deinen Körper zu zermalmen, und wieder traten diese Funken aus deinem Körper, um die Sache zu beseitigen ...[1]

(nach einem Schweigen)

Ja, genau so ist es! *(Mutter lacht)*

*
* *

(Danach hört sich Mutter die Niederschrift des letzten Gesprächs an, wo sie von der „Undurchlässigkeit" der Materie spricht, die sie daran hindert, das Bewußtsein zu manifestieren, und vom „durchlässigen" aber ein wenig verschwommenen „Fließen".)

Hast du Fragen?

---

1. Nach dieser Vision hörte V eine unheimliche Stimme hinter diesem roten Licht, die sagte (wir übersetzen): „Diesmal wird sie noch davonkommen, aber ich werde 1972 wiederkehren, und das wird dann die letzte Schlacht sein." Wir hatten dies Mutter gegenüber bewußt nicht erwähnt, um diese bösartige Prophezeiung nicht zu konkretisieren.

28. SEPTEMBER 1968

Ja, ein einfaches Gemüt, das das liest, könnte sich fragen: Welchen Vorteil hat denn diese Verschwommenheit?

Es gibt keinen Vorteil!

Ohne jeden Zweifel wird das Supramental, wenn es sich manifestiert, die ... (wie soll man sagen?) schmälernde mentale Genauigkeit – seine einschränkende Präzision, welche die Dinge folglich zum Teil verfälscht – durch eine Klarheit der Vision und eine andere Art der Genauigkeit ersetzen, die nicht schmälert. Dies ist dabei, sich auszubilden.

Im Grunde läßt sich sagen (das trifft es aber nicht genau): Um zu präzisieren, beschränkt und trennt das Mental, und es gibt offensichtlich eine andere Art von Präzision, ohne Trennung und Spaltung, die von einer genaueren Sichtweise herrühren kann. Und bei dieser präziseren Sichtweise handelt es sich um die supramentale Vision. Die Präzision wird begleitet sein von der Vision der BEZIEHUNGEN aller Dinge unter-einander, ohne sie dabei zu trennen.

Das ist aber etwas, das sich noch vorbereitet. Es erscheint blitzartig eine Minute lang, und dann fällt es wieder in die alte Art zurück.

Dasselbe läßt sich für das Vital sagen: das Vital verleiht den Dingen eine Intensität, die man nirgendwo anders zu finden scheint; aber dieselbe Intensität besteht im Supramental, jedoch ohne Trennung. Eine Intensität, die nicht trennt.

Beide Erfahrungen hatte ich, jedoch auf eine sehr flüchtige Weise. Dies sind Dinge, die noch im Entstehen sind.

*
* *

Etwas später

Man hat mir die Fragen von T.F.s Klasse geschickt. Auf eine habe ich angefangen zu antworten ... Die Fragen sind ziemlich dumm *(Mutter gibt Satprem verschiedene Blätter).*

„Wie wird man sich seines physischen Wesens bewußt?"

„Das physische Wesen", hör dir das an! Was für eine unsinnige Frage!

Du antwortest:

„Fast die gesamte Menschheit ist sich NUR ihres physischen Wesens bewußt. Mit der Erziehung beginnt die Anzahl derer, die sich ihres Vitals und ihres Mentals bewußt werden, zuzunehmen.

Die Zahl derer, die sich ihres psychischen Wesens bewußt sind, ist jedoch verhältnismäßig gering."

Sie sind ein wenig ... diese Kinder sind ziemlich unwissend.

Wenn sie wenigstens fragen würden: Wie erweckt man das Bewußtsein des physischen Wesens?

Ja, genau! Das ergibt dann einen Sinn. Man könnte ihnen sagen: Wenn es das ist, was ihr sagen wollt, liegt gerade darin der Zweck der sportlichen Betätigung. Und das Studium ist der Versuch, das Bewußtsein durch ... *(lachend)* durch eine innere Bibliothek zu ersetzen ... Wenn ich jedoch zu sehr scherze, dann verstehen sie nicht mehr.

Man kann ihnen folgendes sagen: Um das physische Bewußtsein wirklich zu erwecken, dafür ist die sportliche Ausbildung zuständig. Das Körpertraining lehrt die Zellen, bewußt zu werden. Und zur Entwicklung des Gehirns dient das Studium, die Beobachtung, die intelligente Erziehung – vor allem aber die Beobachtung und die Fähigkeit des logischen Folgerns. Und für die gesamte Erziehung des Bewußtseins vom Standpunkt der Charakterbildung aus dient natürlich der Yoga.

Eine andere Frage: „Hat der zentrale Wille des physischen Wesens einen besonderen Sitz im Körper?"

Des psychischen Wesens?

Des physischen.

Des physischen Wesens! Das ergibt keinen Sinn ... Dies ist natürlich das Gehirn.

Hier wird es interessanter: „Kann man die Erfahrung des Todes machen, ohne zu sterben?"

Gewiß! Man kann diese Erfahrung im yogischen Sinne haben, man kann sie sogar materiell haben, wenn ... *(lachend)* der Tod kurz genug ist, daß die Ärzte keine Gelegenheit haben, einen für tot zu erklären ...
Das werden sie nicht verstehen.
Man kann einfach mit „Ja" antworten – um ihnen zu verstehen zu geben: Beschäftigt euch nicht mit Dingen, die euch nichts angehen!

„Welcher Teil des Wesen wird sich nach dem Tod bewußt, daß man gestorben ist?"

Alle Wesensteile, die überleben, merken natürlich, daß der Körper nicht mehr da ist. Das ist von Fall zu Fall verschieden.

28. SEPTEMBER 1968

„Wie läßt sich mit Sicherheit feststellen, daß der physische Körper tot ist?"

Erst dann, wenn er verwest.

„Du hast gesagt: „Die Dezentralisierung der Zellen beginnt oft schon vor dem Tod ..." Wie läßt sich dieser Prozeß des Zerfalls beherrschen oder aufhalten?"

(Mutter lacht) Dadurch, daß man gesund bleibt und für ein gutes physisches Gleichgewicht sorgt.
Das reicht für heute.

* * *

Am Ende der Gesprächszeit

Hast du immer noch Kopfschmerzen?

Nein, aber sobald ich zu arbeiten anfange, verschleiert es sich, als gäbe es etwas, das mich abtrennt: ich kann die Inspiration nicht mehr erfassen, und alles ist blockiert. Wenn ich dennoch darauf beharre, bekomme ich Kopfschmerzen und Augenschmerzen.

Du hast meine Krankheit erwischt!
Das ist offensichtlich etwas, das wir überwinden müssen, sonst wäre es nicht da.

(Schweigen)

In einem bestimmten Seinszustand (oder einer Seinsweise) haben diese ... (wie soll man das nennen? Es handelt sich um eine höhere Form von Magie) diese Praktiken höherer Magie keine Wirkung. In einem bestimmten Bewußtseinszustand können sie nicht greifen, er entzieht sich ihrem Wirkungsbereich.
Damit dies eine Wirkung haben kann, muß dieser Bewußtseinszustand ausreichend materiell sein, d.h. im materiellsten Teil des Psychischen. Dieser Bewußtseinszustand gehört der psychischen Welt an, das Psychische muß jedoch DER MATERIE ZUGEWENDET SEIN. Und nicht allein ein Gedanke: es muß eine sehr spontane Seinsweise sein.
Das läßt sich auf verschiedene Arten ausdrücken ... Es ist eine irdische Manifestation der göttlichen Liebe in ihrer Form von ... etwas, das mit Wohlwollen zu tun hat – nicht „Wohlwollen" sondern eine Seinsweise, eine Art zu fühlen, zu sehen, zu handeln ... (Worte sind so idiotisch): ein „psychisches Wohlwollen" als Ausdruck der göttlichen

Einheit *(Mutter schüttelt den Kopf angesichts der Unzulänglichkeit der Worte)*. Die Übertragung ins Mental nimmt dem seine ganze Wahrheit.

Ich spüre es, kann es aber nicht beschreiben; etwas, das ungeheuer machtvoll ist, in dem Sinne, daß selbst völlig materiell (physisch, materiell), wenn jemand kommt und einen töten will, er dies nicht tun kann. Es geht so weit, daß er sich einem nähern mag, dann aber nicht mehr weitergehen kann. Dafür gibt es Beispiele.

Ich SPÜRE das. Der Ursprung davon ist psychisch, es kann sich jedoch konkretisieren und eine bestimmte Art von Schwingungen erzeugen. Und wenn man in seinem Bewußtsein darin lebt, kann absolut keine Magie der Welt einen Einfluß darauf haben. Das spüre ich, denn von Zeit zu Zeit kommt es, und in solchen Augenblicken ist es vollkommen klar. Es wirkt vor allem hier *(Geste um den Kopf herum)*.

Dieses „Wohlwollen" *(lachend)* ist eine lächerliche menschliche Umschreibung von „Dem". Es handelt sich um eine ganz besondere Schwingung. Man könnte es „eine der Seinsweisen der göttlichen Liebe" nennen. Und es kann zu einer sehr materiellen Schwingung werden.

All dies passiert sicher, um uns beizubringen, es zu entwickeln.

Oktober

5. Oktober 1968

*(Mutter geht es erneut schlecht.
Satprem konnte sie seit einer Woche nicht mehr sehen.)*

Das ist wirklich der Gipfel des Stumpfsinns.

Ich sehe nichts mehr, ich höre nichts mehr, ich verbringe meine Nächte mit Husten. Der Arzt kann es auch nicht erklären. Medizinisch gesehen sollte alles in Ordnung sein, und einige Minuten später gerät alles durcheinander.

Ich sehe dich wie hinter einem dichten Nebel.

Es ist ganz so, als wollte alles, was innen war, herauskommen ... Ich kenne diese Art von Magie sehr gut.

V hatte noch eine Vision. Er ging zum Vatikan.

Zum Vatikan! ... Im Schlaf?

Er schlief nicht: er hörte den Lärm des Stromgenerators. Die Vision erschien ihm um 5 Uhr 30 morgens. Er befand sich in einer riesigen Halle mit roten Teppichen. Alle möglichen Leute waren anwesend, und jeder folgte gewissen Befehlen. Und in einer Ecke, in einem großen Sessel, saß ein Mann mit einem roten Hut, einer Art Mitra.[1] Dieser Mann befand sich in Konzentration. Dabei wiederholte er etwas, wobei er eine bestimmte Geste mit der Hand machte, als drehe er etwas. V wußte sofort, daß er es war. Ein Mann mit durchdringenden blauen Augen mit langen Wimpern, physisch nicht stark, doch von großer Macht, mit einer schmalen, spitzen Nase, einem spärlichen Bart, wie jemand, der schlecht rasiert ist oder der sich seit zwei, drei Tagen nicht rasiert hat, um die 55 herum. Ein Mann, der einen großen egoistischen Ehrgeiz ausstrahlte, wie V sagt. Und er beobachtete P.L. scharf, besonders dein Symbol, das P.L. um den Hals trägt. Und er wiederholte etwas, wobei er sein Handgelenk drehte.

Ach, das ist es! Deswegen also: P.L. ist wieder dorthin zurückgekehrt. Seit er dort ist, sind die Angriffe wiedergekommen.

Ja, P.L. ist das Bindeglied.

(nach einem Schweigen)

Ja, es hat wieder eingesetzt.

---
1. V, als Inder, hatte noch nie eine Mitra gesehen und wußte nicht, worum es sich handelte, aber die Beschreibung paßte haargenau.

Manchmal stürzt es innerhalb einiger Sekunden über einen herein – man könnte glauben, verrückt zu werden. Letzte Nacht war es entsetzlich.

Und du, geht es dir besser?

Ja, es ist völlig weg, und dies schlagartig.

Als du mir das letzte Mal von deinen Schwierigkeiten erzähltest, habe ich die Sache genommen ... *(Geste, einen unsichtbaren schwarzen Punkt aus Satprems Atmosphäre herauszureißen).*

Ich kann nicht sprechen; sobald ich spreche, muß ich husten. Wenn du willst, können wir ruhig bleiben.

(Während der Meditation tritt Mutters Assistentin in den Raum ein, ohne daß man sie auf dem Teppich laufen hörte. Sekunden danach unterbricht Mutter die Meditation:)

Jemand ist ins Zimmer gekommen?...

Ja, Vasudha.

(Mutter hustet) Es ist unmöglich zu sprechen.

Ach, neulich, an Durgas Tag[1] ging ich runter *(in das Musikzimmer, wo Mutter Besucher empfängt)* ... Ich hatte dir letztes Jahr gesagt, daß sie kam und ihre Ergebenheit bekundete. Diesmal ging ich runter (das erste Mal, daß ich ausging); und sobald ich das Zimmer betrat, spürte ich, daß da etwas war, daß sich ein Angriff vorbereitete. Ich setzte mich hin, blieb sehr ruhig, und rief wie gewöhnlich den Herrn an, damit er den Raum mit seinem Licht erfülle. Und Durga kam in einem goldenen Licht – eine Pracht der Anbetung und der Hingabe. Sie war da *(Geste einer riesigen, aufrechten Gestalt).* Es war großartig, einfach großartig! So verlief der ganze Vormittag sehr gut. Nachmittags wurde es wieder schwieriger.

Könntest du diesen Leuten dort nicht einen Klaps verabreichen?

Ich kann keine Klapse mehr austeilen! *(Mutter öffnet die Arme)* Ich kann nicht mehr! Ich habe sie angelächelt.

Ich sagte ihnen: „Was soll denn das?"

Auch Durga habe ich beigebracht, nicht mehr zuzuschlagen.

Bis Mittwoch also. Ich hoffe, daß es dann besser geht.

---

1. Die alljährliche Durga-Puja, am 29. September (einem Sonntag).

9. Oktober 1968

Es taugt immer noch nichts *(Mutter hustet)*. Ich kann mich selbst nicht verstehen.

Geht es dir besser? Ist alles vorbei?

Ja, ja, es ist vorbei.[1]

Hast du etwas Neues von dort?

Aus Rom? Ja, vor einiger Zeit hat mir P.L. einen Brief geschrieben; er ist dir immer noch ergeben. Wenn es dich interessiert, sage ich dir, was V kürzlich gesehen hat.

Er hat wieder etwas gesehen?... Kennt er denn die Geschichte?

Aber nein, das ist es ja! Zufällig sah er zweimal den Papst (und er verstand nicht warum)[2]*, das war schon vor mehreren Monaten, und er verstand nicht im geringsten warum. Das erste Mal fand er sich vor dem Heiligen Stuhl, vor diesem Mann [dem Papst], der ihn fixierte und ihn zunächst zu hypnotisieren versuchte. Und als er ihn zu hypnotisieren begann, fing V innerlich an, deinen Namen zu wiederholen. Darauf wandte der Papst seinen Blick ab, begann zu lächeln und fragte ihn schließlich: „Woher kommen Sie?" Worauf V antwortete: „Ich komme vom Sri Aurobindo Ashram." Darauf antwortete der Papst: „Oh, I know the Mother very well!" [Oh, ich kenne die Mutter sehr gut!]*

(Mutter lächelt)

V konnte sich gar nicht vorstellen, was dies zu bedeuten hatte. Dann kehrte er ein zweites Mal dorthin zurück und sah den Papst erneut, der ihn freundlich empfing und ihm sagte: „Ach, ich würde gern nach Indien zurückkehren." Worauf ihm V sagte: „Wenn Sie nach Indien zurückkehren, müssen Sie Mutter besuchen." Und der Papst antwortete: „Falls ich wieder nach Indien reise, werde ich Mutter gewiß besuchen."

Sieh mal an!... Und dann?

Später, als du mir von den Angriffen erzähltest, die von dort ausgingen, kam mir plötzlich der Gedanke, ihn zu bitten

---

1. Es sollte noch lange dauern ...
2. Es sei nochmals angemerkt, daß V Inder ist und sich nicht sonderlich für das Papsttum interessiert.

nachzusehen, was dort los ist. Und zwei Tage danach hatte er diese Vision von dem Mann, der etwas wiederholte, sich konzentrierte und die Atmosphäre von P.L. überwachte. Und einige Tage später sah er noch etwas, aber nicht dort sondern hier.

Ach!

Auf deiner Terrasse befand sich eine Art Bär: riesig, pechschwarz, drei Meter hoch, mit spitzen Ohren, der wie ein Herr dort thronte und lauerte. Und er hatte sich dort fest eingerichtet. Er stand im Nordwesten deiner Terrasse, fest eingerichtet. Er bewachte alles von der Nordwestseite her.

(Mutter verharrt mit geschlossenen Augen und lächelt)

Ja, vielleicht ist es das! *(Mutter hustet)*

Gewiß ist es das, was dich husten läßt!

(Mutter lacht)

Ein Bär? Was bedeutet wohl der Bär? Ein schwarzer Bär?

Ein Bär ...

Ein pechschwarzer Bär mit sehr großen Ohren.

(Mutter lacht)

Und V sagt auch, daß er noch immer diese Wellen sieht ... Du weißt, er sah diese roten Wellen, die auf dich zukamen; jetzt ist es etwas anders: jetzt sind es graue Wellen, die auf dein Haus niederstürzen, und sie erscheinen eher „scattered" [verstreut], wie er mir sagte.

(Mutter verweilt in einer langen Konzentration)

Ein solch großer Bart *(fließende Geste)*. Nicht wie Sri Aurobindos Bart sondern sehr buschig und sorgfältig gestutzt.

Ein riesiger Kopf. Es handelt sich jedoch entschieden nicht um einen Bären!... Ich sehe allerdings nicht die obere Hälfte des Kopfes, nur den Bart: ein großer Bart *(dieselbe Geste)*, gelblich-weiß. Ein trübes Weiß.

(Mutter geht wieder in Konzentration)

Ich bin von [unsichtbaren] Menschen und Dingen nur so umgeben, das Zimmer ist voll davon!

Ich sehe sie die ganze Zeit. Vor allem nachts sehe ich Gestalten, die sich regen, die ... weißt du, wie J sich kleidet *(die Leute aus dem*

Punjab, mit langen Westen und engen Hosen) oder wie Dr. Agarwal *(der eine Mütze im Stile Gandhis trug und einen langen Bart hatte)* ... Wo wir über Dr. Agarwal sprechen, als Pralhad *(sein Sohn)* starb, wollte seine Mutter unbedingt wissen, ob er zu mir gekommen sei. Ich sagte ihr: „Ich habe nichts gesehen." Ich weiß also nicht, ob es das war, oder ob ich daran dachte, aber vor zwei Tagen (vorgestern), begab ich mich auf einen Spaziergang in einem Wald des Vitals ... Mein Kind, es war so schön! Oh, ein solch herrlicher Wald, ein wirklich gut gepflegter Wald, so sauber, oh, ein wirklich herrlicher Ort. Und plötzlich sah ich Pralhad dort, ganz jung, der auf mich zukam und mir in einem verzweifelten Tonfall sagte: *„I don't know, I can't find the religion."* [Ich weiß nicht, ich kann die Religion nicht finden.] *(Mutter lacht)* Also erwiderte ich ihm: „Du brauchst doch keine Religion!" Darauf sagte er mir: *„Oh, there is another man here who also can't find a religion!"* [Oh, hier ist noch ein Mann, der auch keine Religion finden kann.] Und dies war Benjamin *(ein anderer, seit mehreren Jahren verstorbener Schüler)*[1]. Ich sagte ihm also: „Was für ein Narr! Er braucht doch gar keine Religion zu finden." Stell dir vor ... Benjamin, ganz verloren in einem herrlichen Wald (du kannst dir nicht vorstellen wie schön!), weil er keine Religion finden kann. Und Pralhad, der nach einer Religion sucht ... Also wollte ich ein Trostwort an seine Mutter schicken: „Sei getrost, Pralhad befindet sich an einem sehr schönen Ort ..."

Es ging ihm sehr gut. Er war sehr gut gekleidet ...
Du siehst, wie lächerlich das ist!

(Schweigen)

Nachts ist das Zimmer voll – mit offenen Augen!
Ich sehe riesengroße Leute, die hektisch agieren, völlig ungeschickt. Aber wenigstens machen sie keine Dummheiten. Im Gegenteil, sie versuchen, sich nützlich zu machen, sie benehmen sich anständig ... *(Lachend)* Sie erledigen auf sehr ernsthafte Weise alle möglichen unnötigen Dinge!

(Schweigen)

Oh, welch ein herrlicher Wald, mein Kind! Das sind gewiß die Wälder ... zwischen dem Subtilphysischen und dem Vital: gleichsam die Zwischenzone zwischen dem Subtilphysischen und dem Vital. Bäume, wie ich sie außer in Japan nirgends gesehen habe, groß wie Säulen, völlig aufrecht! In Reihen gepflanzt, großartig. Mit hellgrünem, ganz hellem Gras, und die Luft, eine so klare Luft, und gleichzeitig nichts als Bäume: ein ganzer Wald. Aber nicht zu dicht, nicht erdrückend.

---

1. Siehe die Geschichte von Benjamins Tod in der *Agenda* Bd. 4 vom 12. Januar 1963.

Und inmitten dieses unglaublich schönen Ortes wandert dieser Narr umher, und anstatt sich daran zu erfreuen *(Mutter nahm einen weinerlichen Tonfall an)*: „I don't know what happened to me, I have no religion!" [Ich weiß nicht, wie mir geschehen ist, ich habe keine Religion.] *(Mutter lacht)* Da sagte ich ihm: „Aber freu' dich doch! Keine Religion ... Du befindest dich an einem Ort, der viel schöner ist als alle Religionen." *(Wieder mit weinerlicher Stimme)* – „Ich verstehe nicht ..."

(Schweigen)

Gibt es nichts zu tun?... Geht es dir gut?

Ja, sehr gut ... Aber immerhin hörst du mich!

Ja, wie durch einen Schleier. Besonders jetzt, wenn du zu schreien anfängst!

Aber überhaupt nicht!

(Nach einer Zeit des Schweigens) Alle Welten des Vitals sind Welten der Suggestion. Befindet man sich in einer bestimmten Welle von Suggestion, ist alles schrecklich; in einer anderen Welle von Suggestion ist alles reizend; in einer weiteren Welle ist alles herrlich. Das ist ganz merkwürdig. Diese Welten bestehen gleichsam aus Suggestionen. Zwischen dem Subtilphysischen und dem materiellen Vital *(Mutter drückt ihre rechte Hand gegen die linke)*, äußerst dicht beieinander.

Ich stelle mir vor, daß es so auch eine Welt der Medikamente gibt. Denn das gleiche Medikament hat, wenn es verschiedene Male für dieselbe Sache verabreicht wird, eine unterschiedliche Wirkung: das gleiche Medikament! Und wenn du innerlich den Beschluß faßt: „Ich verhalte mich im Einklang mit dem Medikament" (um herauszufinden, was genau es bewirkt), dann kommt so etwas wie ein kleiner boshafter Geist und sagt *(in spöttischem Tonfall)*: „Aber was fehlt dir denn?" Das Medikament hat keine Ahnung davon, denn je nach Fall ... Ach, ich versichere dir, es ist eine solche Komödie!

So verhält es sich mit fast allem. Und im Grunde ... diesbezüglich habe ich mich schon zwei- oder dreimal gefragt, ob ich mich nicht am Rande des Wahnsinns befinde; zwei- oder dreimal habe ich mich gefragt, ob es sich nicht mit ALLEM so verhält, außer dem Höchsten.

Demnach ist Er es, der sich selbst eine Komödie vorspielt, um sich zu amüsieren ... Aber es ist überhaupt nicht amüsant! Also sagte ich ihm: „Für Dich mag das vielleicht amüsant sein, uns aber amüsiert dies in gar keiner Weise!"

9. OKTOBER 1968

Was aber die Schönheit angeht, in den letzten Monaten habe ich Dinge gesehen ... die schönsten, die ich in meinem ganzen Leben je gesehen habe, oh!

Haben wir also Mitleid damit *(Mutter deutet auf ihren Hals)* und auch mit dir, die Lage ist nicht sehr angenehm.

Aber Mutter, ich bitte dich ...

(Mutter nimmt Satprems Hände) Du fühlst dich immer noch heiß an.

Nein, nein, es geht mir sehr gut.

(Schweigen)

Ja, all das, was ich in der letzten Zeit mit offenen Augen gesehen habe, ist sehr schön. Als Ausgleich dafür, daß ich hier nicht mehr ... *(Mutter sieht um sich).* Es gibt etwas in bezug auf das Sehen, was ich nicht verstehe – wie viele Dinge gibt es, die ich nicht verstehe, oh ...

Gleichzeitig die Feststellung einer grenzenlosen Allmacht und einer grenzenlosen Ohnmacht. Beides hier, am selben Ort *(Mutter legt eine Hand über die andere)* ... Zum Glück bin ich vernünftig genug, nicht darüber zu sprechen, denn wenn ich alles sagte, was ich sehe und was geschieht und was da ist, dann würden sie sagen: „Jetzt ist es endgültig aus, sie ist weggetreten, sie hat ihr Gleichgewicht verloren, mit ihrem Mental hat sie ihren Kopf verloren." *(Mutter lacht)* Also betrachte ich die Dinge mit großem Ernst und sage mir: „Nehmen wir also eines ihrer ach so wichtigen Probleme – für sie geht es dabei um Leben und Tod –, sehen wir dem also gefaßt ins Angesicht und seien wir ein wenig ernsthaft ..." *(Mutter lacht)* Aber es geht, das Gleichgewicht ist noch da.

Sage V bitte, daß ich seinen Schwarzbären gesehen habe, aber als braunen Mann mit braunem Überzieher und einem Hut (diese spitzen Hüte, weißt du, durch die man abstehende Ohren bekommt).

Was ist das bloß?

Es handelt sich um jemanden, der sich nützlich machen will und dabei nutzlose Dinge tut, wie ich dir schon sagte – ich weiß nicht warum, ich weiß nicht, was er dort wollte. Vielleicht wollte er mich besuchen?... Er machte nicht den Eindruck, als würde er auf der Lauer liegen – er machte eher einen ziemlich dummen Eindruck.

Mit diesen Dingen ... man gibt ihnen einen kleinen Klaps auf den Kopf und sagt: „Du bist sehr brav."

Nun, denn.

(Mutter betrachtet Satprem mit ihrem besonderen Blick ...)

Und das Gefühl der Gegenwart des Höchsten.

11. Oktober 1968

(Mutter fühlt sich noch immer nicht wohl.)

Hast du nichts zu sagen? *(Mutter hustet)*

Ich möchte dich nicht mit Reden anstrengen.

Das macht nichts.

Ich weiß nicht warum, aber ich muß über etwas nachdenken ...

Erzähl!

Man hat das Gefühl, daß dieser Prozeß der Transformation im Körper stattfinden müsse, aber könnte es sich nicht eher um eine Verdichtung der Macht handeln, die sich allmählich um dich herum und hinter dir bildet und die sich eines Tages materialisieren würde, um ein Wesen zu bilden?

Das ist möglich, daran habe ich auch schon gedacht.
Und weiter?

Nichts weiter ... Mir kam nur dieses Bild: eine Verdichtung von dir. Ein wenig wie diese Geschichte von den Steinen (wenngleich auf einem viel niedrigeren Niveau), die sich im Hof des „Guest-House" materialisierten.[1] Anstelle einer niederen Magie wäre es jedoch eine höhere Magie oder, wenn ich so sagen darf, eine leuchtende Verdichtung der Wahrheit.

---

1. Ein entlassener Koch hatte sich aus Rache an einen Fakir (oder einen moslemischen Tantriker) gewendet, und so regnete es mehrere Wochen lang jeweils zu einer bestimmten Tageszeit im Hof des „Guest-House" Steine: ein Schüler wurde sogar am Arm verletzt. Es handelte sich um eine Verdichtung vitaler Kräfte. Amrita hatte einige dieser Steine gesammelt und aufgehoben, um sie wissenschaftlich untersuchen zu lassen, es waren aber wirkliche Steine, mit der einzigen Besonderheit, daß sie mit Moos bedeckt waren. Das war 1921. Sri Aurobindo hatte diesbezüglich Dilip einen Brief geschrieben (am 6.2.1943).

(Mutter tritt für die ganze übrige Gesprächszeit in tiefe Kontemplation und sagt nichts mehr)

16. Oktober 1968

Hast du etwas zu sagen? Nichts?...

Es ist traurig, dich in diesem Zustand zu sehen.

Ich verstehe nicht, was geschieht. Es sei denn, es handelt sich wieder um das gleiche *(den Vatikan)*; aber dann sind sie wirklich sehr hartnäkkig.

Ach, neulich spürte ich eine Welle ihrer Magie. Es kam und ging. Es hielt einen Tag an.

Ja?

Etwas, das das Gehirn ergreift und eine starke Benommenheit hervorruft.

Nein, heute ist es nicht das Gehirn sondern ... *(nach einem langen Schweigen)*
Ich kann noch nicht einmal sagen, worum es sich handelt.

Sagt Sri Aurobindo nichts?

In den letzten Tagen habe ich ihn nicht gesehen.

(langes Schweigen)

Ich verstehe das nicht.
Die ganze Zeit muß ich husten.
Dieser Zustand, in dem ich mich seit heute morgen befinde, ist ganz neu. Gestern hatte ich physische Schmerzen. Aber das ist etwas anderes.

(Schweigen)

Es ist wirklich merkwürdig ... Das Bewußtsein intensiviert sich in einem solch starken Maße *(ausgedehnte Geste nach oben)*, etwas, das alles beherrscht und ... ich glaube, am treffendsten könnte man sagen: es ist nicht aktiv.

Dies hier *(der Körper)* ist wie etwas, das in diesem Bewußtsein schwebt, aber nicht aktiv ist.

(Schweigen)

Ich kann es nicht erklären.

Wie ein Ozean aus Licht, der unentwegt seine Arbeit tut, und darin treibt etwas ... *(Mutter schüttelt den Kopf, als wisse sie nicht, was dieses „Etwas" ist: ihr Körper).*

Es ist nicht abgeschnitten, es ist nur nicht aktiv, das ist alles.[1]

(Schweigen)

Ich empfange z.B. jeden Morgen vier Personen; ich spreche nicht, aber das Bewußtsein ist voll gegenwärtig, es arbeitet, es tut seine Arbeit mit einer Macht der Konzentration – und sobald sie weggehen, ist diese auch verschwunden.

Dies *(der Körper)* hat nicht einmal das Gefühl, ein Werkzeug zu sein, verstehst du ... ich weiß nicht, was er ist. Er ist kein Werkzeug. Ich weiß aber nicht, was er ist.

(Mutter „betrachtet" die Sache) Ein tiefes Ultramarinblau. Kennst du diese Farbe? ...

(langes Schweigen)

Hast du keine Fragen? Wir werden sehen, ob das etwas herbeiführt ... *(Geste einer Verbindung mit dem Ozean)*

> *Ich wundere mich, daß Sri Aurobindo nicht erscheint, um dir zu sagen, was vorgeht, oder dir erklärt ...*

Ja: gestern morgen hatte ich einen Anfall von sehr schmerzhaften Magenkrämpfen (zum ersten Mal in meinem Leben), und wie ein kleines Kind bat ich um Heilung, und er hat mich geheilt! Ich sah ihn, ich spürte ihn ... Er interessiert sich jedoch vor allem für die Transformation, das ist alles.

Es gibt einen Grund, etwas, das mir nicht offenbart wird. All dies ist nicht nutzlos – in keiner Weise nutzlos oder ... (wie soll man sagen?) *unexpected* [unerwartet], verstehst du?

Als sei dies organisiert worden, damit etwas geschehen kann – aber was? Ich weiß es nicht.

---

1. Mutter meint, daß dieses „Etwas" (ihr Körper) nicht von dem Ozean des Lichtes abgeschnitten ist, er ist lediglich nicht aktiv.

16. OKTOBER 1968

(Schweigen)

Ich glaube, man muß geduldig abwarten, bis sich die Dinge vollenden.

Ja, all das hat sicherlich seinen Grund.

Ja.
Wir werden es später erfahren.
Ach ja ... Heute nacht, glaube ich, gab es eine ganze Reihe von Ereignissen mit P.L., aber ich weiß nicht was.

In den Nächten geschieht andauernd etwas, aber ich erinnere mich nicht – man läßt mir die Erinnerung absichtlich nicht.

Offensichtlich möchte man nicht, daß der Körper ermattet. Aus einem bestimmten Grunde soll er sehr ruhig bleiben, so ruhig wie möglich.

Es hat keinen Zweck, sich zu quälen. Warten wir geduldig, wir werden ja sehen.

(Mutter tritt in eine lange Kontemplation ein)

Man darf sich keine Sorgen machen.
Es ist offensichtlich nicht der Moment, irgend etwas zu sagen.
Wir werden sehen.

(Vor dem Fortgehen legt Satprem seine Stirn auf Mutters Knie)

Ich habe in keiner Weise das Gefühl der Schwäche, in gar keiner Weise *(Geste einer herabkommenden Kraft)*. Das bedeutet, daß sie immer noch gegenwärtig ist *(die höhere Kraft)*.

Aber ja!... sie ist da![1]

Etwas geschieht, wir werden sehen.

---

1. Wie immer, spürte man zu ihren Füßen eine ungeheure Flut von Energie.

19. Oktober 1968

(Diese Worte, die Mutter stockend äußert, sind von langem Schweigen unterbrochen, als kämen sie von sehr weit her ... vielleicht aus der Ewigkeit.)

Ich bin jetzt soweit, daß ich nicht mehr huste, aber deswegen kann ich nicht sprechen ... Es gibt auch nichts zu sagen.

(Schweigen)

Das Materielle, das Physische lernt – lernt, was es ist –, und das ist sehr interessant. Aber ... es ist sehr schwer in Worte zu fassen.

(Schweigen)

Weißt du, ich verbringe Stunden um Stunden, ohne zu sprechen, und es folgt einer logischen Entwicklung, aber ... Der Husten kommt wahrscheinlich absichtlich, um mich am Sprechen zu hindern. Denn ich sehe sehr deutlich, daß die Dinge ... Als verschwendete man seine Zeit, wenn man redet.

Ich kann Stunden über Stunden damit zubringen, diese Entwicklung zu betrachten – eine Entwicklungsfolge, die gleichzeitig universell und persönlich ist; aber es gibt hier so gut wie nichts Persönliches mehr, eine seltsame Sache. Eine Reihe von Bewußtseinszuständen bildet sich aus.

(Schweigen)

Es besteht auf fast ständige und allgemeine Weise der Eindruck, daß die materiellen Dinge ... aber nicht allein die Dinge: die Wahrnehmungen, die Empfindungen (merkwürdige Empfindungen, ohne Zusammenhang mit ...) und die Seinszustände, die Wahrnehmungen, die Konsequenzen, die Reaktionen, all dies vermittelt dauernd den Eindruck ... ja, man kann es so sagen: sie vermitteln den Eindruck, ganz anders zu sein, als die Leute denken.

Ich weiß nicht, wie ich das erklären soll.

Man kann sagen: die Ursachen und die Auswirkungen ... (aber es ist nicht gedacht, darin liegt die Schwierigkeit). Es handelt sich gewiß um eine Entdeckung, der ich auf der Spur bin, also ... Ich weiß nicht, es handelt sich entweder um die Ursache oder den Mechanismus der Entstellung zwischen dem, was ist, und dem, was wahrgenommen wird (was gelebt wird, was wahrgenommen wird).

(Mutter bleibt lange versunken)

Es läßt sich noch nicht ausdrücken.

Man hat den Eindruck, daß dies lange dauern kann ... Es liegt beinahe außerhalb der Zeit; man weiß nicht, wie man es ausdrücken soll.

Es ist unausdrückbar.

Von Zeit zu Zeit erscheint etwas wie die Reflexion eines unaussprechlichen Glücks, aber ohne Ursache; und gleichzeitig eine Art ... (wie soll ich sagen?) eine Traurigkeit oder Melancholie (ich weiß nicht, wie ich das erklären soll), die ebenfalls keine Ursache hat und die das Ergebnis einer Entstellung des anderen Zustandes zu sein scheint.

Gut. Man muß Geduld haben.

23. Oktober 1968

Jemand schickte mir ein Zitat von Sri Aurobindo, das ich sehr interessant fand:

What happens is for the „best" in this sense only that the end will be a divine victory in spite of all difficulties – that has been and always will be my seeing, my faith, and my assurance – if you are willing to accept it from me.[1]

Sri Aurobindo
(28.XII.1931)

Ich finde das sehr interessant. Wenn man ihnen sagt: „Es wird alles zum Besten sein", denken sie immer an ein Bestes nach ihrer eigenen Vorstellung!

*
* *

*(Mutter tritt in Meditation ein,
dann taucht sie plötzlich daraus auf:)*

Und dein Buch?[2]

---

1. „Das, was geschieht, ist zum „Besten" allein in dem Sinne, daß das Ende der göttliche Sieg sein wird, trotz aller Schwierigkeiten. Dies ist schon immer meine Ansicht, mein Glaube und meine Gewißheit gewesen – wenn ihr bereit seid, dies von mir zu akzeptieren."
2. Der Sannyasin.

Es ist nicht einfach ... Ich bin dabei, es zu überarbeiten.

Ach!

Eine schreckliche Arbeit.

Nein, wenn man sich mit dieser Einstellung daran macht, nimmt es niemals ein Ende! – Niemals. Man überarbeitet etwas entsprechend einem bestimmten „Fluß", und wenn man ans Ende kommt, tritt man in einen anderen Fluß ein, folglich ... Dies hört einfach nie auf.

Ich kannte einen Maler, der so war, ein großer Maler: Gustave Moreau. Von ihm gibt es nur sehr wenige fertige Gemälde, denn er hat seine Werke immer wieder überarbeitet. Er machte Fortschritte, seine Sehweise machte Fortschritte, und so erschien ihm seine Malerei immer abseits, unvollendet – sie ließ sich nie vollenden! Erst als er starb, fand man all diese Gemälde – und es gab viele, die phantastisch waren. Nur daß sich jedes in einer bestimmten Bewegung auf etwas hin befand ...

Hast du sein Haus gesehen? Er hinterließ sein Haus mit allem, was darin war, man hat ein Museum daraus gemacht.

(Schweigen)

Schweigen ist alles, was ich dir anbieten kann.

(Meditation)

26. Oktober 1968

Ich habe nichts zu sagen. Ich kann wieder sprechen, aber ich habe nichts zu sagen!

Geht es besser?

Ich muß fast überhaupt nicht mehr husten ... aber ich habe nichts zu sagen.

(Schweigen)

Dieses Physische, das physische Bewußtsein ... ich glaube nicht, daß es sich um ein persönliches physisches Bewußtsein handelt: das allgemeine physische Bewußtsein in diesem Körper wurde von einem

Mitleid ergriffen, oh!... Ich kann nicht sagen „Mitleid" ... Es handelte sich um etwas ganz Besonderes, ein sehr inniges und zärtliches Mitgefühl für die physische Lage der Menschen. Das ergriff mich in ungeheuren Aus-maßen. Im Bewußtsein gab es nur noch das, und hätte ich mich nicht beherrscht, hätte ich unentwegt geschluchzt ...

Dies war das Thema der letzten Tage.

Und so kam gleichsam von unten, aus den Tiefen, die Wahrnehmung des göttlichen Mitgefühls – die Art und Weise, wie es vom Göttlichen gesehen und empfunden wird ... Das war wunderbar.

Dies stand sehr im Vordergrund.

Es gab sozusagen keine äußeren Widersprüche – ich empfange nicht viele Leute, und unter ihnen ist nur EINE Person, die in einem freudvollen Bewußtsein lebt. Eine einzige unter all den Leuten, die ich kenne. Und auch dann noch verhält es sich bei ihr nur deshalb so, weil sie in einem sehr harmonischen vital-mentalen Bewußtsein lebt und darin sehr glücklich ist ... Ich habe jedoch das Gefühl, wenn man es ein wenig ankratzt ...

Ja, der Zustand des menschlichen Körpers ist äußerst elend.

Sehr elend.

Ja, sehr elend.

Wirklich sehr elend.

Oh, dies hat überhaupt nichts mit den vitalen und mentalen Schwierigkeiten und all dem zu tun ... Der Körper ist sich ihrer nicht bewußt – das interessiert ihn einfach nicht; wenn die Leute von vitalen oder mentalen Schwierigkeiten erzählen, erscheint ihm das vollkommen kindisch. Es geht um das ELEND, in dem der Körper lebt, dies ist wirklich entsetzlich.

In manchen Augenblicken kam sogar ...

Wie ich schon sagte, besteht ein BESTÄNDIGER Anruf an das Göttliche, und in sehr starkem Maße sogar ... (wie soll ich sagen?) die Wahrnehmung Seiner Gegenwart, und so herrscht eine Art Widerspruch ... Als das einsetzte, sagte ich: „Wie ist es nur möglich, daß Du dies wollen kannst?"

Weißt du, seit sehr langer Zeit – seit Jahren – ist die spontane Haltung (nicht das Ergebnis einer Anstrengung), die spontane Haltung des Körpers folgende: „Meine eigene Unfähigkeit und mein Unwissen, meine Ohnmacht, meine Schwachsinnigkeit sind die Ursache meines Elends." Er allein hält sich für all dieses Elend verantwortlich. Und darin besteht der Widerspruch: „Warum-warum-warum willst Du es so? Warum nur?"

So verbringe ich beinahe ganze Tage und Nächte im Schweigen (d.h. ohne zu sprechen), aber ich sehe – ich sehe ... Dabei besteht weder die Empfindung noch die Wahrnehmung einer getrennten Individualität, und unzählige Erfahrungen treten auf, Dutzende täglich, die verdeutlichen, daß gerade die Identifikation oder Vereinigung mit anderen Körpern bewirkt, daß man das Elend des einen und des anderen spürt ... Dies ist eine Tatsache. Dabei wird es nicht so erlebt, als geschehe es in einem anderen Körper, sondern in seinem eigenen. Deshalb ist es jetzt sehr schwierig, auf dieser Ebene eine Unterscheidung zu treffen ... *(Mutter streckt ihre Hände weit aus)* auf einer Ebene, die nur ein ganz klein wenig subtiler ist als die rein materielle ... Somit ist es nicht die Klage über sein eigenes Elend, sondern ALLES ist sein Elend.

Es ist also keine egoistische Klage.

Ich habe die sehr deutliche und spontane Wahrnehmung, daß es unmöglich ist, ein winziges Stückchen vom Ganzen herauszuziehen und daraus etwas Harmonisches zu gestalten, solange alles übrige unharmonisch bleibt.

Warum aber bleibt es so, warum nur?... Ich begreife das einfach nicht ... Als der Körper sich noch von den anderen abgetrennt fühlte (vor sehr langer Zeit), und vor allem vom Göttlichen abgetrennt, da war dies noch verständlich: dazu gibt es nichts zu sagen, das ist ganz natürlich und vollkommen verständlich. Aber jetzt, wo für ihn wirklich ALLES das Göttliche ist, wieso führt das nicht die Harmonie herbei?... Auf vitaler und mentaler Ebene (und selbstverständlich bei dem, was darüber liegt), bringt die Erfahrung der Identität gleichzeitig die Seligkeit, die Wonne. Hier *(im Körper)* besteht die Identität, aber KEINE Seligkeit. Warum nur?

Es ist durchaus möglich, daß er etwas hätte spüren können, wenn er abgeschnitten geblieben wäre – das ist jedoch nicht das Wahre! Das wäre eine Lüge gewesen, folglich ... Weißt du, diese Identität ist nicht das Ergebnis einer Anstrengung, sie ist nicht das Ergebnis eines Willens-aktes: sie ist eine TATSACHE – eine spontane Tatsache, um die ich mich in keiner Weise bemüht habe. So hat das angefangen. Und der Körper selbst befindet sich in einem Zustand ... ich kann nicht sagen „prekär", aber es ist jedenfalls nicht besonders erfreulich. Es hat ihm keine physische Harmonie vermittelt.

Weil es noch alles andere gibt.

Genau!
Von Zeit zu Zeit kommt für ... nicht einmal einige Minuten (eher Sekunden) eine deutliche Wahrnehmung der echten Identität, die eine vollkommene Harmonie ist, und dort hören alle Störungen auf

– materiell jedoch bestehen sie immer noch! Nehmen wir eine sehr einfache Sache: z.B. wackeln alle meine Zähne – das ist eine TATSACHE –, und es stimmt, daß logischerweise ein solcher Zustand sehr schmerzhaft sein müßte: er ist es jedoch nicht, und ich sehe sehr wohl, daß dies aufgrund einer Gegenwart so ist – das verstehe ich sehr gut. Andererseits jedoch verheilt es auch nicht, ganz im Gegenteil! Es ist unheilbar.[1]

Das Physische ist wirklich ... ein Mysterium.

Ich verstehe die Leute, die gesagt haben: „Das muß man aufheben, das ist eine Lüge." Und dennoch stimmt das nicht, das Physische ist keine Lüge, es ist ... was ist es wirklich? Zu sagen, es handle sich um eine „Entstellung", besagt gar nichts.

(Schweigen)

Die Macht der Linderung (nicht der Heilung: der Linderung) ist sogar stärker geworden. Wenn man mir berichtet, daß jemand krank ist, habe ich in 99% aller Fälle die Sache schon AM EIGENEN LEIBE VERSPÜRT, und wenn man mir es dann erzählt, sage ich: „Aha! Diese Person ist es also." Ich habe es bereits als Teil meines physischen Wesens verspürt *(ausbreitende Geste)*, ein grenzenloses physisches Wesen ohne scharf umrissene Gestalt. Handelt es sich bei dieser Präzision und dieser Trennung ... (wie soll ich sagen?) ... handelt es sich dabei etwa um das Hindernis oder um die Ursache (wahrscheinlich um beides), welche die Begründung der Harmonie verhindern? Denn wir sind TATSÄCHLICH abgetrennt. Kannst du dir vorstellen, wie es in einer Welt zugehen würde, die nicht abgetrennt wäre?... Denn hier wird es ernst: Wenn die Welt, um so zu sein, wie sie ist, effektiv abgetrennt sein muß und wenn diese effektive Trennung der Grund all dieses Elends ist, dann ... Und doch weiß ich (ich weiß nicht genau wie, auch bin nicht „ich" es, die dieses Wissen hat: darin gibt es kein „Ich"), ich WEISS (das große „Ich" weiß), daß die Auflösung, das Verschwinden der Welt NICHT die Lösung ist ... Aber was dann?...

Dies hier ist die einzige Welt, wo die Trennung nicht das Ergebnis eines Bewußtseinszustands sondern eine TATSACHE ist, folglich ...? Überall sonst ist sie das Ergebnis eines Bewußtseinszustandes: verändert sich das Bewußtsein, so verändert sich der entsprechende

---
1. Sri Aurobindo erzählt in einem Brief (Cent. Ed., Bd. 26, S. 352-353) die Geschichte eines Yogins, der sein Leben beliebig verlängern konnte (er lebte über 200 Jahre), dabei jedoch bis zum Ende immer an den gleichen Zahnschmerzen litt – es gelang ihm nie, diese zu heilen. Es handelte sich um Swami Brahmananada, der eines Tages im Jahre 1900 einem Besucher namens Mazumdar erklärte: „Dieser Zahn ärgert mich schon seit den Tagen des Bhao Girdhi" (d.h. seit 1761).

Sachverhalt – hier nicht. Dies ist die einzige derartige Welt: hier *(die Materie).* Und dennoch ist die Trennung eine Lüge.

(Schweigen)

Man kann sich gut eine bedeutende Verbesserung durch die Ausbreitung des wahren Bewußtseins vorstellen, denn, wie ich dir sagte, gibt es sehr konkrete Erfahrungen (von völlig flüchtiger Natur, aber immerhin) einer Harmonisierung, die bis ins Materielle reicht und die auf diese Weise ganz wie ein Wunder erscheint. Man kann sich jedoch vorstellen, daß die Wiederherstellung des wahren Bewußtseins und der Harmonie, die das mit sich bringt, einen beträchtlichen Unterschied machen würde ... Wahrscheinlich einen ausreichenden Unterschied, damit sich ein harmonischer und fortschreitender Zustand verwirklichen könnte: in Harmonie statt im Elend.

Vielleicht ist dies das höchste Wunder, das das Göttliche zu verwirklichen sucht: die Trennung – eine existierende Tatsache – und der Bewußtseinszustand der Einheit.

(Schweigen)

Soviel weiß ich jetzt auf jeden Fall ... Die Arbeit in den anderen Seinszuständen (selbst im Subtilphysischen) ist ein Kinderspiel im Vergleich dazu. Die Schwierigkeit liegt hier.

(Schweigen)

Somit kann man sich leicht eine Verbesserung vorstellen, sogar eine beträchtliche Verbesserung, einen viel harmonischeren Zustand als den gegenwärtig existierenden. Denn das, was existiert, ist wahrlich eine Hölle; nur das Bestehen dieser Möglichkeit bewirkt, daß es keine Hölle ist – weil es hinter der Hölle diese Möglichkeit gibt, die lebendig und real ist, die existiert, greifbar ist und in der wir leben können –, ansonsten ist es höllisch ... Man hat den Eindruck, daß all die Seinszustände des Wesens verquirlt wurden (so wie man Mayonnaise anrührt!), alle Seinsebenen sind in einem großen Durcheinander vermischt, und dadurch wird die „entsetzliche Sache" erträglich ... wegen all dem anderen, das sich darin auch noch befindet. Wenn man sie aber heraustrennt ... *(Geste eines Schreckens)*

Was hast du dazu zu sagen?

> *Dies bedeutet, daß das Bewußtsein* DES GANZEN *sich verändern muß. Es ist stets das gleiche Problem: Wenn das* GANZE *fortgeschritten ist und sein Bewußtsein verändert ist, müßte sich auch die materielle „Tatsache" ändern.*

So sieht es aus.

Ja.

Es gibt kein Mittel, dem als einzelner zu entkommen.

ALLES muß sich verändern.

Die Individualität ist nur ein Handlungsmittel für die Veränderung des Ganzen.

Ich verstehe sehr gut, daß immer gesagt wurde, man müsse sich dem entziehen. Eine solch ungeheure Transformation ist notwendig ... das bedeutet fast eine unmöglich lange Zeit.

Sobald man dem entrinnt, ist man frei, aber solange man sich noch darin befindet ...

Man kann nicht „einen" allein transformieren, ohne alles zu transformieren.

Ja, genau. Genau darum geht es.

Das heißt, „einer" beschleunigt die Transformation des Ganzen.

Ja.

Und dies bedeutet das große *Surrender*: „Weil es so ist, ist es eben so" ... Erschreckend.

Deswegen gibt es Leute, die sich aus dem Staub machen (selbst wenn es nichts nützt, denn sie müssen ja wiederkommen). Sie wollen sich erholen! *(Mutter lacht)*

Wenn es nicht unerträglich wäre, würde es sich offensichtlich nie ändern. Aber gerade weil es unerträglich ist, hat man große Lust, sich dem zu entziehen – aber das ist unmöglich, nur in ihrer Torheit können sie glauben, daß man aus dem heraustreten kann. Man erholt sich nur eine Zeitlang.

Das bedeutet, daß die Arbeit liegenbleibt. So verzögert sich nur das Ergebnis.

Und dennoch hat man den Eindruck, wenn es durch irgendein Wunder EINEM Individuum gelänge, sich physisch zu supramentalisieren, wäre dies ein so schlagendes Beispiel für die übrige Welt, daß ... Ich weiß nicht, das würde sie umwerfen.

Das wäre immer noch eine bloße Teillösung.

Ja, aber es würde ihr Bewußtsein gründlich aufrütteln ...

Es wäre kein allgemeiner Zustand, es könnte nichts weiter als eine Teillösung sein. Aber es WIRD sein. Das ist Teil des Plans. Die

Vollkommenheit EINER Verwirklichung hängt jedoch von der gesamten Verwirklichung ab. Es kann durchaus schon eine bestimmte „Quantität" der Verwirklichung erreicht werden, das ist unstrittig – genau dies wird die supramentale Spezies verwirklichen, das ist völlig einleuchtend.

> *Ich meine, wenn jetzt durch irgendein Wunder* EIN WESEN *leuchtend wahr würde, könnte dies die übrige Menschheit so gründlich packen, daß es diese Menschheit auf den Weg der Wahrheit brächte –* EIN *Beispiel.*

Aber ja. Das jedoch ...

(Schweigen)

Hoffen wir es!

(Schweigen)

Das bedeutet wahre Hingabe ...

(lange Kontemplation)

Vielleicht ist es das Wunder der wahren Hingabe?... („Hingabe", das stimmt wieder nicht; auch ist es nicht *Surrender* [Überantwortung]: es handelt sich um etwas wie eine Annahme, eine Akzeptanz, die gleichzeitig die völlige Aufhebung aller Trennung bedeutet). Das, auf vollkommene Weise ... vielleicht. Wir werden ja sehen.

Voilà.

Nächstes Mal ist dein Geburtstag: eine neue Geburt.

(Schweigen)

Du hast es ins Auge gefaßt ... also mußt du versuchen, es zu verwirklichen.

30. Oktober 1968

*(Über die Botschaft, die Mutter
Satprem zu seinem Geburtstag gab:)*

„Hier das Licht und die Göttliche Liebe, die immer bei dir sind auf deinem Weg, wo jedes Ergebnis nur der Ausgangspunkt für eine neue Etappe ist."

Dies ist genau meine Erfahrung der letzten Tage, kurz bevor ich deine Geburtstagskarte schrieb (gestern, glaube ich). Wir setzen den Dingen immer ein Ende – aber sie haben keins. Es gibt keins. Die Wahrheit ist: man steigt beständig auf *(Mutter zeichnet eine Kurve, die bis zu einem gewissen Punkt im Raum führt)*, damit man weitergehen kann *(Mutter zeichnet eine neue, höhere Kurve von diesem Punkt aus)*, und so weiter – immer und ewig.

Es mag sich auch um ein individuelles Bewußtsein handeln, es muß kein unpersönliches sein; auch für das individuelle Bewußtsein verhält es sich so: eine große Kurve *(Mutter zeichnet eine Bahn bis zu einem bestimmten Punkt)*, wie ein Sprungbrett, um noch weiter zu gehen. Es war also eine Vision von etwas, das sich weiter entwickelt – indem es wächst und lichtvoll wird.

Man könnte es so ausdrücken: Das Bewußtsein, das sich seiner selbst zunehmend bewußt wird. So war mein Eindruck.

Und alles dient diesem Bewußtsein, um sich seiner selbst besser bewußt zu werden.

Eigentlich erklärt dies alles. Alles.

Das Mittel, sich seiner selbst bewußt zu werden.

(Schweigen)

Und diese Arbeit der Bewußtwerdung im Körper (Bewußtwerdung seiner selbst) ist wirklich sehr interessant. Sehr interessant.

Hast du eine Frage für deinen Geburtstag?
Nein?

Ich möchte es besser machen.

(Meditation)

*
* *

Darauf schreibt Mutter die Neujahrsbotschaft für 1969:

„Keine Worte: Taten!"

Offenbar hast du diese Botschaft 1950 schon einmal gegeben?

So wiederholen wir uns!

Ja, die Dinge wiederholen sich ... Neunzehn Jahre!

Wir haben keine Fortschritte gemacht.

Oh, doch! Ich habe den Eindruck, daß eine beträchtliche Wegstrecke zurückgelegt worden ist.

(Mutter nickt, ohne etwas zu sagen)

Letztes Mal hast du mich gefragt: „Wo stehe ich?" Und als ich dir deine Karte schrieb, erinnerte ich mich an deine Frage. Ich erwog, dir etwas in dem Zusammenhang zu schreiben. Dann rief ich Sri Aurobindo in seinem Foto an *(der Karte liegt ein Foto von Sri Aurobindo bei)*. Und ich schrieb: „Hier das Licht und die Göttliche Liebe, die dich allzeit begleiten ..."

„... die immer bei dir sind auf deinem Weg ..."

So fragte ich: „Also gut, wo stehen wir jetzt?" (dich betreffend). Darauf antwortete er:

„... Jedes Ergebnis ist nur ein Ausgangspunkt für eine neue Etappe."

In den letzten Tagen gab er mir die entsprechende Erfahrung. Als Antwort auf deine Frage.
Das setzt sich endlos so fort *(Mutter zeichnet einen langen, langen Weg)*, dann die Frage: „Wo bin ich?" *(die gleiche große Geste)* – Man hat ebensoviel hinter sich wie vor sich! *(Mutter lacht)*

Aber es geht weiter?

Sicher bewegt es sich! Es bewegt sich die ganze Zeit.

Dennoch spürt man nicht, daß sich das Bewußtsein entwickelt ...

Ach?

Man spürt, daß das Licht stärker ist, daß die Wahrheit lebendiger ist... So gibt es in einer Hinsicht keine Fragen mehr; es ist gewiß, da gibt es keine Fragen mehr. Aber ... was dann? Man hat nicht den Eindruck, daß das Bewußtsein sich sehr entwickelt.

(Meditation)

Wenn du nichts mehr sagen möchtest ...

Ich möchte dir besser dienen können.

Mach dir keine Gedanken darüber! Das ist schon in Ordnung.

(Schweigen)

Ich bin es nicht mehr gewohnt zu sprechen, es fällt mir sehr schwer.

(Schweigen)

Ich habe den sehr starken Eindruck, daß „man" uns etwas beibringen will. Sehr deutlich. Ich weiß aber nicht was.
Etwas wie das Geheimnis der Funktionsweise.
Die ganze Zeit, wirklich die ganze Zeit über, wird uns durch alle möglichen kleinen Tatsachen vor Augen geführt, daß das Verfahren, das wir uns vorstellen und so, wie wir es verstehen, oder so, wie wir es postulieren, falsch ist, der Wirklichkeit nicht entspricht, und man möchte uns das wahre Verfahren der Manifestation finden und entdecken lassen – aber INDEM WIR ES LEBEN – das Warum und das Wie. Hinsichtlich des „Warum" habe ich einen vagen Eindruck. Das „Wie" jedoch ... *(Mutter schüttelt den Kopf, als entziehe sich ihr die Sache).*
Nun gut. In diesem Bewußtseinszustand befinde ich mich ständig. Ich dränge unentwegt weiter ... *(Geste des Vorantastens, und dann entzieht es sich einem).*

(Schweigen)

Ich spüre deutlich, daß einzig eine Identifikation ... [den Schlüssel liefern kann] ... ja, wie eine bewußte Identifikation, d.h., das Bewußtsein bleibt dabei vollkommen wach.
Nun denn.
Wir werden sehen, wo wir im nächsten Jahr stehen!
Mein Kind ...
Ich wünsch dir ein gutes Jahr, mein Kind!

November

2. November 1968

Irgend etwas Neues?

Ich habe einen Brief von P.L. erhalten, aber es fehlt noch ein Teil.

Was willst du damit sagen?

Ich hatte ihm von Vs Vision geschrieben, einschließlich der Beschreibung des Mannes, der im Vatikan Magie praktiziert, und ihm gesagt: „Denken Sie einmal gut nach, ob das auf jemand Bestimmten zutrifft." Und er sagte sofort: „Ja, ich weiß, wer es ist."

Ach! Er hat ja gesagt.

Ja, er schrieb: „Ich weiß, um wen es sich handelt, und ich werde Ihnen ein Foto schicken." Ich warte also auf das Foto. Hier, was er schreibt: „Vs Vision zeigte mir genau die beschriebene Person: Es handelt sich um Z, einen Erzbischof im Staatssekretariat des Heiligen Stuhls, einen engen Vertrauten des Heiligen Vaters, und er ist sein Privatsekretär …"

Ach!

„Ich suche ein Foto, um es Ihnen zu schicken …"

Oh, es handelt sich also um einen gefährlichen Mann.

Und er sagt: „Die Beschreibung der Vision traf hier an dem Tag ein, als man mir sagte, der Heilige Vater habe seinen engsten Mitarbeitern Anweisungen für die Aufstellung eines Aktionsprogramms gegeben, um die Millionen Katholiken aufzurütteln, die in der Routine einer unbewußten religiösen Praxis eingeschlafen sind.[1] Hier die wichtigsten Namen des Komitees: X (der Kardinal Italiens), Y (der Kardinal Frankreichs), W (der Assistent des Papstes) und Erzbischof Z. …"

Der auch.

„Und schließlich ich!… Diese Treffen sollen »sub secreto specialissimo« verlaufen: »top-secret«."

Er wird also dabei sein.

---
1. Der Anfang der großen Kirchenreform.

Ja, er wird dabei sein, das ist das Außergewöhnliche daran!

Sehr interessant.

Es ist wirklich außergewöhnlich. Und dieser Erzbischof Z wird auch dabei sein. Danach heißt es im Brief: „Vielleicht erinnern Sie sich, daß man mir am Vatikan eine Beförderung in Aussicht gestellt hatte; diese Beförderung trat in Kraft, während ich mich in Pondicherry aufhielt, und sie provozierte die niederträchtigsten Intrigen, die die Verleihung des Titels blockierten. Schließlich vertraute man mir paradoxerweise den Aufgabenbereich ohne Titel an ... Es wurde entschieden, mich auf die Probe zu stellen, und zwar über eine Periode von wenigstens vier Jahren ... Der Machtkampf in den Kreisen, in denen ich verkehre, ist gnadenlos. Ich betrachte das Ganze jedoch mit großer Losgelöstheit. Ich habe sogar das Gefühl, daß es sich um eine andere Person handelt, nicht um mich, und daran nimmt wiederum meine Umgebung Anstoß, denn ich zeige keinerlei Reaktionen gegenüber den mir zugefügten Ungerechtigkeiten (und was für Ungerechtigkeiten! – Wenn Sie wüßten, wie gleichgültig mir diese kleine Welt ist). So sieht das traurige Panorama aus. Das wird Ihnen zeigen, wie wichtig und innerlich vertraut mir der Friede und die Sanftmut des Samadhi ist. Mitunter fühle ich mich wie ein Blatt, das der Wind hierhin und dorthin trägt, und all mein Streben festigt sich in dem Licht, das Mutter in meine Seele legte. Auf sie richtet sich meine Zärtlichkeit vom ersten Augenblick des Tagesanbruchs an, und in diesem Licht sehe ich, daß nicht wichtig ist, was ich tue, sondern die ART, *wie ich es tue ..."*

(langes Schweigen)

Wieviele Katholiken gibt es auf der Welt?

Fünfhundert Millionen, glaube ich.

Das wäre ja die Hälfte der Weltbevölkerung!

Nicht ganz, aber ...

(Mutter verweilt lange in Meditation)

Nichtsdestoweniger ist es ein wirklicher Sieg, daß du einen Vertrauensmann in dieser Bande hast.

Ja.

Ich habe gerade versucht, mir das anzusehen: Was läßt sich da tun? *(Mutter schüttelt den Kopf)* Sich dem Programm [des Papstes] anschließen? Sie aufrütteln ...?

Die fünfhundert Millionen.

Ich sehe nicht, was sich tun läßt.

Es sei denn, sie bauen etwas Verlogenes auf, das aber hätte keine Kraft ...

Die „Wiederkunft Christi"? *(Mutter schüttelt mißbilligend den Kopf)*

Um etwas zu finden, müßten sie sich ein wenig von der Tradition lösen – das gelingt ihnen nicht.

(Schweigen)

Man müßte sich auf die Manifestation der supramentalen Kräfte abstützen ... Leider ist in der Religion nichts dergleichen zu finden. Ginge es um eine Kraft oder ein Licht oder eine Veränderung der Atmosphäre, die die Wiederkunft Christi ankündigte, könnten sie sich in diese Richtung wenden, aber davon ist nicht die Rede.[1]

In den Schriften gibt es sehr vage Andeutungen in dieser Richtung. Dies wird jedoch als verschrobene Esoterik betrachtet.

(Schweigen)

Ich weiß nicht, ob ich damit recht hatte, ich habe P.L. jedoch geraten, Sri Aurobindo nicht wahllos zu verteilen und sich ruhig zu verhalten.

Ja, das würde nichts bringen.

Es würde ihn nur suspekt machen.

Ja.

(Mutter verharrt in Meditation)

Wir befinden uns immer noch in einer Übergangsphase.

(langes Schweigen)

Man fragt sich, was erforderlich ist, um all dies aufzurütteln ...

---

1. Es stört Mutter in keiner Weise, von einer „Wiederkunft Christi", anstatt von einer Reinkarnation Sri Aurobindos zu sprechen – solange die Leute Fortschritte machen.

*(Mutter geht erneut in Meditation,
um dann plötzlich aufzufahren)*

Ich hielt eine Vase mit „Göttlicher Liebe" *(die Blüten des Granatapfelbaums)* in der Hand und wollte sie dir geben, und als sie sich über meinen Knien befand ... Hast du die Bewegung gesehen?

Ja.

... fiel die Vase auf meine Knie. Nicht auf den Boden sondern auf meinen Schoß ...

Was heißt das?

(langes Schweigen)

Ich weiß nicht.
Auf jeden Fall habe ich das sehr deutliche Gefühl, daß man nichts tun kann. Wir können beobachten, aber nichts aktiv tun. Man kann nichts machen.

Das Gleiche gilt für Sri Aurobindo in Frankreich. Ich habe dir schon erzählt, daß ich die Übersetzung des Zyklus der menschlichen Entwicklung dorthin geschickt hatte; der Verleger antwortete mir schließlich, dieses Buch eigne sich nur für „spezialisierte Verlage". Ein zweiter Verleger schrieb mir dasselbe. Nun warte ich auf die Antwort des dritten ...[1]

Ja. Das ist es eben.

(Schweigen)

Man hat den Eindruck, daß die Dinge in Bewegung geraten, daß es sich dabei aber immer noch um eine unterbewußte Aktion handelt. Jede bewußte äußere Aktion würde nur Verwirrung stiften.
Da ist nichts zu machen.

(Schweigen)

Die Macht wächst und wächst, aber sie wünscht noch keinerlei präzise äußere Manifestation – nichts. Nur dieses stille Wirken.

---

1. Erst 1973/1974 werden sich die Tore Frankreichs plötzlich öffnen.

6. November 1968

(Über einen Besuch, den Satprem einer alten französischen Schülerin namens Bharatidi im Krankenhaus von Vellore abgestattet hat, wo sie operiert werden soll. Bharatidi, ein Mitglied der „École Française d'Extrême-Orient" [Französische Schule des Fernen Ostens], ist bekannt für ihren funkelnden Geist, ihr lebhaftes Wesen und ihre beißende Ironie.)

Du hast also Bharatidi besucht?

Ja, Mutter. Sie ist wirklich eine gute Frau, was für eine Kraft sie hat! Und welch einen Sinn für Humor, sie ist wirklich eine Königin.

Ja.

Sie hat einen großen Edelmut.

Oh, ja.
Hast du ihr meine Karte gegeben?

Ja, ihr kamen Tränen in die Augen.

Morgen wird sie operiert.

Morgen vormittag.

Ich habe mich gefragt, ob das wirklich unvermeidlich ist. Sie wissen nicht einmal, ob es sich um Krebs handelt.

Es handelt sich um einen Tumor: es kann Krebs oder ein gutartiger Tumor sein.

Nun, sie trifft ihre Anordnungen, sie hat schon all ihr Geld verteilt.

Die Ärzte meinen, wenn man nicht operiere, werde es immer schlimmer.

Ja.
Wie alt ist sie?

Über siebzig glaube ich.[1] Man bereitet sie mit Bluttransfusionen auf die Operation vor. Sie ist physisch sehr schwach, sehr ausgezehrt. Doch sie hat diese ungeheure Energie ...

Sie wußte nicht, daß sie dies hatte?

---

1. Suzanne Karpelès oder Bharatidi wurde am 17. März 1890 in Paris geboren.

Nein ... Es tut so gut, ein menschliches Wesen von solcher Würde zu treffen...

Oh, ja.

... Sie erzählt mit großem Humor vom Besuch der Missionare und der Schwestern, die sie zu bekehren versuchen (es handelt sich um ein protestantisches Krankenhaus) ...

Ach?

Es gibt dort also Bischöfe und Nonnen, und einmal kamen sie in ihr Zimmer, um sie zu bekehren. Sie erzählt das mit solchem Humor: „Ich habe keine Angst vor dem Sterben, ich weiß, daß man mehr als einmal geboren wird!" Das verschlug ihnen die Sprache.

Ja, sie hat mir durch M eine Botschaft schicken lassen: „Ich habe keine Angst vor dem Sterben, denn ich weiß, daß man nicht stirbt." Das ist sehr gut.

(langes Schweigen)

Zwischen meinem Mental und dem ihrigen bestand eine seltsame Verbindung ... Wenn ich die Dinge betrachtete und darüber sprach, übernahm ich Bharatidis Tonfall und ihre Art, über die Dinge zu sprechen und sie zu sehen. Ich fragte mich immer, warum das so war, bis ich mir die Sache näher anschaute: in einem früheren Leben waren wir zusammen im selben Körper. Das ist sehr lange her.

Es ist wirklich merkwürdig und sehr interessant ... Plötzlich pflegte ich mit ihrer Stimme zu sprechen: der Tonfall, die Worte, alles, war ganz und gar sie.[1]

Sie hat ein gut entwickeltes Mental, wirklich sehr schön.

Bevor sie hierher kam, war sie Buddhistin[2] und Kommunistin – eine sehr überzeugte Kommunistin.

(Schweigen)

Sind das militante Protestanten im Krankenhaus?

Oh, ja. Überall in den Zimmern sieht man große Aufschriften: „He died for our sins" [Er starb für unsere Sünden], mit Bibelversen an den Wänden.

---

1. Siehe im *Addendum* einen Brief von Mutter an Bharatidi, der die Art ihrer Beziehung illustriert.
2. Bharatidi war eine Kennerin der Pali-Sprache, die von den Buddhisten des Südens verwendet wird, und des Sanskrits.

6. NOVEMBER 1968

Oh!

Sie sind sehr protestantisch. Auch hört man dauernd religiöse Lieder ...

(nach einem Schweigen)

Diese Protestanten sind schlimmer als die Katholiken.

Das läßt mich immer an eine dänische Frau denken (die Mutter Hohlenbergs[1], die hier war), die zufällig nach Paris kam und die ich eines Morgens bei mir zum Frühstück eingeladen hatte. Wenn du diese Frau gesehen hättest ... Ich weiß nicht mehr, in welchem Zusammenhang, aber die Rede kam auf die Katholiken, und sie wurde dermaßen zornig! Sie schrie: „Diese Götzendiener!..." *(Mutter lacht)* Schrecklich!

Sie sind noch schlimmer ... Ich kenne beide Haltungen, ich habe beide gesehen: die Protestanten sind schlimmer. Sie sind viel ... sie sind hart, sehr hart. Alles Künstlerische am Katholizismus war ihnen suspekt. Sie verwandelten ihn in ...

Eine mentale Moral.

Ja, genau.

Kennst du die Geschichte von diesem „Evangelisten", einem Pastor, der in dem Haus wohnte, wo H jetzt lebt? Natürlich hatte er Kontakte mit dem Ashram, und ich weiß nicht wie, jedenfalls erhielt er einige „*messages*", die ihn glauben ließen, ich stellte mich als Gott dar – daß ich ein Gott sei –, und das machte ihn rasend. Er schrie: „Aber unser Gott ist wenigstens am Kreuz gestorben, er hat für uns gelitten ..." In der Art. „... Während sie ein bequemes Leben führt ..."

Es war schrecklich.

„... das hatte wenigstens einen Wert: er litt für uns, und er starb am Kreuz."

Ja, das habe ich im Krankenhaus gesehen, diese große Aufschrift: „He died for our sins."

Entsetzlich!

In riesigen Buchstaben.

Wirklich entsetzlich.

Das ist ganz einfach barbarisch.

Ja.

---

1. Ein Maler, der ein Standbild von Sri Aurobindo im Profil gesehen malte.

(Schweigen)

Sie sind weniger zahlreich, viel weniger als die Katholiken.

Ihre Religion ist so eng – eng und hohl –, im Grunde steckt nichts dahinter. An dem Tag, wo dies alles zusammenbricht, werden sie vollkommen verblüfft dastehen.

Ja.

Man sieht das vor allem in Amerika: es bricht hervor aus allen Fugen. Bei den Katholiken gibt es zumindest einige wahre Wurzeln ...

Vor langer Zeit stellte ich eine vergleichende Studie an über das, was ich in all den heiligen und religiösen Stätten sah und spürte, und das ist wirklich interessant. In den protestantischen Kirchen beschränkte es sich auf das Mental, es gab nichts anderes – nichts: es war vollkommen trocken. Ein Mental, und nichts dahinter.

Bei den Katholiken hing es sehr stark von der jeweiligen Kirche oder Kathedrale ab: je nach Ort war es ganz unterschiedlich. Dann verglich ich dies mit den Heiligtümern der anderen Religionen ... Bei meinen Reisen pflegte ich sie immer zu besuchen – das war hoch interessant.

Die buddhistischen Tempel sind SEHR GUT. Offensichtlich nihilistisch, aber immer mit einer sehr konzentrierten Atmosphäre – ungeheuer konzentriert und AUFRICHTIG. Ein aufrichtiges Streben.

In den Tempeln hier ... Ach, hier bin ich allen möglichen Dingen begegnet (auch vielen kleinen Teufeln!). Hier war es wirklich sehr interessant ... In einem Tempel bat mich eine Gottheit um meine Hilfe, um Einfluß auf die Leute zu erlangen. Sie sagte mir: „Ich gebe dir alles, was ich habe, und du sorgst dafür, daß ..." (Sie sagte mir das nicht genau mit diesen Worten: ich übertrage). Ich fuhr im Wagen zu ihrem Tempel, und während der Fahrt erschien sie plötzlich im Auto, völlig überraschend. Sie sagte mir: „Komm und hilf mir, meine Macht zu steigern, ich gebe dir dafür alles, was ich habe!..." (Es war im gleichen Tempel, wo man einmal im Jahr Hunderten von Hühnern den Garaus macht.)[1] Ich sagte ihr: „Nein."

Wenn ich diese widerlichen Massaker nur verhindern könnte ...

Aber an vielen dieser Tempel gefällt mir die Atmosphäre sehr.

Ja.

Man findet darin eine so alte Schwingung, so alt ...

---

1. Mutter erzählte diese Geschichte in der *Agenda* Bd. 2, vom 29. April 1961.

6. NOVEMBER 1968

Ja.

Man hat den Eindruck, daß man darin Jahrtausende wiedererkennt.

Ja.

(langes Schweigen)

Hat man ihr diese Sprüche ins Zimmer gehängt?

Ja, ja, überallhin.

Hat sie sie nicht entfernen lassen?

In einer Ecke liegt sogar eine Bibel ... Nein, nein, unmöglich, das entfernen zu lassen!

In ihrem Zimmer.

Ja.

Und du, als du dort krank warst, hat man dir auch eine Bibel gegeben?

Nein, ich habe keine Bibel gesehen, aber es gab auch Schilder mit Sprüchen (ich weiß nicht mehr, was für welche).

Sie machen Propaganda.

Oh, ja, aber sicher.

(langes Schweigen)

Hast du nichts, keine Arbeit oder sonstwas?

V hat wieder etwas gesehen. Etwas Unerwartetes. Jeden Abend geht er zum Samadhi, um zu meditieren, wobei er dort noch nie in seinem Leben Visionen gehabt hat: dort ist nur Sri Aurobindo und sonst nichts, schon seit Jahren. Aber neulich hatte er plötzlich eine Vision: Er sah Kali aus dem Samadhi austreten, dort, wo Sri Aurobindos Kopf liegt – Kali, ganz in Blau, mit goldenen Ornamenten bedeckt.

An welchem Tag war das?

Vor vielleicht vier oder fünf Tagen.

(Mutter bleibt lange in Schweigen versunken, darauf folgt ein Mißverständnis:)

Mir mißfällt das sehr, sie dort zu spüren.

Was V überraschte, war, daß sie nicht nackt sondern mit Gold bedeckt war.

Was sagst du da?

Ach, du sprichst von Bharatidi! Pardon!

Macht gar nichts, was hast du über Kali gesagt?

Ihn überraschte es, daß sie mit Gold bedeckt war, statt nackt zu sein.

Sie trat aus dem Samadhi aus?
Nein, das überrascht mich gar nicht.[1]
Meine Gedanken bezogen sich auf Bharatidi ... sie sollte nicht dort sterben, denn dies ist ein schlechter Ort zum Sterben.

Ja. Als ich dort lag, bekam ich einen schrecklichen Eindruck.

Ja.

Die ganze Zeit sagte ich mir: ich muß hier raus, ich muß hier raus!...

Oh, ich wollte die ganze Zeit, daß du dort rauskommst.
Nun, ja.

*
* *

Addendum

(Ein Brief von Mutter an Bharatidi, der ungefähr 1963 geschrieben wurde, in einer Zeit, als Mutter keine Schüler empfing, außer bisweilen jene, die heiraten wollten. Bharatidi, damals 73-jährig, schrieb Mutter, ob sie wohl heiraten müsse, um Anrecht auf ein Gespräch zu erhalten ...)

O Bharatidi, meine teuerste Freundin!
Bitte heiraten Sie nicht, das wäre ein ungeheurer Verlust für uns alle – denn Sie müßten dann den Ashram zumindest für die Zeit der Flitterwochen verlassen ...
Ich werde Ihnen die Wahrheit sagen. Wenn ich Sie nicht empfange, liegt dies daran, daß ich nicht spreche, und, schlimmer noch, daß ich

---

1. Gold ist die Farbe des Supramentals.

nichts verstehe, und wie könnte ich Sie empfangen, ohne all die interessanten Dinge zu hören, die Sie mir jedesmal zu berichten haben?...

Mein Program besteht im allgemeinen aus fünf Minuten Meditation, mitunter weniger – und wie könnte ich Sie darum bitten, dafür zwei Stockwerke zu erklimmen?

Wenn es Ihnen recht ist, warten wir ein wenig, bis der Druck (nicht der arterielle wohlgemerkt!) etwas nachgelassen hat.

Wie Sie wissen, habe ich den großen Vorteil, ohne die Notwendigkeit einer physischen Präsenz bei Ihnen zu sein, und Ihre Stimme hallt häufig in meinem inneren Gehör wieder – und ich antworte immer im Schweigen.

Ich habe diesen langen schriftlichen Diskurs hier angefügt, um Ihnen meine besten Neujahrswünsche zu übermitteln.

Mit all meiner Zärtlichkeit

Mutter

9. November 1968

(Der Tod Bharatidis kennzeichnet eine Art Wendepunkt in Mutters Leben, den Beginn einer Serie unglücklicher Vorfälle: Amrita, Mutters treuer Schatzmeister, sollte einige Monate später, im Januar 1969, folgen, danach Pavitra im Mai 1969, darauf Mutters persönliche Gehilfin, Vasuddha, die im August 1970 schwer erkranken wird, und schließlich, im Dezember des gleichen Jahres, Mutters Kassierer, Satyakarma. Das heißt, die wenigen loyalen Schüler in Mutters Umgebung verschwanden allesamt – warum diese Wendung?... Allmählich begann sich die Atmosphäre sehr zu wandeln: „Ich bin von Lüge umgeben ... Alle lügen sie!... Eine allgemeine Unaufrichtigkeit", wird sie sehr bald sagen.)

Bharatidi ist gegangen.

Ja, wir trauern ihr sehr nach.

Ich glaube, sie wollte gehen, denn sie hatte schon alles vorbereitet. Unangenehm ist nur der Ort ... Sie ist nachts gegangen *(abends am*

7. November), und ich hatte eine sehr schlimme Nacht, das heißt, ich litt stark. Ich habe sie nicht gesehen; sie kam nicht zu mir, aber ihre Gedanken waren ständig gegenwärtig. Ich weiß nicht warum, ich habe sie nicht gesehen. Ich wußte nicht, daß sie gegangen war, bis man es mir sagte.

Ich spüre ihre Gedanken sehr stark.

Oh, ja, sehr stark und die ganze Zeit über. Da ist jedoch etwas Seltsames, etwas wie ein beharrliches Bemühen, um ... (wie soll ich sagen?), um herauszufinden, was geschieht, wenn man geht – das erstaunt mich. Die ganze Zeit, die ganze Zeit: „Was geschieht, wenn man seinen Körper verläßt?"

Das habe ich auch gespürt.

Ja, es handelt sich um IHR DENKEN. Und es kommt wieder und wieder ... Was ist wohl passiert?

Als ich sie nicht sah *(nach ihrem Tod)*, dachte ich zuerst, dies sei ihr eingefleischter Buddhismus: daß sie in ein Nirvana eingetreten war. Doch dann kamen beharrlich ihre Gedanken: „Was geschieht, wenn man seinen Körper verläßt?" Seltsam. SIE SELBER fragt dies. Es sind ihre Gedanken.

Ja, diese Gedanken erschienen mir auch auf sehr eindringliche Weise.

Genau! Das ganze Problem kristallisiert sich um diesen Punkt: „Was geschieht, wenn man seinen Körper aufgibt?" Und ich habe lange geschaut (ich verbrachte Stunden damit): es gab keine Bharatidi. Keine Form, nur ein Gedanke.

Bei mir war es sehr merkwürdig. Ich glaube, noch nie hat mich der Abschied eines Wesens so betroffen wie der ihre. Warum nur? Ich kann es nicht sagen.

Ich kann nur sagen, daß mich der Hingang einer Person noch nie so beschäftigt hat – niemals. Und mit einer solchen Beharrlichkeit: „Was geschieht nach dem Tod?" ... Als wäre ... Es gab nur diesen Gedanken und keine Gestalt: ich sehe sie in keiner Weise. Ich erinnere mich daran, wie sie physisch war, aber ich sehe sie nicht. Und beharrlich diese Frage: „Was geschieht ...?" Seither kommen mir all meine Erfahrungen, all meine Erinnerungen an die Leute, die ich sterben sah, so viele sehr konkrete Erfahrungen ... Und warum kommt dies immerzu: „Was geschieht nach dem Tode?" Als bestünde eine fixe Idee diesbezüglich: „Man wird nie wissen (ich kann das so übersetzen), man wird niemals erfahren, was mit Bharatidi nach ihrem Tod geschah." Es ist SIE, IHR Denken. Nicht direkt „sie", aber ihr Denken, als sagte sie mir (du weißt, wie sie war!): „Man wird niemals erfahren, was nach ihrem Tod mit Bharatidi geschah." Mit ihrer typischen Ironie.

Sie wollte nicht nach Pondicherry zurückgebracht werden ...[1]

Nein.

Die letzten Jahre (vielleicht zwei Jahre, ich weiß nicht genau), spürte sie wohl, daß sie bekehrt werden würde. Wenn sie mich sah, Auge in Auge vor mir sitzend, hatte sie den Eindruck, daß sie bekehrt werden würde. Das wollte sie nicht. Sie wollte ihren Buddhismus behalten: ihren nihilistischen Buddhismus, der sich materiell als Kommunismus ausdrückte.

Als ich mich von ihr verabschiedete, hatte sie wundervolle Augen. Sie sah mich an ... mit leuchtenden Augen, mit einer solchen Kraft und Schönheit.

Sie wußte, daß sie dich nicht wiedersehen würde.

Oh, was für wunderschöne Augen!...

Sie wußte, daß sie dich nicht mehr wiedersehen würde.

Ich glaube, daß ihr psychisches Wesen bewußt geworden war, daß aber ihr gesamtes Mental sich nicht von seiner Vorstellung lösen wollte. Soviel sah ich deutlich: wenn ich ihre Hand hielt, hatte sie jeweils den Eindruck, sie werde GEZWUNGEN, ihre Auffassung zu verändern, und das wollte sie nicht. Also pflegte sie brüsk aufzustehen und das Zimmer zu verlassen.

Sie war ein unbezähmbares Wesen.

(*Mutter lacht*) Ja ... extrem mental. Wirklich extrem mental. Das Vital hatte sie unter Kontrolle gebracht; das Physische ... Aber alles war: mental-mental-mental ... Eine Art Konzentration in ihrem mentalen Wesen.

Sie muß eine schlechte Nacht verbracht haben, es muß schwierig gewesen sein – denn hier war es sehr schwierig, und ich wußte zu diesem Zeitpunkt noch nicht, daß es ihretwegen war. Sobald ich es erfuhr, schaute ich (ich erfuhr es morgens), denn dies war wirklich kein guter Ort (das war ihr aber egal: sie hat sich davon gelöst). Doch ihr Mental fragte immer wieder: „Was geschieht tatsächlich nach

---

[1]. Ihrem Willen gemäß wurde Bharatidi in Vellore eingeäschert. Sie wollte nicht, daß irgend jemand vom Ashram während ihres Todes oder danach zugegen sei.

dem Tod?..." Stundenlang! Ich tat etwas anderes, ich war beschäftigt, aber es kam immer wieder, über Stunden und Stunden ... Am Schluß (gestern ging es den ganzen Tag so, und auch heute morgen dauerte es noch an), aber heute morgen sagte ich ihr: „Hör zu, Bharatidi, sei ganz ruhig – wenn du ganz ruhig bist, wirst du es erfahren!" Von dem Augenblick an hörte es mit einem Schlag auf.

Sie hatte ein so starkes Mental und ... ja, ich glaube, ein essentiell rebellisches Mental.

Wenn sie mich besuchte, war es immer sehr interessant. Sie kam, und sie fühlte sich angezogen, und sie wußte es, sie sagte es mir: „Ja, ich fühle mich angezogen"; dann setzte sie sich und nahm meine Hand. Und dann spürte man ... *(Geste einer Anspannung)*, etwas ging vor sich, und dann plötzlich ... erhob sie sich und ging.

Ein- oder zweimal ließ sie eine Bemerkung fallen, aber sie wollte ihre Auffassung nicht aufgeben. Also muß ihr etwas Seltsames zugestoßen sein: „Was geschieht nach dem Tod?..." Dies kam immer wieder: „Niemand wird jemals erfahren, was mit Bharatidi nach ihrem Tode geschehen ist."

Merkwürdig. Am Schluß gelang es mir, ihr Frieden zu bringen. Ich glaube, jetzt geht es besser.

Sie sagte mir sogar (es war beinahe eine Unterhaltung): „Du, die du weißt, was der Tod ist, weißt nicht, was mein Tod ist." *(Mutter lacht)* Sie hat recht behalten, ich weiß es tatsächlich nicht! „Du weißt nicht, was mit mir geschehen ist und was mit mir geschieht ... Was ist mit mir geschehen? Was nur?" Ich gestehe, daß dies das erste Mal ist. So etwas ist mir in meinem ganzen Leben noch nie passiert. Es ist das erste Mal, sie ist die erste Person, bei der es so ist.

Der Kontakt besteht ausschließlich über ihr Mental; was mit dem Rest geschehen ist, weiß ich nicht.

Ich war ganz voll von ihr.

Ach! *(lachend)* Vielleicht ist sie ... *(Geste des Eintretens in Satprem)*. Das ist sehr gut möglich! Ich sagte ihr: „Wenn du willst, kann dieser ganze Teil des Mentals, den ich so sehr liebe, bei mir bleiben." Ich sagte ihr: „Wenn es dir Freude macht, kannst du kommen." Und dann schaute ich mir die Sache an, um Klarheit zu erlangen ... Es ist gut möglich, daß sie eingetreten ist. Es kam mir so vor, als sei etwas von ihr zu P übergegangen, jenes Mädchen, das sie so gern hatte. Ich glaube, daß sie ihr Vital zerstreut hat und daß sie mental ... *(Geste, hier und da in jene einzutreten, die sich empfänglich zeigten)*. Ich habe dir bereits gesagt, daß immer eine Verbindung *(mit Mutter)* bestand, also macht es keinen großen Unterschied. Ich glaube jedoch, daß es so war.

9. NOVEMBER 1968

Ich war voll von ihr.

Ja, genau so ist es! *(Lachend)* Sie hat sich überallhin verteilt: ganz kommunistisch, ein kommunistischer Tod!

Das psychische Wesen ging in aller Ruhe, und das Mental verteilte sich. Ja, denn es war wirklich sie, es war jedoch ... ich kann nicht sagen „ich" (es gibt kein ich), aber es war innen. Es war innen, nicht etwas außerhalb (meistens ist es so), – und beharrlich.

Ja, sie hat sich verteilt.

(Schweigen)

Aber ganz tief in Bharatidi spüre ich einen tiefen Schmerz. Sie war ein Wesen, das sehr gelitten hat, das sehr einsam war, das hätte lieben wollen und nicht lieben konnte.

Ja, das konnte sie nicht.

Ich habe den Eindruck, daß ich Bharatidi sehr gut kenne.

Ach?

Vor allem ihre Revolte, ihre Unabhängigkeit und diese Liebe, die sie zu beherrschen gelernt hatte und die sie niemandem zeigen wollte ... Als sie mich anschaute, gab es wirklich ... ich kann nicht sagen, was ... Es war etwas in diesem Blick, und ich spürte das alles.

(langes Schweigen)

Du hast ihr meinen Brief gegeben, worin ich ihr sagte: „Meine Liebe ist immer bei dir", also antwortete sie darauf (sie war sofort im Bild): „Ich habe keine Angst vor dem Tod, denn ich weiß, daß man nicht stirbt." M erzählte mir das am nächsten Morgen.

Ja, sie hat die Dinge ABSICHTLICH so arrangiert.

Oh, sie unterzog sich dieser Operation, UM zu sterben.

Ja, sie wußte es. Sie wußte es. Sie hielt dies für ein bequemes Mittel, um zu sterben.

Es geht ihr gut.

(Schweigen)

Sie muß sich absichtlich verteilt haben, um zu allen Leuten zu gehen, die ihr nahestanden und die ein wenig empfänglich waren.

Sie hat sich verteilt.

Wenn ich die Schwingungen, die ich den ganzen Tag über empfangen habe, genau übersetze: „Du meinst, daß du weißt, was nach dem Tod passiert ... Was ist denn nach dem Tod von Bharatidi passiert, kannst du mir das sagen?" So etwa.

Jetzt verstehe ich alles.

Sie war gegen den Individualismus, und deshalb ... sie wollte nichts damit zu tun haben.

Während alldem sagte ich ihr einmal (dies war gestern), d.h. ich richtete mich an ihr Mental ... es handelte sich um ihr Mental – und nicht einmal um das ganze sondern nur um einen Teil davon –, ich sagte ihr also: „Weißt du, Bharatidi, für dich ist das so, aber im Grunde ist es für jeden anders." Danach verhielt sie sich ruhig.

Gestern war es wirklich sehr interessant, denn ich sagte ihr, d.h. ihrem Mental: „Ja, wenn du willst, kannst du dich hier einrichten, dich dieses Werkzeugs bedienen [Mutters], aber du weißt, daß dies bedeuten würde, deine Vorlieben und deine fixen Ideen aufgeben zu müssen." Sie reagierte immer noch sehr aufgebracht, wenn sie fand, daß die Leute sich ihr gegenüber nicht so verhielten, wie sie es für richtig hielt. Deshalb ließ ich sie wissen: „All dies muß weichen!" *(Mutter lacht)*

Jetzt ist sie jedenfalls ruhig. Letzte Nacht gelang es mir, sie zu beruhigen.

> *Ich weiß nicht, ob es das war, was ich sah, aber in der Nacht, als sie ging, erschien mir in einem gewissen Moment ein Bild: Ich befand mich in einem kleinen Hafen, der von der Sonne beschienen zu sein schien, und dann sah ich eine ungeheure dunkelblaue Welle, die heranrollte und den Ort, an dem ich mich befand, zu verschlucken drohte.*

Ach!

Eine sehr hohe dunkelblaue Welle.

Dunkelblau ist das Mental.

(langes Schweigen)

(Mutter lacht) Sie hat ihr Vorhaben wirklich erfolgreich durchgeführt!

(Schweigen)

In der Formation ihres Mentals bestand jedoch ein TIEFES MITLEID für das Leiden der Menschen und vor allem ein außerordentliches Mitgefühl für die Schmerzen des Todes, diesen Übergang, den Augenblick des Weggehens – die Schmerzen des Todes. Das beschäftigte sie sehr. Und all dies passierte in der Nacht, als sie starb. Es war eine sehr schlimme Nacht. Eine schlimme Nacht, insofern als ich sehr litt, es war sehr schwierig. Ich habe kein Auge zugetan.

Und als ich erfuhr, daß sie gegangen war, kam als erstes *(Geste einer mentalen Vibration):* Oh, sie muß sich beim Sterben sehr einsam gefühlt haben. Das beschäftigte mich sehr, bis mir ihr Denken schließlich sagte: „Nun ist es vorbei, denken wir nicht mehr daran!" Sie muß einen schwierigen Moment durchgemacht haben.

Sie sagte mir sogar: „Du warst bei mir, doch es war zu tief." ... Sie befand sich im aktiven Mental.

Sie selbst sagte mir: „Nun ist es vorbei, denken wir nicht mehr daran!" Und all dies ohne jede Form – sie wollte nicht, daß es eine Form gebe. Ich habe mich sehr genau umgesehen und nichts gefunden.

Ich spürte den Druck *(von Bharatidis Mental),* und ich sagte ihr: „Alles ist gut, ich nehme dich auf, aber nicht deine Vorlieben."

Nun, ja.

Auf welche Weise wird dieses verstreute Mental fortbestehen?

Ja, in jedem einzelnen: es hat sich vereinigt. Genau dies hat sie getan. Sie wollte mental aber nicht INDIVIDUELL fortbestehen. Mit dem Psychischen kann man sich solche Scherze nicht erlauben: es ist fortgegangen. Aber sie beschäftigte sich nicht sehr mit ihrem Psychischen – sie wollte nicht an den Glauben glauben. Doch mental hat sie sich zerstreut (das ist nicht sehr schwierig).

Aber im Bewußtsein der Person, zu der sie geht, muß das doch einen Unterschied machen, oder?

Ach, ja, müßte es eigentlich. Ich sagte dir, daß zwischen uns bereits eine Verbindung bestand, ich tat es willentlich und akzeptierte sie willentlich, somit macht es für mich keinen Unterschied, aber in P zum Beispiel kann es sehr wohl einen Unterschied machen. Sofern das Bewußtsein der betreffenden Person empfänglich ist, macht es einen Unterschied. Zum Beispiel beherrschte sie das „Pali" sehr gut (dies betrifft allerdings das völlig materielle Mental) ... gäbe es jemanden, der in dieser Hinsicht empfänglich ist, wäre das sehr gut. Ich hätte mich sehr gefreut, wenn es mitgekommen wäre, aber es kam nicht. Ich weiß nicht, wo dieses Stück hingegangen ist ... Es überträgt sich nur auf jemanden, der sehr formbar ist, denn es ist bereits sehr materiell.

Ich habe Beispiele gesehen und Menschen getroffen, die plötzlich ein Wissen hatten, das ihnen vorher abging und das sie fix und fertig erhielten. Wahrscheinlich hat sie sich jemanden ausgesucht.

Wäre es zu mir gekommen, hätte ich mich sehr gefreut.

Bei mir kamen allgemeine Ideen von ihr, Gesamtansichten, sowie etwas, das mich absolut davon überzeugen wollte, daß sich nach dem Tod alles zerstreut.

Sie hatte ein sehr starkes Mental. Und vielleicht ein ganz kleines Embryo eines psychischen Wesens. Aber eine volle Organisation des Mentals.

(langes Schweigen)

Sie mochte mich sehr, hatte dabei jedoch keinerlei Vertrauen in mich. Ich repräsentierte für sie all das, was sie nicht wissen wollte.

Ja. Wie Sujata sagte, vor der Liebe hatte sie Angst.

Oh, ja.

Hatte sie noch Angehörige?... Hat man sie benachrichtigt?

Ja, sie hat ein Dutzend Briefe vorbereitet, mit allen Adressen.

Briefe, in denen sie ihren Tod ankündigte!

Sie hat nur die Adresse geschrieben und den Rest offen gelassen, damit man es ergänzen kann. Für eine Person hatte sie sogar ein Telegramm vorbereitet. Ja, alles war geregelt.

(Schweigen)

Weißt du, sie hat mir all das geschickt, was sich in ihr gegen das wehrte, was Sri Aurobindo sagt – sie hat ein schönes Paket gemacht und es mir geschickt! *(Mutter lacht)* Aber das macht nichts. Ich schaute mir das an und nahm es sehr ernsthaft in Empfang – ich stieß es nicht weg, fegte es nicht einfach beiseite, sondern nahm alles in Empfang, klärte alles und ordnete es ein ...

Noch nie in ... (wieviel?) neunzig Lebensjahren war ich so sehr mit dem Tod einer Person beschäftigt wie mit dem ihrigen, eben aus diesem Grund, denn sie wollte mir ja die „Zerstreuung" beweisen: „Niemand wird je erfahren, was mit Bharatidi geschehen ist ..."

Ich sagte ihr nicht: „Das ist eine Kinderei!", denn da sie keinen Körper mehr hatte, behandelte ich sie sehr nachsichtig. Der Augenblick des Übergangs war jedoch schwierig ... schmerzhaft. Es gab einen schmerzhaften Moment, in dem sie sich sehr einsam fühlte. Mental sehr einsam. Physisch hatte sie ihren kleinen Krishna bei sich [ihren Dienstboten]. Aber es war nicht physisch sondern mental – aufgrund ihrer Vorstellungen.

Gut.

Wir werden sehen.

Ihr psychisches Wesen ist fortgegangen, um sich auszuruhen.

(Schweigen)

Wenn du Unterschiede in deinem Denken spürst, so laß es mich wissen! *(Mutter lacht)*

13. November 1968

Es ist wirklich eine endlose Arbeit. Da ist dieses gewisse ... (wie soll ich sagen?) man kann es kaum Mental nennen, im Physischen ... Offenbar wird es gerade erzogen. Eine endlose Arbeit.

Zum Beispiel seine Gewohnheit, Eventualitäten zu konstruieren oder vorherzusehen (man kann das kaum „konstruieren" oder „vorhersehen" nennen ... es handelt sich um etwas sehr Primitives in der Tiefe) – Eventualitäten und Vorstellungen von Ereignissen mit einer dramatischen und pessimistischen Seite, die hier in ihrer vollen Lächerlichkeit aufscheinen. Und ich weiß nicht, es geschieht offensichtlich, um es beherrschen und lenken zu lernen, aber ... Auf den ersten Blick möchte man es einfach wegfegen, es ist vollkommen unnütz: man verliert seine Zeit damit und leistet nur schlechte Arbeit. Man erfüllt die Atmosphäre mit einer großen Anzahl von widerlichen Formationen und Vorstellungen wie aus billigen Romanen.

Es besteht ein Versuch, dies zu beherrschen, aber all das liegt noch völlig im Dunkeln.

(langes Schweigen)

Im Moment kommen viele Leute aus den Vereinigten Staaten, und sie bringen Nachricht von einer entsetzlichen Krise, die dort herrscht, eine Welle eines sehr entmutigenden Pessimismus ... Wie es scheint, befindet sich dort die ganze Jugend in einem schrecklichen Zustand der Depression und der Entmutigung.

Sie haben alles Hohle, Verlogene und Unreale der alten Lebensweise offengelegt, haben aber nichts gefunden, was dies ersetzen könnte ... Einige seltene Individuen (wir erhalten Briefe oder sie kommen hierher) sagen, sie seien auf die Lehre Sri Aurobindos gestoßen, und sie erschien ihnen wie die Rettung. Dies sind jedoch sehr wenige, und die große Mehrheit versteht nicht – ihnen fehlt die Intelligenz, um zu verstehen.

Also fällt man überall zurück. Es gab ein Bemühen, aus dieser ausschließlichen Suche nach persönlicher Befriedigung auszubrechen, und dies führte zu Extravaganzen. Die Widersinnigkeit dieser Extravaganzen wird nun deutlich, und so fallen sie weit zurück, sie haben es nicht gefunden – sie haben den wahren Weg nicht gefunden. Denn es handelt sich nicht um einen mentalen Weg.

Das Schreckliche daran ist, daß überall noch der Kult des Mentals regiert.

In Europa ist es wirklich schlimm. Sie wären intelligent genug, etwas zu verstehen, aber sie sind in ihrer mentalen Festung eingeschlossen.[1]

Ja.

Man versucht, Sri Aurobindo einzuführen, aber sie wollen nichts damit zu tun haben. Sie wissen alles besser – sie wissen alles!

(langes Schweigen)

Eine weitere Schwierigkeit besteht darin, daß es eine solche Menge falscher Propheten und Scharlatane des Hinduismus und der „Weisheiten Asiens" gibt, daß die Wahrheit kaum eine Chance hat. Es wimmelt nur so von Scharlatanen. Die Atmosphäre ist wirklich verrottet ...

(Mutter nickt zustimmend)

Es wimmelt von allen möglichen Swamis, von diesem und jenem ... Was kann die Wahrheit in all dem noch ausrichten?

(Mutter tritt in Kontemplation ein)

Eine endlose Arbeit, das ist alles. Dies ist jedenfalls der Eindruck des Körpers. Er verhält sich ruhig. Eine endlose Arbeit.

Und, weißt du ... (wie soll ich sagen?) er hat keine klare Vision des Weges und des Vorgangs, deshalb ... Er versteht nur eines: nie, in keinem Augenblick, nicht einmal für eine Sekunde, das zu vergessen, was er das „Göttliche" nennt und das er erreichen möchte. Sonst nichts.

Dann, von Zeit zu Zeit, kommen Lichtblitze, wie Lichtblitze der Gnade, einfach herrlich ... was aber nur eine Sekunde dauert.

(Schweigen)

---

[1]. Seitdem haben sich die Dinge sehr verändert.

Es ist nicht sehr ermutigend.

Eines bleibt noch: etwas wie eine Ansammlung von Kraft ... einer Kraft, die eine Macht sein KÖNNTE. Ich spüre, daß sich das langsam aber sicher sammelt ... Und vielleicht ist es das, was schwingt ... vielleicht besteht auch eine gewisse Ungeduld zu handeln? Ich weiß es nicht.

Dies läßt sich noch nicht sehr genau ausmachen.

Dabei besteht ein sehr klares Bewußtsein aller Hindernisse, aller Gegenkräfte, der allgemeinen Haltung. Mit einer sehr klaren Wahrnehmung, daß ... man muß im Verborgenen bleiben. Ja, das ist es. Wir befinden uns in einer Zeit, in der man verborgen bleiben muß. Weiter nichts.

Dies auszusprechen, läßt es viel deutlicher erscheinen, als es eigentlich ist.

16. November 1968

Das Physische macht wirklich einen Lernprozeß durch.

Solange das Vital und das Mental da sind, bedienen sie sich des Physischen als Werkzeug ihres Willens und ihrer Launen – gewöhnlich hat es kein Eigenleben. Und nun hat es innerhalb einiger Tage, einiger Wochen, seinen eigenen Lernprozeß nachgeholt. Es erinnert sich aller Erfahrungen, die es schon hatte, und ordnet sie sozusagen neu ein, und es hat eine Art Einheitlichkeit erreicht, die ganz um die göttliche Gegenwart zentriert ist.

Der Körper hatte mehrere Erfahrungen dieser Gegenwart ... Spontan ist es für ihn ein „bewußtes Licht" – ein bewußtes Licht, das er überall sieht, überall spürt, dessen Präsenz er andauernd spürt. Ein- oder zweimal aber sah er ein Gesicht. Das erstaunte ihn sehr, und er fühlte sich beunruhigt, er fragte sich, ob es sich nicht um eine Täuschung handelte ... Es war allerdings eine machtvolle Präsenz *(Geste einer Silhouette)*. Die Einzelheiten der Gestalt fehlten ... Es glich einer Verdichtung dieses gegenwärtigen bewußten Lichtes, um dem Physischen zugänglich zu sein, und es war wie konkretisiert *(Geste der Sammlung)* in einer Gestalt, die auch leuchtend war, die sichtbar war, und von solcher Macht! Wie die Macht des Herrn, ungeheuerlich! Und der Körper hatte den Eindruck, daß Das zu allem fähig ist. Es gab nichts, was es nicht tun könnte. Und ich kann nicht sagen, daß man Arme, Hände, Beine sah, das war es nicht, es handelte sich um eine Gestalt, es gab einen Kopf und Schultern: eine Gestalt eben. Zunächst war er, wie ich schon sagte, etwas beunruhigt: „Was ist das? Ist das eine Täuschung?..." Und wie immer kam die „Sache" über ihn und sagte ihm: „Sei ganz ruhig, ganz ruhig!..." Nicht mit Worten sondern in Wellen. Also verhielt er sich sehr ruhig, und er spürte eine ungeheure Macht. Es kam, als der Körper ganz ruhig war und sich nicht mehr quälte. Ganz so, als würde ihm Das zu verstehen geben: „So wirke ich auf die Leute." Wie eine Art Konkretisierung oder Materialisierung dieses bewußten Lichtes (ich weiß nicht, wie ich es ausdrücken soll). Man sah keine Augen, keine Nase, keinen Mund, nichts von alledem: eine riesige Gestalt („riesig", d.h. der Teil, der wie ein Kopf aussah, berührte die Decke).

Ich habe dies zweimal gesehen, und beide Male geschah es, als ich den Herrn anrief, damit er handeln möge; für irgend jemanden oder aus irgendeinem Grund rief ich den Herrn, und der Körper befand sich in diesem Zustand *(Geste des Strebens oder des Anrufens)*. Und einmal sah ich es hinter jemandem. Es glich ... *(Mutter schloß ihre beiden Fäuste)* einer verdichteten Macht.

In beiden Fällen waren die Dinge nicht so, wie sie sein sollten (vor allem in einem war es sehr deutlich). Es galt offenbar, eine Störung zu beheben, und so stellte ich wie immer einfach die Verbindung her.[1] Und da spürte ich, wie es zu dieser Macht wurde. Ich sagte nichts, kein Wort, ich machte keine Geste, nichts – und der betreffende Umstand änderte sich. Und es war nicht hier: physisch trug es sich anderswo zu. Und so veränderte es sich ... Es gab einen anderen Fall, wo es den Willen oder die Denkweise von jemandem zu verändern galt, – darüber weiß ich aber noch nichts Neues.

Die Entwicklung scheint jedenfalls in diese Richtung zu gehen: eine gänzlich physische Wirkung auf die Menschen und die Erde.

Mehrmals, als der Körper völlig angeekelt war angesichts seiner Kleinheit, seiner Unfähigkeit, seinem Unwissen, seiner Dummheit ... *(lachend)*, lautete die Antwort immer gleich: „Bleib ruhig! Die Dinge werden nicht von dir getan." Also fragte er sich *(lachend)*: „Wozu bin ich dann aber gut!" Ich weiß nicht, der Körper machte den Eindruck eines Ortes, wo zwei Ströme zusammenkommen (wie wenn man einen Stromkreis mit einem anderen verbindet). Der Eindruck, daß

---

1. Zwischen der höheren Kraft und der entsprechenden Person oder dem entsprechenden Umstand.

16. NOVEMBER 1968

der Körper eben dazu diente ... Er fühlte sich wie eines dieser Dinge ... *(Mutter zeigt auf die Steckdose)*

Eine Steckdose.

*(Mutter lacht
Schweigen)*

Dies bedeutet: sobald er sich seiner eigenen Existenz bewußt ist, stört er die Arbeit. Er sollte nicht wissen, daß er existiert.

Tatsächlich macht ihn genau das krank: wenn er sich seiner selbst gewahr wird.

(Schweigen)

Heute empfing ich eine deutsche Dame, die eine Zeitlang bei N in der Apotheke ausgeholfen hat. Natürlich fiel ihr auf, daß dort alle modernen Hilfsmittel fehlen. Sie muß aus irgendeinem Grund nach Deutschland zurückkehren, aber sie möchte mit der kompletten Ausrüstung wiederkommen, und vor ihrer Abreise bat sie darum, mich zu sehen. Ich hatte sie nie zuvor gesehen. Sie kam, ich sagte ihr einige Worte über ihr Vorhaben, und dann wollte sie einfach nicht mehr weggehen. Sie blieb sitzen. So tat ich, was ich gewöhnlich mache, das heißt, der Körper ... (ich weiß nicht, wie ich das ausdrücken soll) es ist so, als verschwinde der Körper, und der Herr *(Geste einer Herabkunft)* ... Daraufhin geschah etwas, das sich gewiß schon Hunderte von Malen zugetragen hat: Schwupp! Sie stand auf *(lachend)*, machte ein „Pranam" und verschwand. Das ist schon Hunderte von Malen passiert. Und, weißt du ... es ist eine solch maßlose Güte (ich weiß nicht, wie ich es erklären soll), etwas von einer solch herrlichen Liebe und Güte ... aber ungeheuer machtvoll. Ich glaube, daß die Macht sie erschreckt. Und dies geschieht andauernd. Der Körper verhält sich so *(Geste des Rückzugs oder Verschwindens)*, und dann ist da die Gegenwart. Ich bin nur ein Beobachter dabei. In neun von zehn Fällen ergreifen sie die Flucht.

Einige sind daran gewöhnt und sind im Gegenteil sehr glücklich darüber, aber das sind nur wenige.

20. November 1968

> *(Mutter macht einen müden Eindruck.
> Ihr Gesicht ist durch einen Zahnabszeß geschwollen.)*

Hast du nichts Neues?

Doch, Nachrichten aus dem Vatikan.

Ach!... Erzähl, das interessiert mich.

P.L. hat Bilder von dem Mann geschickt, der Magie betrieben haben soll. Du weißt ja, dieser enge Vertraute des Papstes, sein persönlicher Mitarbeiter, der gleichzeitig Erzbischof im Staatssekretariat des Heiligen Stuhls ist. Hier das Foto!

Ach, er trägt einen so großen Hut!

> *(Mutter betrachtet das Bild lange)*

Was hat V gesagt?[1]

Er ist im Augenblick nicht da.

Kleiden sich Erzbischöfe so?
Was für eine Nationalität hat er?

Diese und diese Nationalität ...

> *(Mutter sagt nichts)*

Bruder A[2] ist eng mit dem Konsul und seiner Frau bekannt geworden ... Er erzählt den Leuten Schlechtes über den Ashram.
Ich weiß nicht warum.
Der Geist dieser Leute basiert ganz auf der Maxime „Der Zweck heiligt die Mittel". Das springt einem aus dem Bild förmlich entgegen.

> *(Schweigen)*

Es heißt, daß eine ganze katholische Schule mit Geistlichen kommt, um den Ashram zu besuchen ... Von wo, weiß ich nicht. Ich glaube aus Frankreich.

Man gibt diesen Leuten alles, was man kann, und sie geben einem alles Gift zurück, das sie haben.

---

1. V ist derjenige, der die Vision eines Prälaten hatte, der Mantras wiederholte.
2. Ein katholischer Mönch, der seit einem Jahr im Ashram lebt.

Ja.

Und selbst bei den besten ist es so.

Sie kommen nicht nur, um sich etwas anzusehen und etwas zu erfahren: sie kommen, um herauszufinden, was es zu kritisieren gibt – und rein äußerlich mangelt es keinesfalls an kritikwürdigen Dingen!

(Mutter tritt in eine lange Meditation ein)

Ich glaube, daß noch viel Zeit vergehen wird, bevor sich all dies ändert.

23. November 1968

Ich hatte eine interessante Erfahrung ... Nicht gestern sondern vorgestern abend sagte mir jemand, den ich nicht nennen will: „Ich befinde mich vollständig im physischen Bewußtsein: keine Meditationen mehr, und nun ist das Göttliche etwas so Hohes und Entferntes geworden ..." Während er sprach, FÜLLTE sich der ganze Raum augenblicklich mit der göttlichen Gegenwart. Ach! Also sagte ich zu ihm: „Es ist gar nicht weit oben: es ist HIER, genau HIER, bei uns." Und in dem Augenblick veränderte sich ALLES, die ganze Atmosphäre ... weißt du, als ob die Luft sich in göttliche Gegenwart verwandelte *(Mutter berührt ihre Hände, ihr Gesicht, ihren Körper):* alles war davon berührt und durchdrungen, aber mit ... es war vor allem ein blendendes Licht, ein solcher Friede *(massive Geste),* eine Macht und eine Sanftmut ... etwas ... Man hatte den Eindruck, daß es einen Felsen hätte schmelzen können.

Und es ist nicht weggegangen. Es ist geblieben.

Es kam einfach so und blieb.

So war dann die ganze Nacht, alles. Selbst jetzt ist beides noch da: mechanisch, wie aus Gewohnheit, ein Überrest des gewöhnlichen Bewußtseins, ich brauche aber nur eine Sekunde ruhig zu werden oder mich zu konzentrieren, und es ist da. Dies ist die Erfahrung des KÖRPERS, verstehst du, die physische und materielle Erfahrung des Körpers: alles-alles-alles-alles ist voll davon, es gibt NUR DAS, und wir sind wie ... alles wirkt wie etwas Zusammengeschrumpftes, wie eine vertrocknete Rinde, etwas Ausgedörrtes. Man hat den Eindruck, daß die Dinge zusammengeschrumpft und ausgetrocknet sind (nicht im Innersten: oberflächlich). Deshalb spüren sie IHN nicht, denn ansonsten ist alles-alles NUR Das; man kann nicht atmen, ohne IHN einzuatmen; man bewegt sich, und ER ist es, in dem man sich bewegt; man ist ... Einfach alles, das ganze Universum befindet sich in IHM – und zwar MATERIELL, physisch, physisch.

Ich suche nach der Heilung dieser „Austrocknung".

Ich spüre, daß es phantastisch ist, verstehst du?

Und wenn ich horche, spricht Das auch – ich sage Ihm: „Aber warum suchen wir denn immer in den Höhen?" Und mit dem außergewöhnlichsten, phantastischsten Humor kommt die Antwort: „Weil sie wollen, daß ich sehr weit von ihrem Bewußtsein entfernt bin!" Dinge dieser Art, nur nicht auf eine so präzise Weise formuliert sondern Eindrücke. Mehrmals hörte ich dies: „Warum suchen sie das so weit weg, was doch ... (verstehst du, es gibt ja Theorien, die sagen: es ist in dir) ... überall ist?"

Ich sagte dies der betreffenden Person nicht, denn die Erfahrung war noch nicht zu einer beständigen Sache geworden wie jetzt.

Und dann vor allem: KEINE NEUEN RELIGIONEN! Keine Dogmen, keine starre Lehre. Das muß um jeden Preis vermieden werden, um jeden Preis: Keine neue Religion! Denn sobald es auf eine bestimmte Weise formuliert ist ... wie elegant und überzeugend auch immer, mit gleich welcher Kraft, DAS WÄRE DAS ENDE.

Man hat den Eindruck, daß Er sich überall befindet, allüberall, es gibt nichts anderes. Und wir wissen nichts davon, weil wir ... wie zusammengeschrumpelt sind; ich weiß nicht, wie ich das nennen soll: ausgetrocknet. Wir haben all diese ungeheuren Anstrengungen unternommen *(lachend)*, uns zu trennen – mit Erfolg! Erfolgreich, aber nur in unserem Bewußtsein, nicht tatsächlich. Denn tatsächlich besteht die Einheit. Sie ist gegenwärtig. Es gibt nichts als Das. Es gibt nichts als Das. Alles, was wir kennen, alles, was wir wissen, alles, was wir sehen, alles, was wir berühren, alles badet, alles schwimmt in Dem. Dabei ist es durchlässig: es geht hindurch. Die Vorstellung der Trennung kommt von hier *(Mutter berührt ihre Stirn)*.

Diese Erfahrung kam vielleicht deshalb, weil seit einigen Tagen eine große Konzentration bestand, um ... nicht direkt das Warum und Weshalb sondern die TATSACHE der Trennung herauszufinden, wegen der alles so dumm und häßlich erscheint ... Ich wurde von allen möglichen lebendigen Erinnerungen nur so überwältigt – von allen möglichen Erfahrungen (alles mögliche: Gelesenes, Bilder, Filme, Erlebtes von Menschen und Dingen), Erinnerungen dieses Körpers, alle möglichen Erinnerungen, die man als „anti-göttlich" bezeichnen kann, in denen der Körper die Empfindung der abstoßenden und schlechten Dinge als Form einer Verneinung der göttlichen Gegenwart erlebte. So fing es an. Zwei Tage lang war ich wie verzweifelt, der Körper war wie verzweifelt. Dann kam diese Erfahrung und rührte sich nicht mehr. Sie kam: Brrt! Schluß, nichts hat sich mehr geregt. Weißt du, die meisten Erfahrungen kommen, und dann ziehen sie sich zurück: hier gab es keine Schwankung. Auch jetzt ist es noch da. Und der Körper bemüht sich, fließend zu sein *(Mutter macht eine Geste der Ausdehnung)*, er sucht zu schmelzen; er versucht es und versteht, was dies bedeutet. Er versucht es – und hat keinen Erfolg damit, das ist offensichtlich! *(Mutter betrachtet ihre Hände)* Sein Bewußtsein aber weiß es.

Diese Erfahrung hatte jedenfalls Auswirkungen: manche Leute fühlten sich plötzlich erleichtert; ein oder zwei sind vollkommen geheilt. Und wenn im Körper etwas gestört ist, braucht er nicht erst zu fragen: es richtet sich von selbst.

Es bedeutet für den Körper nicht einmal die Notwendigkeit, seine Tätigkeiten zu unterbrechen oder sich ganz auf seine Erfahrung zu konzentrieren: nichts, kein Verlangen, nichts. Man schwebt einfach ... in einer leuchtenden Weite ... die innen ist. *(Mutter lacht)* Sie ist nicht nur außen sondern innen. Wirklich innen. Man hat tatsächlich den Eindruck, daß dies *(Mutter berührt ihre Hände, diese getrennte Erscheinung)* ... ich weiß nicht, wie ich es ausdrücken soll, aber dies hat nur in der Entstellung des Bewußtseins eine Wirklichkeit – dabei geht es aber nicht um das menschliche Bewußtsein: es ist etwas, das dazustieß, etwas, das in DAS Bewußtsein hereinkam ... *(Mutter schüttelt den Kopf)* ich verstehe es nicht.

(Schweigen)

Alle Theorien, alle Erklärungen, alle Geschichten, die am Ursprung aller Religionen stehen, all dies erscheint mir wie ... eine nette Unterhaltung. Da fragt man sich, man fragt sich ... Ich werde dir etwas sagen: Man fragt sich, ob sich der Herr da nicht selbst eine Komödie vorgespielt hat!...

Aber das ist schwer zu sagen. An manchen Tagen durchlebte ich wirklich alle Schrecken der Schöpfung (im vollen Bewußtsein ihres Schreckens), und das führte dann zu dieser Erfahrung, und ... alle diese Schrecken lösten sich in nichts auf.

Es ging in keiner Weise um moralische Dinge: es handelte sich vor allem um physische Leiden. Es ging um DAS physische Leiden schlechthin. Und ich sah dieses physische Leiden: ein physisches Leiden, das Tag und Nacht andauerte und nicht aufhörte, und plötzlich, mit einem Mal, anstatt sich in diesem Bewußtseinszustand zu befinden, befindet man sich im Bewußtseinszustand der ausschließlichen göttlichen Gegenwart – der Schmerz war verschwunden. Und es war physisch, vollkommen physisch, mit einer physischen Ursache;[1] und die Ärzte könnten sagen: „Das hat diese und jene Ursache", etwas ganz und gar Materielles und Physisches: schwupp! Einfach weggefegt ... Und verändert man seinen Bewußtseinszustand, so kommt es wieder.

Und wenn man genügend lange im wahren Bewußtsein bleibt, so verschwindet auch die äußere Erscheinung, d.h. das, was wir die eigentliche physische „Tatsache" nennen, nicht allein der Schmerz ... Ich habe den Eindruck, hier etwas berührt zu haben ... (das folgernde Mental spielt da nicht rein, Gott sei Dank!) – die zentrale Erfahrung berührt zu haben.

Das ist allerdings erst ein ganz kleiner Anfang.

Der Eindruck oder die Gewißheit, das Höchste Geheimnis berührt zu haben, wird erst dann bestehen, wenn das Physische transformiert worden ist ... Nach dieser Erfahrung (einer ganz kleinen Erfahrung im Detail) müßte es so sein. Und dann stellt sich die Frage, ob dieses Bewußtsein zunächst in EINEM Körper zum Ausdruck kommen wird, oder sich das Ganze transformieren muß ... Das weiß ich nicht.

Es müßte so sein, wenn das Spiel – das Spiel der Trennung – ein Ende nähme. Das wäre die Lösung der Transformation. Ein Bewußtseinsphänomen.

Dabei ist es so ungeheuer konkret!

(Schweigen)

Doch das andere Bewußtsein besteht noch ... Heute morgen habe ich eine beträchtliche Anzahl Leute empfangen: jeder kam, und ich schaute sie mir an (kein „Ich", das betrachtete: für IHN war es so), die Augen waren darauf gerichtet, und so bestand die Wahrnehmung und die Vision (aber keine Vision, wie man es gewöhnlich versteht: es handelte sich um ein Bewußtseinsphänomen), das Bewußtsein der Gegenwart – der Gegenwart, welche diese Art Rinde durchdringt, diese Verhärtung, die hindurchgeht und die überall ist. Und während ich mir alle auf diese Weise ansah, entstand eine Konzentration *(dieser Gegenwart)* ... Dabei handelt es sich natürlich um einen sehr flüchtigen Zwischenzustand, denn das andere Bewußtsein (das Bewußtsein, das die Dinge sieht und mit ihnen wie gewohnt umgeht, aber mit der Wahrnehmung dessen, was im einzelnen Individuum vorgeht und was es denkt – weniger was es denkt, sondern eher, was es spürt, wie es sich befindet), das besteht noch. Offenbar ist dies auch erforderlich, um den Kontakt aufrechtzuhalten, aber ... offensichtlich ist es erst eine Erfahrung und noch keine feststehende Tatsache. Was ich mit

---

1. Mutter hatte eine durch einen Zahnabszeß geschwollene Wange.

„feststehender Tatsache" sagen möchte, ist, daß das Bewußtsein so solide begründet wäre, daß nichts anderes mehr existiert, daß es allein bestünde – und so weit ist es noch nicht.

(langes Schweigen)

Und du? Was hast du mir zu sagen?

Ich habe eine Veränderung in der Atmosphäre gespürt.

Ach!

Oh, ja! Seit fünf oder sechs Tagen habe ich den Eindruck von etwas Erdrückendem ...

(Mutter lacht)

Erdrückend. Und letzte Nacht geschah etwas recht Merkwürdiges: ich sah dich, du warst vollkommen flach auf dem Boden ausgestreckt. Also trat ich zu dir hin und fragte dich: „Möchtest du kein Kissen unter deinem Kopf haben?" Worauf du sagtest: „Nein, nichts." Und du warst so ... ganz flach auf dem Boden ausgestreckt.

Sieh an!

Was soll das bedeuten?

(Mutter schweigt lange, ohne zu antworten)

Weißt du, diese Vorstellung eines „herabsteigenden" Supramentals, eines „durchdringenden" Bewußtseins, das ist nur UNSERE Übertragung ... Die Erfahrung kam wie die Erfahrung einer ewigen Tatsache: überhaupt nicht wie etwas, das soeben passiert ist. Daß all dies das Ergebnis entsprechender Bewußtseinszustände ist, daran besteht kein Zweifel (wenn es mehr als das ist, weiß ich nichts davon, aber so viel weiß ich aufgrund eindeutiger Erfahrungen). Es handelt sich um Bewußtseinsbewegungen. Warum und wie?... Ich weiß es nicht. Nur wenn man sich die Sache von der anderen Seite betrachtet, führt die Tatsache, daß etwas, was diesem gegenwärtigen irdischen Bereich angehört, bewußt geworden ist, zu dem Eindruck, daß etwas „gekommen" ist ... Ich weiß nicht, ob ich mich verständlich machen kann ... Was ich sagen will, ist, daß der Körper dem Rest der Erde ganz ähnlich ist, daß er sich jedoch aus irgendeinem Grund der anderen Art bewußt geworden ist; nun, dies müßte sich normalerweise im Erdbewußtsein durch eine „Ankunft", ein „Herabsteigen", einen „Anfang" übertragen

... Ist es aber wirklich ein Anfang? Was ist denn „gekommen"?... Verstehst du, es gibt NUR den Herrn (ich nenne ihn „den Herrn", um mich einfacher auszudrücken, denn sonst ...), es gibt nichts als den Herrn, es gibt nichts anderes, nichts anderes existiert. Alles geschieht bewußt in Ihm. Und wir sind wie ... Sandkörner in dieser Unendlichkeit; doch wir gleichen dem Herrn durch die Fähigkeit, sich seines Bewußtseins bewußt zu sein. Genau das ist es.

(Schweigen)

Vor dieser Erfahrung, d.h. als ich mich im Bewußtsein all dieser Leiden und Entsetzlichkeiten des physischen Lebens befand, kam in einem bestimmten Moment etwas ... es „sagte" nicht (man muß Worte gebrauchen, obwohl sich alles ohne Mentalisierung abspielt), eher ein Eindruck ... Um zu übersetzen, würde ich sagen: „Hast du keine Angst, verrückt zu werden?"... Verstehst du? (Das ist eine Übertragung.) Der Körper antwortete spontan: „Wir sind ALLE verrückt, wir können nicht verrückter werden, als wir es schon sind!" Und sofort beruhigte sich alles.

(langes Schweigen)

Dieses Bewußtsein befindet sich HIER: *(Mutter deutet auf Satprems Brust)*. Dort *(das Mental und die Ebenen darüber)* ist alles Licht ... *(weitreichende Geste)*. Dieses Bewußtsein befindet sich jedoch im Körper *(gleiche Geste auf Satprems Brust)*. Ich meine das Bewußtsein, daß wir uns im Herrn befinden.

Ich weiß – das Bewußtsein hier weiß, daß diese Ausdrucksweise vollkommen kindisch ist, es zieht diese kindische Art jedoch etwas vor, das genau zu sein versuchen würde und dabei nur mental wäre.

(Mutter sieht nach der Zeit)

Oh je, es ist schon spät ... Ich habe so viel geredet!

27. November 1968

(Mutter ist sehr erkältet. Tatsächlich befindet sie sich seit Juli innerhalb derselben schmerzhaften Bahn.)

Das, was du letztes Mal beschrieben hast, könnte vielleicht für das Februar-Bulletin verwendet werden. Es machte einen sehr wichtigen Eindruck ...

Ich kann mich überhaupt nicht mehr daran erinnern.

Du berührtest die „zentrale Erfahrung" der Transformation.

Ach, ja. Das war es.

Es geht weiter ... Der Körper hat den Eindruck, daß er zu verstehen beginnt. Für ihn ist das natürlich in keiner Weise eine Frage des Denkens sondern der Bewußtseinszustände. Bewußtseinszustände, die sich vervollständigen und sich ablösen ... Dies geht so weit, daß er sich fragt, wie man durch Denken überhaupt etwas wissen kann; für ihn liegt die einzige Form des Wissens und des Erkennens im Bewußtsein. Das wird – von einem allgemeinen Standpunkt aus gesehen – immer deutlicher, und er wendet dies auch an; er wendet es auf sich selbst an, d.h. ein Prozeß ist im Gange, damit alle Teile des Körpers nicht allein der Kräfte bewußt werden, die sie aufnehmen und die ihn durchdringen, sondern auch der Aktion seiner inneren Funktionsweise.

Dies präzisiert sich immer mehr.

Es ist vor allem folgendes: alles ist für ihn ein Bewußtseinsphänomen, und wenn er etwas tun möchte, versteht er beinahe nicht mehr, was es heißt „zu wissen, wie man etwas tut"; er muß sich BEWUSST sein, wie es zu tun ist. Und das gilt nicht allein für ihn sondern auch für alle Leute, die ihn umgeben. Das wird jetzt eine so selbstverständliche Tatsache ... Etwas von jemand anderem lernen – z.B. zu lernen, wie man etwas Bestimmtes tut, kann er nur, indem er es selber macht und das Bewußtsein darauf richtet. Was man ihm erklärt, was andere ihm erklären können, erscheint ihm hohl – leblos und hohl.

Und das wird mehr und mehr so.

(Schweigen)

Das letzte Mal hattest du nicht auf meine Frage geantwortet, was die Vision von dir wohl bedeuten mochte, in der du flach auf dem Boden lagst ...

(Mutter lacht) Ich glaube, es handelt sich hier um das Symbol einer vollkommenen Unterwerfung. Ich lag auf dem Rücken, nicht wahr?

Ja, flach auf dem Boden.

Auf dem Rücken. Das muß wohl der bildhafte Ausdruck für die Haltung des Körpers sein.[1]

Die Haltung vollkommener Empfänglichkeit in einer totalen Hingabe.

Denn so verhält es sich tatsächlich.

Ich weiß wirklich nicht, ob es noch „Teile" gibt, d.h. Organe, die noch immer das haben, was man einen „Geist der Unabhängigkeit" nennen könnte, aber der Körper hat seine Unterwerfung wahrhaftig vollzogen, d.h. er hat keinen Eigenwillen, keinerlei Verlangen, und er befindet sich die ganze Zeit auf dem „Horchposten" – die ganze Zeit –, um die Anzeichen wahrnehmen zu können.

Er beginnt, genau die Stelle zu erkennen, wo die Funktionsweise nicht ... ich kann nicht von „Transformiertsein" sprechen, denn das ist ein ziemlich großes Wort, aber eine Funktionsweise, die sich nicht in Ausgeglichenheit mit dem Rest befindet und eine Störung verursacht. Das wird eine Wahrnehmung jeden Augenblicks. Sobald etwas geschieht, was anomal erscheint, kommt sogleich das Verständnis, das Bewußtsein, warum dies geschieht und daß es zu etwas führen sollte: wie eine scheinbare Störung zu einer höheren Vollkommenheit führen kann. So ist das. Und dies ist erst ein winziger Anfang. Aber immerhin ist es ein Anfang. Er fängt an, ein bißchen bewußt zu werden. Und nicht nur für sich allein sondern auch für andere: zu sehen, wahrzunehmen, wie Das Bewußtsein in den anderen agiert; und mitunter gerade ... *(Worte hinken* WEIT *hinter der Erfahrung her)* es gibt keine Wahrnehmung der Trennung mehr: nur eine Wahrnehmung der Vielfalt, und das wird sehr interessant ... die Vielfalt, die (gäbe es nicht das, was man eine „Verstrickung" durch die Trennung nennen könnte) im wahren Bewußtsein vollkommen harmonisch wäre und ein Ganzes ergäbe, das die Vollkommenheit selbst darstellen würde *(Mutter macht eine kreisförmige Geste).*

Die Verstrickung – was ist bloß geschehen?

Bleibt zu wissen, ob es aus irgendeinem Grunde notwendig war, oder ob ein Unfall dazu führte – aber wie kann es sich um einen Unfall handeln! Für den Augenblick ... es gibt keine Gedanken mehr, also ist es ein wenig vage, aber im Moment besteht der Eindruck ... man könnte

---

1. Unmittelbar nach diesem Gespräch schickte Mutter Satprem eine Notiz, in der sie den nächsten Satz hinzufügte.

es einfach so sagen: der Aufbau eines UNGEHEUREN Bewußtseins, das um den sehr großen Preis allen Leidens und aller Störungen erworben wurde ... Gestern oder heute (ich erinnere mich nicht mehr genau, ich glaube gestern) war das Problem in einem gewissen Moment sehr akut *(Mutter berührt ihre Wange und ihren Hals)*, und da schien es, als sagte das göttliche Bewußtsein: „In all diesem Leiden bin Ich es, der leidet (das Bewußtsein, verstehst du), Ich bin es, der leidet, aber auf andere Weise als ihr." Ich weiß nicht, wie ich das sagen soll ... der Eindruck, wie das göttliche Bewußtsein das wahrnimmt, was für uns Leiden ist, und daß es existiert – daß es für das göttliche Bewußtsein existiert, jedoch auf andere Weise als für unser Bewußtsein. Dann ein Versuch, gleichzeitig das Bewußtsein des Ganzen, das gleichzeitige Bewußtsein von allem, begreiflich zu machen ... Vereinfacht könnte man sagen: das Bewußtsein des Leidens (der akutesten Störungen) und der vollkommensten Harmonie (des Anandas) – beides zugleich, gemeinsam wahrgenommen. Und dies verändert natürlich die Beschaffenheit des Leidens.

All das ist sich jedoch bewußt, daß all diese Worte wie Geschwätz klingen. Es ist nicht die richtige Übersetzung von dem, was sich tatsächlich abspielt.

Es besteht auch die Wahrnehmung, daß langsam aber sicher, als Folge all dieser Erfahrungen, jedes Gebilde (das, was für uns ein Körper ist) sich daran gewöhnt, das Wahre Bewußtsein ertragen zu können ... Dies verlangt einen Spielraum zur Anpassung.

Sri Aurobindo sagte auch in seinen Thoughts and Glimpses, *glaube ich, daß das Leiden die Vorbereitung auf das Ananda sei.*[1]

Ja. Ich muß sagen, daß es eine Menge Dinge von Sri Aurobindo gibt, die ich jetzt in einem ganz anderen Licht begreife.

Ich sagte dir schon, daß sich hier *(Mutter deutet auf ihre Nase, ihren Mund und ihre Kehle)* der Widerstand am vollständigsten zeigte. Als Erfahrung ist dies sehr interessant, es bedeutet jedoch noch eine Menge ...

(Schweigen)

---

1. „Ein Schmerz, der eine Verbindung mit einer unvorstellbaren Ekstase zu erlangen sucht." Siehe auch *Gedanken und Aphorismen*, 93: „Der Schmerz gleicht der Faust unserer Mutter, die uns beizubringen versucht, die göttliche Trunkenheit auszuhalten und in der Ekstase zu wachsen. Ihre Lektion vollzieht sich in drei Stufen: zunächst das Ertragen, dann der Gleichmut und schließlich die Ekstase."

Man hat den Eindruck, daß etwas zum Greifen nahe ist ... und dann entzieht es sich wieder. Es fehlt noch etwas.

(Schweigen)

Es ist noch ein langer, langer Weg.

30. November 1968

Glaubst du nicht, daß man für den kommenden 21. Februar auf dem Sportplatz die Aufzeichnung dieses so wichtigen Gesprächs abspielen könnte, wo du von der „zentralen Erfahrung" sprichst?[1]

Nein.

*
* *

Sprechen ist unmöglich ... Der Körper hat die ganze Zeit über den Eindruck, zu lernen – leben zu lernen. Und zu lernen, das zu sein, was notwendig ist, was er sein sollte. Und dies andauernd, Tag und Nacht.
Das ist alles.
Er muß noch alles lernen.
Und auf eine höchst akute Weise spürt man, daß Worte alles entstellen ... Er spricht nicht gerne.

(langes Schweigen)

Zum Beispiel fragte er sich dieser Tage folgendes: Gibt es Körper, die Stolz empfinden?... Es gibt viele Körper, die stolz sind, wenn sich das Vital und das Mental darin befinden. Aber ohne die beiden ist dies nicht möglich. Es ist einfach nicht möglich.

(Meditation)

Der Körper hat jedoch ständig die Empfindung nicht allein der göttlichen Gegenwart sondern auch des göttlichen Wirkens *(Geste*

---

1. Das Gespräch vom 23. November. Satprem war stets bemüht, Mutters Erfahrungen durch die *Notizen auf dem Weg* oder sonstige Publikationen im Ashram bekanntzumachen. Damals begriff er noch nicht, warum sie Bedenken hatte.

eines Fließens, das durch Mutter hindurchdringt und auf die Menschen übergeht), und es handelt sich dabei nicht einmal um den Gedanken „durch mich hindurch", nicht einmal das. Der Eindruck (um das zu übersetzen): Dies könnte sich durch egal was übertragen. Und es vollziehen sich ganz bestimmte Handlungen, und der Körper ist sich dessen bewußt, er ist sich jedoch nie bewußt, daß *er* sie tut oder daß sie sich durch ihn vollziehen. Die Empfindung eines „er" existiert nicht ... außer wenn von Zeit zu Zeit der Eindruck von etwas Trägem in ihm entsteht; er hat noch die Wahrnehmung seiner Trägheit – es ist noch nicht das volle Bewußtsein. Aber selbst darum kümmert er sich nicht, das ist nicht seine Sache.

Es ist eine akute und beständige Beobachtung von ALLEM – von allem, was geschieht – unaussprechlich ... In der Zeit, die man dafür bräuchte, es zu erzählen, geschehen schon wieder eine Fülle anderer Dinge.

Also gut.

Dezember

4. Dezember 1968

(Mutter ist noch immer erkältet)

Was gibt's Neues? Nichts?

Doch: V[1] hat das Bild des Mannes aus dem Vatikan gesehen, und er hat den Eindruck bestätigt, er sagte: „Ja, das ist er."

Das ist er also ... *(Mutter betrachtet das Foto)*
Merkwürdig, dabei ist er ein intelligenter Mann. Aber diese Leute sind Heuchler; sie denken eine Sache und handeln nach einem ganz anderen Prinzip.

Der Mann ist nicht unempfänglich – er wäre fähig zu verstehen.

Mir erscheint er als grausam.

Grausam ...

V sieht das auch so: „He can kill" [Er geht über Leichen].

He can kill ... das ist möglich.
Das ist die andere Seite seiner Natur. Es gibt viele Leute, die über Leichen gehen würden, wenn sie den Mut dazu hätten.

In ihren Gefühlen gehen sie über Leichen.

(Schweigen)

Die *Tapasya* des Körpers ist wirklich interessant. Der Körper ist von vollendeter Bescheidenheit, weißt du; er hat eine sehr akute Wahrnehmung all seiner Einschränkungen, seiner Unfähigkeiten, seiner Unwissenheit, all seiner ... und gleichzeitig – vollkommen gleichzeitig – das ABSOLUTE Gefühl der göttlichen Gegenwart, absolut; und zwar einer göttlichen Gegenwart, die alles zerschmettern könnte, wenn sie nur wollte. Das ist ungeheuer interessant ... Eine Gegenwart von einer solchen Macht! Eine unvorstellbare Macht, ohne jegliches vergleichbare Maß mit irdischen Dingen.

Der Körper hat den sehr starken Eindruck (eine Art Bewußtsein), daß seine Leiden nur von seiner Unfähigkeit herrühren. Eine Wahrnehmung, daß er die GEWOHNHEIT hat, etwas in Leiden zu verwandeln, was er nicht auszuhalten vermag.

(Schweigen)

---
1. Derjenige, der anfangs den Prälaten sah, der Mantras wiederholte und eine Mitra trug.

Vorhin sah ich Z. Sie ist voller Auflehnung, denn vor langer Zeit hatte ich mit ihr über etwas gesprochen, das sie nicht verstand, es ging um das Kino (eigentlich steckte etwas anderes dahinter): sie geriet in ein Loch. Jedenfalls war sie hier (ich hielt ihre Hand), und mein Körper spürte, daß es sich um die genau gleiche Art von Materie handelte – eine Art Gemeinschaftlichkeit und Identität –, zugleich amüsiert und sehr lieb, aber auch mit einer so ungeheuren Macht, mein Kind, einfach ungeheuer! Der Körper war sich bewußt, daß dies ein Wesen zerschmettern könnte. Und Das blieb ganz ruhig *(Geste eines stillen Zeugen)*, es griff nicht ein. Diese Macht, die sich mit der vitalen Macht manifestieren könnte (sie beherrscht das Vital und kann sich seiner bedienen), kann die Dinge in vollkommener Reglosigkeit auflösen. Wirklich erstaunlich.

Der Körper irrt sich nicht, er weiß, worum es geht. Er weiß vor allem eines: nur wenn er und weil er vollkommen friedlich sein kann – friedlich wie etwas vollkommen Durchlässiges und Regloses –, kann diese Macht wirken. Und er weiß, daß diese vollkommene und durchlässige Reglosigkeit das einzige ist, was von ihm verlangt wird.

(Schweigen)

Um auf diesen Mann vom Vatikan zurückzukommen, er ist einer von jenen, die Handlungsprinzipien haben und die aus Überzeugung ihren besten Freund umbringen (oder umbringen lassen) könnten. Das ja.

Eine Art „Großinquisitor".

Ja.

Wenn wir unsere Ruhe haben wollen, ist es das beste, ihre Aufmerksamkeit nicht auf uns zu ziehen!

Aber er beobachtet P.L.: in der Vision beargwöhnte er dein Symbol am Hals von P.L.

P.L. trägt es?

Ich weiß es nicht. V sah P.L. mit deinem Symbol um den Hals, und dieser Mann betrachtete argwöhnisch dein Symbol.

Aber ich glaube nicht, daß P.L. es trägt.

Doch, ich glaub schon, aber natürlich versteckt, nicht offen.

Versteckt macht es nichts.

Ja, aber dieser Mann ist ein scharfer Beobachter, er hat sein Auge darauf.

P.L. sollte gut aufpassen.

Das habe ich ihm gesagt.

Sie werden in derselben Kommission sitzen.[1] Das ist hoch interessant! *(Mutter lacht)*
Dies ... (wie soll ich sagen?) ich habe diese ganze Geschichte *(die Kirchenreformen)* der Gnade anheimgestellt. Und ich erwarte, daß sich einige interessante Dinge tun werden, denn man weiß nicht ... Die Menschen sind sich der wunderbaren Macht der Gnade nicht bewußt, selbst für die Ungläubigsten und Feindlichsten.

(Schweigen)

Dieser Körper ist sehr einfach, er hat die Einfachheit eines Kindes. Heute morgen wurde er von Visionen förmlich bedrängt – nicht „Visionen", ich weiß nicht, wie ich das sagen soll ... es waren nicht genau Erinnerungen sondern Dinge, die kamen und die alles nur Mögliche ausdrückten: Haß, Gewalt (du weißt, was ich meine, eben diese Seite der Dinge), und er sah sich das alles an, er sah und spürte diesen Ansturm, und ganz spontan sagte er zum Göttlichen (er verharrt in dieser steten Kommunion mit dem Göttlichen): „Warum trägst Du das in Dir?" Einfach und geradeheraus wie ein Kind: „Warum trägst Du all das in Dir?" Und in dem Moment, als er das sagte, hatte er gleichsam eine Vision, eine über die ganze Erde ausgedehnte Vision aller Schrecken, die dort ständig geschehen: „Warum trägst Du das ..." Und die Antwort ist immer die gleiche, sie ist immer hier *(Geste um den Kopf herum)*: „In Meinem Bewußtsein sind die Dinge anders." Oder eher: „In Meinem Bewußtsein haben die Dinge einen anderen Anschein." Und dann dieses Beharren: „Arbeite daran, das wahre Bewußtsein zu erlangen!" Das WAHRE Bewußtsein, das alles enthält.

Heute morgen verstand er sehr klar ... All dies waren keine Gedanken, ich weiß nicht, wie ich es erklären soll, es sind nicht direkt Empfindungen sondern Wahrnehmungen, Eindrücke, ich weiß nicht *(Mutter macht eine Geste, als ob sie die Luft abtastete)*, er verstand, warum die Trennung während einer gewissen Zeit für das innere Wachstum des Wesens notwendig war. Wäre von Anfang an die Wahrnehmung dagewesen, die er jetzt hat, nämlich daß alles im Herrn enthalten ist, auch all die Dinge, vor denen es ihn beispielsweise vor kurzem noch graute

---

1. Die mit der Kirchenreform beauftragt ist.

(jetzt nicht mehr auf die gleiche Weise): bestimmte Grausamkeiten, bestimmte Dinge, die einen wirklichen Abscheu im Körper hervorriefen ... Jetzt ist das nicht mehr so, dennoch ist er nicht glücklich damit; er mag sich demgegenüber indifferent zeigen *(Geste eines Zeugen)*, kann aber nicht glücklich damit sein. Und er hat verstanden, warum diese Abscheulichkeiten notwendig waren; warum es eine Zeit gab, in der es notwendig war, daß die manifestierte Welt, die Welt der Manifestation außerhalb und getrennt vom Herrn erschien ...

(Nach einem Schweigen) Man muß sich diesen unwandelbaren Frieden zueigen machen, man muß weit wie das Universum werden, um den Gedanken ertragen zu können, daß ALLES der Höchste Herr ist.

Und der Körper hat verstanden, daß er diese Erfahrung erst jetzt hat, weil er erst jetzt genügend bewußt und ergeben ist (ergeben im wahren Sinne des Wortes; fast könnte man sagen „identifiziert", obwohl dies ein allzu großes Wort ist, denn er weiß, daß es nicht das ist, daß die Identifikation etwas anderes sein wird), erst jetzt ist er einfach fähig und bereit, die Vorstellung zu ertragen, daß alles der Herr ist, daß es NUR den Herrn gibt. Früher hatte er über lange Zeiträume hinweg das Bedürfnis zu spüren, daß all diese Bewegungen *(vorwärtsweisende Geste)* zum Herrn führen und daß all jene Bewegungen *(rückwärtsweisende Geste)* vom Herrn wegführen. Während langer Zeit war diese Wahl notwendig. Nun ist er jedoch dabei, seine *Tapasya* zu machen, um diesen Gedanken ertragen zu können – und zwar ohne die Bewegungen der Erniedrigung und Grausamkeit zuzulassen oder zu akzeptieren ... Das heißt, er beginnt zu erkennen, daß die Dinge nicht so sind, wie sie scheinen; daß wir nur eines Anscheins gewahr werden und daß die Dinge nicht so sind, wie sie scheinen.

Das Gehirn kann das nicht begreifen. Das Mental kann über alles spekulieren; hier handelt es sich jedoch um etwas anderes, hier gibt es kein Mental. Das Gehirn, diese Fähigkeit ... *(Mutter verweilt in Betrachtung)*

Erst heute morgen noch, den ganzen Vormittag lang, bestand ... (wie soll ich sagen?) eine Art Staunen, aber ohne die Freude des Staunens, auch hatte es nicht die Dummheit der Bestürzung, es war ... etwas ... ja, ein Zustand. Er stellt fest, was das Leben ist (jedenfalls das, was es für unser aktives, äußerliches Bewußtsein ist), was das Leben, so wie es zu sein SCHEINT, ist ... Und es fällt ihm sehr schwer, nicht ständig zu fragen: Warum-warum-warum? Warum nur?... Und wenn er dann so schaut, überkommt ihn eine große Traurigkeit, und es wird ihm klar, daß es nicht das ist. Was bedeutet diese Traurigkeit?... Es muß sich um eine Tür handeln, die sich auf etwas anderes hin öffnet ... etwas, das er noch nicht begreift.

4. DEZEMBER 1968

Warum ist die Welt so? Warum all diese Abscheulichkeiten? Warum nur?... So ging es ihm heute morgen. Und weil er diese ungeheuer starke Empfindung hat, im Herrn zu sein, hat er einen Eindruck, wohin dies führt, was kommen wird. Und zwar mit einem VOLLKOMMENEN Vertrauen ... Aber er weiß noch nicht, was es sein wird.

Die ganze Zeit wird er mit dieser Erfahrung konfrontiert, daß, wenn man sich so verhält *(Mutter dreht zwei Finger in eine Richtung)*, d.h. dem Göttlichen zugewandt, sich die Dinge auf wunderbare Weise ordnen – auf wunderbare und unerhörte Weise –, und daß es ausreicht, nur ein wenig anders zu sein *(Mutter kippt die beiden Finger in die andere Richtung)*, damit alles widerlich wird, alles schlecht geht, alles knirscht: eine WINZIG KLEINE Bewegung entweder einer vertrauensvollen Öffnung oder des gewöhnlichen Bewußtseins (kein revoltierendes oder verneinendes Bewußtsein, überhaupt nicht: bloß das gewöhnliche Bewußtsein, das alltägliche Bewußtsein der Leute – eben das gewöhnliche Bewußtsein), und dies genügt, um ... Im einen Fall wird es entsetzlich, und so *(Geste in die andere Richtung)* wird alles auf wunderbare Weise herrlich. Das gilt für die winzigsten, belanglosesten Dinge, d.h. es gilt für ALLES – ohne „wichtige" und „unwichtige" Dinge, nichts von alledem, es gilt für alles: es wird auf ganz einfache Weise wunderbar, und dabei ist es dasselbe. Im einen Fall geht es einem schlecht, man leidet, man ist elend und wird regelrecht krank, und im anderen Fall ... Dabei ist es dasselbe.

Dies geht jetzt so weit, daß der Körper völlig bestürzt darüber ist, daß man das gewöhnliche Leben mit dem gewöhnlichen Bewußtsein leben und dabei noch zufrieden sein kann. Das erscheint ihm entsetzlich, absolut entsetzlich. Und dieses Leben im Chaos, in Häßlichkeit, Bosheit, Egoismus und Gewalt, oh!... die Grausamkeit, alle nur erdenklichen Greueltaten, wobei man das noch natürlich findet ... Dann sagt sich der Körper: „Dies muß wohl als eine bestimmte Entwicklungsphase notwendig gewesen sein, und es ist eine Auswirkung der Gnade, darüber läßt sich nichts sagen, man kann sie nur still bewundern."

Dabei ist es völlig klar – vollkommen klar –, wenn die Welt, die Schöpfung so wäre, wie sie dem Körperbewußtsein in seiner gegenwärtigen Verfassung zu sein scheint, gäbe es nur eins zu tun, nämlich sie aufzulösen ... Hier liegt offensichtlich die Erklärung – und die Legitimierung – aller nihilistischen Religionen und Philosophien. Man muß von einer völlig unbewußten Gefühllosigkeit sein, um in dieser Abscheulichkeit, die die Welt ist, glücklich und zufrieden leben zu können. Und all dies ... IST der Herr, und nicht nur IST Er es, sondern all das ist IM Herrn; das heißt, es ist nicht so, wie wir uns das vorstellen, nämlich Dinge, die in Bausch und Bogen verurteilt wurden, nein, keineswegs – all dies ist IM Herrn ...

So ist das, mein Kind.

Verstehst du, der Körper hat diese Erfahrung: er ist vollkommen durcheinander, ist erkältet, hat hier ein Weh und dort ein Weh ... und wenn er sich in einer bestimmten Grundhaltung befindet (kann man das Haltung nennen? ich weiß es nicht), auf jeden Fall ein Bewußtseinszustand: nichts mehr! All das existiert nicht mehr, keine Spur mehr davon – keine Erkältung mehr, kein Schmerz mehr, nichts, alles weg! Es ist allerdings stets bereit, wiederzukommen ... Und es ist nicht nur fort (das wäre ein psychologisches Phänomen), sondern die UMSTÄNDE selbst in der Umgebung VERÄNDERN sich. Sie sind anders: im einen Fall ist alles verdreht und verzerrt, während im anderen Fall ...

(langes Schweigen)

Der Vorteil des Körpers gegenüber dem Mental besteht darin, daß er sehr wohl versteht (für ihn ist das völlig natürlich), daß diese ganze Sicht- und Ausdrucksweise eben nur eine Sicht- und Ausdrucksweise ist; daß man das genaue Gegenteil haben kann und daß dies ebenso wahr sein kann, und noch etwas anderes, das ebenso wahr ist, und daß schließlich alles, was man sagt und denkt, nur ... Anschauungsweisen sind. Das Mental hat Schwierigkeiten damit, doch der Körper weiß dies sehr wohl ... Aber ...

(langes Schweigen)

Es läßt sich nicht ausdrücken.

(Schweigen)

Wie sind deine Nächte?

Nicht gut.

Immer noch dasselbe?

Ja, nicht gerade schön.

Unverändert?... Gut.

Der Körper kennt einen Zustand, in dem er nicht auf die gewöhnliche Weise schläft (was man „schlafen" nennt), stattdessen besteht ein Zustand (den man als Harmonie bezeichnen könnte, keine aktive sondern eine vollkommen reglose Harmonie), in dem die Zeit nicht mehr existiert, das heißt, er kann zwei oder drei Stunden so verbringen und meint, es seien fünf Minuten. So vergeht die Nacht jetzt, das passiert immer häufiger. Ich habe den Eindruck, daß dies deinen

Schlaf verändern wird (ich denke oft daran, beinahe täglich), ja, das ist es: in diesen Zustand eintreten, bei dem es sich überhaupt nicht um Schlaf im gewöhnlichen Sinne handelt, wo man träumt und agiert und das Unterbewußtsein so aktiv ist – nein, nichts davon.

All dies ist noch im Anfangsstadium. Man muß Geduld haben.

Ich habe mich gefragt ... In letzter Zeit erwachte ich morgens häufig mit Augenschmerzen. Ich frage mich, woher das kommt?

Arbeitest du abends viel?

Ein normales Pensum. Merkwürdigerweise lassen die Schmerzen im Laufe des Tages nach. Nachts tun mir die Augen dann wieder weh. Woran liegt das?... Ich habe mich gefragt, ob mich da nicht etwas Subtiles belästigt.[1]

(Mutter verharrt in Betrachtung)

11. Dezember 1968

(Mutter liest die Neujahrsbotschaft für 1969:)

Keine Worte: Taten.

No words – acts.

*
* *

(Zu Sujata:) Was wünschst du dir zu deinem Geburtstag?

Ich möchte mich noch vollständiger hingeben.

Darbieten, das bist du – geben, das bin ich.

*
* *

---
1. Diese merkwürdigen nächtlichen Schwierigkeiten sollten noch lange anhalten und sind vielleicht verbunden mit den Machenschaften im Umkreis von P.L. – 1969 wird davon in der *Agenda* wieder die Rede sein.

(Danach hört sich Mutter ein altes Entretien vom 22. Juli 1953 an.)

Das sind Dinge, die ich heute gar nicht mehr schreiben würde ... Auf ihrer Ebene *(Geste zum Boden)* haben sie jedoch ihre Gültigkeit.

(Schweigen)

Die Erfahrung geht weiter und wird immer bewußter und fast praktisch. Wenn eine Person kommt, ist es, als sähe ich ... beinahe als könnte ich die Anzahl der Schleier ermessen, die sie daran hindern, das Höchste Bewußtsein zu sehen und zu empfinden. Das ist wirklich sehr interessant geworden: ich befinde mich jemandem gegenüber und schaue die Person an, und ich konzentriere mich sehr beharrlich, bis der Kontakt mit dem höchsten Bewußtsein hergestellt ist, und so kann ich die Reaktion messen: bei einigen ist es sehr schwierig, den Kontakt herzustellen; bei anderen (und zwar völlig unerwartet, es hat nichts damit zu tun, was man denkt, das ist wirklich höchst erstaunlich) bei manchen Leuten macht es sofort hopp! *(Geste, durch einen Schleier zu dringen)* und der Kontakt ist hergestellt – Personen, bei denen es ganz unverhofft ist. Dann gibt es andere, die eine Sadhana betreiben, die völlig hingegeben sind, die ... und was für eine Arbeit das ist! Wirklich interessant. Und dann gibt es jene, die sich einfach nicht mehr rühren wollen, sobald die Verbindung hergestellt ist. (Ich glaube nicht, daß sie wissen, was geschehen ist, aber jedenfalls wollen sie sich nicht mehr vom Fleck rühren). Dann gibt es wieder andere, bei denen es so geht *(Geste eines Zitterns)*, am liebsten würden sie sich aus dem Staub machen. *(Mutter lacht)* Das ist ungeheuer interessant.

Ich erinnere mich an die Zeit, wo ich vom „Bad des Herrn" sprach, das ich invozierte – das erscheint mir jetzt völlig überholt, es ist nicht das ... Der Herr ist immer und überall gegenwärtig. (Ich sage „der Herr", um keine langen Phrasen zu machen, manchmal sage ich auch „Höchstes Bewußtsein", um weniger ... wie soll ich sagen?... kindisch zu sein, denn im Grunde ist alles, was man sagt, kindisch.) Aber die Erfahrung wird immer wunderbarer.

Wie weit ich davon entfernt war, als ich das sagte! *(dieses Gespräch aus dem Jahr 1953)* Wie weit ... Es war eine mentale Übertragung. Nun, das macht nichts; die Leute unterhält es. Das verstehen sie; was ich jetzt tun kann, verstehen sie nicht. Und dann ...

Es bleibt noch die Gewohnheit, „ich" zu sagen, aber ich glaube, dies liegt daran, daß es sonst sehr schwierig wäre, sich zu verständigen. Ich denke jedenfalls nicht so, ich weiß nicht, was dieses „Ich" ist. Was da spricht, ... ist das Bewußtsein, das besonders mit der Arbeit des

Körpers beschäftigt ist. Weißt du, der Körper wird für eine bestimmte Arbeit verwendet, und ein Bewußtsein ist beauftragt, sich besonders damit zu beschäftigen – um ein wenig genauer zu sein, aber man kann sich nicht andauernd in Phrasen ergehen.

Aber wie interessant das ist!... Mitunter wird es so schön, ach, und andere Male ist es so mühselig. Eine solche Arbeit ist nötig, und manchmal *(lachend)* bei Leuten mit dem besten Ruf ... Das ist wirklich interessant. Ich bin selbst erstaunt darüber.

(Schweigen)

Sobald man spricht, sinkt das Bewußtsein ab. Das liegt aber nicht notwendigerweise daran, daß man sich verständlich machen will, sondern weil das Bewußtsein zu subtil ist für die Worte, die uns zur Verfügung stehen.

(lange Meditation)

Ich weiß nicht, ob ich das jemals auf ausdrucksvolle Weise sagen kann... Für den Moment jedoch bilden die Worte einen fürchterlichen Schleier.

Der Körper ist etwas überaus Einfaches und sehr Kindliches, und er macht die Erfahrung auf solch zwingende Weise, weißt du, er braucht nicht danach zu „suchen": er muß lediglich eine Minute in seinem Wirken innehalten, und es ist gegenwärtig. Und so fragt er sich, warum die Menschen das nicht von Anfang an wußten. Er fragt sich: „Warum bloß haben sie nach allem möglichen gesucht – Religionen, Götter ... alles mögliche eben –, dabei ist es doch so einfach!" So einfach. Für ihn ist es so einfach, so offensichtlich.

All diese Konstruktionen – die Religionen, die Philosophien, die ... – all diese Konstruktionen sind das Bedürfnis des Mentals, seine Sache durchzuziehen. Es möchte sein Spiel spielen. Das andere ist so einfach und so offensichtlich! Also fragt er sich: „Warum nur, warum suchten sie all diese Verwicklungen und Schwierigkeiten, und dabei ist es doch ... so einfach." Selbst zu sagen „das Göttliche ist tief in uns" ... (der Körper erinnert sich an seine eigene Erfahrung), ist immer noch zu kompliziert für etwas so Einfaches.

Und er kann es nicht erklären, kann es nicht sagen, ihm fehlen die Worte, dabei besteht eine Art bewußte Wahrnehmung von ... *(Mutter vollführt eine leichte Drehung der Fingerspitzen)* von dem, was deformiert und verschleiert. Und für das Bewußtsein aller Menschen ist dies zur Realität geworden.

Das ist schwer auszudrücken.

Für ihn ist es eine so offensichtliche Tatsache geworden ... Er fragt sich, wie man überhaupt nur anders denken, anders empfinden kann. Es ist so offensichtlich.

(Schweigen)

Du kannst dir nicht vorstellen, was für einen Eindruck mir das gemacht hat! *(das Anhören des alten Gesprächs aus dem Entretien von 1953)* Ich hatte den Eindruck, um viele Leben zurückversetzt zu werden ...

Es ist nützlich.

Nützlich ...

Die Leute brauchen ein Mittel, um den „Kontakt" herzustellen, das ist es eben!

Es gibt so viel Unnützes bei diesen Mitteln.

Aber ja! Denn die Mittel werden sofort zu einer Einschränkung.

Ja.

Ach, vor allem dieses „ICH", dieses ungeheure Ich, das bei allen hervortritt – und alles verfälscht. Der Körper beginnt sich jedoch zu fragen, wie man ... Es handelt sich nicht um einen Gedanken sondern um eine Art Empfindung, ich weiß nicht, eine Art Wahrnehmung (die Sprache liegt weit UNTER seinem Bewußtsein; er sagt „ich" aus Gewohnheit, vielleicht aus der Notwendigkeit, sich verständlich zu machen, vor allem aber aus Gewohnheit), und das Ich ...? Er ist sich so bewußt, daß es EIN Ich gibt *(Geste nach oben, mit einem Finger in die Luft weisend)*.

*(Mutter lächelt,
schüttelt den Kopf
und verharrt schweigend)*

Gut. Man muß abwarten – Geduld, Geduld, bis alles so weit ist.

14. Dezember 1968

*(Mutter liest drei verschiedene Versionen einer Botschaft,
die sie für die Eröffnung der Schule vorgesehen hat,
worauf sie die erste Version auswählt.)*

Es kam der Reihe nach. Es handelt sich um die Erfahrung, die ich dabei hatte:

„Wenn man in der Wahrheit lebt, befindet man sich jenseits aller Widersprüche."

Die anderen beiden kamen danach:

„In der Wahrheit zu leben, bedeutet, über allen Widersprüchen zu stehen."

Und schließlich:

„Wer in der Wahrheit lebt, befindet sich jenseits aller Widersprüche, Hindernisse und Meinungsverschiedenheiten."

Hier ist alles still *(zur Stirn deutende Geste)*, ich wende mich nur dorthin *(Geste nach oben)* und warte, und ich glaube, daß das, was zuerst kommt, am reinsten ist, d.h. das am wenigsten mit Aktivitäten Vermischte; danach ist es, als vermischte es sich mit den mentalen Schwingungen in der Atmosphäre.

* * *

Ich habe einen Brief von P.L. erhalten.

Ach!

Er ist auf dem Weg nach Spanien, um eine „Meinungsumfrage" zu den Kirchenreformen zu machen, und er schrieb mir: „Ich hatte eine schreckliche Erfahrung, die sich glücklicherweise mit der lieben Mutter löste. Wenn ich aus Spanien zurückkehre, werde ich Ihnen erzählen, was passiert ist."[1]

* * *

---

[1]. Siehe weiter unten, das Gespräch vom 25. Dezember, S. <OV>.

MUTTERS AGENDA

*(Danach hört sich Mutter ein weiteres Gespräch aus den
Entretiens des Jahres 1953 an.)*

Aus welchem Jahr ist das?

1953.

Oh, wie ich schwatzte! *(Mutter lacht)* Nun ...

*Das ist kein Geschwätz. Tatsächlich schüttetest du deine Kraft
auf die Kinder aus. So war es.*

Es ist für die Kinder bestimmt.

*Ja, aber all diese Kraft, die du auf sie ausgeschüttet hast ...
Genau das fehlt ihnen jetzt.*[1]

(Mutter schweigt)

18. Dezember 1968

*(Über die englische Übersetzung des Gesprächs vom 23.
November 1968, das Satprem in den „Notizen auf dem Weg"
veröffentlichen wollte.)*

Die Leute werden ganz benommen sein.

*Aber Mutter, wenn sie das auch nur mit einem ganz geringen
Verständnis lesen, erkennen sie, daß es eine zentrale Erfahrung
ist.*

Es IST eine zentrale Erfahrung, zweifellos.

Das ist wirklich seltsam ... Der Körper hat dieses Bewußtsein nicht verlassen – beide bestehen gleichzeitig, und wenn das gewöhnliche Bewußtsein auch nur für zwei Minuten innehält, stellt es sich ein.

Einige können dem folgen.

---

1. Mutter schüttete diese Kraft acht Jahre lang in den *Entretiens* aus ...

Wirklich?

Um die Wahrheit zu sagen, ist mir das vollkommen egal!

21. Dezember 1968

Dieser Tage geschieht wirklich viel ... Aber jetzt reicht es! *(Mutter hat sich gerade ein Gespräch angehört, das im nächsten Bulletin veröffentlicht wird).*

Hast du etwas zu sagen?... Was?

Jemand hat eine Frage gestellt (nicht ich). Offenbar handelt es sich um eine jener „typischen" Fragen, die man stellt, nachdem man deine „Gespräche" gelesen hat ... Möchtest du sie hören?

Das wird schon wieder etwas sein ...

Ich übersetze: „In der Schilderung ihrer Erfahrungen vom letzten August und September spricht Mutter vom „Ausschluß des Mentals und des Vitals". Warum müssen sie eliminiert werden, damit eine schnelle und wirkungsvolle Transformation des Körpers stattfinden kann? Wirkt denn das supramentale Bewußtsein nicht auch auf sie?"

Sicherlich wirkt es! Es hat BEREITS seit langem gewirkt. Die Schwierigkeit liegt darin, daß der Körper daran gewöhnt ist (daran gewöhnt war), dem Vital und vor allem dem Mental zu gehorchen, und nun gilt es, diese Gewohnheit zu ändern, damit er nur noch dem höheren Bewußtsein gehorcht. Aus diesem Grunde wurden bei mir das Mental und das Vital beseitigt – damit es schneller geht. Bei den Leuten wirkt DAS durch ihr Mental und Vital – und wie ich sagte, ist dies sicherer. Was mich betrifft, ist es eine ziemlich riskante Erfahrung, welche die Dinge beträchtlich beschleunigt hat, denn normalerweise muß DAS mittels der beiden anderen Instanzen auf den Körper wirken, während es so, wenn sie nicht mehr da sind, unmittelbar wirkt. Das ist alles.

Das ist eine harmlose Frage.

Dieses Vorgehen ist jedoch nicht zu empfehlen. Jedesmal, wenn ich dazu Gelegenheit habe, sage ich das: Es geht nicht an, daß die Leute sich einbilden, dies versuchen zu können (sie können es gar nicht, aber das macht nichts), es ist nicht zu empfehlen. Man muß sich also einfach die nötige Zeit nehmen. Nur bei mir, aufgrund meines fortgeschrittenen Alters ... damit es schneller geht.

(Schweigen)

Etwas Merkwürdiges geschieht, und zwar zeigen sich gleichsam Veranschaulichungen der natürlichen Tendenz des Körpers (ich nehme an, daß dies nicht für alle Körper in gleicher Weise gilt: es kommt darauf an, wie er gebaut ist, d.h. Vater, Mutter, Vorfahren, usw.), eine Veranschaulichung des sich selbst überlassenen Körpers. Beispielsweise hat dieser hier eine gewisse Vorstellungskraft (das ist wirklich seltsam), eine dramatisierende Vorstellungskraft: ständig hat er das Gefühl, Katastrophen zu erleben. Und mit dem Glauben, der ihm verbleibt, schreitet die Katastrophe auf ihre Verwirklichung zu – absurde Dinge dieser Art. Eine bestimmte Zeitlang also bleibt er dieser Vorstellungswelt überlassen (so geschah es in diesen Tagen), und wenn er diese idiotische Aktivität wirklich satt hat, betet er, weißt du, mit all seiner Intensität, auf daß dies ein Ende nehme. Und augenblicklich, hopp! geht es so *(Geste eines Umkippens)*, das Blatt wendet sich, und er findet sich in einer Kontemplation (keiner transzendenten sondern einer ganz konkreten) dieser wunderbaren Gegenwart, die überall herrscht.

Es geht so und so *(Mutter verdreht brüsk zwei Finger):* das nimmt keine Zeit in Anspruch, es erfordert keine Vorbereitung, nichts davon, hopp! hopp! *(gleiche Geste)*, wie um die Schwachsinnigkeit des Körpers zu zeigen. Es ist wirklich etwas gänzlich Schwachsinniges, wie eine konkrete Darlegung der Dummheit des sich selbst überlassenen Körpers, und dann dieses wunderbare Bewußtsein, das kommt, und all dies verschwindet wie ... wie etwas, das keine Beständigkeit hat, keinerlei Wirklichkeit, das schlicht verschwindet. Und wie ein Beweis, daß dies nicht allein in der Vorstellungskraft stattfindet sondern in den TATSACHEN: ein Beweis der Macht, damit all dies ... dieser eitle Traum des Lebens, so wie es ist (was für das Körperbewußtsein etwas wirklich Entsetzliches geworden ist), sich in etwas Wunderbares verwandeln kann, einfach so, durch die Wendung des Bewußtseins.

Diese Erfahrung wiederholt sich in allen Einzelheiten, in allen Bereichen, wie ein Beweis durch die Tatsachen. Und hier handelt es sich um keinen „langen Transformationsprozeß": Es ist etwas, das mit einem Mal umkippt *(Mutter verdreht zwei Finger)*, und anstatt die Abscheulichkeit, die Falschheit, die Widerlichkeit, das Leiden und all dies zu sehen, lebt er in der Seligkeit. Und alle Dinge bleiben gleich, nichts regt sich außer dem Bewußtsein.

Und somit bleibt (das, was vor uns liegt, was wahrscheinlich kommen wird): Wie soll diese Erfahrung materiell übertragen werden?... Für den Körper ist das vollkommen klar: während, sagen wir, ein, zwei oder drei Stunden litt er sehr heftig, er war wirklich elend dran (kein geistiges Leiden: rein physisch), und dann plötzlich, brrrt! Alles weg ... Der Körper ist scheinbar derselbe geblieben *(Mutter schaut auf ihre Hände)*, von der Erscheinung her, aber anstelle einer inneren Störung, die ihn leiden läßt, geht alles gut, ein großer Friede, eine große Ruhe breitet sich aus, und alles geht gut. Aber dies ist für EINEN Körper – wie wirkt das auf die anderen?... Er beginnt, die Möglichkeit im Bewußtsein der anderen wahrzunehmen. Von einem geistigen Standpunkt aus gesehen (d.h. auf der Ebene der Haltungen, des Charakters, der Reaktionen) ist es sehr deutlich, selbst noch mitunter vom physischen Standpunkt aus: plötzlich verschwindet etwas – so wie wir das erlebten, wenn Sri Aurobindo einen Schmerz auflöste *(Mutter zeigt etwas wie eine Hand im Subtilphysischen, die kommt und den Schmerz wegnimmt)*, man fragte sich ... ach! Weg, verschwunden, einfach so. Aber es ist nicht beständig, nicht allgemein, es dient allein dazu, zu zeigen, daß es so sein KANN – durch die Tatsache, daß dies im einen oder anderen Fall so ist.

Man könnte es auch so sagen: Der Körper hat den Eindruck, in etwas eingeschlossen zu sein, ja, eingeschlossen wie in einer Schachtel, durch die er aber hindurchsehen kann; er sieht und kann auch eine (begrenzte) Wirkung DURCH ETWAS ausüben, das noch besteht und das verschwinden sollte. Dieses „Etwas" vermittelt den Eindruck einer Einkerkerung. Wie soll dies verschwinden?... Das weiß ich noch nicht.

Man muß die Beziehung zwischen dem Bewußtsein in EINEM Körper und dem Bewußtsein des Ganzen finden. Und inwieweit eine Abhängigkeit oder Unabhängigkeit besteht, d.h. wie weit sich der Körper in seinem Bewußtsein transformieren kann (und als notwendiges Ergebnis, in seiner Erscheinung), wie kann er sich transformieren, ohne ... ohne die Transformation des Ganzen – wie weit ist das möglich? Und in welchem Maße ist die Transformation des Ganzen notwendig für die Transformation eines Körpers? Das bleibt noch zu entdecken.

(Schweigen)

Wenn man das alles erzählen wollte, würde es Stunden dauern ...

Diese „Schachtel", von der du sprichst, ist aber eine universale Schachtel.

Ja!

Ich hatte oft den Eindruck, daß es sich bei all diesen sogenannten menschlichen oder „Natur"-Gesetzen allein um eine ungeheure morbide Einbildung handelt, die kollektiv fixiert wurde – und das eben ist die Schachtel.

Ja, genau, das ist es!

Wie also ...?

Ja, in welchem Maße kann ein individuelles Licht darauf einwirken?... Dort liegt das Problem ... Ich weiß es nicht.

(Schweigen)

Die Vision des kollektiven Fortschritts, der auf der Erde stattgefunden hat, ist sehr klar (unser Erfahrungsfeld ist die Erde); nach der Vergangenheit zu schließen, wäre aber noch ein ungeheurer Zeitaufwand notwendig, bis alles bereit ist, sich zu verändern ... Dennoch ist es beinahe wie ein Versprechen, daß ... eine abrupte Veränderung stattfinden wird: etwas, das sich in unserem Bewußtsein als „Herabkunft" übersetzt, eine Aktion, die „stattfinden" wird – etwas, das bisher nicht wirkte und das jetzt zu wirken anfängt (in unserem Bewußtsein überträgt sich das so).

Wir werden sehen!

Für den Körper selbst ist dies eine wachsende Erfahrung von zunehmender Genauigkeit: einerseits seine Gebrechlichkeit (eine extreme Gebrechlichkeit: eine winzige Bewegung kann sein gegenwärtiges Dasein beenden) und GLEICHZEITIG, simultan, das Gefühl der Ewigkeit – daß er ein ewiges Dasein hat. Beides gleichzeitig.

Es handelt sich wirklich um eine Übergangsperiode.

(Schweigen)

Ein- oder zweimal, als seine ... man könnte es seine „Wissensnot" nennen, als diese Wissensnot sehr intensiv war, als er sich der Gegenwart vollkommen gewiß war – dieser Gewißheit der Gegenwart überall, innen und überall *(Mutter berührt ihr Gesicht, ihre Hände)* –, da fragte er sich, wie (er fragt nicht einmal warum, er hat in dieser Hinsicht keinerlei Neugierde), WIE kann diese gegenwärtige Störung überhaupt bestehen? Als diese Erfahrung äußerst intensiv war, hatte er ein- oder zweimal den Eindruck: Ist diese Frage erst gelöst, so bedeutet das die Unsterblichkeit.

Er drängt unentwegt danach, das Geheimnis zu erfassen; man hat den Eindruck, daß man es finden wird, und dann ... Und dann kommt es zu einer Art Beruhigung innerhalb dieses Strebens:

Friede-Friede-Friede ... Verstehst du, ein- oder zweimal der Eindruck: „Ach, jetzt wird man es endlich verstehen!" („Verstehen" heißt LEBEN, nicht in Gedanken verstehen sondern leben), und dann ... *(Geste des Entweichens)*. Und ein Friede, der sich niederläßt.

Dabei der Eindruck: „Das ist etwas für morgen." Dieses „Morgen" aber ... welches Morgen denn? – Nicht „morgen" nach unserem Maßstab.

Wir werden sehen.

Die Erfahrungen sind zahllos, mit allen nur möglichen Aspekten. Stunden wären notwendig, um alles zu berichten – und auch dann noch hat man stets den Eindruck, daß das Wort ... ja, etwas verfälscht. In Worte gesetzt, ist die Sache nicht mehr so einfach, nicht mehr so schön und nicht mehr so klar. Alles wird verwickelt.

Der Körper erlebt absolut wunderbare Augenblicke – und STUNDEN großer Beklemmung. Dann plötzlich wieder ein wunderbarer Augenblick. Doch dieser Augenblick läßt sich nicht in Worte fassen ... Wenn man den Entwicklungsgrad nach dem zeitlichen Verhältnis beurteilen müßte, nun ... die wunderbaren Augenblicke bemessen sich in Minuten, und dann gibt es Stunden der Beklemmung, sogar Stunden der Qual. Und wenn man das Verhältnis danach beurteilt, ist es wirklich noch äußerst weit bis ...

Was tun? Es bleibt nichts als weiterzumachen, das ist alles.

25. Dezember 1968

Ich habe X getroffen [einen Tantriker, dem Satprem früher folgte].

Ach, ja?

Ja, durch Zufall. Ich hatte nicht die Absicht, ihn zu treffen, und dann vergaß ich, daß er gerade hier ist, ich ging durch seine Straße, und da saß er auf seiner Türschwelle. Ich machte nicht kehrt, sondern ging auf ihn zu.

Was hat er dir gesagt?

Freundlich ... Ich hatte aber auch den Eindruck, daß das, was früher einmal war, nicht mehr besteht ... Ich hatte immer den Eindruck, daß er ein bläuliches Licht um sich herum hatte (das war mein früherer Eindruck), jetzt hatte ich nicht mehr dieses Gefühl von Macht und Kraft ...

Vielleicht war das etwas, was du dazugegeben hattest? Ich habe mich gefragt ... Denn der Eindruck, den ich von ihm DURCH DICH hatte, war viel besser als er selbst, viel höherstehender als das, was er ist. Also fragte ich mich, ob diese Macht nicht IN DEM MOMENT kam, weil sie notwendig war, um dich von deinen Schwierigkeiten zu befreien.

Ich habe ihn zwei- oder dreimal auf die Probe gestellt. Zum Beispiel brüstete er sich, mir alles Geld beschaffen zu können, das ich brauche; also sagte ich ihm: „Ich brauche so und so viel: laß es kommen!" (Er hatte gesagt „Lakhs und Lakhs, Crores von Rupien".[1]) Ich sagte: „Gut, ich brauche so und so viel, lassen Sie es kommen!" – Es ist nie etwas gekommen ... Weißt du, ich hatte den Eindruck, daß er sich mit seiner Macht brüstete. Er lebt dort in R inmitten einer ganz primitiven Bevölkerung, die über den geringsten Ausdruck von Macht von Staunen ergriffen wird; er war es gewohnt, als ein „mächtiges und höheres" Wesen betrachtet zu werden, und seit er mit uns in Verbindung getreten ist, mit Leuten, die mit Sri Aurobindos Weltsicht vertraut sind und in einer Welt leben, die über die rein vitale Welt hinausgeht, fand er sich ganz verloren ... Er kam, glaube ich, zwei oder drei Jahre lang nicht. Er kommt zu seinem Geburtstag (ich sehe ihn am 29.), aber die letzten Male, als ich ihm eine Meditation gab, war es ... nun, von solchen Menschen gibt es in Indien sehr viele. Er verfügt über eine Macht, die nur auf ein sehr gewöhnliches Vital wirkt. Nichts wirklich Höheres.

Und was die Qualität seiner Vision angeht, dazu gibt es eine wirklich ... seltsame Geschichte. Ks Mutter war zu Besuch mit einer verheirateten Frau, die gerade ihren Sohn verloren hatte (ein junger Mann, der plötzlich starb). Sie kamen hier an, die Frau war zutiefst unglücklich, und als sie mich besuchte, sah ich den Sohn, der sich in ihrer Atmosphäre befand. Also sagte ich ihr: „Ihr Sohn ist bei Ihnen. Wenn Sie die richtige Haltung haben, können Sie mit ihm in Verbindung treten und spüren, daß er da ist." Sie verließ mich und suchte X auf, und wie sie es immer tun, fragte sie auch ihn, was er von ihrem Sohn wisse. Da sagte ihr X mit großem Nachdruck: „Ihr Sohn ist in einen Schäfer eingegangen" ... Folglich verlor sie alles Vertrauen in

---

1. Zig Millionen

mich, denn ich sage Dinge nicht mit dogmatischer Autorität, er aber sprach mit großer Selbstsicherheit, also war sie überzeugt, daß er recht hatte ... Es ist möglich, daß ein kleiner Teil vom Wesen ihres Sohnes in einen Schäfer einging (!), davon weiß ich nichts; was ich hingegen sah, war der psychische Teil. Sie verlor jedoch alles Vertrauen, und das ist ärgerlich. Das beweist, daß er sehr auf sich und seine eigenen Vorstellungen beschränkt ist.

Das spielt keine Rolle ...

Er hat dich nicht gefragt, ob du mit den „Pujas" fortfährst?

Nein, nichts. Er hat verstanden, daß es damit vorbei ist.

(Schweigen)

Und dann ... Weißt du, ich habe überall [in Frankreich] versucht, Sri Aurobindo zu veröffentlichen: vor allem den Zyklus der menschlichen Entwicklung. Schließlich erhielt ich die Antwort eines bestimmten J.B., der folgendes sagt: „Seit langer Zeit schon bittet mich ein Verleger, für ihn eine Buchreihe herauszugeben. Ich dachte an einige Werke, vor allem aus dem Ausland, unter einem Sammel-titel von der Art „Auf dem Weg zu einer spirituellen Wandlung", basierend auf aktuellen individuellen Forschungen, die zwar oft ungeschickt und sogar gefährlich sind, jedoch in einem aufrichtigen und ganz anderen Geist als dem der vorigen Generation unternommen werden, im Umfeld einer bestimmten Jugend, mit der ich in Kontakt stehe. Diesen „Jugendlichen" wollte ich zeigen, daß ihre Versuche und Bestrebungen legitim sind, selbst wenn ihre Entdeckungen mit Drogen begannen, denn in vielen Fällen war es das einzige, was sie aus ihren rationalistischen, kartesianischen Verankerungen herauszureißen vermochte. Diese Reihe soll ihnen positivere Erfahrungen zugänglich machen und ihnen Richtungen und Modelle eröffnen. In anderen Worten, der Aspekt eines amateurhaften Exotismus von Z [einem anderen Verlag] würde hier durch einen praktischen und technischen Ansatz ersetzt, der jegliche spirituellen Forschungen, sowie ordnungsgemäß kontrollierte „parapsychologische" Erfahrungen, ernsthafte psychedelische Experimente (die Studien von Timothy Leary zum Beispiel), neue Theologien etc. miteinbeziehen würde ... Selbstverständlich käme dem fernöstlichen Bestreben dabei ein sehr bedeutender Platz zu. Kurz gesagt, ginge es um alle Forschungen und Versuche, diese Art von Korsett, in dem der abendländische

Geist sich so lange im Kreise gedreht hat, aufzubrechen und zu überwinden. Das schließt bestimmte -wissenschaftliche Werke keinesfalls aus, im Gegenteil – auch rein wissenschaftliche Werke nicht, in denen diese kartesianischen Anschauungen aus innerer Notwendigkeit heraus bereits heftig erschüttert werden. Sicherlich würde dies eine sehr heterogene Reihe ergeben, die Sie vielleicht für das Werk Sri Aurobindos für unwürdig erachten ... Die vorgesehene Reihe könnte mit „Spirituelle Abenteuer" betitelt werden ..."

Man kann es versuchen.

Inmitten von all dem?

Das macht nichts. Man kann es versuchen.
Denn es kann die Leute berühren, verstehst du, das ist das Wichtige. Man kann es versuchen.

*
* *

Schließlich ist ein Brief von P.L. gekommen: „... Mein Aufenthalt in Spanien hat sich über das von mir erwartete Maß hinaus verlängert ... Richten Sie Mutter aus, daß ich mit meinem Kampf und meinem Bestreben fortfahre und daß sie mir mit ihrer Unterstützung und ihrem Schutz überallhin folgt. Ich werde Ihnen von meiner Erfahrung erzählen. Ich habe ein Wochenende an der Küste verbracht, wo ich ein kleines hübsches Apartment habe ... Dort meditiere ich und gehe alle Lehren von Mutter durch, indem ich mich in die Lektüre des Göttlichen Lebens *und der* Entretiens *vertiefe. Ich zündete ein Räucherstäbchen an. Plötzlich hatte ich einen starken Schweißausbruch am ganzen Körper, und ein wilder Kampf brach aus. Könnte ich meine Ashram-Erfahrungen in religiösen Begriffen ausdrücken, so würde ich sagen, alle Anfechtungen des Heiligen Antonius brachen über mich herein, um mich zu zerstören und mich spirituell zu erschüttern. Zuerst ein inneres Chaos, eine tiefe Schwermut, ein Gefühl der Ohnmacht: Wozu ist mein Leben gut? Was mache ich hier? Warum lebe ich überhaupt? All meine Anstrengungen sind vergeblich ... Danach die Anziehungskraft des Weibes, um meine Enthaltsamkeit lächerlich zu machen ... Alles wurde auf die Probe gestellt: die Warum und Wieso brachten meinen Kopf beinahe zum Bersten. Danach die Invasion der Macht: Warum hast du darauf verzichtet, Bischof zu werden?*

Ruhm wäre mir zuteil geworden ... Dann die Begierde nach Geld ... All dies in einem makabren und zugleich betörenden Aufzug. Dann eine völlige Einsamkeit ... von allen verlassen; alle sind sie gegangen: meine Freunde, meine Stützen im Vatikan, meine Familie, sie alle. Wieviel Zeit war vergangen? Ich weiß es nicht. Ich glaubte jedoch, eine ganz leise Stimme zu vernehmen ... (dabei war ich so schwach, daß ich nicht sagen kann, ob das stimmte), die mir sagte: „Weine nicht, ich bin bei dir! Wenn ich bei dir bin, sind andere überflüssig, und wenn du ohne mich bist, können dir die anderen nicht helfen ..." Ich blieb in einer Leere ... Die ganze Nacht verstrich ... Morgens kam die Sonne: alles war so schön! Als ich nach Hause nach Rom kam, sagte man mir, ich sei transformiert. Das ist die ganze Geschichte!"

Das habe ich ihm wirklich gesagt [„ich bin bei dir"].

Diese Leute sind im okkulten Bereich sehr stark.

Ich spürte über wenigstens zwei aufeinanderfolgende Tage, daß er sich in großen Schwierigkeiten befand. Ich dachte, es handle sich um „die anderen", die ihm Schwierigkeiten bereiteten ...

Ich sagte es ihm nicht mit diesen Worten [„ich bin bei dir"], denn ich sage niemals „ich bin", aber das Bewußtsein ging in diese Richtung: „Der Herr ist bei dir." Nur kann ich es nicht in Worte fassen, denn für sie kommt sofort die ganze Religion ins Spiel, sobald die Rede von „Gott" ist. Ich legte die TATSACHE DES BEWUSSTSEINS in ihn. Du kannst ihm aber sagen, daß es genau das war, was ich ihm sagen wollte. Es hat sich in ihm so übertragen, denn für ihn repräsentiere ich ... die andere Seite des Lebens.

Das ist gut, genau das wollte ich ihn spüren lassen.

28. Dezember 1968

(Nach dem Anhören von Sunils Neujahrsmusik:)

Hat es dir gefallen?

Es war sehr schön, sehr machtvoll.

Nicht wahr! Und es evoziert eine Atmosphäre.

Gewöhnlich spiele ich ihm etwas vor, und danach beginnt er zu komponieren, diesmal aber habe ich nicht gespielt, also nahm er alte Musik von mir, trat damit in Verbindung und komponierte.

Ein amerikanischer Musiker ist zu Besuch hier; ich habe ihn zu Sunil geschickt (er ist Pianist). Er sagte, daß er Sunils Musik in Amerika hörte, und wenn die Leute sie zum ersten Mal hören, seien sie zunächst immer etwas verwirrt, um danach völlig begeistert zu sein.

Ich finde, daß es eine Atmosphäre evoziert: es läßt eine Atmosphäre HERABKOMMEN.

Und die menschliche Stimme ist sehr schön hineingewoben.

*
* *

(Danach hört sich Mutter die Lesung des Gesprächs vom 21. Dezember an: „die universale Schachtel".)

Das geht Tag für Tag so weiter, Tag für Tag.

Dabei wiederholt es sich nie: entweder findet die Erfahrung an einer anderen Stelle im Körper statt (eine andere Aktivität, eine andere Bewegung im Körper), oder es geht um eine Einzelheit, die nicht gelöst wurde, oder ... Es ist ein riesiges Feld von Studien und Beobachtungen, und zwar im Zusammenhang mit der Beziehung zu anderen Körpern und dem Ausmaß, wie dieser Körper die Arbeit für die anderen Körper tut. Das ist überaus interessant, denn alles geschieht ohne die Vermittlung des Denkens. Der Körper hat eine Empfindung oder eine Erfahrung, oder er nimmt eine Störung wahr oder ... und er wirkt darauf ein, und nach einer Weile wird er gewahr, daß es nicht ihn selbst betrifft sondern jemand anderen. So arbeitet er.

All dies immer noch in einem begrenzten Feld, ich bin mir aber nicht sicher, ob es tatsächlich nicht viel allgemeiner ist. Die ganze Zeit (fast die ganze Zeit) scheint es, als käme eine Intervention vom Psychischen, so als erweckte das Psychische die Erinnerung im Körper ... (wie soll ich es ausdrücken?) die Erinnerung an seine Universalität und daran, daß er die Bewegungen des Bewußtseins – die Bewegungen des Höheren Bewußtseins, die er zum Ausdruck bringt – nicht allein für sich ausdrückt: es ist von einer allgemeinen Wirkung.

Eines Tages werden wir es wissen. All das wird man später wissen ... in ...

Der Körper hat jedenfalls die wirklich seltsame Empfindung, so weit wie die Erde zu sein, sogar noch weiter (so kann man es nicht ausdrücken, denn so stimmt es nicht), aber es ist etwas in der Art: eine gewisse innere Identität, die sich auf dieser Ebene ausdrückt ... *(Mutter sucht nach Worten)* ... Auf der Ebene des Höheren Bewußtseins hat es eine Auswirkung. Ich weiß nicht, wie ich das sagen soll.

Und das Seltsame an diesem Bewußtsein ist, daß eine Minute, die für uns nichts bedeutet, dort eine ungeheure Bedeutung hat ... In einer einzigen Minute kann etwas von wirklich allgemeiner Wirkung geschehen. Natürlich sind alle Worte so dumm, aber so ist das. Eine Minute.

In einer Minute ... Dies geht so weit, daß der Körper erkennt, wie eine Minute hier *(Mutter beugt zwei Finger geringfügig auf die eine Seite)* einen Sieg bedeutet; und eine Minute so *(leichte Beugung in die andere Richtung)* eine Katastrophe. Und nicht bloß für ihn selbst (für ihn ist es in kleinem Maßstab und konzentriert, das ist nicht dasselbe), sondern es ist allgemein.

Diese Beobachtung begann heute (über Stunden hinweg) auf überaus eindringliche Weise. Das ist etwas Neues – neu in diesem ASPEKT; es ist die Folge von allem, was vorausging, aber in diesem Aspekt ist es völlig neu. Oder vielleicht erkennt das Körperbewußtsein es auf eine neue Weise.

All dies ist nur eine Annäherung. Vielleicht wird es in einiger Zeit klarer sein.

Die Beschaffenheit der Zeit verändert sich.

Eine gewisse Intensität des Bewußtseins verändert den Wert der Zeit (ich weiß nicht, wie ich das sagen soll).

Jedenfalls ist es ein Anfang.

Wir werden sehen.

All dies ist nicht gut ausgedrückt, aber wie soll man es bloß sagen? Ich weiß es nicht. Vielleicht später.

Ich sehe dich dann nächstes Jahr, am allerersten Tag des Jahres!

Mittwoch?

Ja, das ist der erste Tag im neuen Jahr. *(Mutter lacht mit schelmischem Entzücken)*

Vorschau:

Mutters Agenda Band 10, 1969

In diesem Jahr entdeckte Mutter den „Übergang", das, was sie das „neue Bewußtsein" nannte, jenes, das uns eine neue Welt eröffnen kann, so wie die erste Amphibie in eine neue Luft vorstieß, als sie die Wasseroberfläche durchbrach: *Ich weiß nicht, was geschieht, es ist ein Zustand intensiver Schwingungen, wie Wellen von überwältigender Geschwindigkeit, so schnell, daß sie wie unbewegt erscheinen. Dann befinde ich mich plötzlich in Amerika, in Europa ... Noch nie zuvor war dieser Körper so glücklich: diese Zellen, andere Zellen, überall das Leben, überall das Bewußtsein, alle anderen Körper waren er ...* Und gleichzeitig verflüchtigt sich unser ganzes psychologisches Elend: *Wie eine Ausweitung der Zellen, die Grenzen verblassen, verlöschen, und die Schmerzen verschwinden PHYSISCH.* Dabei handelt es sich nicht um eine „andere Welt", es ist die Erde, unsere Erde, aber anders erlebt: *Als steckten wir in einer unwirklichen Lüge, und alles verschwindet, sobald man sie verläßt, sie existiert nicht mehr. Alle künstlichen Mittel, um sie zu verlassen, auch das Nirvana, taugen nichts.*
DIE RETTUNG IST PHYSISCH. Sie liegt HIER. Alles andere, auch der Tod, wird wirklich eine Lüge – es gibt kein Verschwinden, es gibt nicht „das Leben" und „den Tod" ... Und während sie die Wände unseres Goldfischglases durchbrach, revoltierte die gesamte Welt, Mutters Umgebung inbegriffen, wie unter dem Druck einer neuen Luft: *Eine beträchtliche Anzahl von Wünschen, daß mein Körper sterbe, überall, sie sind überall ... Das ganze Spektrum, von der Angst bis zur Ungeduld, daß es ein Ende nehme, sowie der Begierde: endlich frei!... Ich will nicht, daß man mich in eine Kiste steckt, die Zellen sind bewußt ... Was wird geschehen? Ich weiß es nicht, es widerspricht allen Gewohnheiten.* Eine neue Spezies, dies ist ein radikaler Widerspruch zur alten Gewohnheit der Welt – wird die Welt sie akzeptieren, oder sie schließlich umbringen?

Bibliographie

Auf deutsch erhältliche Werke von und über Mutter und Sri Aurobindo:

Beim Verlag Hinder + Deelmann erhältlich:

Sri Aurobindo:
- **Das Göttliche Leben**
- **Die Synthese des Yoga**
- **Essays über die Gita**
- **Savitri: Legende und Sinnbild** (deutsche Übersetzung von Heinz Kappes)
- **Das Geheimnis des Veda**
- **Die Grundlagen der indischen Kultur**
- **Das Ideal einer geeinten Menschheit**
- **Über sich selbst**
- **Licht auf Yoga**
- **Bhagavadgita** (aus dem Sanskrit übersetzt von Sri Aurobindo)

Die Mutter:
- **Mutters Agenda** (13 Bände)

Satprem:
- **Das Abenteuer des Bewußtseins**
- **Mutter – Der Göttliche Materialismus**
- **Mutter – Die neue Spezies**
- **Mutter – Die Mutation des Todes**
- **Der Aufstand der Erde**
- **Evolution 2**
- **Das Mental der Zellen**
- **Der Sonnenweg**
- **Gringo**

Beim Verlag W. Huchzermeyer erhältlich:

Sri Aurobindo:
- **Die Dichtung der Zukunft**
- **Zyklus der menschlichen Entwicklung**
- **Briefe über den Yoga**
- **Gedanken und Aphorismen, mit Erläuterungen der Mutter**
- **Sawitri – Eine Sage und ein Gleichnis** (zweisprachige Ausgabe, deutsche Übersetzung von Peter Steiger)

Die Mutter: **Gespräche 1950-1958**
Sri Aurobindo: **Briefwechsel mit Nirodbaran**
Nirodbaran: **Gespräche mit Sri Aurobindo**
Nirodbaran: **Zwölf Jahre mit Sri Aurobindo**
Satprem: **Vom Körper der Erde oder der Sannyasin**

Beim Aquamarin Verlag:

A. B. Purani: **Abendgespräche mit Sri Aurobindo**

ausführlichere Inhaltsangaben bei www.evolutionsforschung.org

www.ingramcontent.com/pod-product-compliance
Lightning Source LLC
Chambersburg PA
CBHW081322090426
42737CB00017B/3005